国学要义

夏海 著

中华书局

图书在版编目（CIP）数据

国学要义/夏海著. —北京：中华书局,2018.1（2021.9重印）
ISBN 978－7－101－12932－8

Ⅰ.国…　Ⅱ.夏…　Ⅲ.国学－研究　Ⅳ.Z126

中国版本图书馆 CIP 数据核字（2017）第 276704 号

书　　名	国学要义
著　　者	夏　海
责任编辑	申作宏
出版发行	中华书局
	（北京市丰台区太平桥西里 38 号　100073）
	http://www.zhbc.com.cn
	E－mail:zhbc@zhbc.com.cn
印　　刷	北京瑞古冠中印刷厂
版　　次	2018 年 1 月北京第 1 版
	2021 年 9 月北京第 4 次印刷
规　　格	开本/700×1000 毫米　1/16
	印张 27¼　插页 2　字数 320 千字
印　　数	15001－18000 册
国际书号	ISBN 978－7－101－12932－8
定　　价	76.00 元

目　录

自　序　1

导言　国学刍议　5

　　一、什么是国学　5

　　二、学习国学的意义　10

　　三、国学学什么　14

　　四、学习国学的重点　18

　　五、怎样学国学　21

上篇　经典

第一章　学好五本书　27

　　一、神龙见首不见尾　29

　　二、温良恭俭让　32

　　三、大丈夫孟子　35

　　四、初学入德之门　38

　　五、孔门传授心法　41

第二章　读《老子》,思哲学　47

　　一、老子其人　47

　　二、老子的历史地位　51

　　三、老子之思想　54

第三章　读《论语》,思人生　65

一、孔子其人 65

二、孔子形象 68

三、孔子的历史地位 71

四、孔子思想的内容 73

第四章 读《孟子》,思政治 85

一、孟子其人 86

二、孟子的历史地位 88

三、孟子思想的内容 92

第五章 读《大学》,思修身 105

一、《大学》其书 106

二、修身的价值取向 108

三、修身的方法途径 112

四、修身的重点对象 116

第六章 读《中庸》,思心法 123

一、《中庸》其书 124

二、中庸的概念解读 126

三、《中庸》的哲学意蕴 129

四、《中庸》的齐家治国 132

五、《中庸》的君子之道 137

第七章 老子与孔子,日月同辉 143

一、恢复本来面目 143

二、差异方面 146

三、同一方面 152

下篇 概念

第八章 读懂十个词 165

一、道可道,非常道 166

二、仁者爱人　168

三、不义而富且贵如浮云　170

四、礼之用,和为贵　172

五、敬鬼神而远之　174

六、言而有信　176

七、人之行莫大于孝　178

八、内尽其心而不欺　180

九、出淤泥而不染　182

十、人不可以无耻　184

第九章　道:玄妙幽深　189

一、天道自然　191

二、治道无为　195

三、人道柔弱　202

第十章　仁:亲亲为大　211

一、仁的内容　214

二、以仁论人　218

三、践仁方法　224

第十一章　义:循理而行　231

一、先秦之义　233

二、义的内容　236

三、义与利的关系　246

第十二章　礼:天地之序　253

一、周公与三礼　255

二、礼的内容　259

三、礼的关系　267

第十三章　智:知者不惑　275

一、智的比较　276

二、智的内容　282

三、智的作用　290

第十四章　信:诚实不欺　297

一、信的概念　298

二、信的内容　302

三、儒家之信的局限　312

第十五章　孝:事亲以敬　319

一、孝的沿革　320

二、孝的内容　325

三、孝的关系　334

第十六章　忠:尽心竭力　341

一、先秦之忠　342

二、儒家之忠　345

三、忠的内容　350

四、忠的现代化　356

第十七章　廉:人之高行　363

一、廉的沿革　364

二、儒家之廉　369

三、廉的内容　374

第十八章　耻:羞恶之心　385

一、耻与罪　386

二、耻在先秦社会　389

三、儒之耻　392

四、耻的内容　396

结语　国学展望　407

一、历史应对　408

二、现实困境　413

三、比较优势　418

四、希望之路　422

主要参考文献　427

后　记　429

自　序

　　国学知识浩如烟海，国学书籍汗牛充栋。面对宏伟幽深的国学大厦，人们不禁会问：锻造什么样的钥匙，才能打开国学大门？选择什么样的路径，才能进入国学殿堂？是啊，对于初学者及大多数人而言，怎样学习国学，确实是一个大问题。路径选择正确，方能事半功倍。

　　陆游诗云："官身常欠读书债，禄米不供沽酒资。剩喜今朝有余暇，焚香闲看玉溪诗。"自参加工作以来，我一直以陆游诗警示自己，即使工作再忙，也不忘了读书写作，总是在工作之余、节假日和夜深人静的时候学习国学、品读经典，以增加知识，陶冶性情。近年来出版了《论语与人生》《品读国学经典》和《老子与哲学》，对于怎样学习国学，有了一些感悟和心得体会，愿意呈献出来以飨读者，就教于方家。

　　现代人们对待国学不外是学习和研究两个取向。研究国学属于学术机构和专家学者的职责，而一般社会成员，主要是学习国学，而不是研究国学，以利于正确掌握国学的基本知识和义理，培育和提升人文素养。学习国学也有普及和提高两种情况，现在很多人不会看文言文，阅读国学书籍和文章有一定困难，最好从普及性学习入手，先学会走路，循序渐进，再学习跑步，进入提高性学习。普及性学习，是学习国学的正确选择，起好步、开好局，学有余力，兴趣盎然，才能进一步研读国学。

　　《大学》指出："自天子以至于庶人，壹是皆以修身为本。"所谓修身，是指修身养性、完善人格，按照儒家的设想，就是做一名君子；按照现代的说法，就是做一个高尚的人，一个纯粹的人，一个有道德的人，一个脱离了低级趣味的人，一个有益于人民的人。中国传统文化具有浓重的伦理道德色彩，国学说到底是教人如何修身养性、立身处世的学问。围绕修身学国学，是很重要的选择，有利于明确方向和目标，把握国学义理和知识。

清代桐城派做学问主张义理、辞章和考据的统一。义理是学问的内容，也就是思想观点；辞章是学问的表达方式和逻辑框架；考据是学问的实证性研究。其中，考据贡献材料，辞章设定方法，义理整合内容。清末学者王先谦认为："义理为干，而后文有所附，考据有所归。"①文以载道，义理是最为重要的，一篇文章如果没有义理，就没有必要撰写；一门学问如果没有义理，就不能称之为学问。聚焦义理学国学，也是很重要的选择，即使阅读辞赋诗词和文学作品，也要注意把握形象思维和情感模式背后所蕴含的义理。

国学义理主要聚集于儒道两家的学说之中。学习国学最好的办法是学习儒道经典，研读儒道概念。经典是中华民族最好的书和最有价值、最有意义的著作，儒道的基本经典是《老子》《论语》《孟子》《大学》和《中庸》；概念是人们的思维对于客观事物普遍本质的认识和反映，儒道的基本概念是道、仁、义、礼、智、信、孝、忠、廉、耻。这五本书、十个词集中而系统地展示了儒家和道家的义理，内聚着中华文明的全部基因密码。围绕修身，聚焦义理，普及性学习国学，就是要求学好五本书，读懂十个词。

《国学要义》的主要任务是解读品评这五本书和十个词。本人秉持一以贯之的研究方法，这就是解构、建构和以文注文、以人注人，尽量真实、立体和形象地展示国学义理的丰富内容。全书分上、下两篇，上篇运用解构的方法，提供一个分析框架，从经典的作者、文本、基本

---

① ［清］王先谦：《虚受堂文集》卷三。

观点、主要内容和思想特色的角度,分别对五本书进行解读和品评;下篇运用建构的方法,形成一个整合系统,从概念的历史起源、社会背景、诸子观点和儒家论述的角度,分别对十个词进行解读和品评。无论上篇还是下篇,无论解构还是建构,都是为了帮助读者学习和掌握国学义理。但愿作者有效提供了打开国学大门的钥匙,正确择定了进入国学殿堂的路径,对于读者会有所帮助和启示。

近代以来,国学与我们分离的时间太久了。学习国学,开头肯定会碰到许多困难,但只要不畏难,不放弃,坚持不懈,持之以恒,就一定能够打开国学大门,步入国学殿堂。一旦登堂入室,就会感受到国学的无穷乐趣。在国学的殿堂里,我们似乎遨游在思维的王国,感觉思想的震撼,享受智慧的乐趣;我们似乎穿越在历史的隧道,和历史人物一起呼吸,探寻他们的活动踪迹,体悟他们的心路历程;我们似乎漫步在文艺的百花园,可以爱,可以恨,在爱中追求真善美,在恨中鞭挞假丑恶。更重要的是,学习国学,就是在维护中华民族家园,延续中华民族血脉,弘扬中华民族光辉灿烂的文化。

作者谨记于丁酉年夏月

导言　国学刍议

　　国学源远流长、博大精深。国学是中华民族的精神家园,是中国人的文化识别符号。无论我们承认与否,任何一个中国人的脸庞都显现着国学的表情,任何一个中国人的肌体都保存着国学的基因,任何一个中国人的内心深处都积淀着国学的智慧知识。国学是中国传统学术和文化的综合,蕴含着丰富的哲学思想、人文精神、道德理念、教化意识,闪耀着传承千载的理性光芒,既可以为认识世界、改造世界提供有益启迪,又能够为修养身心、涵养德行带来很大帮助。作为一个中国人,传承和弘扬国学义不容辞、责无旁贷,而传承和弘扬的前提是要正确认识国学,主动学习国学,深切感悟国学。

一、什么是国学

　　"国学"这个名词古已有之。《周礼》曰:"乐师掌国学之政,以教国子小舞。"(《周礼·春官》)《周礼正义》曰:"国学者,在国城中王宫左之小学也。"①可见,历史上的国学最早是教育机构,指国家开办的学校。西周时期,周王设于都城的学校称国学,汉代称太学,晋代称国子学,隋唐至明清时期称国子监,均为当时国家设立的最高学府。1840年鸦片战争爆发以后,西方的坚船利炮打开了中国的大门,面对深重

---

① 　[清]孙诒让:《周礼正义》卷四四。

的国家和民族危机,无数仁人志士投身到救亡图存的抗争之中。洋务运动代表人物张之洞提出"旧学为体,新学为用",后来演变为"中学为体,西学为用","中学"提法即为国学概念的雏形。1902 年,梁启超致函黄遵宪,商讨创办《国学报》,黄遵宪在回信中说:"《国学报》纲目,体大思精,诚非率尔遽能操觚。仆以为当以此作一《国学史》,公谓何如?"①这大概是近代最早提出和使用"国学"一词。自此,国学概念不断发生变化,逐渐被人们广泛应用。

近代国学概念经历了不同阶段的沿革,不同阶段对国学的理解差别较大,运用国学概念的目的也有很大差异。晚清民国之交,可以看作是政治国学阶段。鸦片战争之后的中国,列强虎视眈眈,国势危如累卵,中华传统文化在西学东渐的过程中日渐衰微。在这种形势下,梁启超、章太炎、邓实等人提出"保存国学""振兴国学"的口号。邓实说:"国以有学而存,学以有国而昌";"学亡之国,其国必亡,欲谋保国,必先保学"。② 许之衡提出:"国魂者,原于国学者也。国学苟灭,国魂奚存?"③这一时期的国学概念具有浓厚的政治色彩,烙上了深刻的爱国主义印迹,与国家兴亡、民族命运紧密联系在一起。

新文化运动时期,可以看作是文化国学阶段。这一时期,学界不再关注国学的救亡图存,而是从文化的角度批判传统文化,引进西方理念来改造中国文化。这种批判声音在五四运动中达到高潮,"打倒孔家店"成为时尚性的诉求。陈独秀认为:"要拥护德先生,便不得不反对孔教、礼法、贞节、旧伦理、旧政治;要拥护赛先生,便不得不反对旧艺术和旧宗教。"④鲁迅认为:"我以为要少——或者竟不——看中国书,多看外国书。"⑤毛子水认为:"我们倘若单讲到学术思想,国故

---

① 陈铮编:《黄遵宪全集》(上册),中华书局 2005 年版,第 433 页。
② 邓实:《国学讲习记》,《国粹学报》第 2 年第 7 期。
③ 许之衡:《读〈国粹学报〉感言》,《国粹学报》第 1 年第 6 期。
④ 陈独秀等主编:《新青年》(第 6 卷,第 1 号),中国书店出版社 2011 年版,第 8 页。
⑤ 鲁迅:《鲁迅全集》(第 7 卷),人民文学出版社 2005 年版,第 274 页。

是过去的已死的东西,欧化是正在生长的东西;国故是杂乱无章的零碎智识,欧化是有系统的学术。这两个东西万万没有对等的道理。"①当然,也有一些重视中国文化的学者,既强调传统文化的价值,又不拒绝和反对西方文化。

上世纪20、30年代,可以看作是学术国学阶段。这一时期,在胡适等人的积极推动下,融合中西文化、再造文明的"整理国故"运动开始流行,国学逐渐成为一个学术概念。1922年北京大学率先成立了国学门,东南大学、清华大学、厦门大学等高等院校也相继成立了国学研究院所。学界开始将国学作为一门学问来研究,对象主要是中国传统、历史和学术。吴宓认为:"兹所谓国学,乃指中国学术文化之全体而言。"②曹聚仁指出:"国学者,以我国固有学术为研究之对象,而以科学方法处理之,使成为一种科学者也。"③随着国学研究的不断深入,形成了三种主要方法,即以章太炎为代表的清末民初的国学研究,延续清代考据学、训诂学,在观念上导入近代文化意识;以胡适为代表的新文化国学研究,强调实证方法和疑古思潮,注重整理古代文化;以王国维、梁启超为代表的国学研究,采取对史料进行对比甄别的释证、补证和参证方法,强调古今中外结合的"古史新证"。这些研究方法,在国学的传承弘扬过程中发挥了重要作用。

国学概念提出以来,众多学者纷纷从文化、历史、学术等角度对国学进行定义,其内涵和外延一直没有定论。最早提出国学概念的梁启超,没有直接定义国学,只是指出研究国学的路径,"研究国学有两条应该走的大路:一、文献的学问。应该用客观的科学方法去研究。二、德性的学问。应该用内省和躬行的方法去研究。第一条路,便是近人

---

① 毛子水:《国故和科学的精神》,《新潮》第1卷第5期。
② 吴宓:《清华开办研究院之旨趣及经过》,《清华周刊》第351期。
③ 曹聚仁:《国故学之意义与价值》,转引自马瀛《国学概论》,中央编译出版社2009年版,第4页。

所讲的'整理国故'这部分事业。这部分事业最浩博最繁难而且最有趣的,便是历史"①。邓实提出一个范围极其广泛的国学概念,"国学者何? 一国所有之学也。有地而人生其上,因以成国焉,有其国者有其学。学也者,学其一国之学以为国用,而自治其一国者也"②。章太炎著有《国学概论》,提出国学本体的概念,采取"是什么""非什么"的办法建构国学系统,"国学之本体:一、经史非神话。二、经典诸子非宗教。三、历史非小说传奇"③。胡适提出"国故学"概念,"'国学'在我们心眼里,只是'国故学'的缩写。中国的一切过去的文化历史,都是我们的国故。'国故':研究这一切过去的历史文化的学问,就是国故学,省称'国学'。'国故'这个名词,最为妥当,因为他是一个中立的名词,不含褒贬的意义。'国故'包含'国粹',但他又包含'国渣'。我们若不了解'国渣',如何懂得'国粹'?"④顾颉刚认为:"国学就是用科学的方法去研究中国历史,研究中国历史的材料。"⑤余英时指出:"国学主要指中国传统的一套学术或知识系统,这个学术系统,便是经史子集的四部分类之学。"⑥

为了更好地把握国学定义,有必要厘清几个概念的关系。一是国学与中学。19 世纪下半叶,在洋务派那里,中学是相对西学而言的。中学是指"三纲领八条目"为核心的儒家学说,西学是指近代传入中国的自然科学和社会科学。从某种意义来说,中学是国学的前身,近代国学的概念由中学演化而来。二是国学与国粹。"国粹"一词最早出现于梁启超的《中国史叙论》,指中国传统文化中的优秀部分。1905年,章太炎、邓实在上海创办《国粹学报》,专题刊发国粹研究文章。许

---

① 梁启超:《梁启超论中国文化史》,商务印书馆 2012 年版,第 17 页。
② 邓实:《国学讲习记》,《国粹学报》第 2 年第 19 期。
③ 章太炎讲演,曹聚仁整理:《国学概论》,上海古籍出版社 2008 年版,第 1 页。
④ 胡适著,沈卫威选编:《胡适论国学》,安徽教育出版社 2013 年版,第 215 页。
⑤ 顾颉刚:《顾颉刚全集》,中华书局 2010 年版,第 5 页。
⑥ 余英时:《"国学"的概念与中国人文研究》,《国学学刊》2011 年第 2 期。

守微曾给"国粹"下过一个定义："国粹者,一国之精神所寄也,其为学,本之历史,因乎政俗,齐乎人心所同,而实为立国之根本源泉也。"①国粹重心在粹,主要是指传统文化的精华部分;国学重心在学,涵盖了全部传统文化,既包括精华部分,又包括落后内容。三是国学与国故。所谓国故,可以理解为中国过去的历史和文化,或中华民族所有过去时代的典故和故事。章太炎在《国故论衡》中对国故作了系统论述,胡适将以国故为研究对象的学问称为国故学,简称为国学。胡适的国故学概念属于学术范围,意指研究国学。顾颉刚认为:"整理国故的呼声倡始于太炎先生,而上轨道的进行则发轫于适之先生的具体的计划。"②"国故"一词是特定历史时期的产物,现在早已销声匿迹,吴稚晖甚至说:"这国故的臭东西,他本同小老婆、吸鸦片相依为命。"③四是国学与传统文化。传统文化是指历史上流传下来、曾经占据统治或统领地位的文化,一般指先秦诸子和儒释道三家。国学与传统文化几乎是同义语,两者都是中国历史上传承下来的文化。相对而言,传统文化侧重于文化,"观乎人文,以化成天下";国学侧重于学术,是有系统的学问。文化是学术产生的基础,学术又是文化进一步发展传播的基础。

在综合研究国学概念的提出、沿革和定义后,似乎还是马一浮的国学定义通俗易懂、明白晓畅:"国学者,即是六艺之学。"④所谓六艺,就是孔门之教,指《诗》《书》《礼》《乐》《易》《春秋》;《乐》已不传,可称之为五艺。换言之,国学就是以儒学为主体的中国传统文化和学术的统称。以儒学为主体,是因为汉武帝"罢黜百家,表彰六经",儒家历史地占据着意识形态的主导地位和引领着中华文化的发展,更因为儒学

①　许守微:《论国粹无阻于欧化》,《国粹学报》第 1 年第 7 期。
②　顾颉刚:《古史辨》(第一册),上海古籍出版社 1982 年版,第 78 页。
③　吴稚晖:《吴稚晖学术论著》,上海书店 1991 年版,第 124 页。
④　吴光主编:《马一浮全集》(第一册上),浙江古籍出版社 2013 年版,第 8 页。

所具有的入世意识、家国意识、道德意识、自律意识和教育意识,对于中国历史和社会意识的构建发挥着主体作用,至今仍然有着不可替代的社会功能。国学以学科分,传统分为经、史、子、集四部,现代则分为文学、哲学、史学、宗教学、礼俗学、考据学、伦理学等,儒家思想是其中的主流,影响着各个学科的建立和发展;以思想分,可分为先秦诸子、儒释道三家,儒家思想贯穿并主导着整个中国思想发展的历史。从学习角度来讲,国学主要是指文化,特别是传统文化中的精华;从研究角度来讲,国学主要是指学术,是对传统文化的研究。

二、学习国学的意义

表征中国传统文化的"国学"概念自提出以来,不仅在概念的内容和定义上争议不断,而且对其形式和存在的必要性也饱受质疑。何炳松在《论所谓国学》中尖锐地提出,国学来历不明、界限不清,并违反现代科学的分析精神,以一团糟的态度对待本国的学术,号召"中国人一致起来推翻乌烟瘴气的国学"①。钱穆在《国学概论》中指出:"学术本无国界,国学一名,前即无承,将来亦恐不立,特为一时代名词。"②马一浮在《泰和宜山会语》中说:"国学这个名词,如今国人已使用习惯了,其实不甚适当。照旧时用国学为名者,即是国立大学之称。今人以吾国固有的学术名为国学,意思是别于外国学术之谓。此名为依他起,严格说来,本不可用。今为随顺时人语,故暂不改立名目。"③在当时的社会背景下,这些观点都具有一定的合理性,主要原因是学术学问具有普适性,而不应以国别来区分;国学概念相对笼统和宽泛,有悖于现代学科分类越来越细的发展趋势。然而,诚如黑格尔所言"存在

---

① 何炳松:《何炳松史学论文集》,上海古籍出版社 2012 年版,第 172 页。
② 钱穆:《国学概论》,商务印书馆 1997 年版,第 1 页。
③ 马一浮:《泰和宜山会语》,辽宁教育出版社 1998 年版,第 6 页。

即合理",国学这一概念之所以展现出强大的生命力和感召力,不仅因为其本身已经随着时代的发展被社会广泛接受,更是因为它在保存和弘扬传统文化上发挥着符号性作用。

近代以来,"国学热"曾多次兴起,最主要是两次,第一次兴起于20世纪初,延续到20、30年代;第二次兴起于20世纪90年代,进入21世纪以来持续升温,至今仍在加热发展。这两次兴起的缘由有着根本差异,第一次兴起是因为国家积贫积弱,目的是为了保存国学,具有防守特征;第二次兴起是因为国家现代化建设取得重大成就,目的是为了复兴国学,充满进取精神。当前,全社会学习研究国学的热情不减,"四书五经"、《老子》等国学经典以及解读国学的著作大量出版;章太炎、陈寅恪、胡适、钱穆、梁漱溟等国学大师受到普遍重视,他们的作品更多地出现在读者面前;国内数十家高校设立了国学院系,部分中小学把国学作为教学内容;专家学者发表了很多国学研究文章,多家媒体开办了国学专栏和专题节目,使国学以大众易于接受的形式广为传播。国学的兴起是对特定历史时期否定传统进行反思的结果。"五四"时期,为了打破封建传统,宣传科学、民主理念,当时的众多学者对传统文化采取了批判、否定态度。"文革"时期,很多优秀传统文化遭到重大破坏。人们对这两个历史时期进行了很多反思,为国学的复兴提供了思想准备。国学的兴起是对西方文化冲击进行防御的结果。改革开放以来,西方文化通过各种方式渗透到中国社会生活的方方面面,既带来了新鲜空气,又给民族文化带来重大挑战。如何消解西方文化冲击,如何弘扬民族文化,引起了许多人的深思,为国学的复兴提供了现实土壤。国学的兴起是对构建现代中华文化体系进行展望的结果。进入21世纪以来,我国经济、政治、文化各领域成就斐然,民族自豪感与自信心空前高涨,推动中华文化走向世界的愿望更加强烈,这也促进了人们思考依托优秀传统文化构建现代中华文化体系,为国学的复兴提供了时代需求。

国学具有重要价值。在形式上，国学是中华文明的重要载体。文明的载体多种多样，我国的传统节日、风俗习惯、家族村落、文物古迹都是中华文明的重要组成部分。比较而言，国学在中华文明承载中的地位更加重要，它主要以书籍的形式进行文化传承，就像一根纽带将形形色色、方方面面的文化珍珠串联在一起，形成一个完整的统一体。在内容上，国学是中华文明的精神体现。国学蕴含着五千年来丰富的思想智慧，儒家的"德治""仁政""中庸"思想，道家的"清静无为""上善若水""道法自然"理念，均已积淀为普遍的民族心理和宝贵的历史财富，滋润着中华民族发展成长，使中华民族以其特有的品质和精神风貌自立于世界民族之林。在纵向上，国学是中华文明向前发展的有力支撑。通常意义的世界五大文明中，美索不达米亚文明、古埃及文明、古印度文明和古希腊文明都曾发生中断，有的甚至已经消亡，只有中华文明生生不息、绵延不绝、历久弥新。在中华文明的传承发展中，以儒学为主体的传统文化一直发挥着重要作用。而今，我们正处在中华民族伟大复兴的征途中，国学对于树立文化自信、增强文化自觉、建设文化强国具有重要意义，也必将成为我国从历史走向未来不可或缺的精神力量。在横向上，国学是中华文明对外交流的宝贵财富。世界上很多学者认为，中华文明蕴藏着解决当代人类面临难题的许多重要启示。国学是向世界传播中华文明的重要平台，是中华文明与其他文明对话交流的重要资源，对于保持中国文化的主体性，包容与吸纳世界其他优秀文化，促进文明互补，都有着不可忽视的积极意义。

传承国学具有强烈的时代意义，最重要的意义是有利于传承中华文明。宋儒张载有言："为天地立心，为生民立命，为往圣继绝学，为万世开太平。"优秀传统文化是中华民族和中国人民在修齐治平、尊时守位、知常达变、开物成务、立德立功立言过程中逐渐形成的有别于其他民族的独特标识。弘扬传承国学，能够促进优秀传统文化薪火相传，推动中华文明永葆生机。其次是有利于促进民族复兴。章太炎在《国学讲习会序》中说："夫国学者，国家所以成立之源泉也。"①许守微则说："国有学，则虽亡而复兴。国无学，则一亡而永亡。"②优秀传统文化是中华民族的根和魂。中华民族一次次战胜灾难、渡过难关，正是得益于我们拥有民族共同认可、普遍接受、一脉相承且富有强大生命力的优秀传统文化。弘扬传承国学，关系到民族认同感的巩固与民族发展力量的凝聚，能够为中华民族复兴提供丰厚滋养。再次是有利于增强国家实力。美国学者约瑟夫·奈认为，一个国家的综合国力分为硬实力和软实力，与经济、科技、军事等硬实力相比，真正影响世界的是文化、价值观等软实力。以国学为代表的传统文化是中国在世界舞台上的靓丽名片，是国家软实力的重要组成部分。弘扬传承国学，可以凝聚民族精神，增强中国文化影响力和吸引力，推动我国综合国力的有效提升。最后是有利于守护精神家园。国学蕴含着丰富的思想资源，构成了中华民族共同的精神家园，这是维系民族发展繁荣最深沉的力量。弘扬传承国学，能够培育民族精神，建立文化自信，塑造人们的价值观念、伦理道德和思维方式，营造追求真善美的良好风尚，为经济社会发展注入源源不断的动力。

　　学习国学具有迫切的现实需要。一是构建社会新风正气需要国学。顾炎武在《日知录》中说："风俗者，天下之大事。"自上个世纪70年代末以来，随着经济体制、社会结构、利益格局的深刻调整，人们的价值观念呈现多元多样多变的复杂局面，拜金主义、享乐主义、利己主义等腐朽思想也随之孳生蔓延，给社会风气造成不良影响。学习国学，可以从领略"见利思义"的义利观、"思诚者，人之道"的诚信观、"克勤于邦，克俭于家"的节俭观、"取之有度，用之有节"的消费观中汲取营养，防止和遏制腐朽思想对社会心理的侵蚀，促进人们自觉遵

---

① 章太炎：《国学讲习会序》，《民报》第 7 号。
② 许守微：《论国粹无阻于欧化》，《国粹学报》第 1 年第 7 期。

守公序良俗,推动形成良好社会风尚。二是培育职业道德操守需要国学。当前,一些行业从业人员在各种利益诱惑下,罔顾社会公德和职业道德,漠视甚至侵害公众利益,违法乱纪行为时有发生。学习国学,可以从体味"君子爱财,取之有道"的财富观念、"国家兴亡,匹夫有责"的责任意识、"志不求易,事不避难"的担当精神、"清、慎、勤"的官德思想中获得重要启示,进而培育和养成良好的职业操守。三是提升个人精神境界需要国学。随着经济社会的迅猛发展,一些人逐渐迷失在对物质生活的追求中,忽视了精神世界的滋养与丰富,有的甚至心灵空虚、精神颓废、意志消沉,穷到除了钱什么也没有的困境。学习国学,是正心修身的重要途径,可以从感受"天行健,君子以自强不息"的进取精神、"乘物以游心""独与天地精神来往"的坦荡旷达、"虽千万人吾往矣"的坚定志向中净化心灵,潜移默化地提升思想内涵和人生境界。

三、国学学什么

台湾诗人余光中说:"国学是一座山,我等不过是蚍蜉而已。"国学是一个极为深广的范畴,其内涵丰富而深邃、厚重而隽永。从学术思想的发展来看,我国古代先后产生了先秦百家、两汉经学、魏晋玄学、隋唐佛学、宋朝理学、明朝心学、清朝朴学等标志性学术,形成了完整而独特的学术体系。孔孟、老庄、程朱、陆王等思想家群星闪耀,他们的思想对古代政治、经济、文化、艺术都产生了重大而深远的影响;从文学艺术的发展来看,中华民族在漫长的历史进程中创造了自成体系、独具魅力的文学艺术。"楚辞汉赋唐诗宋词元曲明清小说,中华文学七朝六绝唱;李篆曹隶颜楷王行张草金石刀刻,传统书法五体一脉承",这是一副对联,生动列数了我国历代主要的文学和书法艺术成就。除此之外,古人在音乐绘画、建筑雕刻、饮食服饰、玉石陶瓷、民间艺术等方面,也留下了丰富的文化遗产。从儒家学说的发展来看,儒家经典主要是"四书五经",有人将《春秋》分为《左传》《公羊传》《穀梁传》,"礼经"分为《周礼》《仪礼》《礼记》,连同《易经》《尚书》《诗经》称为"九经"。儒家思想内容广博,而历代阐释、注解经典的著作更是数不胜数。以清乾隆年间编纂的《四库全书》为例,共收录了约3500种图书,计有3.6万册、7.9万卷、8亿字数。这么多书籍,这么多字数,即使埋首书卷、穷其一生,也难以完成阅读,遑论研究。因此,怎样学习国学,国学学什么,是一个大问题。

学习国学,首先要明确目的。学习目的不同,要求也不一样。对于大多数人而言,学习国学的目的是为了修身。先秦诸子都重视修身,老子指出:"道生之,德畜之,物形之,器成之。是以万物莫不尊道而贵德"。(《老子·第五十一章》)意思是,道化生它,德蓄养它,物赋予它形体,器使它完成自己。所以万物没有不尊崇道而珍视德的。墨子强调君子必须具备廉、义、爱等品行,"君子之道也:贫则见廉,富则见义,生则见爱,死则见哀。四行者不可虚假,反之身者也"(《墨子·修身》)。管子把个人的道德修养视为治理好家庭乃至整个国家的关键所在:"天下者,国之本也。国者,乡之本也。乡者,家之本也。家者,人之本也。"(《管子·权修》)荀子著有《修身》篇,全面阐述修身的内容和要求。修身思想在儒家学说中据有重要地位,有人概括儒家之学为"修己安人"之学或"内圣外王"之学。所谓修己和内圣,就是修身;安人和外王,指的是齐家治国平天下。客观地讲,安人和外王毕竟只有少数人才能做到,而修己和内圣则是所有人都能够做的事情,也是所有人都应该追求的目标。围绕修身学习国学,是每一个中国人应尽的责任和义务。在儒家看来,修身是对每个人的基本要求,每个人都必须修身,《大学》指出:"自天子以至于庶人,壹是皆以修身为本。"修身主要是修炼人的道德品性,孔子要求其弟子具备孝悌、谨慎、诚信、爱人等道德品质,"子曰:'弟子入则孝,出则悌,谨而信,泛爱众,而亲仁。

行有余力，则以学文。'"(《论语·学而》)孔子还认为，一个仁者应该具备庄重、宽厚、诚信、勤敏、慈惠的品格，"子张问仁于孔子。孔子曰：'能行五者于天下，为仁矣。'请问之。曰：'恭、宽、信、敏、惠。恭则不侮，宽则得众，信则人任焉，敏则有功，惠则足以使人。'"(《论语·阳货》)修身也包括修智，修智一定意义上说也是为了修德。《大学》提出了格物、致知和诚意、正心的修身内容，南宋真德秀在《大学衍义》中将格物致知归结为学习知识，诚意正心归结为克服私欲。对于修德而言，学习知识与克服私欲是相辅相成的，学习知识可以帮助人们明白道理、明辨是非，进而帮助进德修业，培育良好品行。

学习国学，就是要学习文化，尤其是精神文化。文化是指人类创造的物质和精神的所有成果，一般来说，可以分为物质、制度、精神三个类别。物质文化是指为了满足人类生存和发展需要所创造的物质产品及其所表现的文化，主要包括城市、乡村、建筑、交通、生产生活工具等。它既不是纯粹的物质，又不是纯粹的精神，而是将人的智慧、思想、劳动融入物质中形成的一种客观存在。中国人吃饭用的筷子、西方人用的刀叉、我们所处的建筑等都属于物质文化，但自然形成的山川河流不属于物质文化。制度文化是人类为了自身生存、社会发展的需要而主动创造出来的有组织的规范体系，它是人类在物质生产过程中所结成的各种社会关系的总和，主要包括国家的行政管理体制、人才培养选拔制度、法律制度以及风俗、礼仪、宗教等，构成了人类活动与社会运行的习惯和规则。制度文化作为物质文化与精神文化的中介，深刻地影响着人们的物质和精神生活。精神文化是人类在从事物质文化生产的基础上产生的一种人类所特有的意识形态，具体表现在理性思辨、伦理道德、对美的事物的感受、对艺术的品味和精神世界的追求，主要包括思想理论、价值观念、道德风尚、文学艺术和科学教育。精神文化孕育一个人的心灵世界，构成一个民族的文化基因。学习国学，既要了解物质文化，知晓制度文化，更要聚焦精神文化，厚植思想底蕴,升华人生境界,为立身处世提供方向指引和价值标准。

学习国学,主要是学习文史哲,尤其是经史子集中的名篇。哲学是时代精神的精华,历史是关于人的活动的记载,文学是人学,文史哲是人类精神追求和思想升华的主要载体,人类的精神和思想内蕴于哲学、历史和文艺作品之中。学文学广才增智。在我国漫长的历史中,文学体裁、风格、流派种类繁多,文学现象、潮流和理论形式多样,杰出文学家、优秀作品层出不穷。文学通过形象思维表达思想观点和价值取向,更容易为人们所喜爱和接受,也容易发挥"润物细无声"的作用。学国学必须阅读文学,以浸润身心、增长才情、收获人生启迪。可以学习"七朝六绝唱",领略古代文学或雄奇壮美、或清新婉约、或沉郁顿挫、或豪气干云、或奇幻浪漫、或智虑深远的不凡魅力。也可以学习历代优秀散文,比如康熙年间吴楚材、吴调侯父子编选的《古文观止》,这本书以散文为主,兼取骈文,收录了诸葛亮的前后《出师表》、王勃的《滕王阁序》、范仲淹的《岳阳楼记》、张溥的《五人墓碑记》等千古名篇,是首选的普及性古文读本。学历史知古鉴今。唐太宗说:"以史为鉴,可以知兴替。"历史中汇聚着古圣先贤的智慧,蕴含着为人处世的道理。学国学要读史明史,以开阔视野、洞察规律,为现实生活提供有益借鉴。我国史学体系完备、典籍众多,读史可以阅读"二十四史",特别是史料价值和文学价值更胜一筹的"前四史",即《史记》《汉书》《后汉书》和《三国志》。学哲学思辨敏行。中国古代哲学最早萌芽于商周,在甲骨文、金文以及《尚书》《易经》等典籍中,已经出现了朴素的哲学思维和辩证法思想。春秋战国百家争鸣,是中国哲学最为辉煌的时期。在中国哲学中影响最大的是儒、释、道三家,儒家思想是中国传统哲学主流,道家思想是以"道"为中心的哲学体系,佛家思想经过从汉至唐600余年的消化,演变为中国化的宗教哲学。这三家思想历千年而不衰,至今还在深刻影响着中华民族的心理状态、思维方式和精神面貌。特别是儒道两家的思想,影响中华民族的历史悠久而范围广博。学习文史哲应当以思想理念为主线,以儒道两家的元典为重点,读原著、学原文、悟原理,持续增强理性思考和抽象思辨能力。

四、学习国学的重点

国学知识十分丰富,涵盖社会科学和自然科学,包括抽象思维和形象思维,而贯穿其中的灵魂是义理。学习国学的重点就是学习义理。传统义理思想聚集于儒释道三家。释家属宗教,是外来文化,且经过中华文化的熏陶和改造,实际已经成为儒道化的佛教。儒道两家植根于中华大地沃土,在历史长河中深刻地塑造着中华民族的集体人格。学习国学义理,重点是学习儒道的义理和思想观点。国学义理的主要载体是文化典籍。中国传统文化典籍很多,新文化运动时期,胡适和梁启超曾开过国学书目,影响较大。胡适开出了186种国学书目,其中工具书14种、思想史96种、文学史76种;梁启超开出了140种国学书目,其中修养应用及思想史40种、政治史及其他文献学27种、韵文38种、小学书及文法7种、随意涉览书28种。一般认为,梁的书目比胡的书目适当和合理。即便如此,梁开的书目仍然过多,一些书籍还古奥难懂。学习国学义理,需要进一步缩小范围,可考虑重点学习《老子》《论语》《孟子》《大学》《中庸》五本经典,道、仁、义、礼、智、信、孝、忠、廉、耻十个关键词。学好这五本书、读懂这十个词,就能基本掌握国学的义理,理解国学的内容,认识国学的智慧,从而为修身养性、完善人格奠定坚实的基础。

《老子》亦称《道德经》,相传为老子所著,是古代先秦诸子分家前的一部著作,为先秦诸子所共仰,被誉为"人生宝典"和"万经之王"。《老子》分上篇"道经"、下篇"德经",计81章、5000余字。《老子》的最高范畴是道,主题思想是道法自然,逻辑结构是由自然之道进入伦理之德,最终归于政治理想和治国之道。在哲学上,道是天地万事万物之母,有无对立与统一是万物的本质,物极必反是万物演化的规律;在伦理上,道主张纯朴、无私、清静、谦让、贵柔、守弱、淡泊等德性;在政治上,道要求对内无为而治,不生事扰民,对外和平共处,反对战争与暴力。

《论语》主要记载孔子及其弟子的言行,《汉书·艺文志》说:"论语者,孔子应答弟子、时人及弟子相与言而接闻于夫子之语也。当时弟子各有所记,夫子急卒,门人相与辑而论纂,故谓之论语。"《论语》全书 20 篇,计 492 章、15000 余字。《论语》的最高范畴是仁,注重做人和修身,首篇围绕做人这一主题进行议论,以后各篇分别论述为政以德、守礼明礼、择仁处仁,层层剥离,依次展开。其中首篇至为重要,是理解《论语》全书的关键,宋人吴寿昌认为:"今读《论语》,且熟读《学而》一篇。若明得一篇,其余自然易晓。"(《朱子语类》卷二十)朱熹十分赞同这一观点,并在《朱子语类》中加以引用。

《孟子》相传为孟子及其弟子万章、公孙丑共同编纂,主要记录孟子的政治思想、治国理念和政治行为。《孟子》全书 7 篇 14 卷,计 286 章、35000 余字。《孟子》学说的出发点是性善论,强调仁义礼智是人的本性,是区别于禽兽的社会属性;在政治方面,提出民本思想,"民为贵,社稷次之,君为轻"(《孟子·尽心下》),要求统治者保民、养民、教民,实行仁政和王道政治;在教育方面,孟子和孔子一样,也是一位成绩斐然的教育家,认为教育是君子"三乐"之一,"父母俱存,兄弟无故,一乐也;仰不愧于天,俯不怍于人,二乐也;得天下英才而教育之,三乐也"。(《孟子·尽心上》)

《大学》相传为曾子思想,为曾子后学所写定,主要论述儒家修己安人、内圣外王的思想。《大学》全文计 11 章、1700 余字,围绕"修己以安百姓"的主题,提出并阐述了明明德、亲民和止于至善的"三纲领",以及格物、致知、诚意、正心、修身、齐家、治国、平天下的"八条目"。朱熹评价《大学》是"外有以极其规模之大,而内有以尽其节目之详者也"(《四书章句集注·大学章句》)。

《中庸》相传为子思所作,主要论述心性修养,富有哲学色彩和意蕴。《中庸》全文计33章、3500余字,其理论基础是天人合一,解释和倡导中庸之道,教育人们自觉进行自我修养、自我教育、自我监督、自我完善,培养理想人格,达到至善、至仁、至诚、至道、至德和至圣,共创"致中和,天地位焉,万物育焉"的太平和合境界。

词在逻辑学和认知科学中的表述就是概念和范畴。概念和范畴属于理性认识,都是人们的思维对于客观事物普遍本质的认识和反映。道是老子哲学的最高范畴,在老子那里,道是天下万事万物的本质和起源,"道生一,一生二,二生三,三生万物。万物负阴而抱阳,冲气以为和"(《老子·第四十二章》)。仁是孔子学说的最高范畴,在孔子那里,仁的本质是爱人,先从血缘亲情开始,"仁者,人也,亲亲为大"(《中庸》)。进而推己及人及物,孟子指出:"君子之于物也,爱之而弗仁;于民也,仁之而弗亲;亲亲而仁民,仁民而爱物"(《孟子·尽心上》)。义是儒家的重要思想范畴,义者宜也,也是伦理道德评价使用频率最高的概念。在孔孟那里,义主要与利相对立,"君子喻于义,小人喻于利"(《论语·里仁》);"不义而富且贵,于我如浮云"(《论语·述而》)。礼是儒家思想的重要范畴,在儒家那里,礼的本质是别异,荀子指出:"礼者,贵贱有等,长幼有序,贫富轻重皆有称者也。"(《荀子·富国》)这里的贵贱、长幼、贫富似乎不是人格意义上的不平等,而是社会角色的差别和道德规范的不同要求。智是儒家的重要思想范畴,在孔子那里,属于德性范围,"知、仁、勇三者,天下之达德也"(《中庸》),也是君子人格的部分,"仁者不忧,知者不惑,勇者不惧"(《论语·子罕》)。信是儒家思想的重要范畴,在孔子那里,信是立身之本,"人而无信,不知其可也。大车无輗,小车无軏,其何以行之哉!"(《论语·为政》)意思是,人如果没有信誉,真不知他在社会上如何立足。这就好像牛车没有輗,马车没有軏,它如何能行走呢。孝是中国传统文化的有机组成部分,也是儒家思想的重要概念。孝是仁的基础,"其为人也孝弟,而好犯上者,鲜矣;不好犯上,而好作乱者,未之有也。君子务本,本立而道生。孝弟也者,其为人之本与"(《论语·学而》)。朱熹解释,"论行仁,则孝悌为仁之本"(《朱子语类》卷二十)。忠是传统文化的有机组成部分,也是重要的伦理道德规范。"忠"字的结构是上"中"下"心",即中在心上,中正不斜,原初含义就是忠诚、忠信。在孔子那里,忠一般都和信、恕合并使用,即忠信或忠恕,侧重于修身和待人处世方面的内容。孔子确实提出了忠君观念,却认为君与臣的关系是双向互动的,而不是单向地要求臣忠于君,"君使臣以礼,臣事君以忠"(《论语·八佾》)。廉是一个政治伦理概念,与腐败相对立。在孟子那里,廉的实质是不取不义之财,"可以取,可以无取,取伤廉"(《孟子·离娄下》)。耻是中国文化的重要概念,也是中国文化的主要特征。在孔子那里,强调通过德政和礼治,让人们知耻和有耻感,"道之以政,齐之以刑,民免而无耻。道之以德,齐之以礼,有耻且格"(《论语·为政》)。

五、怎样学国学

清代学者彭端淑在《为学》中说:"人之为学有难易乎?学之,则难者亦易也;不学,则易者亦难矣。"学习国学并非易事,没有捷径可走,却有规律可循。勤于学习、善于学习是基本规律,要真正把学习国学当成一种境界来追求、一种品格来培育、一种习惯来养成,日积月累,渐次递进,不断提升国学修为。

学习国学,思想上要正确对待。科学认识国学,全面把握国学,才能增强传承弘扬国学的积极性和主动性。一要忧患思国学。国学是在我们国家积贫积弱时提出的概念,一定意义上来说,是国家落后的产物和文化弱势的体现。近代以来,西方文化长期处于强势地位,我国传统文化面临着传承危机,在世界上的影响力相对较小。在 20 世纪世界重大科技成果中,我国率先发现或发明的少之又少。越是如此,我们越要有危机感,越要增强学习国学、传承国学的责任感和紧迫感,发扬光大中华文明,为科技发展、民族振兴提供强劲的精神支撑。二要辩证看国学。国学是传统文化的内核,包含的思想和精神具有多面性,诸如"己所不欲,勿施于人""言必诚信,行必忠正"等思想是传统文化的优秀因子,具有永恒意义;"三纲五常""三从四德"等伦理道德则是为了迎合当时的统治需要,在现代就不能完全适用;至于"愚民"思想和做法则属于封建糟粕,是要坚决抛弃的。因此,必须辩证对待、批判继承国学,取其精华而弃其糟粕。三要自信学国学。马一浮指出:"信吾国古先哲道理之博大精深,信自己身心修养之深切而必要,信吾国学术之定可昌明,不独要措我国家民族于磐石之安,且当进而使全人类能相生相养而不致有争夺相杀之事。"①1988 年 75 位诺贝尔奖获得者在"巴黎宣言"中说:"人类要在 21 世纪生存下去,必须回首二千五百年前,从孔子那里寻找智慧。"②随着全球化、信息化时代的到来,中华优秀传统文化的重要性愈发凸显,国学已经成为我国现代化建设的重要资源、塑造国人人格的重要力量和构建中华民族精神家园的重要基石。我们要树立文化自信,坚定文化自觉,更加热爱国学,主动弘扬国学,在继承和发展优秀传统文化的过程中,推动国家现代化建设,推动中华民族豪迈地走向世界。

学习国学,路径上要合理规划。任何学习都是一个由浅入深、筑基垒台的过程。学习国学,一要注重文言学习,以夯实基础。国学经典大都是文言文,最起码的要求是能够读懂文言文,不能读懂文言文,就难以培养国学兴趣,更谈不上学好国学。章太炎在《国学概论》中甚至要求,学习、研究国学应先精通小学,也就是文字学、训诂学和音韵学。通音韵,就是要知道同音通假字;明训诂,就是要懂古今词义;辨

---

① 吴光主编:《马一浮全集》(第一册上),浙江古籍出版社 2013 年版,第 3 页。
② 张步云:《国学讲坛》,现代教育出版社 2010 年版,第 6 页。

形体,就是要识形体通假字,准确把握文言文的涵义。二要注重原著学习,以固本溯源。意大利作家卡尔维诺有一句名言,任何一本解释经典的书都比不上原作本身。不读原著,只读别人诠释注解的东西,恐怕皓首穷经也难识国学真面目。所以学习国学,要从本源出发,品读原著,独立思考,促进学有所得、学有所成。三要注重经典学习,以厚植底蕴。经典就是永恒,永恒就是经典。无论岁月如何悠久而冲洗,经典依然绽放出迷人的光芒,依然像天上的星星一样明亮夺目,依然能触动人们的心灵,打开记忆的闸门,值得用心细细品味。当然,也可以在阅读原著的同时,读一些解释经典的书籍,学习"四书"就可以看朱熹的《四书章句集注》、王阳明的《大学问》和《传习录》,能起到辅助理解和促进吸收的作用。四要注重开放学习,以兼容并蓄。当今世界是开放的世界,各种文化既相互冲突又相互交融,学国学不能固步自封、狭隘守旧,要用开放的心态对待古今中外各类文明,领悟文明的相通之处,在思想碰撞中撷其精华、为我所用,在文明交流中相互融合、形成共识。

学习国学,方法上要科学把握。国学典籍本身就有很多关于学习方法的论述,《论语》中的"学而时习之""温故而知新",韩愈《进学解》中的"提要钩玄",朱熹《读书之要》中的"熟读精思",都是重要的学习方法。具体来说,一是好阅读。"书读百遍,其义自见"。要目读,经常读书,学而时习之;诵读,既背读又熟读,许多名篇"非高声朗读则不能得其雄伟之概,非密咏恬吟则不能探其深远之趣"[①];抄读,既可全抄又可节抄,以抄写、摘录来加固记忆,加深体会;参读,不同版本互相参照,达到增进理解、融会贯通的目的。二是善思考。"学而不思则罔,思而不学则殆"(《论语·为政》)。思考是学习的进步,没有思考就没有学习。既要结合自己的经历思考,又要结合他人的经验思考;既要结

---

① [清]曾国藩:《家训·字谕纪泽》。

合当时的情境思考，又要结合当前的现实思考；既要结合历史的进程
纵向思考，又要结合世界的发展横向思考，使国学蕴涵的深厚思想真
正内化于心、外化于行。三是勤动笔。"不动笔墨不读书"，读书时动
笔，是学习和思考留下的痕迹。不动笔墨，就很难证明一个人是否读
过经典、作过思考。动笔的基本做法是圈点勾画，标注重点，再进一层
是做眉批、札记、摘录重要内容，更深一步是记录心得，把读书过程中
的体会感悟保留下来，最高境界是思考成熟后撰写文章，形成自己的
思想认识和学术观点，推进国学研究和文化进步。四是重践行。朱熹
《朱子语类》曰："论先后，知为先；论轻重，行为重。"(《朱子语类》卷九)
学习国学中的义理，尤其是价值取向和道德要求，不能仅仅停留在言
语上、留存在头脑中，而是要知行合一、学以致用，更好地在日常工作
生活中践行，塑造完美人格，推动事业进步，为传承和弘扬国学贡献
力量。

上篇　经典

第一章　学好五本书

《论语》记载："子贡问为仁。子曰：'工欲善其事，必先利其器。居是邦也，事其大夫之贤者，友其士之仁者。'"（《论语·卫灵公》）意思是，做工的人要把工作做好，必须有好的工具；施行仁德的人，先要敬奉贤者，结交仁人。那么，学习国学义理，就一定要从阅读经典开始。儒道两家经典很多，儒家经典一般指"四书五经"，"四书"之名定于宋代，"五经"之名定于汉武帝。"四书"指《大学》《中庸》《论语》和《孟子》；"五经"指《诗经》《尚书》《礼经》《易经》和《春秋》。《礼经》包括《周礼》《仪礼》《礼记》；《春秋》由于文字过于简略，通常分为解释《春秋》的《左传》《公羊传》《穀梁传》。儒家经典还有"十三经"之说，即在以上"九经"的基础上加《论语》《孟子》《孝经》和《尔雅》。《尔雅》为汉代经师的训诂之作。从重要性分析，这些儒家经典又可分为经、传、记，传即《左传》《公羊传》《穀梁传》，属于《春秋》经之传；记即《论语》《孟子》《礼记》《孝经》。其中经的地位最高，传、记的地位次之，《尔雅》又次之。道家经典主要是《老子》、《庄子》即"南华经"、《列子》即"冲虚真经"、《文子》即"通玄真经"和《黄帝阴符经》。儒道两家经典虽多，但真正能够体现儒道基本义理的是《老子》和"四书"，且比较通俗，易于阅读。因此，学好这五本书，是掌握国学义理的主要途径。

在古代，"经""典"两个字是分开使用的。经说的是永恒的道理，《文心雕龙》指出：经是"恒久之至道，不刊之鸿教也"（《文心雕龙·宗经》）。"典"字，从甲骨文分析，上面是"册"字，下面是"大"字，两者合一为大本大册的书。经与典合在一起，就是关于永恒真理的书籍。对于人文学科而言，经典关注人的生存，追求人的尊严，拷问人生的价值，说的是做人的道理，讲的是关于人的灵魂和心灵的智慧知识。人是万物之灵，精神是人独有的品格；人在严酷的改造自然、社会和自身的斗争中，总有一种对美好未来的向往和憧憬。经典要思考人类未来，儒家提供了"大同社会"理想，道家作出了"小国寡民"选择。人类任何活动都需要有价值引领和判断，否则，就会是非不分、丧失原则，就会出现无序和混乱。经典要提出价值标准，管子的"四维"、儒家的"五常"、宋朝的"八德"，都是价值标准和行为准则，千百年来一直发挥着规范人与人、人与社会、人与国家关系的作用。如果说价值标准是人与他人互动的依据，那么道德修身则是人与自身互动的依据。经典要强调修身养性，儒家倡导亲亲仁民，道家强调见素抱朴，就是鼓励人们求真，与人为善，崇尚美、追求美。经典是一个民族的灵魂，得到多数人的认同。这个多数人不是同一时代的多数人，而是历史上的多数人，使得经典成为凝聚民族共识、肯定民族身份的一种资源。经典是个体素养提升的通道，德国哲学家雅斯贝尔斯指出："个体自我的每一次伟大的提高，都源于同古典世界的重新接触。"①《老子》和"四书"是中华民族的经典，是最好的最有价值最有意义的著作。

学习国学经典，一定要知人论世，了解作者及其所处的时代背景。孟子说："颂其诗，读其书，不知其人，可乎？是以论其世也。"（《孟子·万章下》）要把握要点，学习经典的基本观点、主要结论和逻辑框架。要品读原著，因为任何一本讨论经典的书，永远比不上被讨论的经典；有些注释不正确，还可能引入歧途。具体方法是，经常读经典。经典说的是做人的道理，做人是一辈子的事情，阅读经典也是相伴终身的事

---

① ［德］雅斯贝尔斯著，王德峰译：《时代的精神状态》，上海译文出版社 2013 年版，第114 页。

情。在经常阅读经典中接受熏陶，让经典潜移默化地影响着立身为人处世，就像春风化雨那样，不知不觉塑造着人格。要反复读经典，因为经典是文言文，与现代人有恍若隔世的感觉，只有多次阅读、重复阅读，才能产生亲近感，"好书不厌百回读，个中滋味只自知"。更重要的是，对于同一经典，年轻时的理解与年纪大时的理解是不一样的，年轻时主要是字面的理解，而年纪大时的理解，则带着岁月的风霜和人生的历练。要交流读经典，《诗》云："如切如磋，如琢如磨。"（《诗经·卫风·淇奥》）互相交流切磋，能在碰撞中产生思想火花，可以帮助更好地理解经典。每个人因经历不同，读经典的体会也不尽相同，交流切磋可以使学习经典更加深入。让我们经常阅读《老子》和"四书"，在反复阅读中品味《老子》和"四书"，在交流中理解《老子》和"四书"。

一、神龙见首不见尾

学习研读《老子》，首先要认识老子其人。孔子问礼于老子之后，感到很神秘，对弟子评价说："鸟，吾知其能飞；鱼，吾知其能游；兽，吾知其能走。走者可以为罔，游者可以为纶，飞者可以为矰。至于龙，吾不能知，其乘风云而上天。吾今日见老子，其犹龙邪！"（《史记·太史公自序》）孔子的评价实质是指老子思想的深邃。老子是我国古代伟大的思想家，在中华历史的天空中，他是最亮的智慧之星；在人类文明的天空中，他可以和其他任何民族星宿媲美。老子最大的历史贡献是创立了道的学说，建构了中华民族抽象思辨和理性思维的哲学大厦。中国哲学以先秦为代表，以社会为出发点，着力研究人与社会的关系，比较关注人生和政治问题，且局限于社会领域探讨人生和政治问题，带有浓厚的伦理道德色彩。总体而言，人是中国哲学的主题，伦理道德是中国哲学的主流。老子却是个异数，他的学说主题也是人，但是人的生存而不仅仅是人生。所谓生存，相当于西方哲学的"存在"范畴，并非简单地指"生命的存活",而是指"生成着的存在"。老子抽象升华道的范畴,"有物混成,先天地生"(《老子·第二十五章》);"吾不知谁之子,象帝之先"(《老子·第四章》),取代了上古社会"帝"和"天"的概念,以哲学思维取代宗教情结,这是中国古代思想史的一场深刻革命。老子之道关注的是人的存在及其终极价值,这就是人作为有生命的存在的根据何在,其生命的根源在哪里,人应当怎样地生存,才符合人之存在的本性等高度抽象的问题。老子以道为核心,注释拓展,创建了道家的哲学体系,对天下万事万物的存在、生长和归宿作出了本体性思考,为人的生存和社会的发展提供了形而上的根据和原则。

老子的思想凝聚于《老子》一书。《老子》是中国最早的哲学著作,也是人类文明史上伟大的经典之一。据联合国教科文组织统计,《老子》是除《圣经》以外被译成外国文字发行量最大的文化经典。《老子》文字简约、意义深奥、蕴含广博,以哲学层面的道德为纲,多以政治为旨归,论述修身、治国、用兵、养生之道,内容涵盖哲学、政治学、伦理学、军事学等诸多学科。据元朝时不完全统计,先秦以来研老注老的著作超过三千余种,具有代表性的不少于一千种。目前所见最早的《老子》文本是郭店出土的楚简,约1700余字,年代为公元前300年左右;长沙马王堆帛书《老子》,约5000言,年代为西汉初年。现在流行的是河上公本和王弼本。河上公本一般被认为是最早的《老子》注本,其内容合乎老子大义,与汉初的黄老政治相协调和文景之治的休养生息政策相一致。河上公本以疏解原文为主要特点,不太关注道的理论问题,侧重于从宗教角度阐述《老子》,具有厚重的养生成仙思想,重点是阐述如何修身和治国,"用道治国则国安民昌,治身则寿命延长"(《老子河上公注·第三十五章》)。王弼本是流传最广、影响最大、学术价值最高的《老子》版本。王弼本注重哲理的阐述,运用本与末、体与用的分析框架,把老子之道中的"无"突显出来,提出了"以无为本"

的玄学哲学体系。王弼认为："《老子》之书，其几乎可一言而蔽之。噫！崇本息末而已矣。观其所由，寻其所归，言不远宗，事不失主。"①今人一般可读楼宇烈的《王弼集校释》、朱谦之的《老子校释》、陈鼓应的《老子注释及评价》和夏海的《老子与哲学》。

老子之思想博大精深，集中反映了古代中国人的世界观、方法论、政治思想和人生价值。在世界观方面，老子是中国历史上第一个自觉研究本体论的思想家，他把道看作是天下万事万物的本原和起源，"道生一，一生二，二生三，三生万物。万物负阴而抱阳，冲气以为和"（《老子·第四十二章》）。意思是，道生一，一生二，二生三，三生万物。万物都包含着阴和阳两个方面，阳阴之气交相激荡而达成和谐统一。道本身无形无象、无名无物，是不可直接感知的，"视之不见名曰夷，听之不闻名曰希，搏之不得名曰微。此三者不可致诘，故混而为一。其上不皎，其下不昧，绳绳不可名，复归于无物。是谓无状之状，无物之象，是谓惚恍。迎之不见其首，随之不见其后"（《老子·第十四章》）。

在方法论方面，老子是朴素辩证法大师，揭示了对立统一规律，"天下皆知美之为美，斯恶已；皆知善之为善，斯不善已。故有无相生，难易相成，长短相形，高下相倾，音声相和。前后相随"（《老子·第二章》）。意思是，天下都知道美的事物称为美，那是因为有丑恶的存在；都知道善的事物称为善，那是因为有不善的存在。因此，有无相依而生，难易相辅而成，长短相比而显，高下互相依存，音声互相应和，前后互相追随。在老子看来，任何事物都有对立面，事物既因对立面而存在，又因对立面而运动，矛盾是天地万事万物运动变化的原因和动力，"反者道之动，弱者道之用"（《老子·第四十章》）。其中较为典型的事例是人间的祸福关系变化，"祸兮，福之所倚；福兮，祸之所伏。孰知其极？其无正也？正复为奇，善复为妖"（《老子·第五十八章》）。

---

① ［魏］王弼注，楼宇烈校释：《王弼集校释》，中华书局 1980 年版，第 198 页。

在政治思想方面，老子不同于孔子积极有为的入世思想，强调无为而治，"不尚贤，使民不争；不贵难得之货，使民不为盗；不见可欲，使民心不乱。是以圣人之治，虚其心，实其腹，弱其志，强其骨，常使民无知无欲。使夫知者不敢为也。为无为，则无不治"（《老子·第三章》）。历代帝王都喜欢老子，唐玄宗、宋徽宗、明太祖、清世祖还为《老子》作注，这在历史上是绝无仅有的现象。更令人称奇的是，梁元帝萧绎不仅著有《老子讲疏》，还在兵临城下国破家亡之际，给群臣讲解老子的思想。

在人生价值方面，老子从"道法自然"出发，把素朴规定为人生的本质，"见素抱朴，少私寡欲"（《老子·第十九章》）。在老子看来，人之本性是朴素自然的，不要矫揉造作，不要被名利所诱惑。《吕氏春秋》指出"老聃贵柔"（《吕氏春秋·不二》），比较正确地反映了老子人生哲学的特征。老子把柔弱看成素朴的表现和生命力的象征，"人之生也柔弱，其死也坚强；草木之生也柔脆，其死也枯槁。故曰坚强者死之徒，柔弱者生之徒"（《老子·第七十六章》）。柔弱就像水那样，"上善若水，水善利万物而不争。处众人之所恶，故几于道。居善地，心善渊，与善仁，言善信，政善治，事善能，动善时。夫唯不争，故无尤"（《老子·第八章》）。意思是，最高尚的品格就像水，水能够滋养万物而不争先。安居于人所厌恶的低处，它的行为最接近于道。居处趋下让人，心如深渊包含万物，交往真诚而友善，诺言诚实而有信，为正顺道而善治，办事有条而不紊，举动应时而有节。因为它不与万物相争，所以就能避免失误。

二、温良恭俭让

与老子的神秘相比，孔子很有现实感，弟子评价是"夫子温、良、恭、俭、让"（《论语·学而》）。《论语正义》注释："敦柔润泽谓之温，行不犯物谓之良,和从不逆谓之恭,去奢从约谓之俭,先人后己谓之让。"
这说明孔子不仅是道德大师,自身就是道德楷模。孔子是中华民族的
圣人,在中华历史的天空中,他是最耀眼的道德之星;他对中华民族的
贡献,可以媲美世界上其他民族的任何一位圣人先哲对本民族人格的
塑造。与老子相比,孔子非常幸运。学界对历史上是否存在老子其
人,有着争议;即使存在,是李耳还是老聃或老莱子,也有争议;即使老
子的存在没有争议,是春秋时人还是战国时人,仍有争议。据说胡适
与钱穆还为年代问题发生了意气之争,胡适主张老子生活于春秋晚
期,略早于孔子,钱穆则认为老子为战国时人,晚于孔子。有一次,两
人相遇,钱穆说:"胡先生,《老子》年代晚出,证据确凿,你不要再坚持
了。"胡适回答道:"钱先生,你所举的证据还不能使我心服,如果使我
心服,我连我的老子也不要了。"①对于孔子其人,历史上没有任何争
议,不仅没有争议,而且历代帝王都不断地追加"至圣先师""万世师
表"的封号。孔子是伟大的思想家,最大的历史功绩是创立了仁的学
说,提出了礼义、智信、忠孝、敏慧一系列德目,建构了中华民族伦理道
德的思想大厦,成为中华民族赖以生存发展的道德根基和思想基础,
已经积淀为中华民族的文化基因。

孔子的思想集中于《论语》。《论语》492 章中,记录孔子与弟子及
时人谈论之语约 444 章,记录孔门弟子相互谈论之语 48 章。《论语》
是一部语录体著作,辞约义富,形象生动,孔子是描述的中心。《文心
雕龙》指出:"夫子风采,溢于格言。"(《文心雕龙·征圣》)《论语》不仅
静态描写了孔子的仪态举止,而且动态刻画了孔子的个性气质;不仅
描写了孔子的丰富形象,而且成功地刻画了孔门弟子的形象,子路的
率直鲁莽、颜回的温雅贤良、子贡的聪颖善辩和曾皙的潇洒脱俗,都给
人留下了深刻印象。《论语》既记录孔子言行,又记录孔子弟子的言

---

① 　张中行:《不合时宜》,江苏文艺出版社 2012 年版,第 11 页。

行,都体现了孔子的政治主张、伦理思想、道德观念和教育原则。

《论语》形成于战国时期,因秦始皇"焚书坑儒"而失传。汉初《论语》有三个版本,一是鲁人口授的《鲁论语》20篇;二是齐人口授的《齐论语》22篇;三是汉景帝时由鲁恭王刘余在孔子旧宅家壁中发现的《古论语》21篇。现在通行的《论语》是根据《鲁论语》和《古论语》整理形成的版本。后世关于《论语》的注释可谓汗牛充栋,今人一般可读朱熹的《论语集注》、清刘宝楠的《论语正义》、杨树达的《论语疏证》和杨伯峻的《论语译注》。

孔子围绕仁的范畴全面而系统地阐述了儒家的道德、政治、人格和教育思想。仁是孔子思想体系中的最高范畴和最核心的理念,以致有人把孔子思想概括为仁学。仁的理念包括对己和对人两方面内容,对己主要是克己,严于律己,约束自己,加强道德修养,达到仁的境界。《论语》记载了孔子与得意弟子颜渊的对话,比较完整地论述了克己的内容,这就是以礼为标准克己,以礼为依归成己。"颜渊问仁。子曰:'克己复礼为仁。一日克己复礼,天下归仁焉。为仁由己,而由人乎哉?'颜渊曰:'请问其目。'子曰:'非礼勿视,非礼勿听,非礼勿言,非礼勿动。'颜渊曰:'回虽不敏,请事斯语矣!'"(《论语·颜渊》)在对人方面,就是爱人,"樊迟问仁。子曰:'爱人。'"(《论语·颜渊》)爱人集中体现了孔子的人文关怀和人性光辉。孔子自己是爱人的典范,尊重生命,维护人的尊严,"厩焚。子退朝,曰:'伤人乎?'不问马"(《论语·乡党》)。意思是,马棚失火了,孔子从朝堂回到家里问伤了人了没有,而不问是否伤马。

德政是孔子的政治主张。孔子没有否认法治,却推崇德治。在孔子看来,运用政治手段和法律惩处来治理国家,不可能增强人们的道德自律,也不可能养成人们的耻感意识,而实施德治,用礼教来约束,就能使人们道德自律和养成耻感意识,实现人心的归顺,"道之以政,齐之以刑,民免而无耻;道之以德,齐之以礼,有耻且格"(《论语·为政》)。德治的前提是统治者公平公正,以身作则,"季康子问政于孔子。孔子对曰:'政者,正也。子帅以正,孰敢不正?'"(《论语·颜渊》)

君子是孔子的人格理想。孔子提出了圣人和君子两种人格理想,认为圣人的境界太高了,一般人很难达到,君子才是现实的人格理想,"子曰:'圣人,吾不得而见之矣。得见君子者,斯可矣。'"(《论语·述而》)孔子说:圣人我是见不到了,能见到君子已经很好了。君子是道德完满的人,具备仁、智、勇品格,"子曰:'君子道者三,我无能焉:仁者不忧,知者不惑,勇者不惧。'子贡曰:'夫子自道也。'"(《论语·宪问》)更重要的是,君子能够修身齐家治国平天下,"子路问君子。子曰:'修己以敬。'曰:'如斯而已乎?'曰:'修己以安人。'曰:'如斯而已乎?'曰:'修己以安百姓。修己以安百姓,尧舜其犹病诸!'"(《论语·宪问》)

"有教无类"是孔子的教育理念。早在两千多年前,孔子就提出了超越其所处时代和具有普世价值的教育精神,即不分阶级、不分地域、不分贤愚,只要愿意接受教育,都要让他有学上、有书读,给予谆谆教诲,真是令人"高山仰止,景行行止"。孔子自己还积极实践有教无类思想,他是中国历史上创办私学的第一人,培育了许多才华横溢的学生,即"弟子三千,贤人七十二"。迄今为止,孔子的教育思想仍然是光芒四射、泽被天下。

三、大丈夫孟子

史书对孟子其人没有争议。孟子一生始终保持人格的平等、独立和自尊,"说大人,则藐之,勿视其巍巍然"(《孟子·尽心下》)。原因在于孟子具有大丈夫精神,"居天下之广居,立天下之正位,行天下之大道;得志,与民由之;不得志,独行其道。富贵不能淫,贫贱不能移,威武不能屈,此之谓大丈夫"(《孟子·滕文公下》)。大丈夫精神使得温良恭俭让的儒家有了锋芒棱角和战斗气概。

孟子是中国古代伟大的思想家、儒家学派代表人物，与孔子并列，被誉为"亚圣"，儒家学说被后人称为"孔孟之道"。他以继承孔子衣钵为己任，终身致力于维护和发展孔子思想，"乃所愿，则学孔子也"（《孟子·公孙丑上》）。孟子的一生大致可分为少年求学；中青年先是教书讲学，后是周游齐、梁诸国；晚年潜心治学、授徒著书。周游列国，是为了推行仁政理论和王道学说，结果是到处碰壁，很不得志，诸侯认为孟子的思想不符合现实政治，不能够操作运用。《史记》曰：孟子"道既通，游事齐宣王，宣王不能用。适梁，梁惠王不果所言，则见以为迂远而阔于事情"（《史记·孟子荀卿列传》）。"迂远而阔"，是当时诸侯对孟子的评价。孟子生前不得志，身后的经历也颇为有趣。在宋之前，孟子的历史地位并不高，宋神宗时期《孟子》被正式列为经书，孟子首次被官方追封为"邹国公"，配享孔庙。南宋朱熹把《孟子》和《论语》《大学》《中庸》一起合为"四书"，其地位实际高于一般的经书。元朝加封孟子为"亚圣公"，地位仅次于孔子。宋元明清都将《孟子》列为科举考试科目。有意思的是，明朝朱元璋辑有《孟子节文》，删掉了"民为贵，社稷次之，君为轻"等章句，曾昭告天下说孟子的不少言论"非臣子所宜言"；还说"使此老在今日宁得免耶"，意指孟子如在明朝，是要被杀掉的。朱元璋还下令将孟子逐出文庙，只是大臣劝阻，天空又出现异象，后又下一道谕旨："孟子辩异端，辟邪说，发明孔子之道，配享如故。"（《明史》卷五十）

孟子的思想主要见于《孟子》一书。《孟子》成为儒家经典，是宋朝的事情。宋仁宗时《孟子》被纳入"十三经"序列，朱熹则将《孟子》归于"四书"行列。《史记》认为，《孟子》为孟子所著，"孟轲所如不合，退与万章之徒序《诗》《书》，述仲尼之意，作《孟子》七篇"（《史记·孟子荀卿列传》）。比较《孟子》与《论语》，《论语》文体属早期语录体，记录比较简单，大多是片言只语式的思想结晶，谈不上阐述、论证和逻辑；

《孟子》的若干篇章,则是从立论、论证到结论,显示出结构完整、层次清晰、说理透彻、论证周密和具有总体性构思的特征,这是在《论语》语录体基础上由章到篇的重大发展。尤其是《孟子》说理畅达、气势磅礴、雄辩滔滔、充满机智、逻辑严密、感情充沛,代表着传统散文写作的巅峰,影响泽及唐宋八大家。《论语》详细记载了孔子的容貌动作以及再传弟子的言行;《孟子》则较少记载孟子的容貌形态,没有再传弟子的言行,增加了思想容量。《论语》较少记载孔子游说各国的说辞;《孟子》则较详细记载了孟子游历过程以及与诸侯的谈话内容,较为完整地表达了孟子一系列政治、经济、道德和教育思想。

孟子的最大贡献是继承和发展了孔子仁的思想,把仁的思想发展为仁义并举的学说。孔子和孟子都谈仁义,相对而言,孔子贵仁,"志士仁人,无求生以害仁,有杀身以成仁"(《论语·卫灵公》);孟子重义,"生,亦我所欲也;义,亦我所欲也。二者不可得兼,舍生而取义者也"(《孟子·告子上》)。如果说孔子思想的核心范畴是仁,那么,孟子思想的核心范畴是仁义,视仁义为天赋的良知良能,"人之所不学而能者,其良能也;所不虑而知者,其良知也。孩提之童,无不知爱其亲也;及其长也,无不知敬其兄也。亲亲,仁也;敬长,义也;无他,达之天下也"(《孟子·尽心上》)。意思是,人不用学习就能做到的,那是良能;不用思考就能知道的,那是良知。两三岁的小孩没有不知道爱其父母的,等到他长大以后,没有不知道尊敬兄长的。亲爱父母就是仁;尊敬兄长就是义;这没有别的原因,是由于仁义可以通行天下。

孟子为仁的思想提供了哲学基础,这就是性善论。性善论认为,人性是天赋的,"无有不善",具体表现为人心有四端,"恻隐之心,仁之端也;羞恶之心,义之端也;辞让之心,礼之端也;是非之心,智之端也。人之有是四端,尤其有四体也"(《孟子·公孙丑上》)。在孟子看来,没有四心,"非人也";人与非人的差别就在于有没有仁义,"人之所以异于禽兽者几希,庶民去之,君子存之。舜明于庶物,察于人伦,由仁义行,非行仁义也"(《孟子·离娄下》)。

孟子把仁的思想发展为一套比较完整的仁政学说,这是孟子的政治理想和治国主张。在孟子看来,仁政关乎个人安危和国家兴衰存亡,"三代之得天下也以仁,其失天下也以不仁。国之所以废兴存亡者亦然。天子不仁,不保四海;诸侯不仁,不保社稷;卿大夫不仁,不保宗庙;士庶不仁,不保四体"(《孟子·离娄上》)。意思是,夏商周三代的获得天下是由于仁,他们的丧失天下是由于不仁。国家的兴起和衰败、生存和灭亡也是这个道理。天子如果不仁,便不能保持他的天下;诸侯如果不仁,便不能保持他的国家;卿大夫如果不仁,便不能保持他的祖庙;士人和老百姓如果不仁,便不能保全他们的身体。仁政的核心是民贵君轻,具体做法是与民同乐,与民同忧,"乐民之乐者,民亦乐其乐,忧民之忧者,民亦忧其忧。乐以天下,忧以天下,然而不王者,未之有也"(《孟子·梁惠王下》)。孟子劝诫齐宣王施行仁政,就能使民众归心于王,为王所用,"今王发政施仁,使天下士者皆欲立于王之朝,耕者皆欲耕于王之野,商贾皆欲藏于王之市,行旅皆欲出于王之途,天下之欲疾其君者皆欲赴愬于王。其若是,孰能御之!"(《孟子·梁惠王上》)意思是,宣王你如果改革政治,施行仁政,使天下官员都想在王的朝廷做官,农民都想在王的田地上耕种,商人都想在王的集市上做生意,旅客都想从王的道路上经过,天下痛恨他们君王的人都想到王这里来控诉。如果施行仁政,谁能阻挡你称王于天下!

四、初学入德之门

《大学》是儒家的经典著作,全面论述了儒家内圣外王的思想。"大学"一词与现代意义上的大学无关,是相对于古代的"小学"而言的。古代的"小学"是指学习文字训诂音韵方面的知识,"大学"讲的是治国安邦的大学问,也就是"大人之学"。

《大学》出自《礼记》第四十二篇。《礼记》亦称《小戴礼记》,计四十九篇,由汉宣帝时人戴圣根据历史上遗留下来的一批佚名儒家的著作合编而成。唐代以前,《大学》没有引起特别关注,韩愈把《大学》视作经书并引用其中的观点,开始引起人们的关注。宋代以前,《大学》一直从属于《礼记》,宋时二程非常重视,称之为"孔氏之遗书,而初学入德之门也"。朱熹充分肯定二程对《大学》的诠释,"实始尊信此篇而表章之,既又为之次其简编,发其归趣,然后古者大学教人之法、圣经贤传之指,粲然复明于世"(《四书章句集注·大学章句》)。意思是,二程真正开始尊崇、相信《大学》并加以表彰和宣传,接着又订正了章节次序、阐发它的宗旨和归宿,然后使古代大学教育学生的方法、使圣人之经和贤人之传的要义,光芒四射地重新显现于人世。最终奠定《大学》历史地位的是朱熹,他把《大学》列为"四书"之首。朱熹对《大学》用力甚勤,据传去世前几天还在病床上修改《大学章句》。朱熹重新编定了《大学》次序,分经一章、传十章,还补传已经缺失的"格物致知"章,认为首章是"孔子之言,而曾子述之","其传十章,则曾子之意,而门人记之"(《四书章句集注·大学章句》)。自宋以后,《大学》成为科举考试的钦定科目。

《大学》文辞简约、内涵深刻,从最基本的人性自觉入手,最后落实到治国安邦领域,以不长的篇幅将儒家的修身思想系统化。全文可分为三个部分,第一部分讲"大学之道"是"三纲领""八条目"。三纲领为明明德、亲民、止于善;八条目为格物、致知、诚意、正心、修身、齐家、治国、平天下。纲领是灵魂,贯穿于修身全过程,条目是路径,指明修身各环节的内容,两者关系是纲举目张。第二部分引用了许多典故,逐句解释三纲领和八条目。第三部分着重阐述了儒家的政治哲学,认为治理国家的原理与治理家庭的原理是同一的,统治者要把家庭道德运用推广到国家政治生活之中,要以对待家人的感情和态度对待老百姓,促进整个社会形成家庭式的秩序与和谐。学习研读《大学》,要记住朱熹的指导:"凡传文,杂引经传,若无统纪,然文理接续,血脉贯通,深浅始终,至为精密。熟读详味,久当见之。"(《四书章句集注·大学章句》)更要记住"杂引经传"四个字,这是阅读理解《大学》的钥匙。具体而言,经一章是总纲,传之十章均为解释经一章。传之首章解释"明明德",第二章解释"亲民",第三章解释"止于至善",第四章引孔子话解释"本末",第五章为朱熹"补传"、解释"格物致知",第六章解释"诚意",第七章解释"正心修身",第八章解释"修身齐家",第九章解释"齐家治国",第十章解释"治国平天下"。

《大学》讲的是修身道理,强调"自天子以至于庶人,壹是皆以修身为本。其本乱而末治者,否矣。其所厚者薄,而其所薄者厚,未之有也"。首先,要明确修身的价值取向,这就是"大学之道,在明明德,在亲民,在止于至善"。"明明德"主张自我启蒙,就是要去弄清楚并彰显人人内心自有的光辉品德;"亲民"的"亲"字作"新"解,意指君子在自己实现明德的基础上,进而带动其他人更新自我,同样实现明德;"止于至善",一方面是指个人的道德修养达到至善的境界,另一方面是对理想社会的憧憬,期望政治统治和社会管理也能达到至善的境地。明德、亲民和止善之间是一个互相联系的有机整体,自宋代以来,读书人都依此为突破口研读儒家经典。

同时,《大学》指出了修身的方法途径,这就是八条目,顺序是"物格而后知至,知至而后意诚,意诚而后心正,心正而后身修,身修而后家齐,家齐而后国治,国治而后天下平"。意思是,通过对万事万物道理的认识研究后,才能获得知识;获得知识后,意念才能真诚;意念真诚后,心思才能端正;心思端正后,才能修身养性;品性修养后,才能管理好家庭和家族;管理好家庭和家族后,才能治理好国家;治理好国家后,天下才能太平。八条目之间具有内在的逻辑关系,也有轻重缓急之分,而修身是中枢,转动着内外两扇大门,构成了内圣与外王的关系,贯通了明明德与亲民之间的桥梁。内圣是修身的内容,外王是修身的形式。在内圣方面,格物、致知是修身的逻辑起点,将人与自然界、社会衔接起来;诚意、正心既是格物、致知的继续,更是修身的本质。在外王方面,修身是前提和基础,齐家、治国、平天下是修身的逻辑拓展。中国传统社会是家国同构,一个人能够把家管好,就具有治国的本领,治国再往外推演,就是平定天下、安稳天下,从而使儒家所倡导的道德主体在思想观念中实现终极追求。

五、孔门传授心法

《中庸》属于儒家"四书"经典,哲理性最强,既有世界观又有方法论。它从天人合一出发,全面阐述了儒家的性理之学,使儒家学说具备了抽象思辨的特征。

《中庸》出自《礼记》第三十一篇,相传为子思所作。在《中庸》升格为经的过程中,郑玄为《礼记》作注是第一个标志性事件。"记"对于"经"而言,是补充性材料,地位明显次于经;《礼记》则是对《仪礼》的补记。东汉末年,经学大师郑玄作注,使《礼记》第一次脱离《仪礼》而独立行世。《礼记》升格为经是第二个标志性事件。唐初,孔颖达撰修《五经正义》,排除了《周礼》《仪礼》,只把《礼记》纳入,意味着脱掉了记的身份,名正言顺地晋级为经的序列。随着《礼记》升格为经,《中庸》自然水涨船高,打包进入了经书阵营。纳入"四书"范围是第三个标志性事件。朱熹以毕生精力为《论语》《孟子》《大学》《中庸》作注,终成《四书章句集注》,《中庸》由《礼记》之一篇转变为"四书"之一书。在《中庸》由"篇"而"书"的过程中,不能忘记宋仁宗和元仁宗两位皇帝。宋仁宗天圣五年,向当年新及第进士"人赐御书《中庸》各一轴",并令宰相当众宣读。自此以后,御赐《中庸》成为常制。元仁宗皇庆二年,诏以科举取士,经问、明经从"四书"内设问、出题,教材利用朱熹《四书章句集注》。于是,"四书"新的经学体系正式取代"五经"老的经学体系,《中庸》也就登堂入室,完成了由记而经、由经而书的历史演变。

二程认为《中庸》"乃孔门传授心法"。所谓"心法",即指上古圣人尧嘱舜、舜嘱禹的传心之言,概言之就是中庸,具体则是"人心惟危,道心惟微,惟精惟一,允执厥中"(《尚书·大禹谟》)。朱熹认为,这十六字心法,是天下最根本的道理,"夫尧、舜、禹,天下之大圣也。以天下相传,天下之大事也。以天下之大圣,行天下之大事,而其授受之际,丁宁告戒,不过如此!则天下之理,岂有以加于此哉"(《四书章句集注·中庸章句》)。儒家心法的意义在于区分了人心与道心,"人心惟危",是指人们那种物欲情欲,或追名或逐利,对于治国安邦和社会政治的稳定运行来说,是非常危险的;"道心惟微",是指那些保障社会政治稳定运行的价值观和价值体系,在人们心目中是非常微弱的。人心与道心是一个矛盾,这就需要"允执厥中",坚持中庸,在人心与道心之间保持必要的平衡。所谓中庸,"中者,不偏不倚、无过不及之名。庸,平常也"(《四书章句集注·中庸章句》)。由于《中庸》全面论证和阐述了儒家心法,二程评价甚高:"其书始言一理,中散为万事,末复合为一理。放之则弥六合,卷之则退藏于密。其味无穷,皆实学也。善读者玩索而有得焉,则终身受用之,有不能尽者矣"(《四书章句集注·中庸章句》)。

《中庸》全文可分为三个部分,围绕中庸讨论天道与人道关系,从天道开始,逐步进入人道的具体内涵,最后议论德教的力量与方法。第一部分是第一章至第十一章,主要阐述中庸的思想。其中第一章是全书的纲领,"天命之谓性,率性之谓道,修道之谓教。道也者,不可须臾离也,可离非道也"。"天命",指的是人的自然形成的禀赋,含有道德内容的性。人人遵循各自天命之性,在日常生活中就知道该做什么,不该做什么,这就是道。从道入手,修身养性,这就是教化。从道不可片刻离开引入话题,要求人们"慎其独也",加强道德自觉,谨慎地修炼培育自我，"莫见乎隐，莫显乎微，故君子慎其独也"。其余十章都是围绕第一章的内容，引用孔子之言，对中庸概念展开论证和阐述。用朱熹的话来说，就是"子思引夫子之言，以终此章之义"（《四书章句集注·中庸章句》）。第二部分是第十二章至第二十章，主要阐述中庸之道须臾不可离开的思想。其中第二十章是全篇的要点，先后提出了"三达德""五达道"和"治国九经"的思想观点。三达德是智、仁、勇；五达道是君臣、父子、夫妇、兄弟和朋友之交；治国九经是修身、尊贤、亲亲、敬大臣、体群臣、子庶民、来百工、柔远人和怀诸侯。第三部分是第二十一章至第三十三章，着力阐述诚和至诚的思想，认为这是中庸之道的本质内容。叙述方式有别于前两部分，主要是作者自己极尽阐述，反复推论，以尽先圣所传之意。

　　《中庸》是儒家经典中理论色彩最为浓厚的著作，首先表现为本体意识的觉醒。儒家关注社会现实和伦理道德，一般不太重视形而上问题，《中庸》却是个例外，提出了"性"的概念，把性看成是天地万事万物的本源，认为真诚者不仅能知性，而且能尽性，与天道同在，"惟天下至诚，为能尽其性。能尽其性，则能尽人之性；能尽人之性，则能尽物之性；能尽物之性，则可以赞天地之化育。可以赞天地之化育，则可以与天地参矣"。意思是，只有天下极其真诚的人，才能充分发挥他的本性；能充分发挥他的本性，就能充分发挥众人的本性；能发挥众人的本性，就能充分发挥万物的本性；能充分发挥万物的本性，就可以帮助天地化育生命；能帮助天地化育生命，就可以与天地并列为三了。这实质是天、地、人合一。同时表现为辩证思维的充溢。《中庸》认为，人既有道德本性又有情感成分，性与情是矛盾的统一体。传统文化既有强调矛盾双方的对立，称之为"一分为二"；又有重视矛盾双方的统一，称之为"合二而一"。中庸思维的特征是合二而一，侧重于矛盾对立双方的统一性与和谐性，认为这是天地万事万物的基本规律和发展变化的根本动力，"喜怒哀乐之未发，谓之中；发而皆中节，谓之和。中也者，天下之大本也；和也者，天下之达道也。致中和，天地位焉，万物育焉"。"中和"即中庸。中庸之道不是折衷主义，而是能够坚持原则、明辨是非，孔子说："惟仁者能好人，能恶人。"(《论语·里仁》)中庸是调和可以调和的矛盾，极力寻找矛盾双方互相联系与制约的交叉领域，寻找矛盾双方最大的公约数和共同点，从而促进事物保持理想状态，避免发生过或不及的情况。应当指出，中庸思想具有充分的现实性。人们的日常生活充满着矛盾，而绝大多数矛盾是非对抗性的，这就不能运用斗争的方法，通过激化矛盾的方式加以解决，只能采取中庸的原则，发现矛盾双方最大的共同点，加以调和解决，以利于人与人之间关系的和睦，把矛盾冲突控制在秩序范围之内，推动社会和谐而有序运行。中庸是一种智慧，能够发现纷繁复杂事物背后的简洁明了，找到矛盾尖锐对立表面下所蕴含着的和谐因素，进而选择最佳方案和有效方法，区别轻重缓急地解决好矛盾。中庸更需要胸怀，胸怀意味着能够妥协，甚至作出必要的让步，以及承担一定的精神或物质伤害。只有智慧与胸怀的有机结合，中庸才能由理念变为现实的运动。

国学是大海，经典就是港湾和码头。没有港湾和码头，就不能起锚远航、驶向大海；就躲避不了狂风急浪，得不到补充给养，难以奔向更为广阔和深远的大海。学习国学，必须品读经典。经典的价值不在实用，而在文化。经典具有权威性和范例性，是圣贤哲人独特世界观的展示和不可重复的创造，积淀着丰厚的文化和人性内涵。品读经典意味着文化旅行，能够认识国学的概念和范畴，探寻国学的思路和推理，品味国学的逻辑预设和理论框架，领略圣贤哲人的睿智和风范，从而更好地理解和把握国学义理。经典具有标志性和象征性，是一个民族普遍认同的文化基因和价值符号。品读经典，意味着文化寻根，旨在找回失落的精神家园，更多地了解中华民族的品格，坚守我们民族"诗意的栖居地"，为个体找到赖以生存的群体抚慰和心灵归宿。经典具有永恒性和稳固性,是经过历史选择的最有价值的书,提出了人类精神生活的根本性问题,凝聚着对人生命运的终极性关怀和眷顾。品读经典,意味着文化享受,体悟真善美的丰厚意蕴。每一部经典都是关于真、善、美的学问,围绕着人的主题,展示出自然的奥秘、人性的光辉和生活的美丽。品读经典,实际是在读人生、读社会、读智慧,说到底,就是在读文化。中国文化是儒家雍容华贵与道家清癯冷峻的有机统一。美国学者马尔库塞说得好:"文化在根本上是理想主义的,对孤立的个体的需求来说,它反映了普遍的人性;对肉体的痛苦来说,它反映着灵魂的美;对于外在的束缚来说,它反映着内在的自由;对赤裸裸的唯我论来说,它反映着美德王国的义务。"①

---

① ［美］赫伯特·马尔库塞著,李小兵译:《审美之维》,广西师范大学出版社 2001 年版,第 9 页。

第二章　读《老子》,思哲学

老子是中华民族的哲人,《老子》是道家思想的奠基之作,同《论语》一起被认为是对中国人影响最为重大而又深远的思想巨著。在中国学术思想史上,《老子》的地位和作用更为重要,学者一般认为:"道家之学,实为诸家之纲领。诸家皆于明一节之用,道家则总揽其全,诸家皆其用,而道家则其体。"[①]

存在主义创始人海德格尔指出:"老子的'道'能解释为一种深刻意义上的'道路',即'开出新的道路',它的含义要比西方人讲的'理性''精神''意义'等更原本,其中隐藏着'思想着的道说'或'语言''全部秘密之所在'。"[②]在西方思想界,老子被普遍认为是一位睿智的哲学家。阅读《老子》,能让我们在人生的迷宫望见星空,找到走出迷宫的道路。

一、老子其人

了解老子其人,绕不开司马迁。虽然千百年来对老子其人其书争议不断、众说纷纭,但司马迁的《史记·老子韩非列传》提供了最早最为准确的有关老子其人其书的信息。从《史记》记载分析,春秋时期确有老子其人,为周朝掌管图书的官员,"老子者,楚苦县厉乡曲仁里人

---

① 吕思勉:《先秦学术概论》,岳麓书社 2010 年版,第 27 页。
② 李世东等:《老子文化与现代文明》,中国社会出版社 2008 年版,第 275 页。

也,姓李氏,名耳,字聃,周守藏室之史也"。老子曾著书上下篇,言道德之意五千余言,"老子修道德,其学以自隐无名为务。居周久之,见周之衰,乃遂去。至关,关令尹喜曰:'子将隐矣,强为我著书。'于是老子乃著书上下篇,言道德之意五千余言而去,莫知其所终"。汉初道家与儒家已形成不同学派,两者相互排斥,老子崇尚清静无为,"世之学老子者则绌儒学,儒学亦绌老子。'道不同不相为谋',岂谓是邪?李耳无为自化,清静自正"。

《老子》是中国最早的哲学著作。自古著书以经名者,惟道家有之。汉景帝时以"老子义体尤深,改子为经,始立道学,敕令朝野悉讽诵焉"(《四库全书·子部·释家类》)。后人尊《老子》为治国理身的宝典,对中国文化产生了广泛而深远影响。据不完全统计,清朝以前《老子》版本一百多种,中文校订本三千余种,具有代表性的一千余种,这充分说明老子及其思想的巨大影响。最早解读老子的是先秦思想家和法家代表人物韩非子,著有《解老》《喻老》篇。汉初史学家司马谈高度评论道家思想,似可看作是对老子及其思想的评价,"道家使人精神专一,动合无形,赡足万物。其为术也,因阴阳之大顺,采儒墨之善,撮名法之要,与时迁移,应物变化,立俗施事,无所不宜,指约而易操,事少而功多"(《史记·太史公自序》)。意思是,道家使人精神集中,行动合乎无形之"道",使万物丰足。道家之术依据阴阳家关于四时运行顺序的学说,吸收儒墨两家之长,撮取名法两家之精要,随着时势的发展而发展,顺应事物的变化而变化,树立良好风尚,应用于人事,无不适宜,意旨简约而容易掌握,用力少而功效多。对于先秦思想界而言,《老子》既是引领者又是集大成者,厚植起中华学术大树坚实的根底。英国学者李约瑟认为,中国如果没有道家,就像大树没有根一样。

《老子》一书对人类文明也产生了重大影响,最早由唐朝玄奘译成梵文走向世界,16世纪后陆续被译成拉丁文、法文、德文、英文、日文等。据联合国教科文组织统计,截至2014年,可查到的各种外文版

《老子》已有一千多种,是除《圣经》之外,被译成外国文字最多的文化经典。德国思想家雅斯贝尔斯评价《老子》一书,"它那样佯谬的语句所具有的说服力,它的谨严认真态度以及它那似乎不见底的思想深度,使其成为了一部不可多得的哲学著作"①。比利时学者、耗散结构创始人普利高津指出:"道家的思想,在探究宇宙和谐的奥秘、寻找社会的公正与和平、追求心灵的自由和道德完满三个层面上,对我们这个时代都有新启蒙思想的性质。道家在两千多年前发现的问题,随着历史的发展,越来越清楚地展现在人类的面前。"②美国学者蒲克明认为:"当人类隔阂泯除、四海成为一家时,《老子》将是一本家传户诵的书。"③

《老子》的传世版本甚多,据王重民 1927 年刊行的《老子考》,版本存目 450 种;中国台湾严灵峰 1965 年刊行的《无求备斋老子集成》初编、续编、补编影印本,共计 356 种。在众多的《老子》版本中,有的用讲道理、引述故事的方式进行解说;有的例举老子的一段言论,便根据自己的理解自由发挥和论述;有的经、传分开,以章句形式进行注解。最为著名的是河上公本、严遵本和王弼本。

河上公本一般被认为是最早的注本,又名《河上公章句》或《道德经章句》。河上公本属民间系统,注释文字古朴,多古字杂俚俗,其流派为景龙碑本、遂州碑本和敦煌写本。河上公本侧重疏解原文,主要从宗教角度阐述《老子》,重点是阐述如何修身与治国。河上公认为:"用道治国则国安民昌,治身则寿命延长,无有尽时也"(《老子河上公注·第三十五章》);"治身者神不劳,治国者民不扰"(《老子河上公注·第四十四章》)。在河上公看来,治身是治国的基础,治身就要关注精气

---

① [德]夏瑞春编,陈爱政等译:《德国思想家论中国》,江苏人民出版社 1995 年版,第 217 页。

② 中国科学院中国现代研究中心编:《21 世纪现代化的特征与前途》,科学出版社 2012 年版,第 347 页。

③ 李世东等:《老子文化与现代文明》,中国社会出版社 2008 年版,第 249 页。

神，"治身者爱气则身全，治国者爱民则国安。治身者呼吸精气，无令耳闻也；治国者布施德惠，无令下知也"（《老子河上公注·第十章》）。就人而言，精气是天地之气在人身体内的纯净气息，神明是天地之间的神妙在人五脏六腑中的显现，"天道与人道同，天人相通，精气相实"（《老子河上公注·第四十七章》）。河上公告诫人们，不要放纵情欲，消损精气，破坏神明，更告诫君王要注重治身，"治身者当除情去欲，使五藏空虚，神乃为之也。治国者寡能，从弱共扶强也"（《老子河上公注·第十一章》）。所以君王要清静无为，治身去情欲，治国勿烦扰。

严遵本是指西汉晚期蜀中隐士严君平所著的《老子指归》。严遵本是老学研究史上的重要专著，是西汉道家思想的代表作，它不同于注释类作品体裁，不是那种注重词语考证和解释的注本，而是先引用老子观点的原文，然后进行指归分析，加以发挥和论述。严君平沿着《老子》的思路，采纳了《淮南子》的部分内容，用道、德、神明、太和四个层次演进来论说天地万物的化生问题，构造了一个以虚无为源、以气化为流的宇宙演化体系。他本着依天道论人事的模式，阐述老子的"无为而治"思想，认为"有为乱之首也，无为治之元也"。同时，吸收了《黄帝四经》的思想，强调无为不是无所作为，是"君无为而臣有为"。君王要"尊天敬地，不敢亡先，修身正法，去己任人，审实定名，顺物和神；参伍左右，前后相连；随时循理，曲因其当；万物并作，归之自然；此治国之无为也"（《老子指归·出生入死》）。他阐述的老子道论和哲学思想，包含着本体论和辩证法，使老子学说更加系统化和条理化，为王弼所继承，成为魏晋玄学提出的"贵无""自然为本"思想的萌芽。严遵本还有丰富的养生思想，主题是"全其性命"，即"自古及今，飞鸟走兽、含气有类之属，未有不欲得而全其性命者也"（《老子指归·天下有道》）；原则是"无欲无取"，即"无欲则静，静则虚，虚则实，实则神"（《老子指归·言甚易知》）；方法是"保精养神"，从而做到"筋骨便利，耳目聪明，肌肤润泽，面理有光"（《老子指归·善建》）。

王弼本是流传最广、影响最大、学术价值最高的《老子》版本。王弼,三国时魏人。王弼对道学发展作出了杰出贡献,王弼本能够应对时代挑战,是老子思想最具创造力的解释者。由于《老子》原文逸散已久,王弼本一度曾是《老子》的唯一传世本。与河上公本的风格不同,王弼本属于文人系统,文笔流畅,其流派为苏辙、陆希声、吴澄诸本,这些文人善作文章并渗入自己的见解。王弼本注重对《老子》哲理的阐述,提出"以无为本"的本体论,建立了体系完备、思辨抽象的玄学哲学体系。在王弼看来,世界的本体是无,世界各种各样的具体事物为有,无是本,有是末,即"天下之物,皆以有为生。有之所始,以无为本。将欲全有,必反于无也"①。至于政治主张,王弼延续了河上公本的思路,重在无心无欲无为,反对巧智奸诈权谋,强调"以道治国,崇本以息末;以正治国,立辟以攻末"②。

二、老子的历史地位

老子,姓李名耳字聃,生活在春秋末期,约在公元前 571 年至前 471 年之间。老子是革命家。老子消解了"上帝""天命"等宗教和迷信观念,实现了中国古代思想史上的革命。在古代社会,统治者为了证明统治的合法性和权威性,需要借助宗教和超自然的力量,这就是天命观。天命观的本质是神秘主义,认为宇宙间有个至高无上的神;主要内容是相信神灵经常关心并干预包括自然界和人类社会在内的各种事务,相信神灵具有必要的智慧,知道通过什么样的方式来显示其意愿,相信神灵具有实现其意图的权能和超自然力量。老子对春秋乱世进行哲学反思,对统治者的天命观作了思想批判,提出以道的观念取代"帝"和"天"的概念,以哲学思辨取代宗教情结。在老子看来,

---

① ［魏］王弼注,楼宇烈校释:《老子道德经注》,中华书局 2011 年版,第 113 页。
② ［魏］王弼注,楼宇烈校释:《老子道德经注》,中华书局 2011 年版,第 154 页。

道是"有物混成，先天地生"（《老子·第二十五章》）；"吾不知其谁之子，象帝之先"（《老子·第四章》）。这实质是中国古代思想史上的一场深刻革命，怎么评价都不为高。18 世纪，德国哲学家康德撰写了《纯粹理性批判》《实践理性批判》和《判断力批判》，给西方思想界带来了一场革命。德国诗人海涅称赞说："罗伯斯庇尔砍了路易十六的头，康德砍了上帝的头。"[①]老子却在 2500 年前就砍了上帝和天命的头，为中华民族减少宗教色彩、增进理性光芒开辟了道路。

老子是哲学家。老子创立了道的学说，建构了中华民族抽象思维和理性思辨的整体框架。中国哲学以先秦为代表，以社会为出发点，着力研究人与社会的关系，比较关注人生和政治问题，且局限于社会领域探讨人生和政治问题，带有浓重的伦理道德色彩。总体而言，人是中国哲学的主题，伦理道德是中国哲学的主流。老子学说的主题也是人，却是人的生存而不仅仅是人生。所谓生存，相当于西方哲学的"存在"范畴，并非简单地指"生命的存活"，而是指"生成着的存在"。老子提倡天道无为，关注的是人存在的根据及其终极价值，这就是人作为有生命的存在的根据何在，其生命的根源在哪里，人应当怎样地生存才符合人之存在的本性等具有高度抽象的问题。老子通过批判反思和抽象思辨，最后概括升华为"道"这一哲学范畴。康德指出，哲学是关于可能性的科学的某种纯粹观念，并不以某种具体的方式存在。老子之道正是康德所说的某种纯粹观念，这是老子作为哲学家的重要标志。道是天下万事万物的根源，"道生一，一生二，二生三，三生万物"（《老子·第四十二章》）；道是事物运动变化的规律，"反者道之动，弱者道之用"（《老子·第四十章》）。道是老子思想的理论基础和逻辑前提，老子以道为核心范畴，注释拓展，创建了道家的哲学体系，构筑起古代中华学术的宏伟大厦，从而对天下万事万物的存在、生长和

---

① 参见［德］亨利希·海涅：《论德国宗教和哲学的历史》，商务印书馆 1974 年版，第 101—103 页。

归宿作出了本原性思考,为人的生存和社会的发展提供了形而上的根据和原则。

老子是政治思想家。老子提出的"无为而治"的政治主张,更深刻地反映了政治统治和社会管理的规律。老子生活的春秋末期,是分封制向郡县制过渡的时期,整个社会经受着严重的政治、经济和精神危机。无怪乎,老子尖锐地批评:"民之饥,以其上食税之多,是以饥;民之难治,以其上之有为,是以难治;民之轻死,以其求生之厚,是以轻死。"(《老子·第七十五章》)面对如此深重的危机,老子从哲学的高度提出了政治思想,也就是从抽象思辨和终极追问的角度提出了道家的政治主张。老子运用"正言若反"的表达方式来阐述其深奥的政治哲学。"正言若反",是对事物更深刻的认识和更正确的把握,不仅提醒人们要从反面的关系中观看正面,以显出正面的丰富内涵,而且提示人们要重视相反对立面的作用,甚至于对立面所产生的作用更胜于正面所显示的作用。因此,老子提出了"无为而治"的主张,并把无为而治作为其政治思想的核心。无为而治不是无所事事、没有作为,而是为了实现更好的政治统治。《老子》第五十七章比较完整地阐述了无为而治的思想,首先提出"以正治国,以奇用兵,以无事取天下"的原则,次则指出无为而治的反面是过多干预和强制,弊害甚多,"吾何以知其然哉?以此,天下多忌讳,而民弥贫;民多利器,国家滋昏;人多伎巧,奇物滋起;法令滋章,盗贼多有"。意思是,我怎么知道无为而治的好处呢?因为天下禁忌越多,人们就反叛得越厉害;人们先进的器具越多,国家就越混乱;人们的巧智越多,歪邪的事情就更加兴盛;法令越是详明,盗贼就越多出现。最后以圣人的口吻指出,无为是手段,治理才是目的,"故圣人云,我无为而民自化,我好静而民自正,我无事而民自富,我无欲而民自朴"。

老子是道教始祖。老子创立的道家学说成为道教理论最为重要的渊源,道家哲学乃是道教至为重要的理论基础。老子否定了宗教,否定了上帝和天命,而老子本人却被尊为道教教主,这真是"天命靡常"的绝妙讽刺!道教,是指在古代宗教信仰的基础上,沿袭西汉初期方仙道、黄老道的某些宗教观念和修持方法,逐渐形成了以道为最高信仰,相信人通过某种实践,经过一定修炼有可能长生不死、成为神仙的中国本土的传统宗教。道家与道教具有根本区别,道家是以老子和庄子为代表的哲学派别,而道教乃是在东汉中后期形成的宗教。道教在创立初期,就把老子奉为教主,尊《老子》为主要经典,称为《道德经》,是教徒们必须习诵的功课;后来又把《庄子》奉为经典,称为《南华经》,这表明道家哲学确实是道教的思想渊源。老子之道深邃幽远,是不可捉摸而又确实的存在,即"道之为物,惟恍惟惚。惚兮恍兮,其中有象;恍兮惚兮,其中有物;窈兮冥兮,其中有精。其精甚真,其中有信"(《老子·第二十一章》)。同时,道又是"视之不见""听之不闻""搏之不得"的。老子把道作为天地万事万物的根源,且是看不见、听不到、摸不着的超越时空的存在,具有浓厚的神秘色彩,这就接近了宗教思想,为道教从宗教角度进行解释提供了基础。从这个意义上说,老子之道被道教所吸收运用并不冤枉。但是,我们既要看到老子哲学与道教的联系,更要看到它们之间的本质区别,绝不能混为一谈,否则,就是对老子及其思想的极大误解。

三、老子之思想

老子之思想博大精深,涵盖自然界、人类社会、个体生命各个领域,包括哲学、宗教、科学、政治、人文、伦理、军事等诸多学科,集中反映了古代中国人的世界观、方法论和人生价值。老子所关心的是如何消解人类社会的纷争、如何使人们生活幸福安宁。从这些基本问题出发,老子构筑了以形而上的道为根本依据,以相反相成为主要动力,以道法自然为宗旨,以自然无为为纲纪,以修身无欲为中介,以圣人之治为目标的理论大厦。

1.老子思想的特征

梳理和探究老子的思想,前提是要认识老子思想的特征,掌握开启老子思想之门的钥匙。老子思想的最大特点是玄而又玄的思维。中国哲学一般关心社会问题而不关心自然领域,具有浓重的伦理道德色彩,以致学界有人认为中国没有哲学;先秦时代没有像古希腊那样的哲学。老子是个异数,他虽然从政治和人生问题出发进行研究,却没有局限于社会领域,而是拓展到宇宙范围研究社会问题,进而把先秦思想提升到形而上高度,抽象升华为道的范畴。这是老子对中华文明最大的贡献,也是老子被称为"中国哲学之父"的主要根据。道是老子思想的理论基础和逻辑前提,是浑全之朴、众妙之门,创生天地万物而又内在于万物之中。道不能被感觉知觉,只能通过玄而又玄的思维方式把握,"道可道,非常道;名可名,非常名。无,名天地之始;有,名万物之母"(《老子·第一章》)。意思是,道可知而可行,但非恒久不变之道;名可以据实而定,但非恒久不变之名。无,是天地混沌开来之际的原始状态;有,则是宇宙万物所以产生的总根源。

批判反省的思维。面对春秋末年礼崩乐坏的形势,老子对文明基本持一种批判的态度,古往今来许多思想家批判过文明,但只有老子把整个文明都拿来批判,即"大道废,有仁义;智慧出,有大伪;六亲不和,有孝慈;国家昏乱,有忠臣"(《老子·第十八章》)。在老子看来,当时倡导和力图恢复的仁义礼教,都是统治者积极有为的结果,不仅不是解决问题的手段,而且是造成问题的根源。仁义是一套宣传说辞,让人变得虚伪无耻;礼教成了一套干瘪僵硬的桎梏,似乎在强制地拉着人们前行;知识和智慧造就了更多麻烦,似乎变成了互相之间的算计关系。为此,老子明确提出了"无为"和"自然"的主张。批判性思维并不是否定一切,而是对已有的各种观点接受之前必须进行的审查和质疑,这是人类应具备的健康的思维能力。

正言若反的思维。钱钟书认为:"夫'正言若反',乃老子立言之方,五千言中触处弥望。"①《老子》第四十五章指出:"大成若缺,其用不弊。大盈若冲,其用不穷。大直若屈,大巧若拙,大辩若讷。躁胜寒,静胜热。清静为天下正。"意思是,大完满好像有欠缺,而它的作用却不会衰竭。大充实好像空虚,而它的作用却不会穷尽。大直好像弯曲,大巧好像笨拙,大辩好像木讷。运动能抵御寒冷,安静能制服炎热。只有清静才是天下万事万物的准则。老子的正言若反,既是一种思维方式,体现否定之否定的辩证法精神,又是一种语言风格和修辞手法,将一些对立的概念组织在一起,以说明相互联系、区别、转化和流动。这不仅增添了老子思想的内涵,而且加强了表达效果,使研读《老子》更加耐人寻味。正言若反与批判性思维密切关联,批判性思维是正言若反的本质内容,正言若反是批判性思维的最好表达方式。

善用比喻的思维。中国哲学不善于定义概念和范畴,却善于运用故事或比喻来阐述深奥的道理。思想家的比喻,总是建立在想象的基础上,产生出某种感觉效果,使抽象化的思辨获得形象生动的间接表达。老子是比喻高手,所用喻体卓尔不群、个性鲜明,老子思想最主要的喻体是水、女性和婴儿,以水喻道,是生命源泉的形象追索;以女性喻道,是生命原始力量的深情回忆;以婴儿喻道,是生命原初状态的天真体验。在《老子》第六十四章中,一连用了三个比喻,说明事物从微小发展至于壮大以及防患于未然、治之于未乱的道理,"合抱之木,生于毫末;九层之台,起于累土;千里之行,始于足下"。意思是,合抱的大树,生于细小的萌芽;九层的高台,起于最初的堆土;千里的远行,就从脚下开始。

---

① 钱锺书:《管锥篇》(二),三联书店 2001 年版,第 717 页。

2.老子思想的内容

德国哲学家尼采认为,老子思想"像一个永不枯竭的井泉,满载宝藏,放下汲桶,唾手可得"[1]。那么,我们就怀着崇高敬意和虔诚心情去汲取老子思想的宝藏吧。

其一,道的本体论,是老子思想最贵重的宝藏。对于哲学思想体系来说,本体论的建构之所以重要,是因为它是全部问题的形而上依据。老子是中国历史上第一个自觉研究本体论的思想家,他把道作为自己学说的最高范畴,看作是天下万事万物的本原和起源。老子认为,道是形而上的存在,天地万物则是具体的存在。形而上的道相对于天地万物而言,它是无形无象、无名无状,即"视而不见名曰夷,听之不闻名曰希,搏之不得名曰微。此三者不可致诘,故混而为一。其上不皦,其下不昧,绳绳不可名,复归于无物。是谓无状之状,无物之象,是谓惚恍。迎之不见其首,随之不见其后"(《老子·第十四章》)。

在老子看来,道是宇宙的本原,无形无象的道创生了有形有象的天地万物,"有物混成,先天地生。寂兮寥兮！独立而不改,周行而不殆,可以为天下母。吾不知其名,字之曰道,强为之名曰大。大曰逝,逝曰远,远曰反"(《老子·第二十五章》)。意思是,有物浑然一体,先于天地生成。无声而又无形,独立长存从不改变,循环运行永不停息,可以说是天地之本根。我不知它的本名,给它取名叫道,勉强取名叫大。大到无边又无所不至,无所不至而又运行遥远,运行遥远又回归本原。老子把道比喻为"大容器",装着无穷无尽的东西,却总是装不满,"道冲,而用之或不盈。渊兮,似万物之宗"(《老子·第四章》)。"冲"通"盅",《说文》注:"盅,器虚也。"老子把道比喻为"谷神""玄牝",它们

---

[1] 李世东等:《老子文化与现代文明》,中国社会出版社 2008 年版,第 274 页。

创生万事万物,其生殖力量却不会衰减穷竭,"谷神不死,是谓玄牝。玄牝之门,是谓天地根。绵绵若存,用之不勤"(《老子·第六章》)。意思是,道是那样神妙而永恒,它就像空无一物的山谷和深妙莫测的母体。深妙莫测的母体,它就是天地的本根。绵密不绝而又川流不息,它的功用无穷无尽。老子把道比喻为"大风箱",愈是推拉它,就愈是多排风,"天地之间,其犹橐籥乎?虚而不屈,动而愈出"(《老子·第五章》)。张松如注云:"橐籥,犹今风箱,古冶铸所用嘘风炽火之器。为函以周罩于外者橐也,为辖以鼓扇于内者籥也。"①容器、谷神、玄牝和风箱有一个共同特征,就是中间空虚而作用无限。老子用这些喻体说明道之体与用的关系,即道体冲虚,其用无穷。

其二,有与无的辩证法,是老子思想最闪亮的宝藏。老子是朴素辩证法大师,老子思想中有着丰富而深刻的辩证法内容。在短短五千言中,老子约举出了八十余对相反相成的概念,其中最重要的思想是"反者道之动,弱者道之用"(《老子·第四十章》),这不仅解释了天地万事万物运动变化的原因和动力,而且指出了事物运动的规律性,即事物的运动是循环往复的,总要回到原初的状态;最重要的一对概念是有与无,"天下万物生于有,有生于无"(《老子·第四十章》)。老子还用车轮、器皿和房屋作比喻,来阐述有与无的辩证关系,"三十辐共一毂,当其无,有车之用。埏埴以为器,当其无,有器之用。凿户牖以为室,当其无,有室之用。故有之以为利,无之以为用"(《老子·第十一章》)。意思是,三十根辐条共同支撑着车毂,那车的空间,是车的功用。揉搓黏土制成器具,那器的空间,是器的功用。开门窗、凿窑洞为居室,那居室的空间,是居室的功用。因此,有是物体形成的条件,无才是物体的功用之所在。

在辩证法的世界里,老子揭示了对立统一规律,认为任何事物都

---

① 张松如:《老子说解》,齐鲁书社 1987 年版,第 44 页。

有对立面,事物既因对立面而存在,又因对立面而运动,"天下皆知美之为美,斯恶已;皆知善之为善,斯不善已。故有无相生,难易相成,长短相形,高下相倾,音声相和,前后相随"(《老子·第二章》)。老子揭示了质量互变规律,"其安易持,其未兆易谋,其脆易泮,其微易散。为之于未有,治之于未乱"(《老子·第六十四章》)。意思是,事物发展处于稳定的状态则易于掌握,事物发展尚未显示征兆的时候则易于处理,事物发展尚处于脆弱的时候则易于破灭,事物发展尚处于微弱的时候则易于散失。因而在事情尚未发生时就应该早作准备,在混乱尚未发生时就应该加以治理。老子揭示了否定之否定规律,这就是"反者道之动";"大曰逝,逝曰远,远曰反"。钱钟书认为:"反有两义,一者正反之反,违反也;二者往反之反,回反也"①,而"往反之反"就是指否定之否定。老子揭示了矛盾对立面相互转化的规律,"曲则全,枉则直;洼则盈,敝则新;少则得,多则惑"(《老子·第二十二章》)。其中最著名的论述是"祸兮,福之所倚;福兮,祸之所伏。孰知其极? 其无正也? 正复为奇,善复为妖"(《老子·第五十八章》)。奇为邪,妖为不善。意思是,祸啊,是福所依凭的东西;福啊,是祸所隐藏的地方。谁知道它们变化的究竟? 是没有个定准吗? 正又变为邪,吉又变为凶。冯友兰指出,在主宰事物变化的法则中,最根本的一条是"物极必反",而这一思想恰恰源自于道家学说,老子说:"物壮则老"(《老子·第三十章》);"兵强则灭,木强则折"(《老子·第七十六章》);"甚爱必大费,多藏必厚亡"(《老子·第四十四章》)。

其三,理性直觉的认识论,是老子思想重要的宝藏。老子的认识对象是道,围绕道来探索人们的认识活动。由于道不可见、不可触,无形无状、无色无味,具有神秘性,老子的认识论也染上了神秘色彩。然而,老子的认识论不能被认为是神秘主义认识论,而是有着创新性和

① 钱锺书:《管锥篇》(一),三联书店 2001 年版,第 690 页。

合理因素的认识论。老子提出道的范畴,本身就具有深刻的认识论意义,道不是人们对世界作感性认识的经验折射的结果,而是人们对世界作理性思考的默识积淀的结晶。因此,老子认为,道不是经验所能把握的对象,"不出户,以知天下;不窥牖,以知天道。其出弥远,其知弥鲜。是以圣人不行而知,不见而名,弗为而成"(《老子·第四十七章》)。同时,老子认为,道只能由理性直觉认识和把握,理性直觉是比理性认识更高的认识方法,需要通过长期的思维训练才能达到的认识境界。

在老子的认识论中,玄览是认识的必要前提,"涤除玄览,能无疵乎?"(《老子·第十章》)高亨注"览"为"鉴","玄鉴者,内心之光明,为形而上之镜,能照察事物,故谓之玄鉴。"①意思是,清除内心污垢,使之清澈如镜,才能认识和把握客观事物。老子之所以要清除内心污垢,是因为"五色令人目盲,五音令人耳聋,五味令人口爽,驰骋畋猎令人心发狂,难得之货令人行妨"(《老子·第十二章》)。静观是认识的重要方法,"致虚极,守静笃。万物并作,吾以观其复"(《老子·第十六章》)。意思是,尽力达到心灵空明的极致,坚守清净的最佳状态。万物都在蓬勃生长,我从中观察它们的循环往复。老子认为,只有做到了静观,才能观自身、观家乡、观邦国和观天下,"故以身观身,以家观家,以乡观乡,以邦观邦,以天下观天下。吾何以知天下然哉?以此"(《老子·第五十四章》)。知常是认识的主要目的,"夫物芸芸,各复归其根。归根曰静,是谓复命。复命曰常,知常曰明。不知常,妄作,凶"(《老子·第十六章》)。王弼注云:"常之为物,不偏不彰,无曒昧之状、温凉之象,故曰'知常曰明'也。"②

其四,无为而治的政治观,是老子思想富集的宝藏。老子的思想实质是对春秋末年社会混乱局面的反映,出发点和归宿都是政治和人

① 高亨:《老子正诂》,中国书店1988年版,第24页。
② [魏]王弼注,楼宇烈校释:《老子道德经注》,中华书局2011年版,第39页。

生问题,历来有人认为《老子》是政治书籍而不是哲学书籍。在先秦时期,老子的政治思想一枝独秀;在中国思想史上,老子的政治思想自成一家,对于传统政治观念和政治实践有着重要贡献。道是老子政治思想的理论基础,遵道而行、同于道者,是政治实践的基本原则,"故道大,天大,地大,王亦大。域中有四大,而王居其一焉。人法地,地法天,天法道,道法自然"(《老子·第二十五章》)。意思是,道大,天大,地大,王也大。宇宙间有四大,王居其中之一。人取法于地,地取法于天,天取法于道,道本性自然。王弼注云:"天地之性,人为贵,而王是人之主也"①;河上公注云:"道性自然,无所法也。"

在老子看来,"道常无为而无不为"。政治遵道而行,就是无为而治,这是老子之道在社会政治领域的必然要求,也是老子政治思想的核心,"侯王若能守之,万物将自化。化而欲作,吾将镇之以无名之朴。无名之朴,夫亦将无欲。不欲以静,天下将自定"(《老子·第三十七章》)。意思是,侯王如能无为而治,万物将自然化育成长。化育成长会产生贪欲,我将用道的真朴来镇服。这个道的无名真朴,就能根绝贪欲。根绝贪欲就能安静,天下将会自然安定。老子把君王和统治好坏分为四个等次,"太上,不知有之;其次,亲而誉之;其次,畏之;其下,侮之"(《老子·第十七章》)。"太上,不知有之",是无为而治的理想状态,即最好的统治,是老百姓不知道统治者的存在而祥和安宁的社会。无为而治要求统治者最大限度地减少干预和强制作为,充分尊重老百姓的权利和信任老百姓的能力。老子认为,无为而治的关键是守无。老子通过圣人的形象强调统治者应尊重民意、顺应民心,"圣人无常心,以百姓心为心。善者善之,不善者亦善之,德善也。信者信之,不信者亦信之,德信也"(《老子·第四十九章》)。通过圣人的言行强调统治者守无的积极意义,让老百姓自化、自正、自富和自朴。无为而治的

---

① [魏]王弼注,楼宇烈校释:《老子道德经注》,中华书局2011年版,第66页。

原则是公正。只要有社会存在，就会有不平等现象。对于社会不平等，老子指出，要学"天之道"，不要学"人之道"，即"天之道，其犹张弓与？高者抑之，下者举之；有余者损之，不足者与之。天之道，损有余而补不足；人之道则不然，损不足以奉有余。孰能有余以奉天下？唯有道者"（《老子·第七十七章》）。意思是，天道运行的法则，就像是张弓上了弦吧？弦位高了就压低，弦位低了就提高；过高了就要减损，不够高就加以补足。天道运行的法则，是减损有余来补给不足。人世的规矩却不是这样，是减损不足来供奉有余。谁能拿出有余的东西来供给天下人呢？只有有道之人。无为而治的基础是不争。争名逐利、贪功己有，可以说是人性的弱点，老子则告诫统治者，"天之道，利而不害；圣人之道，为而不争"（《老子·第八十一章》）。不争，就是要效仿道的"玄德"品质，化生万物而不据为己有，"道生之，德畜之，长之育之，亭之毒之，养之覆之。生而不有，为而不恃，长而不宰，是谓玄德"（《老子·第五十一章》）。

其五，见素抱朴的人生哲学，是老子思想有益的宝藏。任何人都会有职业和人生，职业是人生的一部分，人生却是人的全部和一辈子。人生哲学包括修身之道和处世之道，不仅是对自己身体和生命的思考，而且是对人生价值、意义和目标的思考。老子从"道法自然"出发，把素朴看成是人的本质规定，"见素抱朴，少私寡欲"（《老子·第十九章》）。"素"是指未经染色的丝，"朴"是指未经雕饰的木头。老子认为，人的本性是朴素自然的，不要矫揉造作，不要被名利所诱惑。他还用婴儿来比喻人的素朴："专气致柔，能如婴儿乎？"（《老子·第十章》）意思是，结聚精气而达致柔顺，能纯真得像婴儿吗？婴儿天真无邪，在柔弱中充满生机和活力，身心都处在积极正面的状态，"含德之厚，比于赤子"（《老子·第五十五章》）。即使长大成人，也要保持婴儿的本真和态度，"知其雄，守其雌，为天下溪。为天下溪，常德不离，复归于婴儿"（《老子·第二十八章》）。意思是，深知雄强重要，却甘居雌柔的地位，愿做天下的溪流。愿做天下的溪流，美德永不相离，复归如纯真婴儿。

在老子的人生哲学里，关键是守柔。《吕氏春秋·不二》指出："老聃贵柔，孔子贵仁，墨子贵兼。"这比较正确地反映了老子人生哲学的特征。老子把柔弱看成是素朴的表现和生命力的象征，"人之生也柔弱，其死也坚强；草木之生也柔脆，其死也枯槁。故曰坚强者死之徒，柔弱者生之徒。是以兵强则灭，木强则折。强大处下，柔弱处上"（《老子·第七十六章》）。意思是，人活着的时候身体是柔软的，人死了身体就变得僵硬；草木活着的时候是柔软的，死了就变得干枯。所以说坚强属于死的一类，柔弱属于活的一类。所以军队强大就会灭亡，树木强硬就会折断。所以强大处于劣势，柔弱处于优势。柔弱就是要像水那样，善利万物却愿意往低处流，安于卑下，不逞强好胜，不锋芒毕露，"上善若水，水善利万物而不争。处众人之所恶，故几于道"（《老子·第八章》）。底线是知足。人生而有私有欲，这既是前进的动力，又是祸害的根源。老子并不否认私欲，而是主张少私寡欲、恬淡为上，把私欲控制在一定限度内，凡事都要适可而止，"名与身孰亲？身与货孰多？得与亡孰病？甚爱必大费，厚藏必多亡。故知足不辱，知止不殆，可以长久"（《老子·第四十四章》）。意思是，名声和生命哪一个更重要？生命和财货哪一个更贵重？得到名利和失去名利哪一个更有害？过分爱惜必有重大损耗，大量藏货必有更多损失。知道满足就不会遭受耻辱，知道适可而止就不会有危险，这样就可以长久安定。重点是以德报怨。人生最主要的内容是处理人与人之间的关系，最大的困惑是如何对待与自己品性风格不同的人尤其伤害过自己的人，老子提出了以德报怨的主张，"为无为，事无事，味无味。大小多少，报怨以德"（《老子·第六十三章》）。这一主张充满着智慧和宽容精神，是对世俗正义和道德价值的超越，有利于化解矛盾，平息纷争，息事宁人。否则，以怨报怨、以牙还牙，只能是矛盾越来越大、怨仇越结越深，冤冤相报何时了。

　　生活脚步匆匆,世事表象纷繁。夜晚细细品读《老子》一书,不断汲取老子思想的宝藏,诚如同一位睿智的老人对话,真是一种无上的精神享受,直让人的心灵宁静美好。"海到天边天作岸,山登绝顶我为峰"。品读《老子》,似乎站在哲人的肩膀,让你从高处往下观望,擦亮双眼,超越世俗,则有心旷神怡,宠辱皆忘,把酒临风,其喜洋洋者矣;思接千载,视通万里,犹如神游在思辨王国自由自在地沐浴着思维的阳光。品读《老子》,似乎在聆听大师的教诲,世事沧桑,人生百态尽收眼底;悲欢离合、阴晴圆缺涌上心头,在大师的点拨下一一化解、步步登高,逐渐进入化境的状态。品读《老子》,似乎在拥抱整个宇宙,观沧海、望星空、日月星辰、四季运行,黄山黄石、长江大河,明月清风、杏花春雨,金戈铁马、大江东去,沧海横流、桑田变化,暗香浮动、残荷冷菊。面对浩瀚的宇宙、风云的历史、纷乱的社会和清冷的人生,仿佛听到老子在轻声对我们说:这就是道!

第三章　读《论语》,思人生

　　孔子是中华民族的圣人,《论语》是中华文明的圣经。是孔子和《论语》,维系了中华文明的源远流长,避免了世界其他文明的中断之痛;是孔子和《论语》,促进了中华民族的生存发展、繁衍生息,历经磨难而始终屹立于世界民族之林。作为炎黄子孙,怎么赞誉孔子和《论语》都不为过。

　　德国哲学家黑格尔认为,孔子是一个实际的世间智者,在他那里主要是一些善良的、老练的、道德的教训。他的道德教训给他带来了最大的名誉,他的教训是最受中国人尊重的权威。黑格尔的评价并不一定全面,却正确指明了孔子思想的本质是伦理道德,是关于人生的思考和探索。学习孔子,阅读《论语》,有益于丰富和完善人生。

一、孔子其人

　　与老子相比,孔子是幸运的。对于孔子其人,历史上没有争议,不仅没有争议,而且历代帝王都不断地追加"至圣先师""万世师表"的封号;孔子家族也备享尊荣,位于山东曲阜的孔府至今已延续 80 多代。孔子生前"述而不作",身后由其弟子编纂的《论语》,主要记录孔子的言行和思想,却成了儒家的经典,不仅是儒家的经典,而且也是中华文化和人类文明的重要典籍。司马迁十分敬仰孔子,"《诗》有之:'高山仰止,景行行止。'虽不能至,然心向往之。余读孔氏书,想见其为人"(《史记·孔子世家》)。司马迁还以超越孔子身份的做法为孔子作传,《史记》有"孔子世家"篇。唐代史学家张守义在《史记正义》中解释:"孔子无侯伯之位,而称世家者,太史公以孔子布衣传十余世,学者宗之,自天子王侯,中国言六艺者宗于夫子,可谓至圣,故为世家。"从《史记》记载分析,孔子是春秋时期人,生于公元前544年,享年73岁,比老子约小20岁,"鲁襄公二十二年而孔子生。生而首上圩顶,故因名曰丘云。字仲尼,姓孔氏"。

孔子早年贫且贱却好礼,三岁丧父,由寡母颜氏带大,过着清贫的生活;曾经受到权臣季氏门人阳虎的羞辱,"季氏飨士,孔子与往。阳虎绌曰:'季氏飨士,非敢飨子也。'孔子由是退"。但是,"孔子为儿嬉戏,常陈俎豆,设礼容",当时就有很大声望,以至鲁国大夫孟釐子在临死前诫其嗣懿子曰:"今孔丘年少好礼,其达者欤?吾即没,若必师之。"

孔子曾经在鲁国为官从政,最早是管理仓库和畜牧的基层官员,"尝为季氏吏,料量平;尝为司职吏而畜蕃息"。最为辉煌的是56岁时在鲁国当过大司寇,兼任代理宰相,而且政绩斐然,"与闻国政三月,粥羔豚者弗饰贾;男女行者别于途;途不拾遗;四方之客至乎邑者不求有司,皆予之以归"。

孔子56岁之后因不满鲁国政治而带领弟子周游列国14年,推行自己的政治主张,却屡屡碰壁,抑郁不得志;多次被围,最难的一次是困于陈蔡两国之间,差点丧了性命。孔子自嘲是"累累若丧家之犬"。在当时的隐士看来,孔子一无是处、毫无用处,"子路从而后,遇丈人,以杖荷蓧,子路问曰:'子见夫子乎?'丈人曰:'四体不勤,五谷不分,孰为夫子!'植其杖而芸"(《论语·微子》)。意思是,子路跟着孔子而落在了后面,碰到一位老人,用拐杖挑着锄草的工具负在背上。子路问老人,你见到我老师了吗?老人回答,有四肢却不劳作,眼睛能看到粮食却分辨不出五谷的种类,谁知道是老师。说完就把拐杖插在田边去锄草了。

孔子一生从事教育和文献整理工作,取得巨大成就。在教书育人方面,孔子以诗书礼乐教,"弟子盖三千焉,身通六艺者七十有二人。如颜浊邹之徒,颇受业者甚众"。在文献整理方面,"孔子晚而喜《易》,序彖、系、象、说卦、文言。读《易》,韦编三绝。"最重要的成就是修《诗经》《尚书》《仪礼》《乐经》,序《周易》,撰《春秋》,"自此可得而述,以备王道,成六艺"(《史记·孔子世家》)。

《论语》是一部语录体的著作,也是研究孔子思想最基本的材料。钱穆认为,古代散文可分为两个时期,第一期为"史"的散文,政治性强,以《尚书》《左传》为代表,有的记言,有的记事,有的既记言又记事,都是由史官记录下来的官书。第二期为"子"的散文,属于思想性范围,以《论语》和先秦诸子的著述为代表,都是由私家和平民写作。从文体而言,子由史演变而来,"子者,史之流变也"。《论语》为早期"子"的散文,全书没有完整的篇章结构,内容也不连贯,各篇各章只是零星记载而已,并非要文章传世①。尽管如此,《论语》却是儒家最重要的典籍,且是与孔子有关最可信的资料。二程认为:"学者当以《论语》《孟子》为本。《论语》《孟子》既治,则六经可不治而明矣。"(《四书章句集注·论语集注》)《论语》形成于战国时期,在唐代进入经书行列。在宋代《孟子》也列为经书。北宋开国宰相赵普是以"半部《论语》治天下";朱熹则将《论语》与《大学》《中庸》《孟子》合称"四书",并和《诗》《书》《礼》《易》《春秋》一起合称"四书五经"。元代之后,"四书五经"被封建社会定为科举考试的基本科目和传统知识分子的必读书目。

孔子对于中国和世界都有巨大而深远的影响。古代尊孔子为"天纵之圣""天之木铎";后世封建统治者尊孔子为孔圣人、至圣先师、至

① 钱穆:《中国文学史》,天地出版社 2016 年版,第 38—39 页。

圣文宣王、大成至圣文宣王先师。今天孔子被列为"世界十大文化名
人",英国科学家李约瑟指出"孔子是'无冕皇帝'",美国思想家爱默
生认为"孔子是全世界各民族的光荣"[1]。

二、孔子形象

　　一般认为,孔子是圣人,其形象必定威仪,非常严肃、不苟言笑。
细读《论语》,我们却获得了一个可敬可爱可亲可近的孔子形象。

　　孔子好学,这是《论语》给我们的第一个形象。"子曰:'十室之
邑,必有忠信如丘者焉,不如丘之好学也。'"(《论语·公冶长》)孔子说,
即使在只有十户人家的小地方,也必定有像我一样忠实而讲信用的
人,而我的好学、爱好学问是他们比不上的。孔子十分看重好学的品
格,他不承认自己是圣人、仁者和君子,却始终强调自己好学,把学习
看作是一件快乐的事情,《论语》开篇的第一句话就是:"学而时习之,
不亦说乎?"(《论语·学而》)孔子的好学是废寝忘食。有人向弟子打听
孔子的情况,弟子没有回答。孔子不满意地说:"女奚不曰:其为人也,
发愤忘食,乐以忘忧,不知老之将至云尔。"(《论语·述而》)孔子的好学
是谦虚谨慎、不耻下问。弟子问卫国的孔文子为什么被谥以"文"呢?
孔子回答:"敏而好学,不耻下问,是以谓之文也。"(《论语·公冶长》)孔
子自己就是不耻下问的榜样,《论语》中有两处说:"子入太庙,每事
问。"(《论语·八佾》)孔子的好学是学而不厌、永不满足,"默而识之,
学而不厌,诲人不倦,何有于我哉?"(《论语·述而》)意思是,默默地将
学到的东西记在心里,学习从不满足,教育他人从不厌倦,这些事情我
都做到了。孔子的好学是终身学习、至死方休,"吾十有五而志于学"
(《论语·为政》),到了知天命的年龄,孔子希望"加我数年,五十以学

---

[1]　张岱年主编:《孔子百科词典》,上海辞书出版社 2010 年版,第 839 页。

《易》,可以无大过矣"(《论语·述而》)。据《论衡》记载,孔子在临死前的半天还在读书,无怪乎汉代学者王充赞叹道:"圣人之好学也,且死不休。"(《论衡·别通》)。

孔子谦虚,这是《论语》给我们的第二个形象。具体表现在承认与不承认的自我评价之中。在承认方面,孔子承认自己无知,"吾有知乎哉? 无知也。有鄙夫问于我,空空如也;我叩其两端而竭焉"(《论语·子罕》)。从这段话可见,孔子既不认为自己是生而知之,又说明自己的知识是学来的,是穷根究底问来的。孔子承认自己不如弟子,"子谓子贡曰:'女与回也孰愈?'对曰:'赐也何敢望回? 回也闻一以知十,赐也闻一以知二。'子曰:'弗如也! 吾与女弗如也。'"(《论语·公冶长》)意思是,孔子问子贡,你和颜回哪个更强些。子贡回答,我怎么敢和颜回比,他得知一件事,可以推知十件事。我得知一件事,只能推知两件。孔子说,是不如他,我和你都不如他。一个老师承认自己不如弟子,需要多么大的勇气,这是何等高尚的精神。孔子敢于承认错误,闻过则喜。《论语》记载,陈国司寇问,鲁昭公懂礼吗? 孔子回答说,懂礼。孔子出去后,司寇向巫马期作了个揖说,我听说君子不包庇别人,君子也会包庇别人吗? 鲁君从吴国娶了一个夫人,是同姓,称为吴孟子。这样的君主懂礼,还有谁不懂礼呢? 巫马期把这些话转告孔子,孔子听说后马上承认自己过错,"丘也幸,苟有过,人必知之"(《论语·述而》)。

在不承认方面,君子、圣人和仁者在孔子那里都是褒义的概念,也是他心向往之的人格理想。尽管弟子都把孔子当作君子、圣人和仁者对待,而孔子从来不予承认。关于君子,孔子明确地说,君子具有的仁、智、勇品格,"我无能焉"。关于圣人与仁者,"子曰:'若圣与仁,则吾岂敢! 抑为之不厌,诲人不倦,则可谓云尔已矣!'公西华曰:'正唯弟子不能学也'"(《论语·述而》)。孔子说,至于说我是圣人和仁者,我怎么敢当! 我只不过是学习从不满足,教导别人从不厌倦,那倒可以说已经做到这样了。公西华感慨地说,这正是我们这些学生学不到的。孔子愿意向任何人学习,"三人行,必有我师焉!"这句话使得孔子的谦虚形象跃然纸上,令人感佩。

孔子是性情中人,这是《论语》给我们的第三个形象。《论语》告诉我们,孔子是人不是神,他有自己的喜怒哀乐,不是不形于色,有时甚至是率性而为。孔子会赌咒发誓,"子见南子,子路不说。夫子矢之曰:'予所否者,天厌之!天厌之!'"(《论语·雍也》)南子是卫灵公的夫人,把持朝政,性情淫荡,名声不好。有一次孔子会见南子,子路很不高兴。孔子就对天发誓说,如果我有什么不对的行为,请天厌弃我!请天厌弃我!孔子会怕人误解,"子曰:'二三子以我为隐乎?吾无隐乎尔。吾无行而不与二三子者,是丘也。'"(《论语·述而》)孔子说,学生们,你们以为我对你们有所隐瞒吗。我对你们是没有什么可以隐瞒的,我对你们都是公开的,这就是我孔丘的为人。在这段话中,可以看到孔子多么在意他在学生心目中的形象,"是丘也"的语气,也带有赌咒发誓的印迹。

孔子会开玩笑,《论语》记载:孔子到武城,听到弹琴唱诗的声音。他微笑着说,杀鸡哪里用得着宰牛的刀。子游不解地说,从前我听老师说过,做官的学了礼乐之道就会爱护人民,老百姓学了礼乐之道就易于管理。这时孔子发现自己刚才说的话不合适,便回答说:"偃之言是也。前言戏之耳!"(《论语·阳货》)意思是,言偃的话是对的,我刚才的话只是开玩笑。孔子会骂人,樊迟想学习种庄稼和蔬菜,孔子骂他是小人,"小人哉,樊须也!"(《论语·子路》)孔子骂宰予是朽木和粪土,"宰予昼寝。子曰:'朽木不可雕也,粪土之墙不可杇也,于予与何诛?'"(《论语·公冶长》)孔子会动感情,"颜渊死,子哭之恸。从者曰:'子恸矣。'曰:'有恸乎?非夫人之为恸而谁为!'"(《论语·先进》)意思是,颜渊不幸早死,孔子哭得十分伤心。跟随的人说,您太伤心了。孔子说,太伤心了吗?我不为这个人伤心又为谁伤心呢。孔子还说:

"噫！天丧予！天丧予！"唉！颜渊之死，这是老天要我的命呀，老天要我的命呀！一个老师对待学生的感情是如此真挚，不能不令人感动。

三、孔子的历史地位

毫无疑问，孔子是中国历史上的思想伟人。一方面，孔子是中国古代文化的集大成者，他的思想包罗万象，可以从政治、伦理、教育、文化、经济等多个角度进行学习和研究；另一方面，二千多年来，孔子的思想一直在影响着中国人，已经积淀为中华民族的文化基因。

孔子是思想家。《现代汉语词典》对思想家的解释是："对客观现实的认识有独创见解并能自成体系的人。"孔子创立了儒家学说，形成了儒家学派。从世界观、方法论的角度分析，孔子是一个关注社会、关注人生的思想家，最大的思想成果是提出了仁的范畴以及义、礼、智、信的概念。而孔子关于"仁、义、礼、智、信"的理解与诠释，不仅构成了孔子学说的基石和支柱，也构成了中华民族传统美德的核心内容，成为中华民族赖以生存发展的道德根基和思想基础。

在孔子看来，仁具有丰富的内容。"颜渊问仁。子曰：'克己复礼为仁。一日克己复礼，天下归仁焉。为仁由己，而由人乎哉？'"（《论语·颜渊》）这段对话很短，却包含着两个层面的内容，这就是仁既要克己又要复礼。仁还有一个层面的内容是爱人，"樊迟问仁。子曰：'爱人。'"（《论语·颜渊》）孔子认为，义是最重要的道德标准，也是人生追求的目标，"君子之于天下也，无适也，无莫也，义之与比"（《论语·颜渊》）。意思是，君子对于天下的人和事，没有固定的成见，只问符合不符合义理。符合义理的，就认同就做，否则，就不认同不做。孔子认为，礼是关于人与自然、人与社会、人与人关系的规范。换言之，礼就是社会制度和道德规范，主要功能是维护社会秩序，"礼之用，和为贵"（《论语·学而》）。孔子认为，智是君子人格的有机组成部分，也是人生修养的重要内容，"仁者安仁，智者利仁"（《论语·里仁》）。意思是，仁者实行仁德以安身立命，智者实行仁德以谋取大事。孔子认为，信是人生的立身之本，"人而无信，不知其可也。大车无輗，小车无軏，其何以行之哉？"（《论语·为政》）

孔子是教育家。孔子是中国历史上第一位教育家，还是中国历史上创办私学、大量接收学生的第一人。孔子根据自己的教育实践，提出了一系列深邃、至今仍闪烁着智慧光芒的教育思想。一是"有教无类"，这是孔子最重要的教育思想，集中体现了孔子的人文精神。早在两千多年前，孔子就提出并实践了超越其所处时代和具有普世价值的教育精神。二是因材施教，这是孔子教育思想的重要组成部分。孔子从认识论的角度论述了人的认知能力的差别，有的人生而知之，有的人学而知之，有的人困而学之，有的人困而不学。他说："生而知之者，上也；学而知之者，次也；困而学之，又其次也；困而不学，民斯为下矣。"（《论语·季氏》）作为教育者，要区别对待，"中人以上，可以语上也；中人以下，不可以语上也"（《论语·雍也》）。意思是，资质高的学生，可以教给他高深的道理；资质一般的学生，则要教给他能够接受的知识。三是"子以四教：文、行、忠、信"（《论语·述而》）。这是孔子关于教育内容的认识。所谓"文"是指知识、学问以及文章的文采、字句和条理，"行"是指个人的行为、品德，"忠"是对国家、父母的责任，"信"是对社会的信义。孔子的教育包括道德教育和知识教育的内容，但更看重道德教育，"德之不修，学之不讲，闻义不能徙，不善不能改，是吾忧也"（《论语·述而》）。意思是，不修道德，不讲学问，知道应该做的却不能迁而从之，不好的毛病却不能改掉，这是我的忧虑啊。

孔子是伦理学家和政治学家。春秋战国时期，诸子百家的思想都直接或间接地关切政治和伦理道德，以便为统治者献计献策，司马迁评论说："各著书言治乱之事以干世主。"（《史记·孔子世家》）与其他各家相比，儒家最为关切，这就在孔子和《论语》中产生了大量谈及政治和伦理道德的思想,概括起来就是"内圣外王"四个字,具体化为"君子"的理想人格。"内圣"是指君子的内心致力于道德修养。在孔子看来,"内圣"包括仁、义、礼、智、信的修养。内圣,对于自身而言是目的,对于外王而言是基础。有一次,子路问怎样才算得上君子?孔子回答说:"修己以敬";"修己以安人";"修己以安百姓。"(《论语·宪问》)在这段对话中,孔子要求君子既重视自我修身,又具有社会责任感。"外王"是君子在社会活动中致力于为官从政。在古代社会,人们的公共活动空间非常狭小,要对社会有所贡献,大概只有为官从政一条路,因而孔子鼓励人们"学而优则仕"(《论语·子张》)。在孔子看来,为官从政者要端正行为,"政者,正也"。要勤于政事,"子路问政。子曰:'先之,劳之。'请益,曰:'无倦。'"(《论语·子路》)意思是,子路问如何治政理事。孔子回答,身先士卒,要老百姓做的事,自己首先去做,而且要不怕辛劳。子路请孔子多指教一些。孔子回答,为官者要对工作孜孜不倦、永不懈怠。要谨言慎行。子张问做官的方法,孔子回答:"多闻阙疑,慎言其余,则寡尤;多见阙殆,慎行其余,则寡悔。言寡尤,行寡悔,禄在其中矣。"(《论语·为政》)意思是,为官者要多听,有怀疑的地方先予以保留,对其余的谨慎说出,从而减少过失;多看,有疑惑的地方先予保留,对其余的谨慎行动,从而减少后悔。言语少过失,行为少后悔,这就是为官的方法。

四、孔子思想的内容

孔子是中国思想文化的奠基人之一。他在整理和继承夏商周尤其是周礼的基础上,提炼出"仁"这一理念来作为人之为人的本质规定。孔子以仁的理念作为逻辑前提和思想支点,全面而系统地阐述了儒家的道德思想、政治主张和人格理想,进而构筑起儒家学派的思想大厦。

1.仁的理念

仁是孔子思想体系中最核心的概念,以至有人把孔子思想概括为仁学。在《论语》中,"仁"字出现了109次,是孔子和他的弟子们谈论最多的一个范畴,这说明仁的概念在孔子思想中的地位非常重要。由于时间不同、场合不同、对象不同,孔子关于仁的含义回答不尽一致。通过梳理,可从两个方面去认识,一方面是对己的,强调如何通过自身修养,达到仁的境界;另方面是对人的,强调如何推己及人,爱人知人,感化他人。

首先是克己。"子曰:'克己复礼为仁'"(《论语·颜渊》),这是孔子关于仁的重要思想。克己就是约束自己,约束自己是多层次的,一要从内心上约束自己,"仲弓问仁。子曰:'出门如见大宾,使民如承大祭。己所不欲,勿施于人。在邦无怨,在家无怨。'"(《论语·颜渊》)在这段话中,孔子提出"己所不欲,勿施于人"的著名观点,这一观点与《圣经》所说的"无论何事,你们愿意人怎样待你,你们也要怎样待人"一起,被公认为是道德黄金律,是人类共守的"伦理底线",也是人类社会普遍存在的道德最经典和最有权威的论述。一定意义上说,"己所不欲,勿施于人"是孔子思想的标志,据说在国外许多地方树立的孔子塑像底座上都刻着这句话。二要从言语上约束自己,"司马牛问仁。子曰:'仁者,其言也讱。'曰:'其言也讱,斯谓之仁已乎?'子曰:'为之难,言之得无讱乎?'"(《论语·颜渊》)司马牛问什么是仁。孔子回答,仁者,他的言语迟钝。司马牛又问,言语迟钝,这就是仁吗?孔子解释道,做起来不容易,说起来能不迟钝吗?孔子非常反感花言巧语的人,他多次说过:"巧言令色,鲜矣仁。"三要从利益上约束自己,"樊迟问仁。子曰:'仁者先难而后获,可谓仁矣。'"(《论语·雍也》)樊迟问什么是仁。孔子回答,有仁德的人凡事先付出辛劳,然后才有收获,这可以说是仁了。因为在孔子看来,必须以仁为依据对待利益和财富,"富与贵,是人之所欲也;不以其道得之,不处也。贫与贱,是人之所恶也;不以其道得之,不去也。君子去仁,恶乎成名?"(《论语·里仁》)

其次是复礼。孔子生活在礼崩乐坏的春秋时期,所以他十分推崇西周的礼治秩序,"郁郁乎文哉!吾从周"(《论语·八佾》)。意思是,周朝的礼乐制度是何等的伟大啊!我主张遵循周朝的做法。在孔子看来,礼是关于人与自然、人与社会、人与人之间关系的社会制度和道德规范。《礼记》记载,孔子在回答鲁哀公问礼时指出:"丘闻之:民之所由生,礼为大。非礼,无以节事天地之神也;非礼,无以辨君臣上下长幼之位也;非礼,无以别男女父子兄弟之亲、昏姻疏数之交也。"(《礼记·哀公问》)意思是,孔丘听说:人活一辈子,最要紧的就是礼。没有礼,就无法按照一定的规矩敬奉天地之间的鬼神;没有礼,就无法辨明君臣、上下、长幼的地位;没有礼,就无法区别男女、父子、兄弟之间的亲属关系,以及姻亲、朋友之间交情的厚薄。礼不是"礼云礼云,玉帛云乎哉"(《论语·阳货》),而是有着实质性的内容,这就是仁。孔子认为:"人而不仁,如礼何?"(《论语·八佾》)意指做人没有仁心,外在的礼仪对他又有什么用呢。仁存于心,礼见于行;仁是内容,礼是形式。一个人只有遵循了礼仪,按礼行事,才能体现出他的仁心。当颜渊问仁的具体条目时,"子曰:'非礼勿视,非礼勿听,非礼勿言,非礼勿动。'颜渊曰:'回虽不敏,请事斯语矣!'"(《论语·颜渊》)意思是,不合乎礼的事不看,不合乎礼的话不听,不合乎礼的话不说,不合乎礼的事不做。颜渊说,我虽然迟钝,但要按照您的话去做。

再次是爱人,这是孔子仁学的核心和本质规定。"樊迟问仁。子曰:'爱人。'"(《论语·颜渊》)这里孔子提出了仁就是爱人的观点,其意义不亚于提出"己所不欲,勿施于人"的观点,以至于唐代韩愈强调"博爱之谓仁"。孔子认为,爱人要推己及人、爱人助人,"夫仁者,己欲立而立人,己欲达而达人。能近取譬,可谓仁之方也已。"(《论语·雍也》)意思是,所谓仁,就是自己想有所建树,也要帮助别人有所建树;自己想要通达,也要帮助别人通达。能够从身边的事情做起,这就可以说是实现仁道的方法了。孔子认为,仁者爱人的路径是忠和恕,忠是正确处理上下级、长幼辈的关系,恕是正确处理同事之间、平辈之间的关系,"子曰:'参乎!吾道一以贯之。'曾子曰:'唯。'子出。门人问曰:'何谓也?'曾子曰:'夫子之道,忠恕而已矣。'"(《论语·里仁》)孔子认为,仁者爱人要做到恭、宽、信、敏、惠。有一次,子张问什么是仁。孔子回答,能在这个世界上实行五种品德的人,就可以说是仁人了。子张又问是哪五种品德。孔子解释道:"恭,宽,信,敏,惠。恭则不侮,宽则得众,信则人任焉,敏则有功,惠则足以使人。"(《论语·子路》)意思是,庄重、宽厚、诚信、勤敏、慈惠,庄重就不会受人侮辱,宽厚则得民心,诚信就会受人信赖,勤敏就能提高工作效率,慈惠就能够使唤人。类似的思想还有表述,"樊迟问仁。子曰:'居处恭,执事敬,与人忠;虽之夷狄,不可弃也。'"(《论语·子路》)樊迟问什么是仁。孔子回答,平时生活严肃庄重,处理事情敬业认真,与人交往忠心诚意。这几种品德,即使在异族他邦,也是不能丢弃的。

综上所述,仁是内容与形式、对己与对人的有机统一,其核心就是克己与爱人。仁既是自我加强道德修养的本质要求,又是为人处世的重要准则,更是人生的崇高追求,"士不可以不弘毅,任重而道远。仁以为己任,不亦重乎?死而后已,不亦远乎?"(《论语·泰伯》)孔子强调:"志士仁人,无求生以害仁,有杀身以成仁。"(《论语·卫灵公》)

2.德治模式

德治是孔子最基本的政治主张。以某种程度上可以说,孔子的学说和实践,都是为了阐述德治思想,恢复德治秩序,"子曰:'为政以德,譬如北辰,居其所而众星共之。'"(《论语·为政》)孔子之所以推崇德治，是因为运用政治手段和法律惩处来治理国家，不可能增强人们的道德自律，也不可能养成人们的耻感意识。没有道德自律和耻感意识，人们虽然也会服从统治者的管理，但不会做到心悦诚服。而实施德治，用礼教来约束，就能实现人心的归顺，"道之以政，齐之以刑，民免而无耻；道之以德，齐之以礼，有耻且格"（《论语·为政》）。在孔子的心目中，德治社会的榜样就是尧、舜、禹、汤、文、武、周公时代，"子曰：'巍巍乎！舜、禹之有天下也，而不与焉。'"（《论语·泰伯》）孔子说，舜和禹拥有了天下，身为天子，那真是伟大啊！他们一点也不谋私利。

圣君贤相，是孔子德治思想的关键所在。德治的主体是统治者，首先要求统治者修德，促使统治者成为圣君贤相，这是德治的逻辑起点。在孔子看来，统治者修德，就是要以身作则。"季康子问政于孔子。孔子对曰：'政者，正也。子帅以正，孰敢不正？'"（《论语·颜渊》）在两千多年前，孔子就已认识到，政治的本质就是公平公正、公道正派、正义正直，在《论语》中多次要求统治者以身作则，"子曰：'其身正，不令而行；其身不正，虽令不从。'"（《论语·子路》）孔子强调统治者以身作则，是因为在德治社会里，统治者的行为对于老百姓具有表率和引领作用，"子为政，焉用杀？子欲善而民善矣！君子之德，风；小人之德，草；草上之风，必偃"（《论语·颜渊》）。意思是，你治理国家，为何要用杀戮的方法？你自己想要行善，老百姓也就向善了。为政者的道德像风，老百姓的道德像草，风吹在草上，草必然会顺风倒伏。孔子同时要求统治者爱民，正确处理统治者与老百姓的关系，"道千乘之国，敬事而信，节用而爱人，使民以时"（《论语·学而》）。意思是，治理拥有一千辆兵车的国家，应该做到严肃认真地对待各项工作，坚守信用，节省开支，爱护人民，治理百姓要顺应农时。爱民的前提是统治者不要向老百姓过度索取，"哀公问于有若曰：'年饥，用不足，如之何？'有若对曰：'盍彻乎？'曰：'二，吾犹不足，如之何其彻也？'对曰：'百姓足，君孰与不足？百姓不足，君孰与足？'"（《论语·颜渊》）意思是，鲁哀公向孔子弟子有若请教,年景不好,国家用度不够,应该怎么办呢。有若回答,何不实行十分抽一的税率呢。哀公说,十分抽二,我还不够,怎么能十分抽一呢？有若回答,如果百姓的用度够了,你怎么不够呢？如果百姓用度不够,你又怎么够呢？这段话把统治者与老百姓的关系说得非常透彻,道出了德治社会的本质。

　　孝悌为本,是孔子德治思想的社会根基。如果说德治的主体是统治者,那么,德治的客体就是老百姓。在孔子看来,对老百姓要进行道德教化,使老百姓成为自律和有耻感的人,这样才能实行德治。一方面,道德教化要强调孝悌,"其为人也孝弟,而好犯上者,鲜矣！不好犯上,而好作乱者,未之有也。君子务本,本立而道生。孝弟也者,其为仁之本与！"(《论语·学而》)孝和悌是仁的根本,也是德治的基础。《论语》比较完整地阐述了孝顺父母的思想,核心是要从内心孝敬父母。"子游问孝。子曰：'今之孝者,是谓能养。至于犬马,皆能有养；不敬,何以别乎？'"(《论语·为政》)另一方面,道德教化要强调忠诚,"定公问：'君使臣,臣事君,如之何？'孔子对曰：'君使臣以礼,臣事君以忠。'"(《论语·八佾》)在孔子看来,孝是忠的基础、前提,忠是孝的延伸、拓展。一个人在家里能够尽孝,就能对国家尽忠；即使不直接为官从政,也是参与政治,能够影响其他人对国家尽忠,"或谓孔子曰：'子奚不为政？'子曰：'《书》云：孝乎惟孝,友于兄弟,施于有政。是亦为政,奚其为为政？'"(《论语·为政》)意思是,有人对孔子说,你为什么不参与政治呢？孔子回答,《尚书》说,孝就是要真正孝敬父母,友爱兄弟,用这种修养影响统治者,也是参与政治,为什么一定要做官才算参与政治呢？在孔子那里,孝、忠是为德治服务的,多次把孝、忠连在一起论述,"子夏曰：'贤贤易色,事父母,能竭其力,事君,能致其身,与朋友交,言而有信。虽曰未学,吾必谓之学矣。'"(《论语·学而》)子夏说,那些对妻子注重品德而不注重相貌,侍奉父母能尽心尽力,侍奉君主能献出生命,交结朋友说话守信的人,虽然没有学习过,我也要说他学习过。

礼制规范,是孔子德治思想的保障措施。在孔子看来,实行德治,必须强调等级秩序,坚持礼制规范,不能发生越礼、僭礼的行为,"礼之用,和为贵。先王之道,斯为美,小大由之"(《论语·学而》)。意思是,礼的应用,以和谐为可贵。以前圣王们治理国家,最可宝贵之处就在这里,不论大小事情,都遵循了这样的原则。孔子认为,坚持礼制规范,首先要正名。子路问孔子,假如卫出公让您去治理国家,您将先从哪里着手呢。孔子说,必须正名吧。子路说,您真的迂腐到这个地步了吗,为什么要先正名呢?孔子说:"野哉,由也!君子于其所不知,盖阙如也。名不正,则言不顺;言不顺,则事不成;事不成,则礼乐不兴;礼乐不兴,则刑罚不中;刑罚不中,则民无所错手足。故君子名之必可言也,言之必可行也。君子于其言,无所苟而已矣!"(《论语·子路》)意思是,仲由啊,你太粗鲁了!君子对于他所不知道的,一般采取存而不论的态度。如果名号表达不正,说话就不会顺当;说话不顺当,事情就办不成;事情办不成,国家的礼乐制度就建立不起来;礼乐制度建立不起来,刑罚就不合理;刑罚不合理,老百姓就会手足失措。所以,君子使用一个名号必须说得清楚,说出来就可以行得通。君子对于他所说的话,是一点也不能马虎的。正名,也就是立规矩、建制度,建立合理的等级秩序,"齐景公问政于孔子。孔子对曰:'君君,臣臣,父父,子子。'公曰:'善哉!信如君不君,臣不臣,父不父,子不子,虽有粟,吾得而食诸?'"(《论语·颜渊》)孔子认为,在君君、臣臣、父父、子子的等级秩序中,只要做到君礼臣忠、父慈子孝,各自遵守相应的规矩和礼仪,国家就好治理了,德治也就实现了。正名,还要坚决反对越礼、僭礼行为。春秋时期政治极为混乱,出现了所谓君不君、臣不臣的现象。齐景公所以要问政于孔子,其中一个重要因素就是他受制于权臣陈桓,陈桓的势力很强大,随时都有篡权的可能。孔子对这种礼崩乐坏的局面极为担忧,对越礼、僭礼行为极为痛恨,他抨击当时一些权臣的非礼

行为,"是可忍也,孰不可忍也?"(《论语·八佾》)

毋庸置疑,现代政治的基本特征是法治。但是,法治作为社会政治治理的基本模式,并没有否定德治应有的作用和功能。所以,研究孔子的德治思想,汲取德治的精华,运用德治的有益成分,补充和完善法治,在当今中国以及现代社会条件下仍然有着相当的价值和意义。

3.君子人格

"君子"是《论语》中出现频率较高的一个词,约有一百多处。孔子如此频繁地谈论君子,是因为君子不仅仅是一个概念,更是一个哲学和伦理的范畴,寄托着孔子太多的人生理想。在孔子看来,人生无非包括对内追求与对外追求两个方面。对内追求是自我修身、完善人格,对外追求是积极入世、建立事功,从而形成了中国传统文化"内圣外王"的信仰。君子是人生自我完善与外在事功的有机统一体,是"内圣外王"的可靠载体,是超越现实人生的应然人生,是人生的价值取向、奋斗目标和行为规范。概言之,君子就是孔子关于人生的理想型态。什么是君子呢?《论语》有四处是孔子直接就君子问题回答弟子的提问,有七处是用数字来描述君子的形象。

首先,孔子是怎样直接回答弟子的提问呢?第一处认为,君子是一个谨言敏行、诚实守信的人。"子贡问君子。子曰:'先行其言,而后从之。'"(《论语·为政》)第二处认为,君子是一个内省不疚、不忧不惧的人。"司马牛问君子。子曰:'君子不忧不惧。'曰:'不忧不惧,斯谓之君子已乎?'子曰:'内省不疚,夫何忧何惧?'"(《论语·颜渊》)意思是,司马牛问怎样成为一个君子。孔子回答,君子不忧愁、不畏惧。司马牛说,不忧愁、不畏惧,这就可以成为君子吗?孔子回答,心中反省自己而没有愧疚,还有什么可忧愁和畏惧的呢?在这段话中,孔子强调的是,一个人无论做人做事,在内心反省自己时,觉得没有可愧疚的言行,就达到了君子的要求。第三处认为,君子是一个既重视自我修身又重视社会责任的人。"子路问君子。子曰:'修己以敬。'曰:'如斯而已乎?'曰:'修己以安人。'曰:'如斯而已乎?'曰:'修己以安百姓。'"(《论语·宪问》)第四处认为,君子是一个具备了"智、清、勇、艺、礼"品格的人。"子路问成人。子曰:'若臧武仲之知,公绰之不欲,卞庄子之勇,冉求之艺,文之以礼乐,亦可以为成人矣。'"(《论语·宪问》)在孔子那里,成人即完美的人,与君子是同一序列的概念,可作君子理解。这段话的意思是,子路问怎样才算是成人。孔子回答,像鲁国大夫臧武仲那么有智慧,孟公绰那么清心寡欲,卞庄子刺虎那么勇敢,以及冉求那么多才多艺,加上高度的礼乐修养,就可算是成人了。但孔子认为,这个要求太高了,很难做到,因而他补充道:"今之成人者何必然?见利思义,见危授命,久要不忘平生之言,亦可以为成人矣。"(《论语·宪问》)意思是,今天的君子哪能做到这样呢?遇到利益想想自己该不该得到,遇到危险能够承担责任,过了很长时间还能记住自己的诺言,也可算是成人了。由此可知,见利思义、临危不惧、诚实守信,是君子人格最基本的要求。君子人格是可以分出层次的,实现君子人格是一个长期努力、逐步完善的过程。

同时,《论语》是如何用数字来描述君子的品格呢?第一处是,"子谓子产:'有君子之道四焉:其行己也恭,其事上也敬,其养民也惠,其使民也义。'"(《论语·公冶长》)子产是郑穆公之孙,春秋时期著名的政治家。孔子谈到子产时说,子产具备四种合乎君子之道的品行,即他为人处世庄严谦恭,他事奉国君严肃认真,他教养百姓富有恩惠,他管理百姓合乎礼义。第二处是,孔子的得意弟子曾子生了病,孟敬子来慰问。"曾子言曰:'鸟之将死,其鸣也哀;人之将死,其言也善。君子所贵乎道者三:动容貌,斯远暴慢矣;正颜色,斯近信矣;出辞气,斯远鄙倍矣。笾豆之事,则有司存。'"(《论语·泰伯》)曾子说,鸟快要死的时候,叫声是悲哀的;人快要死的时候,说出的话是真诚的。君子为官从政应在三个方面予以重视,即庄重自己的神情,就可以避免别人的粗暴和轻慢;端正自己的脸色,就显得诚实可信;注意说话的言辞和声调,就可以避免鄙陋悖理。至于礼仪的具体细节,则有主管人员负责。第三处是,"子曰:'君子道者三,我无能焉:仁者不忧,知者不惑,勇者不惧。'子贡曰:'夫子自道也。'"(《论语·宪问》)这段话比较集中地反映了孔子关于君子的认识,具备了"仁、智、勇"的人,才算是一个真正的君子。第四处是,孔子说:"君子有三戒:少之时,血气未定,戒之在色;及其壮也,血气方刚,戒之在斗;及其老也,血气既衰,戒之在得。"(《论语·季氏》)孔子在这段话中告诫他的弟子,追求君子人格,需要一生都去努力,而不是一朝一夕的兴之所至,也不是一时一事的权宜之计。第五处是,"子曰:'君子有三畏:畏天命,畏大人,畏圣人之言。'"(《论语·季氏》)这段话与前一段话互相联系、内在统一,前一段话所诫在事,这段话所畏在心。于事有所诫,于心才会有所畏。在孔子看来,作为君子,可以不忧不惑不惧,但不能没有敬畏之心,否则就会无法无天。第六处是,孔子说:"君子有九思:视思明,听思聪,色思温,貌思恭,言思忠,事思敬,疑思问,忿思难,见得思义。"(《论语·季氏》)这段话强调君子在日常生活中的道德修养规范,对君子的外在表现和内心追求都提出了具体要求。第七处是,"子夏曰:'君子有三变:望之俨然,即之也温,听其言也厉。'"(《论语·子张》)这从另一个视角,把君子作为一个客体进行了描述,也是作为一个君子应当留给他人的主观感受。通过几组数字的引述和分析,可以描绘出孔子心目中的君子形象,核心是"仁、智、勇";日常的行为规范是"九思";边界是于事有所戒惧,于心有所敬畏;为官从政、建立事功时,要躬行"恭、敬、惠、义",做到喜怒哀乐不形于色,给人的印象是庄重、可亲和严厉。

孔子回答弟子提问所描绘的君子和《论语》用数字描述的君子,这两个形象是相辅相成的,多视角、多层次地展示了君子应该具备的内在人格和外在表现,从而构成了一个比较丰富完整而鲜明的君子人格形象。

　　《论语》记载：有一次，孔子与几个弟子闲聊，问及他们的志向，子路的志向是使一个国家"强兵"，冉有的志向是使一个国家的老百姓"足食"，公西华的志向是使一个国家的人们"知礼"。对于这三个弟子的志向，孔子只是莞尔一笑，无可无不可。而曾皙却是一面听着同学的谈论，一面弹着琴瑟。当孔子问他的志向时，他"铿"的一声把琴瑟放下，明确表示：自己的志向不同于子路、冉有和公西华，而是"莫春者，春服既成，冠者五六人，童子六七人，浴乎沂，风乎舞雩，咏而归"（《论语·先进》）。意思是，暮春三月，已经穿上了春天的衣服，我和五六位成年人、六七个少年，到沂河里洗洗澡，在舞雩台上吹吹风，一路唱着歌走回来。孔子听完，大加赞赏，"喟然叹曰：'吾与点也！'"（《论语·先进》）孔子的思想是积极入世的，强兵、足食、知礼都是孔子认同的为政之道。为什么孔子会赞同曾皙的志向呢？我们似乎看到了另一个形像的孔子，却是一个更加伟岸高大的孔子。在混乱的春秋时代和利来利往的人间社会，他是那么的超脱、那么的淡定、那么的从容。孔子认为，无论入仕为官，还是身居江湖，在人的心灵深处都要超越自我、淡泊名利，爱人助人、完善人生。曾皙描绘的志向正是孔子的人生理想和憧憬：与天同一，与人同聚，与友同乐，没有任何功名，没有任何利害，在自然中嬉戏，在天地间放歌。这是一幅多么美妙的人生风景，也是最高的人生境界。我似乎听见孔子在说：这就是仁！

第四章　读《孟子》，思政治

　　孟子是中国古代伟大的思想家，儒家学派的代表人物。他以继承孔子衣钵为己任，终身致力于维护和发展孔子思想，居功至伟，从而使儒家学说被后人称为"孔孟之道"。《孟子》一书属语录体散文集，是儒家的经典著作。自宋朝以来，包括《孟子》的"四书"一直是家传户诵的文化典籍，这说明孟子及其思想对于中华文化和中华民族发展有着不可估量的重要影响。

　　法国百科全书派代表人物狄德罗赞扬儒学只须以理性或真理，便可治国平天下，认为孟子是老子之后的一位哲人，"以机敏、雄辩胜过孔夫子而著称"①。孟子虽称为哲人，却一生热衷于政治，尤其是周游列国半生，一方面，是传播仁政王道思想，希冀借助诸侯国王去实现自己的政治抱负；另一方面，则是寻找开明君王，期待入仕为官，直接实践自己的政治抱负。然而，周游列国屡屡碰壁，孟子却不改其志，晚年著书立说仍以政治为主。因而孟子思想充满着政治色彩，《孟子》一书谈论最多的是政治哲学和政治主张，其民本、仁政、王道思想不能见容于当时的诸侯争霸，却是照亮人类政治前行的灯塔，具有永恒意义。研读《孟子》，虽然无法调和抹平政治理想与政治现实之间的矛盾，却能在无奈的同时感受到对美好政治的些许期盼。

---

① 丁建新等主编：《中国文化经典文本与翻译》，中山大学出版社2013年版，第48页。

一、孟子其人

孟子其人,史书没有争议;有所争议的是孟子的生卒年月不详,孟子的籍贯是鲁人还是邹人等细节问题。孟子的一生大致可分为少年求学;中青年先是教书讲学,后是周游齐、梁诸国;晚年潜心治学授徒著书。一般认为,孟子生于公元前 372 年,距孔子之后约百年左右,享年 84 岁。司马迁将其与荀子一起作了《孟子荀卿列传》,全文一千余字,其中直接记载孟子情况的只有两百多字。从《史记》分析,孟子是山东邹县人,曾学习研究孔子学说,"孟轲,邹人也。受业子思之门人"。子思是孔子的孙子,战国初期著名的思想家。"受业子思之门人",也就是师承子思的学生,学习践行孔子的思想,孟子自己亦说:"予未得为孔子徒也,予私淑诸人也。"(《孟子·离娄下》)

孟子学道之后,周游列国不得志,"道既成,游事齐宣王,宣王不能用。适梁,梁惠王不果所言,则见以为迂远而阔于事情"。"迂远而阔",是当时诸侯对孟子的评价。在诸侯看来,孟子的政治主张属书生之见,不符合实际,不能够操作。孟子碰壁的原因,司马迁分析是诸侯只喜霸道不喜王道。"当是之时,秦用商君,富国强兵;楚、魏用吴起,战胜弱敌;齐威王、宣王用孙子、田忌之徒,而诸侯东面朝齐。天下方务于合从连横,以攻伐为贤,而孟轲乃述唐、虞、三代之德,是以所如者不合"。

孟子晚年讲学著书,发扬光大孔子思想,"退而与万章之徒序《诗》《书》,述仲尼之意,作《孟子》七篇"。"退而"二字实指孟子无奈,道出了孟子的无穷悲情辛酸。士大夫有志为官从政、造福百姓,却没有机会,或有机会却因为上司昏庸而壮志难酬,这是多么的痛苦和悲哀,这是多么的苍凉悲壮。正如清代学者朱彝尊在《解佩令·自题词集》中所云:正因为"料封侯,白头无份",所以才"把平生涕泪都飘尽。老去填词,一半是,空中传恨"。

　　司马迁十分同情孟子的遭遇,竟在不过千字的传记中四次叹息。一叹孟子生不逢时,"余读《孟子》书,至梁惠王问'何以利吾国',未尝不废书而叹曰:嗟乎,利诚乱之始也!"二叹诸侯误解孟子,梁惠王不用孟子所言,且评价孟子的政治主张是"迂、远、阔"。三叹王道不如霸道,诸侯对言霸道之人是夹道欢迎、礼遇有加,而倡导王道的孔子、孟子则是经常受到困扰。邹忌、驺衍等策士辩才"其游诸侯见尊礼如此,岂与仲尼菜色陈、蔡,孟轲困于齐、梁同乎哉!"四叹孟子正直不容于世,"持方枘欲内圜凿,其能入乎?"意思是,像木工拿着一个方形隼的木头,能插入凿成圆形卯的木头里吗?

　　孟子一生坎坷,而其成长过程颇多启示,更有温馨,因为他有一位伟大的母亲。毫无疑问,对于子女成长而言,母亲的影响甚于父亲及其他家人。为了孟子有一个好的学习环境,孟母不辞辛苦,三迁其居,最后在学校附近定居。而且,孟母一生都在教育引导孟子,当孟子不用功读书时,孟母"断织劝学",致使"轲惧,旦夕勤学不息",进而成为一名"治儒术之道,通《五经》,尤长于《诗》《书》"的著名学者和儒学大师。当孟母戏言邻居杀猪给少年孟子吃肉时,"既而悔曰:'吾怀妊是子,席不正不坐,割不正不食,胎教之也。今适有知而欺之,是教之不信也',乃买东家豚肉以食之,明不欺也"①。当孟子误解妻子失礼想休妻时,孟母指出:"今汝往燕私之处,入户不有声,令人踞而视之,是汝之无礼也,非妇无礼也。"②于是,孟子认识到错在自己,不敢休妻。当孟子在齐国不得志想离开又顾及母亲年老而犹豫时,孟母告之,"今子成人也,而我老矣。子行乎子义,吾行乎吾礼"③,促成孟子能够离开齐国。

---

① 杜泽逊、庄大钧译注:《韩诗外传选译》,江苏凤凰出版社2011年版,第277页。
② 杨泽波:《孟子评传》,南京大学出版社1998年版,第17页。
③ ［汉］刘向撰,刘晓东校点:《列女传》,辽宁教育出版社1998年版,第18页。

　　《孟子》一书也没有什么争议，成书年代应为孟子生前死后的一段时间，即约在公元前296年至前230年之间；有所争议的是作者和篇数。关于作者，历来有三种不同看法，一种认为《孟子》是孟子自己所撰，东汉赵岐认为："此书，孟子之所作也，故总谓之《孟子》"①；另一种认为是孟子之后他的弟子万章、公孙丑等人根据他生前的言论编定的，韩愈认为："孟轲之书，非轲自著"②；还有一种认为是由孟子和他的弟子共同编定，司马迁持这种观点。现在比较一致的认识是，《孟子》一书由孟子及其弟子共同编定，主要作者是孟子。关于篇数，有两个版本，《史记》记载有七篇，而《汉书·艺文志》记载为十一篇，除通行的七篇外，还有《性善》《文说》《孝经》和《为政》四篇。赵岐作《孟子章句》时把《孟子》十一篇分为《内书》七篇和《外书》四篇，并认为《外书》属伪作，不予注解。赵岐又将《内书》七篇各分为上、下卷，变成十四卷，计261章。朱熹作注时，将《孟子·尽心上》的两章合为一章，计260章。流传至今的《孟子》一书，是以赵岐作注为主体，由朱熹改定的版本。《孟子》文字流畅、犀利精炼，气势磅礴、感情充沛，宽厚宏博、驰骋自如，结构合理、论说透彻，既滔滔不绝又从容不迫，用形象化的语言和事物说明深奥的道理；最大特点是言必称尧舜二王，论必冠子曰诗云。孟子不愧为孔子的衣钵传人。

二、孟子的历史地位

　　孟子思想是一个复杂的系统结构，对后世的影响不是单一的，也不是线性发展的，而是通过各种方式逐渐深入到社会政治、经济、思想、文化各个方面，产生了治国安邦、化民成俗、协调家庭、安定社会、

---

① 方勇、高正伟：《孟子鉴赏辞典》，上海辞书出版社2012年版，第262页。
② ［唐］韩愈著，钱仲联、马茂元校点：《韩愈全集》，上海古籍出版社1997年版，第162页。

道德修养、日常人伦等各种功能和作用,因而孟子的历史地位的确立是一个发展过程,大致以宋朝为界,分为前后两个阶段。在宋以前,孟子的历史地位并不高,西汉司马迁为孟子作传,篇幅很短,且未单独列传;《汉书》只将《孟子》列入子部,作为儒家经书的辅翼。关于《孟子》的研究也很少,只是东汉末年赵岐作《孟子章句》,这是最早的《孟子》注释。三国和魏晋南北朝罕有孟子研究的著述。大约在唐朝,孟子及其思想引起重视,韩愈在《原道》中提出"道统"说,认为孟子是尧、舜、禹、汤、文、武、周公和孔子的直接继承人,是先秦儒家中唯一继承"道统"的人物,"故求观圣人之道者,必自孟子始",从而展开了提升孟子历史地位的进程。在唐代有过提高《孟子》一书地位的要求,却未能实现。孟子及其思想的地位变化是在宋朝升级确定的。宋神宗时期,《孟子》被正式列为经书;朱熹把《孟子》和《论语》《大学》《中庸》一起合为"四书";元朝加封孟子为"亚圣公",地位仅次于孔子。宋元明清都将《孟子》列为科举考试科目。

孟子是古代著名的思想家、教育家和政治家,而孟子真正的历史地位是儒家的代表人物,继承弘扬并发展了孔子思想。《韩非子》指出:"自孔子之死也,有子张之儒,有子思之儒,有颜氏之儒,有孟氏之儒,……故孔、墨之后,儒分为八。"(《韩非子·显学》)对于后世儒家学说产生重大影响的,却是孟、荀两大学派,相比较而言,还是孟子的学说更接近于孔子的思想,影响也更大。孟子本人也极为尊崇孔子,认为自从人类社会出现以来,没有一个人能够与孔子相比,"自生民以来,未有盛于孔子也"(《孟子·公孙丑上》)。在孟子看来,孔子是圣人品德的集大成者,"伯夷,圣之清者也;伊尹,圣之任者也;柳下惠,圣之和者也;孔子,圣之时者也。孔子之谓集大成,集大成也者,金声而玉振之也"(《孟子·万章下》)。意思是,伯夷是圣人中清高的人,伊尹是圣人中负责任的人,柳下惠是圣人中随和的人,孔子可说是集大成的人。集大成,就像奏乐时先以击打钟锣开场,再以敲击玉磬收尾一样,完完整整。孟子一生都以孔子的传人自居，"乃所愿，则学孔子也"
（《孟子·公孙丑上》）。

比较《孟子》与《论语》，就可粗略看出孟子对孔子的继承和发展。
《孟子》一书学习借鉴《论语》的做法，都是"拟圣为作"，《论语》主要记
载孔子的言行，《孟子》主要记载孟子的言语行事。然而，《论语》文体
属早期语录体，记录比较简单，大多是片言只语式的思想结晶，谈不上
阐述、论证和逻辑；《孟子》中的若干篇章，则是从立论、论证到结论，显
示出结构完整、层次清晰、说理透彻、论证周密和具有总体性构思的特
征，这是在《论语》语录体基础上由章到篇的重大发展。《论语》较详
细记载了孔子的容貌动作以及再传弟子的言行，这虽然增强了《论语》
的形象生动，却减弱了逻辑力量；《孟子》则较少记载孟子的容貌形态，
没有再传弟子的言行，从而增加了孟子思想以及源自孟子的思想的可
靠性。弟子可以转述先生的言论和思想，有时也很正确传神，却属于
次生态，与原生态相比还是有着差距，毕竟不如先生直接言说的正确
无误。《论语》较少记载孔子游说各国之说辞，这就不容易展示孔子治
国安邦的完整思想；《孟子》较详细记载了孟子游历过程以及与诸侯的
谈话内容，比较完整地表达了孟子一系列政治、经济、道德、教育等主
张。最后，《论语》只有约 15000 言，《孟子》约有 35000 言，多出一倍有
余，能够更多地承载孟子的思想和表达孟子的言论。

当然，孟子对孔子思想的继承和发展，主要不是表现在形式方面，
而是在内容方面。孟子全面继承和发展了孔子的哲学、政治、道德和
教育思想，最大的贡献是继承和发展了仁的思想。在孔子学说中，仁
是最基本的思想范畴，孔子以仁为逻辑前提，构筑起儒家的思想架构。
《说文解字》释"仁"字为"亲也。从人二。"从字的构成看，仁的概念反
映了古代社会对人具有社会属性的朴素认识。孔子论仁，则给予了更
多的充实和发挥，本质上是用来协调和规范人与人之间的关系；《论
语》有一百多处提到"仁"字，含义甚广，归纳起来就是爱人，"樊迟问

仁。子曰:'爱人。'"(《论语·颜渊》)爱人是推己及人、乐于助人,强调在成就自己的同时,也要成就别人,肯定方面是"己欲立而立人""己欲达而达人"(《论语·雍也》),否定方面则是"己所不欲,勿施于人"(《论语·颜渊》)。孟子承继了孔子仁的基本含义,"仁也者,人也,合而言之,道也"(《孟子·尽心下》)。意思是,仁的意思就是人。仁和人合起来,就是道。这是孟子学说的宗旨,以此为出发点,孟子为仁的思想提供了哲学基础,这就是性善论。孔子没有对人性是善是恶作出明确回答,只是说:"性相近也,习相远也。"(《论语·阳货》)孟子首次提出人性善命题,认为"人无有不善"(《孟子·告子上》),是儒家学派第一个系统论述人性理论的思想家。孟子把人性善具体化为恻隐、羞恶、恭敬、是非"四心":"恻隐之心,人皆有之;羞恶之心,人皆有之;恭敬之心,人皆有之;是非之心,人皆有之。"(《孟子·告子上》)"四心"的基本内容是仁义,在孟子看来,没有"四心",就不是人,即"非人也"。人与非人的差别就在于仁义,"人之所以异于禽兽者几希,庶民去之,君子存之。舜明于庶物,察于人伦,由仁义行,非行仁义也"(《孟子·离娄下》)。意思是,人不同于禽兽就那么一点点,一般人丢弃了它,君子保存了它。舜明白万物的规律,了解人事的道理,自然遵循仁义的道路行走,而不是勉强地推行仁义。

同时,孟子把仁的思想发展为一套比较完整的政治主张。孔子依据于仁,提出德治思想,"为政以德,譬如北辰,居其所而众星共之"(《论语·为政》)。孔子认为,政纪和刑罚是以力压人,而德治和礼教是收服人心,培育耻感,"道之以政,齐之以刑,民免而无耻;道之以德,齐之以礼,有耻且格"(《论语·为政》)。总体而言,孔子之仁在政治领域还只是一套道德说教。孟子则把政治理想建立在性善论基础之上,"先王有不忍人之心,斯有不忍人之政矣"(《孟子·公孙丑上》),要求统治者以"仁爱之心"来施政,"君子之于物也,爱之而弗仁;于民也,仁之而弗亲。亲亲而仁民,仁民而爱物"(《孟子·尽心上》)。意思是,君子对于万物,爱护它,但不必以仁德之心对待;对于百姓,施以仁德而不必亲密。君子热爱亲人,进而施仁德于百姓;施仁德于百姓,进而爱惜万物。孟子的政治思想是由民本原则、仁政学说和王道主张构成,具有系统性和内在的逻辑统一性。

此外,孟子把仁的学说发展为仁义并举的学说。孔子和孟子都谈仁义,相对而言,孔子重仁,"志士仁人,无求生以害仁,有杀身以成仁"(《论语·卫灵公》);孟子重义,"生,亦我所欲也;义,亦我所欲也。二者不可得兼,舍生而取义者也"(《孟子·告子上》)。如果说,孔子思想的核心是仁,那孟子思想的核心则是仁义,"仁,人心也;义,人路也。舍其路而弗由,放其心而不知求,哀哉!"(《孟子·告子上》)意思是,仁指的是人心,义指的是人走的路。放弃那正道不走,丧失了善良的本性而不知道去寻找,可悲啊!仁是人的内心修养,义是仁的外在行为。孟子把仁发展为仁义,表明他更重视道德实践,更注重对人的外在行为的评价,使仁的思想具有操作性和可外化为人的日常言行。

三、孟子思想的内容

苏东坡诗云:"仕道固应惭孔孟,扶颠未可责由求。"诗中将孔孟并称,确有道理。孟子和孔子一样,都以天命担当自居。孔子曰:"天生德于予,桓魋其如予何?"(《论语·述而》)孟子则说:"如欲平治天下,当今之世,舍我其谁也。"(《孟子·公孙丑下》)孟子能够成为次于孔子的亚圣,与孔子并列为儒家的代表人物,不仅在于他忠实地继承了孔子的思想,更在于他创造性地发展了孔子的思想,在哲学、政治、道德各个领域提出了许多新观点、新理念,形成个性鲜明的精神风貌,补充完善了儒家学说,指点和引领后世儒学的进步发展。

1.性善论

先秦思想家为了推行自己的政治主张,都从理论上探讨了人性问题。这些探讨的显著特点,就是以善恶来规定人性的本质,或曰性善,或曰性恶,或曰性有善有恶,或曰性无善无恶。孟子的思想重在心性修养,主张性善论。性善论是孟子思想的核心内容,也是孟子思想的形而上根据。人是从自然界进化而来的高级动物,不可避免地具有社会与自然的双重属性。孟子把人的社会本质同人的自然本质等同起来,认为人性善是先天固有的本质,"人性之善也,犹水之就下也。人无有不善,水无有不下"(《孟子·告子上》)。人性善的内容是仁、义、礼、智,"恻隐之心,仁也;羞恶之心,义也;恭敬之心,礼也;是非之心,智也。仁,义、礼、智,非由外铄我也,我固有之也,弗思耳矣"(《孟子·告子上》)。意思是,同情心,每个人都有;羞耻心,每个人都有;恭敬心,每个人都有;是非心,每个人都有。同情心属于仁,羞耻心属于义,恭敬心属于礼,是非心属于智。这仁、义、礼、智,不是由外人给予我的,是我本来就具有的,不过不曾探究它罢了。人性本善不是特殊的情况,而是普遍的现象,不是有的人具有善心,有的人没有善心,而是所有人都有善心,正如人的嘴巴、耳朵、眼睛有同样的嗜好,"口之于味也,有同嗜焉;耳之于声也,有同听焉;目之于色也,有同美焉"(《孟子·告子上》)。既然人有同样的物欲和爱好,孟子就问:"至于心,独无所然乎? 心之所同然者何也? 谓理也,义也。圣人先得我心之所同然耳。故理义之悦我心,犹刍豢之悦我口。"(《孟子·告子上》)意思是,难道人心就没有相同的吗? 人心所相同的东西是什么呢? 是理,是义。圣人先于普通人得知我们心中共同的东西。因而理和义使我心愉悦,就像牛羊猪肉合乎我的口味一样。

孟子虽然认为人的社会本质与自然本质是先天具备的,但他还是区分了人的社会本质与自然本质的差异性,强调人的社会本质的重要性,认为这是人之为人的本质规定,"人之有道也,饱食、暖衣、逸居而无教,则近于禽兽"(《孟子·滕文公上》)。意思是,人是有善良天性的,吃饱了、穿暖了、住安逸了却不加以教育,就和禽兽差不多。为此,孟子把人的本性区分为"大体"与"小体"两种,"大体"指人的社会性,即仁义礼智,"小体"指人的生物性,即耳目口腹之欲;追求性善的是大人,只知享受物欲的是小人。"体有贵贱,有小大。无以小害大,无以贱害贵。养其小者为小人,养其大者为大人"(《孟子·告子上》)。大人即君子,在孟子那里是一个序列的概念。孟子进一步指出,大人是什么样的人,就是那些会用心思考,而不会被耳、目所蒙蔽的人,"耳目之官不思,而蔽于物。物交物,则引之而已矣。心之官则思,思则得之,不思则不得。此天之所与我者。先立乎其大者,则其小者不能夺也。此为大人而已矣"(《孟子·告子上》)。意思是,耳朵、眼睛这类器官不会思考,所以被外物所蒙蔽。耳朵、眼睛也不过是物。物与物接触,便会受到诱惑罢了。心的功能在于思考,思考了就会有所得,不思考就一无所获。这是上天赐予我们人类的。所以,心是重要器官。先把心这个重要器官的地位树立起来,那么,那些次要的器官就不可能夺走人心中的善性。这就成为君子了。

孟子虽然认为人性本善,却没有否定后天的作用和修身的重要。在孟子看来,"人皆有之"的善性,最初只是一种道德的萌芽,这就是仁义礼智"四端"说,必须经过自我修养,"扩而充之",才能发展成为完善的道德。"有是四端而自谓不能者,自贼者也;谓其君不能者,贼其君者也。凡有四端于我者,知皆扩而充之矣,若火之始然,泉之始达。苟能充之,足以保四海;苟不充之,不足以事父母"(《孟子·公孙丑上》)。意思是,有仁义礼智四种萌芽而自称不能行善之人,是自己残害自己的人;说他的君王不能行善的人,是残害君王的人。凡是有仁义礼智在身上的人,就该懂得把它们都扩充起来,就像火开始燃烧,泉水开始流出。如果能够扩充它们,就足以安抚天下;如果不能扩充它们,就连父母也侍奉不了。在修养扩充善性的过程中,孟子认为,要像舜那样,有着从善如流、一心向善的强烈愿望和积极行为,"舜之居深山之中,与木石居,与鹿豕游。其所以异于深山野人者几希。及其闻一善言,见一善行,若决江河,沛然莫之能御也"(《孟子·尽心上》)。同时,孟子认为,修身养性要遵循规律、坚持不懈,不要拔苗助长,"必有事焉而勿正,心勿忘,勿助长也。无若宋人然"(《孟子·公孙丑上》)。意思是,修身养性,一定要有所作为而不中止,心里不要忘记,但也不要有意地帮助它,不要学那个宋国人的样子。那个宋国人的故事就是"揠苗助长","宋人有闵其苗之不长而揠之者,芒芒然归,谓其人曰:'今日病矣!予助苗长矣!'其子趋而往视之,苗则槁矣"(《孟子·公孙丑上》)。

2.仁政论

孟子一生向往为官从政,实现自己的政治抱负,治国平天下,给百姓带来福祉。他把士大夫为官从政比作农夫耕田,认为是很自然的事情,"士之仕也,犹农夫之耕也。农夫岂为出疆舍其耒耜哉"(《孟子·滕文公下》);把士大夫不能为官从政,或失去官职,看得很严重,"士之失仕也,犹诸侯之失国家也"(《孟子·滕文公下》)。意思是,士人失去官位,就好比诸侯失掉了国家。因此,孟子最重视孔子的政治思想,对儒家学说发展贡献最大的是政治学说;《孟子》一书的基本色调是政治。孟子的政治思想由民本、仁政和王道构成,其中民本是政治核心,仁政是政治纲领,王道是政治理想。

统治者与民众的关系,始终是政治理论的基本问题。早在殷商之前,先民们已经有了"民惟邦本,本固邦宁"的思想。先秦思想家们对民本思想多有所论述,但是,在先秦思想家和早期的儒家代表人物中,没有哪一位比孟子更重视民众的社会作用和历史地位。孟子的贡献在于深刻而系统地阐述了民本思想,并把它发展成为仁政的理论基础,运用到施政纲领之中。孟子认为:"诸侯之宝三,土地、人民、政事。宝珠玉者,殃必及身。"(《孟子·尽心下》)赵岐注云:"诸侯正其封疆,不侵邻国,邻国不犯,宝土地也。使民以时,民不离散,宝人民也。修其德教,布其惠政,宝政事也。"(《孟子注疏》卷十四下)在孟子看来,土地、人民、政事是国家的三个基本要素,土地为立国之基业,人民为守国之根本,政事为经国之纲要。诸侯只有以此三者为宝,才能实现治国平天下,否则,以珍珠美玉为宝,就会招致祸患。在此基础上,孟子石破天惊地提出"民贵君轻"的思想,"民为贵,社稷次之,君为轻,是故得乎丘民而为天子"(《孟子·尽心下》)。这段话肯定了民众在国家中的主体地位,民众在国家政治中的地位比君王重要得多,得到民众才能得到天下和成为天子。"民贵君轻"思想一经提出,便使封建社会受到极大震动,连绵影响了两千多年,成为批判君主专制的锐利武器,这大概是朱元璋要把孟子请出孔庙的主要原因。更为可贵的是,孟子进一步提出了可以变更君王的主张,"诸侯危社稷,则变置社稷。牺牲既成,粢盛既絜,祭祀以时,然而旱干水溢,则变置社稷"(《孟子·尽心下》)。意思是,如果诸侯危害国家,那么就改立诸侯。牺牲已经肥壮,祭品已经洁净,祭祀也按时进行,然而依旧发生旱灾水灾,那么就要改立土神、谷神。

　　统治者如何管理民众,是政治理论的重要内容。孟子继承了孔子的德治思想,创造性地提出仁政学说。面对战乱频繁、苛税徭役繁重的社会现实,孟子痛心不已,呼吁统治者应该施行仁政,救民众于水深火热之中。孟子告诫统治者,如果不施行仁政,就会失去天下。"三代之得天下也以仁,其失天下也以不仁。国之所以废兴存亡者亦然。天子不仁,不保四海;诸侯不仁,不保社稷;卿大夫不仁,不保宗庙;士庶人不仁,不保四体"(《孟子·离娄上》)。在孟子看来,仁政是与民生连在一起的,没有民生,就没有仁政。一是要"制民之产",使老百姓有衣穿有饭吃,"是故明君制民之产,必使仰足以事父母,俯足以畜妻子,乐岁终身饱,凶年免于死亡"(《孟子·梁惠王上》)。进而使老百姓有恒心,能够安居乐业,"若民,则无恒产,固无恒心。苟无恒心,放辟邪侈,无不为已。及陷于罪,然后从而刑之,是罔民也"(《孟子·梁惠王上》)。意思是,至于老百姓,如果没有固定的产业,就不会有坚定的心志。假如没有坚定的心志,就会为非作歹,无所不为。等他们犯了罪,然后处罚他们,这叫陷害百姓。二是要救济"穷民"。"穷民"即社会上孤苦无援者。孟子以周文王为例,认为施行仁政必须先帮助和救济穷民,"老而无妻曰鳏,老而无夫曰寡,老而无子曰独,幼而无父曰孤。此四者,天下之穷民而无告者。文王发政施仁,必先斯四者"(《孟子·梁惠王下》)。三是要轻徭薄赋。历史证明,有政府就会有税赋。孟子认为征税要有个限度,"有布缕之征,粟米之征,力役之征。君子用其一,缓其二。用其二而民有殍,用其三而父子离"(《孟子·尽心下》)。孟子还以文王为例,强调省刑罚薄税收,"昔者文王之治岐也,耕者九一,仕者世禄,关市讥而不征,泽梁无禁,罪人不孥"(《孟子·梁惠王下》)。意思是,从前周文王治理岐地,农夫的税率是九分抽一,做官的世代享有俸禄,关卡和市场只维持秩序而不抽税,到湖泊池塘里捕鱼而不受禁止,处罚犯罪的人而不连累他的妻儿。四是要加强教化。孟子把教化看成是人与禽兽的本质区别,"无教,则近于禽兽"(《孟子·滕文公上》)。在富民的同时,"谨庠序之教,申之以孝悌之义,颁白者不负戴于道路矣"(《孟子·梁惠王上》)。意思是,认认真真地办学校,反复用孝悌的道理来教导子弟,须发斑白的老人就不必背着或顶着重物在路上行走了。在孟子看来,"老者衣帛食肉,黎民不饥不寒,然而不王者,未之有也"(《孟子·梁惠王上》);孟子向梁惠王指出仁政的美好前景,天下士人、农夫、商贾、旅者都会聚集过来为仁政服务,这样的国王不可能不称王于天下,"今王发政施仁,使天下仕者皆欲立于王之朝,耕者皆欲耕于王之野,商贾皆欲藏于王之市,行旅皆欲出于王之途,天下之欲疾其君者,皆欲赴愬于王。其若是,孰能御之?"(《孟子·梁惠王上》)

统治者如何行使权力,是政治理论的又一重要内容。孟子提出了王道思想,即以理想的政治之道建立理想的人间秩序。从现有文献可知,王道思想在儒家产生之前就已产生,《尚书》指出:"无偏无陂,遵王之义;无有作好,遵王之道;无有作恶,遵王之路。无偏无党,王道荡荡;无党无偏,王道平平;无反无侧,王道正直。会其有极,归其有极"(《尚书·洪范》)。意思是,不要不平,不要不正,要遵守王令;不要作私好,要遵守王道;不要作威恶,要遵行正路。不要行伪,不要结党,王道坦荡;不要结党,不要行伪,王道平平;不要违反,不要倾侧,王道正直。团结那些守法之臣,归附那些执法之君。从这段话可知,"王道"一词蕴含着丰富的社会公平正义思想。在孟子看来,王道是与霸道相对立的一个概念,王、霸之间的根本差别在于是以仁义行使权力,还是以力量行使权力。所谓王道,就是推行仁政,以德服人;霸道则是凭借武力,四处征战,以力服人,"以力假仁者霸,霸必有大国;以德行仁者王,王不待大,汤以七十里,文王以百里。以力服人者,非心服也,力不赡也;以德服人者,心悦而诚服也。如七十子之服孔子也。《诗》云:'自西而东,自南自北,无思不服。'此之谓也"(《孟子·公孙丑上》)。孟子认为,实行王道,就能得到人心;得到人心,就能得到天下。反之,则会失去人心,失去天下。"桀纣之失天下也,失其民也。失其民者,失其心也。得天下有道:得其民,斯得天下矣。得其民有道:得其心,斯得其民矣。得其心有道:所欲与之聚之,所恶勿施尔也。民之归仁,犹水之就下、兽之走圹也"(《孟子·离娄上》)。在孟子看来,王道的榜样是先王,即尧舜禹汤文王武王周公。他们的做法是造福百姓、选贤任能和奖罚分明,"天子适诸侯曰巡狩,诸侯朝于天子曰述职。春省耕而补不足,秋省敛而助不给。入其疆,土地辟,田野治,养老尊贤,俊杰在位,则有庆,庆以地。入其疆,土地荒芜,遗老失贤,掊克在位,则有让。

一不朝,则贬其爵;再不朝,则削其地;三不朝,则六师移至。是故天子讨而不伐,诸侯伐而不讨"(《孟子·告子下》)。在孟子看来,霸道的典型是春秋五霸,即齐桓公、宋襄公、晋文公、秦穆公和楚庄王。"五霸者,搂诸侯以伐诸侯者也。故曰,五霸者,三王之罪人也"(《孟子·告子下》)。孟子反对五霸征战不已,反对侵略他国危害百姓的不义之战,"春秋无义战。彼善于此,则有之矣。征者,上伐下也,敌国不相征也"(《孟子·尽心下》)。意思是,春秋时期没有正义的战争。彼国君王好于此国君王的情况是有的。征是天子讨伐有罪诸侯以正其国家,同等级的诸侯之间不能互相征讨。为了推行王道,孟子主张法先王。所谓法先王,就是取法尧舜,以尧舜的道德观念和社会政治为最高标准,来规范现实社会的道德观念,建构理想化的社会制度,"规矩,方圆之至也;圣人,人伦之至也。欲为君,尽君道;欲为臣,尽臣道。二者皆法尧舜而已矣。不以舜之所以事尧事君,不敬其君者也;不以尧之所以治民治民,贼其民者也。孔子曰:'道二,仁与不仁而已矣。'"(《孟子·离娄上》)

3.人格论

现代心理学认为,人格是一种具有自我意识和自我控制能力,具有感觉、情感和意志等机能的主体;是指人所具有的与他人相区别的独特而稳定的思维方式和行为风格。儒家思想具有厚重的伦理道德底蕴,就不能不重视人格的塑造和修养。孔子提出了圣人和君子人格,认为圣人是理想人格的完美化身和最高境界,即使尧舜也没有完全达到圣的境界,一般人更是难以企及,"何事于仁,必也圣乎! 尧舜其犹病诸!"(《论语·雍也》)意思是,岂止是仁呢? 一定是圣人了。就是连尧、舜也感到力量不足啊。孔子退而求其次,极力推崇和倡导君子人格,认为这是比较现实的理想人格,"质胜文则野,文胜质则史。

文质彬彬,然后君子"(《论语·雍也》)。孟子继承了孔子的人格思想,并发展为大丈夫的理想人格,"居天下之广居,立天下之正位,行天下之大道;得志,与民由之,不得志,独行其道。富贵不能淫,贫贱不能移,威武不能屈,此之为大丈夫"(《孟子·滕文公下》)。与温文尔雅的君子人格相比,大丈夫人格多了些豪迈激荡、英气勃发的阳刚之气,朱熹誉之为"勇猛精进"。这是孟子对孔子的超越,进而确立了士大夫的独立人格,提升了读书人的精神境界,激励着一代又一代中国知识分子为国家和民族慷慨前行而义无反顾。

大丈夫人格孕育着浩然正气。《孟子》记载,弟子公孙丑问先生有什么优点,孟子回答:"我知言,我善养吾浩然之气。"(《孟子·公孙丑上》)所谓浩然之气,内容是义和道,善养的方法是从内心生发而逐步累积,不可离开和放弃,"其为气也,至大至刚,以直养而无害,则塞于天地之间。其为气也,配义与道;无是,馁也。是集义所生者,非义袭而取之也。行有不慊于心,则馁矣。我故曰,告子未尝知义,以其外之也"(《孟子·公孙丑上》)。意思是,浩然之气是最强大、最刚健的,用正义来培养它而不加伤害,就能充塞于天地之间。浩然之气是合乎义和道的,没有义和道,浩然之气就疲弱了。浩然之气是日积月累的正义所生长出来的,而不是正义偶然从外而入所取得的。所作所为有一件不能让心意满足,浩然之气就疲弱了。所以我说,告子不懂得义,他把义看成是心外之物。在孟子看来,浩然之气不仅要配义和道,而且要知言。所谓知言,"诐辞知其所蔽,淫辞知其所陷,邪辞知其所离,遁辞知其所穷。生于其心,害于其政;发于其政,害于其事。圣人复起,必从吾言矣"(《孟子·公孙丑上》)。意思是,偏颇的言辞,知道它在哪一方面被遮蔽而不明事理;过分的言辞,知道它沉溺于什么而不能自拔;邪僻的言辞,知道它违背了什么道理而乖张不正;搪塞的言辞,知道它在哪里理屈而终于辞穷。言辞的过失产生于思想认识,危害于政治;把它用于政令措施,就会危害具体工作。如果圣人复生,一定会赞同我的观点。从这段话可知，浩然之气既要有勇敢，更要有理性，才能升华为一种人格文化，融汇在血脉里，成长于心灵间，贯穿于人伦中，实践于为官入仕之途。

大丈夫人格敢于正视权力。权力的载体是君王和官员，如何对待高官厚禄者，是测定一个人人格高下的重要标志。孟子对待权力有傲骨而没有傲气，充分体现了大丈夫品格，这就是平等对待位高者，没有奴颜婢膝，"说大人，则藐之，勿视其巍巍然"（《孟子·尽心下》）。孟子更看不起那些贪图享受、无所作为、违反古制的官员，"堂高数仞，榱题数尺，我得志，弗为也。食前方丈，侍妾数百人，我得志，弗为也。般乐饮酒，驱骋田猎，后车千乘，我得志，弗为也。在彼者，皆我所不为也；在我者，皆古之制也。吾何畏彼哉？"（《孟子·尽心下》）这就是敢于批评君王，孟子当着梁惠王的面，批评那些不顾老百姓死活的君王是"率兽食人"，认为这样的人没有资格做老百姓的父母官，"庖有肥肉，厩有肥马，民有饥色，野有饿莩，此率兽而食人也。兽相食，且人恶之；为民父母，行政，不免于率兽而食人，恶在其为民父母也？"（《孟子·梁惠王上》）梁惠王为了争夺土地，不惜牺牲老百姓的血肉之躯去打仗，战败后还准备再战，孟子批评道："不仁哉梁惠王也！仁者以其所爱及其所不爱，不仁者以其所不爱及其所爱"（《孟子·尽心下》）。孟子甚至责骂梁惠王的儿子梁襄王不像人样，"孟子见梁襄王，出，语人曰：'望之不似人君，就之而不见所畏焉。'"（《孟子·梁惠王上》）这就是正确认识君臣关系，两者是互相平等、互尽义务的关系，而不是盲从愚忠的关系。孟子对齐宣王说："君之视臣如手足，则臣视君如腹心；君之视臣如犬马，则臣视君如国人；君之视臣如土芥，则臣视君如寇仇。"（《孟子·离娄下》）意思是，如果君王看待臣子像手足一样亲切，臣子就会把君王当作心腹一样爱护；如果君王看待臣子像犬马一般的轻视，臣子就会把君王当作路人那般疏远；如果君王看待臣子像泥土一般卑贱，臣子对待君王就会像仇人一样痛恨。

大丈夫人格充满战斗精神。孔子的君子人格是"矜而不争",对待国家的态度是"邦有道,则仕;邦无道,则可卷而怀之"(《论语·卫灵公》)。意思是,国家政治清明,就出来做官;国家政治黑暗,就把自己的本领隐藏起来,不出来做官。在对待他人的错误缺点时,"忠告而善道之,不可则止,毋自辱也"(《论语·颜渊》)。而孟子则将"文质彬彬"的君子人格发展成为坚持仁义、信守真理的大丈夫人格。这种人格在外人看来是"好辩",孟子却认为是"我亦欲正人心,息邪说、距诐行、放淫辞,以承三圣者,岂好辩哉? 予不得已也"(《孟子·滕文公下》)。所谓三圣,一圣为尧舜,孟子说:"当尧之时,水逆行,泛滥于中国。蛇龙居,民无所定"。尧舜"使禹治之","然后人得平土而居之"(《孟子·滕文公下》)。二圣是文武周公,孟子说:"尧舜既没,圣人之道衰,暴君代作";"周公相武王诛纣,伐奄三年讨其君",从而使"天下大悦"(《孟子·滕文公下》)。《尚书》赞曰:"丕显哉,文王谟! 丕承哉,武王烈! 佑启我后人,咸以正无缺。"意思是,伟大而显赫啊,文王的谋略! 伟大的继承者啊,武王的功绩! 庇佑我们,启发我们,直到后代,使大家都正确而没有错误。三圣是孔子,孔子作《春秋》,乱臣贼子惧。孟子说:"世道衰微,邪说暴行有作,臣弑其君者有之,子弑其父者有之。孔子惧,作《春秋》。《春秋》,天子之事也。是故孔子曰:'知我者其惟《春秋》乎! 罪我者其惟《春秋》乎!'"(《孟子·滕文公下》)孟子认为,他所处时代的主要问题是孔子思想得不到发扬光大,而杨朱、墨翟的"歪理邪说"横行,"杨朱、墨翟之言盈天下。天下之言不归杨,则归墨"(《孟子·滕文公下》)。杨朱、墨翟是"禽兽理论","杨氏为我,是无君也;墨氏兼爱,是无父也。无父无君,是禽兽也"(《孟子·滕文公下》)。如果听任这些理论蛊惑人心,就会阻塞仁义之道,危害极大,"杨墨之道不息,孔子之道不著,是邪说诬民,充塞仁义也。仁义充塞,则率兽食人,人将相食"(《孟子·滕文公下》)。孟子对此深为忧虑,发誓要以三圣为榜样,拨乱反正,与不同于儒家的各种思潮学说展开激烈争辩,表现出捍卫仁义真理而百折不挠的气势,"吾为此惧,闲先圣之道,距杨墨,放淫辞,邪说者不得作。作于其心,害于其事;作于其事,害于其政。圣人复起,不易吾言矣"(《孟子·滕文公下》)。意思是,我为此忧虑,因而要捍卫古代圣人的学说,抵制杨、墨,驳斥荒诞言论,使发布谬论的人起不来。种种谬论从心里产生,就会妨害行动;妨害了行动,也就妨害了政治。如果圣人再起,也不会抛弃我这番话。

品读《孟子》,使我不时想到鲁迅的一段名言:"我们从古以来,就有埋头苦干的人,有拼命硬干的人,有为民请命的人,有舍身求法的人"[①],这就是中国的脊梁。而中国脊梁背后的精神支撑就是古代士人即传统知识分子的品格。士作为中国传统社会中特有的一个群体,担负着文化承续和传播的使命,是社会主流价值观的保护者,具有强烈的历史责任感和政治使命感。某种意义上说,孟子是古代士人品格的奠基者和实践者,孟子思想是古代士人精神的重要源头,士人的许多气节标准实际是孟子确立的,这些标准如日月之光,时时激励、观照着中华民族尤其是志士仁人奋力前进。"穷不失义,达不离道",这种崇义尚道、舍生取义的精神,激励陶冶了漫漫历史长河中无数的慷慨悲歌之士;"生于忧患而死于安乐",这种忧患意识几乎成了每一位家国情怀者的血脉认可,鼓励他们为国家和民族的命运奋斗不已;"天将降大任于斯人也,必先苦其心志,劳其筋骨,饿其体肤,空乏其身",这种励志力量几乎超越了任何贤言慧语,对在逆境中和困难时期拼搏的人们有着特别的激励作用。从司马迁的"人固有一死,或重于泰山,或轻于鸿毛",到文天祥的"人生自古谁无死,留取丹心照汗青";从诸葛亮的"鞠躬尽瘁,死而后已",到范仲淹的"先天下之忧而忧,后天下之乐而乐";从东林书院的"风声雨声读书声,声声入耳;家事国事天下

---

① 鲁迅:《鲁迅全集(编年版)》(第8卷),人民文学出版社2014年版,第252页。

事,事事关心",到顾炎武的"天下兴亡,匹夫有责",我们都可以看到中国脊梁的震撼。孟子告诉说:这就是仁,仁者无敌;这就是义,舍生取义!

第五章　读《大学》，思修身

　　《大学》属"四书"范畴，是儒家的经典著作，主要概括总结了先秦儒家道德修养理论，指明了道德修养的基本目标、原则和方法，阐述了提高个人修养、培育良好道德品质与治国平天下之间的重要关系。《大学》之道深深影响着中国传统社会，古代学者就已推崇《大学》，东汉郑玄认为："名为《大学》者，以其记博学可以为政也"①；唐代孔颖达在《礼记正义》中指出：《大学》之篇"论学成之事，能治其国，章明其德于天下"。近现代有识之士也很重视《大学》，孙中山认为它是中国"独有的宝贝"，他说："中国有一段最有系统的政治哲学，就是《大学》中所说的'格物、致知、诚意、正心、修身、齐家、治国、平天下'那一段话，把一个人从内发展到外，由一个人的内部做起，推到平天下止。像这样精微开展的理论，无论外国什么政治哲学家都没有见到，没有说出，这就是我们政治哲学知识中独有的宝贝，是应该要保存的。"②

　　宋朝程颐强调："大学，孔氏之遗书，而初学入德之门也。"（《四书章句集注·大学章句》）《大学》注重自身修养，倡导积极入世，是一部论述儒家内圣外王思想的著作，历史上曾经发挥过重要作用，封建社会士大夫由此登堂入室以窥儒学之门。即使在今天，研读《大学》，对于人们如何修身、为人处世和立德立功立言，都有着积极的指导意义。

---

① ［东汉］郑玄：《三礼目录》。
② 孙中山：《孙中山选集》，人民出版社1981年版，第684页。

一、《大学》其书

《大学》出自《礼记》,《礼记》亦称《小戴礼记》,由汉宣帝时人戴圣根据历史上遗留下来的一批佚名儒家的著作合编而成。《大学》有很多版本,概括起来可分为古本与改本两种情况;古本为《礼记》注释本,改本最为通行的是朱熹的《大学章句》。关于《大学》的作者及成书年代,学术界一般认为,《大学》思想源于孔子,形成于"曾氏之儒"学派。朱熹将《大学》分为经和传两个部分,认为首章"经"是"孔子之言,而曾子述之","其传十章,则曾子之意,而门人记之"(《四书章句集注·大学章句》)。《大学》的内容定形于战国晚期至西汉政权建立之初,至今已流传两千多年,其历史地位有一个发展演变过程。很长一个时期,《大学》是和《礼记》绑在一起的。在汉朝,《礼记》受到重视,还没有入经。汉朝之后,先后划定过"九经""十一经""十二经",《礼记》列入经书行列,《大学》的地位也得以提高。韩愈为了反对佛教,试图构建儒家道统论,在《原道》一文引用"古之欲明明德于天下者"与佛法对抗,从而使《大学》逐渐得到重视。及至宋代,《大学》真正得到重视,地位得到真正提高。司马光著有《大学广义》《中庸广义》以及《致知在格物论》,把《大学》作为独立研究对象。尤其是程颢、程颐开始把《大学》和《中庸》作为独立的专经加以表彰,并与《论语》《孟子》相提并论,正如《宋史·道学论》所说:"(二程)表章《大学》《中庸》二篇,与《语》《孟》并行"。后世"四书"的概念于此初步形成。朱熹高度评价二程的功绩,认为他们是承继了孟子,恢复了道统,"天道循环,无往不复。宋德隆盛,治教休明。于是河南程氏两夫子出,而有以接乎孟氏之传。实始尊信此篇而表章之,既又为之次其简编,发其归趣,然后古者大学教人之法、圣经贤传之指,粲然复明于世"(《四书章句集注·大学章句》)。

当然，最后奠定《大学》历史地位的是朱熹。朱熹在二程的基础上首先明确为学的次序，把《大学》列为"四书"之首，认为"于今可见古人为学次第者，独赖此篇之存，而《论》《孟》次之。学者必由是而学焉，则庶乎其不差矣"（《四书章句集注·大学章句》）。意思是，为学的先后次序很重要，《大学》是学习儒家思想的必然开篇，然后才是《论语》和《孟子》。学者只要沿着《大学》所说的路径去修德，那么其所得之道就不会有差距。同时，撰著《大学章句》《中庸章句》，与《论语集注》《孟子集注》合称为《四书章句集注》，这是朱熹一生用力最多的一部书。据朱熹自述，他从三十岁就开始注释，到晚年还在修改，前后经过四十余年。至此，"四书"之名正式确定，《大学》也正式从《礼记》中脱离出来，成为专门的著作。此外，朱熹对《大学》用力甚勤，他重新编定了次序，分经一章、传十章，还《补传》了已经缺失的"格物致知"章。更重要的是，自元代而至清末，《四书章句集注》成为科举考试的必考内容和标准答案，几乎成了每一个读书人的思想基础和行动主导；通过读书人，又几乎影响了所有中国人的思想行为。这说明《大学》及其他儒家经典，对于中国社会和文化的发展具有重大影响。

《大学》是一部论述儒家修身思想的著作，也是一部讨论古代教育理论的著作，其内涵深刻、文辞简约、条理清晰、理论严密，全面阐述和论证"大学之道"，即"三纲领""八条目"。后人把"三纲领""八条目"简称为"三纲八目"。纲是灵魂，贯穿于修身全过程；目是路径，指明修身各环节的内容，纲与目的关系是纲举目张。"三纲"为明明德、亲民和止于至善，这是儒学的基本精神，也是《大学》的主旨；"八目"为格物、致知、诚意、正心、修身、齐家、治国、平天下，这是修身的路径依赖和主要环节。格物、致知、诚意、正心属于"内圣"范畴，专注于心性修养，是修身的内在要求；齐家、治国、平天下属于"外王"范畴，着力于建功立业，是修身的外在呈现。《大学》引用了许多典故，逐句解释"三纲八目"，强调修身是"自明"，即自觉地把人自身固有的善性发现、发展和发扬出来,实现人性的觉悟和自我完善;修身是"诚意",确保主观意识的纯正,"勿自欺",坚持行善是自己心灵的需要和精神的满足,不是为了功利的目的,排除做给别人看的矫饰和虚伪;修身是"慎独",不管何时何地,或明或暗,或在人群或单身独处,都要小心谨慎,不可在思想和言行上偏离大学之道。《大学》着重阐述了儒家的政治哲学,认为治理国家的原理与治理家庭的原理是同一的,统治者要把家庭道德运用、推广到国家政治生活之中,要以对待家人的感情和态度对待老百姓,促进整个社会形成家庭式的秩序与和谐。《大学》从最基本的人性自觉入手,最后落实到为政治国领域,以不长的篇幅将儒家的修身思想系统化,代表着中国传统文化的精髓,被后世修德者奉为圭臬,也被为政者奉为宗旨加以提倡和遵守。

二、修身的价值取向

儒家关注的是社会政治,而社会政治的实质就是个人与群体、统治者与被统治者的关系。儒家提出处理社会关系的理念是"内圣外王",内圣是人生的自我完善,加强自己的道德修养;外王是人生的事功追求,实现社会政治的和谐稳定和老百姓的安居乐业。孔子是"内圣外王"思想的奠基者,"子路问君子。子曰:'修己以敬。'曰:'如斯而已乎?'曰:'修己以安人。'曰:'如斯而已乎?'曰:'修己以安百姓。'"(《论语·宪问》)在孔子看来,无论内圣还是外王,修身是第一位的,既是内圣的主要方法,又是外王的前提和基础。《大学》继承和发展了孔子的思想,全面阐述了修身的内容和方法,强调"自天子以至于庶人,壹是皆以修身为本。其本乱而末治者,否矣。其所厚者薄,而其所薄者厚,未之有也"。意思是,上自一国君王,下至平民百姓,人人都要以修养品性为根本,若这个根本被扰乱了,那么要治理好家庭、家族、国家和天下是不可能的;如果不分先后、轻重、缓急,本末倒置,将应该重视的事情忽略了,应疏忽的事情却重视起来,那想要达到齐家、治国、平天下的目的,也是从来没有过的事情。

那么,怎样修身呢?《大学》开篇就提出了修身的目标和价值取向:"大学之道,在明明德,在亲民,在止于至善。""明明德"主要强调自我启蒙,第一个"明"字应为动词,是明白、彰显、弄清楚的意思;第二个"明"字是形容词,是明亮的、光大的、伟岸的意思;"德"是指品德、德性。"明明德"就是要去弄清楚并彰显人人内心自有的光辉品德。"亲民"的"亲"字作"新"解,杨天宇依朱熹解读,认为"亲,是'新'字之误,言既自明其德,而使人用此道以自新。"①意思是,君子在自己实现"明德"的基础上,进而带动其他人更新自己,实现同样的"明德"。"止于至善"包含两方面含义,一方面是指个人的道德修养达到至善的境界;另一方面是对理想社会的憧憬,期望政治统治和社会管理也能达到至善的境地。朱熹十分看重《大学》的开篇之言,认为这是修身的纲领,"言明德,亲民,皆当至于至善之地而不迁,盖必其有以尽夫天理之极,而无一毫人欲之私也。此三者,大学之纲领也"(《四书章句集注·大学章句》)。明德、亲民和止善之间是一个互相联系的有机整体,自宋代以来,读书人多依此为突破口研读儒家经典,理解儒家精神的真谛,这是学习把握儒家思想精髓的钥匙和门径。

"明明德"是修身的逻辑起点,意指人们要自觉地彰显和回归善良的本性。在"三纲"中,明德的地位最重要,既是个人成长发展的起步,又是国家统治思想的基础。朱熹解释道:"明德者,人之所得乎天,而虚灵不昧,以具众理而应万事者也。"(《四书章句集注·大学章句》)明德思想在上古社会就已出现,《大学》引用了三个典故加以阐明,"《康诰》曰:'克明德。'《太甲》曰:'顾諟天之明命。'《帝典》曰:'克明峻德。'皆自明也。"《康诰》《太甲》《帝典》皆出自《尚书》。《尚书》记载

---

① 杨天宇:《礼记译注》,上海古籍出版社2010年版,第800页。

着自尧舜至夏商周的上古历史文献和人物事迹,相传由孔子编定,属于"五经"之一,列为儒家经典。这三个典故从不同角度说明先人们如何发扬光大自己的善良德行,感召他人、带领大家,在天下建立和谐稳定的社会。一个是君王的指示,要求臣下明德。《康诰》为周成王任命胞弟康叔治理殷商旧地的命令,"惟乃丕显考文王,克明德慎罚;不敢侮鳏寡,庸庸,祗祗,威威,显民,用肇造我区夏,越我一、二邦以修我西土"(《尚书·康诰》)。意思是,希望你能光大文王的功德,能彰显仁德,慎用刑罚;不能欺侮孤老寡母,在民众面前平易、尊敬、谦虚,以创造我华夏,让我们的大邦、小国都井井有条。另一个是大臣对君王的劝告和规诫,《太甲》是指商汤嫡长孙太甲继位之初表现不佳,宰相伊尹不得已外放太甲,让其自责悔过,然后还政于太甲。其间,伊尹作《太甲》三篇以规劝,第一篇就说:"先王顾諟天之明命。以承上下神祇。"(《尚书·太甲上》)意思是,先王成汤以自己为顾命大臣,是因为我们君臣有纯一之德,乃是天命所归。我们一心一意地敬奉上天赋予的光明德性,以承顺天地神明。又一个是君王亲身的实践,《帝典》是《尚书》的首篇,涉及帝尧的事迹,开篇就言:"克明俊德,以亲九族。九族既睦,平章百姓。百姓昭明,协和万邦。黎民于变时雍。"(《尚书·尧典》)意思是,帝尧发扬光大高尚的品德,使家族亲密和睦;家族和睦之后,又办好其他家族的政事;众族的政事办好了,又协调好万邦诸侯。天下百姓于是变得友好和睦起来。

"亲民"是修身的必要途径,意指君子在自己明德的基础上,推己及人,带动其他人实现明德。朱熹用"新民"解读"亲民",他说:"新者,革其旧之谓也,言自明其德,而使人用此道以自新。"(《四书章句集注·大学章句》)"亲民"的含义是双重的,既是明德的自我深化,又是明德的外向拓展。在自我深化方面,《大学》举了商汤的例子,"汤之《盘铭》曰:'苟日新,日日新,又日新。'""铭"是指刻在浴盆上的箴言。汤为殷商开国君王,这是一位很有德行很有作为的帝王,在自己的实践中很少犯错误。即便如此，他还要在自己的浴盆上刻下"新"的箴言以警示自己，不仅要清新身体，而且要清新灵魂，"苟日新"，就像我洗澡一样，洗过之后是新的、干净的；"日日新"，是要经常洗涤自己，每天都是新的、干净的；"又日新"，意指要天天革新，不断地向前进步。在外向拓展方面，《大学》举了两个例子给予论证，一个例子是把明德的要求由个人扩大到群体，促进大家弘扬德性。"《康诰》曰'作新民。'"意思是，周成王指示康叔在他的辖地里使殷商的遗老遗少们焕发新的面貌，作新式的民众。另一个例子是周朝取代殷商后的使命，要把明德的要求扩充到整个国家，"《诗》曰：'周虽旧邦，其命维新。'"意思是，周朝虽然是一个历史悠久的国家，却禀受了新的天命，其命运得到了革新，并在整个国家发扬光大明德精神。冯友兰将其概括为"旧邦新命"，后来引申发展为"刚健日新"的思想，是激励中华民族不断创新和前进的思想源泉。《大学》认为，无论自我深化还是外向拓展，都要追求最完善的道德境界，"是故君子无所不用其极"。

"止于至善"是修身的最终目标，意指无论个人修养还是社会治理，都要达到善的最高境界。朱熹解释道："止者，必至于是而不迁之意。至善，则事理当然之极也。言'明德''新民'，皆当止于至善之地而不迁。"（《四书章句集注·大学章句》）"止于至善"，首先要有明确的标准。由于人是社会关系的总和，在社会关系这张大网中，每个人都扮演着不同的角色；在不同的社会关系中，每个人同时扮演着不同角色。《大学》认为，不同的角色有不同的至善标准，具体为君王的标准是仁，人臣是敬，儿子是孝，父亲是慈，朋友是信，"为人君，止于仁；为人臣，止于敬；为人子，止于孝；为人父，止于慈；与国人交，止于信"。有了至善标准，还要明确至善的范围，《大学》强调，只要有人居住的地方，不仅是百姓，而且是官员，都要明明德和止于至善，"邦畿千里，惟民所止"。意思是，天子的都城方圆千里，都是老百姓居住的地方，都要推行至善的要求。明确了至善标准和范围，还要"知止"。这是更高的要求,知道进退、知道利害、知道舍得、知道有所为有所不为,概言之,知道做人做事的底线。《大学》指出,周文王是很"知止"的,"《诗》云:'穆穆文王,於缉熙敬止!'"意思是,《诗经》说:深沉端庄、道德高尚的文王啊,不断地发扬他的光明美德,做事始终注重谨慎,该行则行,该止则止。《大学》又指出,鸟也是"知止"的,"缗蛮黄鸟,止于丘隅"。意思是,绵绵密密叫着的黄鸟,栖息在山上的一角。于是,孔子不禁感叹:"于止,知其所止,可以人而不如鸟乎!"《大学》之所以强调"知止",是因为"知止而后有定,定而后能静,静而后能安,安而后能虑,虑而后能得。物有本末,事有终始,知所先后,则近道矣"。意思是,知道应达到的境界才能志向坚定,志向坚定才能够沉静,沉静才能够心神安定,心神安定才能够思虑周全,思虑周全才能够有所收获。每样东西都有根本有枝节,每件事情都有开始有终结。知道事物本末始终的程序,也就接近了事物发展的规律。

三、修身的方法途径

《大学》的修身思想是一个严密的逻辑体系,"三纲"明确了修身的目标和价值取向,具有鲜明的哲学意味,搭建了儒家"内圣外王"的理论框架。但是,只有修身的目标是不够的,就像过河,没有桥或船是不可能到达彼岸的。实现修身目标,需要有具体的方法步骤;充实"内圣外王"的理论框架,需要有丰富的内容。《大学》为此提出了"八目"的思想,指明了修身的方法途径,这就是格物、致知、诚意、正心、修身、齐家、治国、平天下。从目标而言,"八目"的次序是:"古之欲明明德于天下者,先治其国;欲治其国者,先齐其家;欲齐其家者,先修其身;欲修其身者,先正其心;欲正其心者,先诚其意;欲诚其意者,先致其知。致知在格物。"就起点来看,"八目"的顺序是:"物格而后知至,知至而后意诚,意诚而后心正,心正而后身修,身修而后家齐,家齐而后国治,国治而后天下平。"

"八目"之间具有内在的逻辑关系,也有轻重缓急之分,其中修身是中枢,转动着内外两扇大门,构成了内容与形式的关系,贯通了"明明德"与"亲民"之间的桥梁。"八目"由此而分为内圣与外王两个部分,内圣是修身的内容,外王是修身的形式。在内圣方面,格物、致知是修身的逻辑起点,将人与自然界、社会衔接起来。金景芳认为:致知在格物,"这句话很简单,是讲知识的来源问题。'格'是接触,'物'是外物,你只有接触外界事物,才能获得知识。闭耳塞听一辈子也得不到知识"①。诚意、正心既是格物、致知的继续,更是修身的本质。只有诚意、正心,格物、致知才能有所依附,知识才能成为性善的组成部分,修身才能做到内圣。在外王方面,修身是前提和基础,齐家、治国、平天下是修身的逻辑扩展。中国传统社会是家国同构,家是国的缩影,国是家的扩大,由家及国,使家庭伦理与国家伦理合二为一,家庭和睦,社会就稳定。人既是个体的又是社会的,个体走向社会参与的第一个群体就是家。"家和万事兴",一个人能够把家管好,就具有治国的本领,治国再往外推就是平天下,使儒家所倡导的道德主体在思想观念中实现终极追求。

修身是"八目"的关键环节,前面承接着格物、致知和诚意、正心,后面承载着齐家、治国、平天下。《大学》指出,人之所以要修身,一方面,是因为人会有种种情感和认识的偏差,"人之其所亲爱而辟焉,之其所贱恶而辟焉,之其所畏敬而辟焉,之其所哀矜而辟焉,之其所敖惰而辟焉"。意思是,对于自己所亲爱的人,往往会过分偏爱;对于自己轻视和厌恶的人,往往会过分轻视厌恶;对于自己敬畏的人,往往会过分敬畏;对于自己同情的人,往往会过分同情;对于看不起和怠慢的人,往往会过分看不起和怠慢。另一方面,是因为人会有亲疏之别而

---

① 金景芳:《论〈中庸〉的"中"与"和"及〈大学〉的"格物"与"致知"》,《学术月刊》2000 年第 6 期。

蒙蔽自己的理智,"故谚有之曰:'人莫知其子之恶,莫知其苗之硕。'"意思是,所以俗话说,由于溺爱,人不知道自己孩子的过失;由于贪得,人看不到自己庄稼的苗壮。《大学》明确修身是为了养成公正平和、客观理性的心胸,"好而知其恶,恶而知其美"。不过,《大学》喟叹:这样的人是很少见的,"天下鲜矣"。由此可见,修身是一个艰难困苦的过程,《大学》比喻为加工骨器和美玉,"如切如磋者,道学也;如琢如磨者,自修也"。意思是,加工骨器,不断切磋,是指做学问的态度;打磨美玉,反复琢磨,是指自我修炼的精神。经过艰苦的修身,一个人才能成为文质彬彬的君子。《大学》引用《诗经》赞美道:"瞻彼淇澳,菉竹猗猗。有斐君子,如切如磋,如琢如磨。瑟兮僴兮,赫兮喧兮。有斐君子,终不可喧兮!"意思是,看那淇水弯弯的岸边,嫩绿的竹子郁郁葱葱。有一位文质彬彬的君子,通过"如切如磋,如琢如磨",他是那样严谨,胸怀宽广,是那样的光明煊赫。这样一个文质彬彬的君子,真是令人难以忘怀啊!

修身往前追溯是诚意、正心,再往前是格物、致知。《大学》古本已没有格物致知章,朱熹作了补传,"所谓致知在格物者,言欲致吾之知,在即物而穷其理也"。在朱熹看来,格物、致知是修身的起始阶段,"是以《大学》始教,必使学者即凡天下之物,莫不因其已知之理而益穷之,以求至乎其极"。意思是,《大学》一开始就教人接触天下万事万物,用自己已有的知识去进一步研究,以彻底认识万事万物的道理。朱熹认为,《大学》之所以强调格物、致知,既因为人具有认知能力,又因为事物都有自己的道理,还因为人没有认识到事物的道理,"盖人心之灵莫不有知,而天下之物莫不有理,惟于理有未穷,故其知有不尽也"(《四书章句集注·大学章句》)。朱熹进一步指出,格物是一个艰苦学习的过程,必须久久为功,"至于用力之久,而一旦豁然贯通焉,则众物之表里精粗无不到,而吾心之全体大用无不明矣。此谓物格"(《四书章句集注·大学章句》)。意思是,经过长期用功,总有一天会豁然贯通,到那时，万事万物的里外精粗都被认识清楚，而自己内心的一切道理都得呈现，再也没有蔽塞。这就叫作事物被认识和研究了。格物、致知之后，就是诚意、正心，这是修身的逻辑必然，变知识和道理为自己的思想和人格。诚意属于意念范畴，最基本的规定是真实，"所谓诚其意者：毋自欺也。如恶恶臭，如好好色，此之谓自谦。"自谦意指内心感到满足。《大学》指出，诚意是君子必须具备的品质，诚意的人不忧不惧，坦然安宁，"富润屋，德润身，心广体胖。故君子必诚其意"。比较而言，正心更重要，即修身由意念领域深入到心灵境界，须排除各种情绪和爱好的干扰。《大学》认为，正心要排除四种情感的干扰，"所谓修身在正其心者，身有所忿懥，则不得其正；有所恐惧，则不得其正；有所好乐，则不得其正；有所忧患，则不得其正"。正心的标志是清心无欲，即"心不在焉，视而不见，听而不闻，食而不知其味"。"心不在焉"，现在作为成语似有贬义，而对于《大学》而言，却是褒义，意指没有私心，没有功名利禄之心。

修身往后拓展就是齐家、治国、平天下。齐家意指管理和安排家庭家族，管好家，才能治理好国家，"所谓治国必先齐其家者，其家不可教而能教人者，无之"。齐家的内容是："孝者，所以事君也；弟者，所以事长也；慈者，所以使众也。"《大学》引用了《诗经》三句诗分别给予阐述，一是指家庭和睦，"《诗》云：'桃之夭夭，其叶蓁蓁。之子于归，宜其家人。'宜其家人，而后可以教国人"。《诗经》说，桃花美艳艳，桃叶绿蓁蓁，此女嫁来了，和睦一家人。能够让自家人和睦，然后才能教育一国的人和睦。二是指兄弟和睦，"《诗》云：'宜兄宜弟。'宜兄宜弟，而后可以教国人"。三是指榜样的作用，"《诗》云：'其仪不忒，正是四国。'其为父子兄弟足法，而后民法之也"。《诗经》说，仪容无差错，教正四方国。只有当一个人无论作为父亲、儿子，还是兄长、弟弟，都值得人们效法时，老百姓才会效法他。《大学》尤其强调君王齐家的重要性，这直接关系国家的兴衰成败，"一家仁，一国兴仁；一家让，一国兴让;一人贪戾,一国作乱。其机如此。此谓一言偾事,一人定国"。意思是,国君一家仁爱,一国人受到感化,也会兴起仁爱;国君一家礼让,一国人也会受到感化,兴起礼让;国君一人贪婪暴戾,一国人就会受到影响,纷纷作乱。其关联就是这样紧密,这可说是一句话可以败坏大事,一个人可以安定国家。治国与平天下是紧密相连的,国家治理好了,天下就太平了,"所谓平天下在治其国者"。平天下的标志是无讼,"子曰:'听讼,吾犹人也,必也使无讼乎!'"(《论语·颜渊》)没有诉讼和官司,既是法治的最高境界,也是天下太平的重要内容。同时,还要民心畏服,"无情者不得尽其辞。大畏民志,此谓知本"。意思是,圣人使隐晦真实情况的人不敢狡辩,使人心畏服,这就是知道了根本。《大学》认为,能否治国平天下,首先在于统治者能否以身作则,"上老老而民兴孝;上长长而民兴弟;上恤孤而民不悖"。意思是,在上位的人尊敬老人,老百姓就会兴起孝顺父母的风气;尊重长辈,老百姓就会形成尊重长者的风气;怜恤孤幼,老百姓就不会背弃这一美德。更重要的是,统治者能否顺应民意,得到民心,《大学》指出,要像父母一样得民心,"民之所好好之,民之所恶恶之,此之谓民之父母"。要通过谨慎得民心,"有国者不可以不慎,辟则为天下僇矣"。意思是,拥有国家大权的人不可不谨慎,邪僻失道就会被天下人诛戮。要借鉴殷商得民心,"《诗》云:'殷之未丧师,克配上帝。仪监于殷,峻命不易。'道得众则得国,失众则失国"。《诗经》说,殷商没有失民心的时候,还是能够与上帝的要求相符的。请用殷商做个鉴戒吧,守住天命并不是一件容易的事情。这就是得到民心就能得到国家,失去民心就会失去国家。

四、修身的重点对象

《大学》的出发点是内圣,落脚点却是外王,即治国、平天下。治国、平天下的主体是君王,《大学》在全面阐述修身的过程中,不时指点着君王的治国理政行为,内容涉及政治理念、领导方法和道德品质。这说明《大学》既是一部论述儒家修身论的著述,又是一部阐述儒家政治思想的书籍。

治国要行大道,这是《大学》对君王提出的最重要思想。大道即正道,包括政治和经济的内容。在政治方面,"是故君子有大道:必忠信以得之,骄泰以失之"。意思是,所以,做国君的人有正道,必然遵循忠诚信义,以获得天下;若骄奢放纵,便会失去天下。按照儒家的基本思想,所谓政治大道,就是以仁义得天下,以德政治天下。在经济方面,"生财有大道:生之者众,食之者寡,为之者疾,用之者舒,则财恒足矣"。意思是,生产财物也有正道;要让生产财物的人多,消费财物的人少;要让生产财物的人勤奋,消费财物的人节俭。这样,国家的财富便会经常充足了。两千多年来,统治者一直将"生之者众,食之者寡"奉为圭臬,作为政府行政、财政实践和经济管理的指导思想,这不能不佩服《大学》的思想深刻和远见卓识。《大学》认为,对待财富,有仁与不仁两种人,"仁者以财发身,不仁者以身发财"。意思是,仁爱的人散财以提高自身的德行而得到民众;不仁的人不惜以生命的代价去聚敛财物而失去民众。对待财富,有本与末两种理念,有的人以德为本,有的人以财为本。凡是以财为本的人都会与民争利,施行劫夺而失去天下,"德者,本也;财者,末也。外本内末,争民施夺"。对待财富,有散与聚两种方式,方式不同,民心向背也不同,"是故财聚则民散,财散则民聚"。《大学》明确指出,只有德本财末,才能得到人民、土地和财富,"是故君子先慎乎德。有德此有人,有人此有土,有土此有财,有财此有用"。如果财本德末,则会失去天下,"是故言悖而出者,亦悖而入;货悖而入者,亦悖而出"。意思是,这正如说话悖逆情理,也有会悖逆情理的话回报;财货悖逆道理而来,也会悖逆道理而去。

治国要法先王。儒家的政治理想崇尚上古时期和夏商周三代,面对礼崩乐坏的春秋战国时期,儒家主张恢复三代之治尤其是周朝的礼制和秩序。孔子就说，"周之德，其可谓至德也已矣"（《论语·泰伯》）；"周监于二代，郁郁乎文哉！吾从周"（《论语·八佾》）。孔子多次不吝文辞赞美尧舜时代，"大哉！尧之为君也！巍巍乎，唯天为大，唯尧则之。荡荡乎！民无能名焉。巍巍乎！其有成功也！焕乎！其有文章！"（《论语·泰伯》）意思是，尧作为君王真是伟大啊！只有天是真正巍然高大的，只有尧能够以天为法则。他的恩德真是浩荡啊，人们不知怎样称赞他！他的功绩真是崇高啊，他的礼乐制度是那么美好光明！因此，法先王是儒家政治思想应有之义和有机组成部分。《大学》指出，"《诗》云：'於戏！前王不忘。'君子贤其贤而亲其亲，小人乐其乐而利其利，此以没世不忘也"。《诗经》说，前代的君王真使人难忘啊！这是因为君子们能够以前代的君王为榜样，尊重贤人，亲近亲人，使得平民百姓都能够蒙承恩泽，享受安乐，获得利益。虽然前代君王已经去世，但是人们永远不会忘记他们。《大学》不仅强调治国要法先王，而且多次指出具体的先王榜样，主要是尧、舜、成汤、周文王、武王和孔子。在"明德"章提到尧、成汤和文王、武王的功绩；在"亲民"章提到成汤和文王、武王的功绩。尤其在"齐家治国"章提到尧、舜的功绩，"尧、舜帅天下以仁，而民从之；桀、纣帅天下以暴，而民从之。其所令反其所好，而民不从"。意思是，尧、舜用仁政统率天下，老百姓就跟随着学仁爱；桀、纣用暴政统率天下，老百姓就跟随着学凶暴。君王的命令与自己的实际做法相反，老百姓是不会依从的。《大学》全书贯穿着孔子的思想，孔子不是君王，却是素王，他的思想和行动对人们的影响更大、作用更甚。

治国要选贤任能。儒家政治理论有两条重要原则，一条是得民心者得天下，另一条是得人才者得天下。如何赢得人才？《大学》指出，一要重视人才，把人才当作宝贝，"《楚书》曰：'楚国无以为宝，惟善以为宝。'"《楚书》为楚昭王时史书，记载楚派王孙圉出使晋国。晋国赵简子问楚国珍宝美玉现在怎么样了？王孙圉回答，楚国从来没有把美玉当作宝贝，只是把观射父这样的大臣看作善人，当作宝贝。二要心胸开阔，不嫉妒人才，《大学》引用《尚书·秦誓》的资料加以说明，假如用这样一位大臣，忠厚老实而没有什么特别本领，但他心胸开阔，有容人之量，别人有本领，就如同他自己有一样；别人德智兼备，他心悦诚服，不只是在口头上说说，而是实实在在能容纳。用这样的大臣，就"能保我子孙黎民，尚亦有利哉"！否则，"人之有技，媢疾以恶之；人之彦圣，而违之俾不通，实不能容。以不能保我子孙黎民，亦曰殆哉！"意思是，假如别人有本领，他就妒嫉、厌恶人家；别人德智兼备，他想方设法压制、阻挠，使君主不知道他的才德，这实实在在是不能容人。用这种人，不仅不能保护我的子孙和人民，而且可以说是很危险。对于嫉妒人才的人，不能重用而要给予流放，"唯仁人放流之，迸诸四夷，不与同中国"。三要奖惩分明，亲贤臣远奸佞，"此谓唯仁人为能爱人，能恶人。见贤而不能举，举而不能先，命也。见不善而不能退，退而不能远，过矣"。意思是，仁德的君王能爱护好人，也能憎恨坏人。发现贤才而不能选拔，选拔了而不能优先重用，这是轻慢。发现恶人而不能罢免，罢免了而不能把他驱逐得远远的，这就是过错。《大学》进一步指出，如果不能亲贤臣远奸佞，不仅违背人的本性和政治规律，而且还会有灾祸，"好人之所恶，恶人之所好，是谓拂人之性，灾必逮夫身"。

治国要忠恕。朱熹注释忠恕为"尽己之谓忠，推己之谓恕"（《四书章句集注·大学章句》）。孔子一以贯之的思想就是忠恕，《论语》记载："子曰：'参乎！吾道一以贯之。'曾子曰：'唯。'子出，门人问曰：'何谓也？'曾子曰：'夫子之道，忠恕而已矣。'"（《论语·里仁》）孔子从两个方面规定了忠恕的内容，既是"己所不欲，勿施于人"（《论语·颜渊》），又是"己欲立而立人，己欲达而达人"（《论语·雍也》）。《大学》把孔子的忠恕思想融入到外王的各个环节，体现在齐家、治国、平天下的各个领域，明确提出"絜矩之道"。"絜"是指量度；"矩"是指画直角或方形用的尺子，引申为法度、规则，意指言行有规矩准绳，推己及人，使上下左右前后都能方方正正,"是以君子有絜矩之道也。所恶于上,毋以使下;所恶于下,毋以事上;所恶于前,毋以先后;所恶于后,毋以从前;所恶于右,毋以交于左;所恶于左,毋以交于右"。《大学》特别强调君子以身作则、率先垂范,对于推行忠恕之道的重要意义,认为这是齐家、治国、平天下的重要原则,"君子有诸己而后求诸人,无诸己而后非诸人。所藏乎身不恕,而能喻诸人者,未之有也。故治国在齐其家"。意思是,品德高尚的君子,总是自己先做到,然后才要求别人做到;自己先不这样做,然后才要求别人也不这样做。如果自己不采取这种恕道,而晓喻他人按自己的意思去做,那是未曾有过的事情。所以说,君王要治理好国家必先治理好自己的家庭。

治国要慎独。慎独意指人们在个人独自居处的时候,也能自觉地严于律己,谨慎地对待自己的所思所行,防止有违道德的欲念和行为发生,使道义时时刻刻伴随主体之身。慎独属于儒学的重要概念,首次在《大学》中出现,指的是一个人修身的最高境界,讲究个人道德水平的修养,看重个人品行的操守。《大学》把慎独看作是诚意的本质内容,在短短百字左右的篇章中就出现了两次。在《大学》看来,内容与形式是统一的,人的内在品性总会通过外在言行直接或间接地表达出来,这是掩盖不了的;特别是恶劣的品性,可以掩盖一个时期,可以蒙蔽一部分人,但毕竟不可能长期掩盖,也不可能蒙蔽所有人,"此谓诚于中,形于外,故君子必慎其独也"。在《大学》看来,有的人有的时候可以欺骗别人而获得成功,却永远欺骗不了自己的内心,"小人闲居为不善,无所不至,见君子而后厌然,掩其不善,而著其善。人之视己,如见其肺肝然,则何益矣"。意思是,那些没有道德修养的人,在闲居独处的时候,无论什么坏事都做得出来。当他们见到那些有道德修养的人,却又躲躲藏藏企图掩盖他们所做的坏事,而装出一副似乎做过好事的模样,设法显示自己的美德。殊不知,每个人在看自己的时候,都能直视内心,就像看到肝和肺一样,那么自欺又有什么用处呢? 在《大学》看来，"举头三尺有神明"，从根本上说，欺骗别人也是不可能成功的，因为有众多的眼睛在看着自己，有很多双手在指着自己。《大学》疑为曾子所作，却第一次引用曾子的话来加以说明，"十目所视，十手所指，其严乎!"这真是"天网恢恢，疏而不漏"。

《大学》篇幅不长，对我们而言，却是一次净化心灵的巡礼，又是一次高贵灵魂的巡礼。在巡礼过程中，我的脑际里不时想起柳下惠"坐怀不乱"的动人故事。《纯正蒙求》一书描述："鲁柳下惠，姓展名禽，远行夜宿郭门外。时大寒，忽有女子来托宿，惠恐其冻死。乃坐之于怀，以衣覆之，至晓不为乱。"我的脑际里不时浮现出东汉太守杨震的伟岸形象，《后汉书》记载：杨震"四迁荆州刺史、东莱太守。当之郡，道经昌邑，故所举荆州茂才王密为昌邑令，谒见。至夜怀金十斤以遗震。震曰：'故人知君，君不知故人，何也?'密曰：'暮夜无知者。'震曰：'天知，神知，我知，子知，何谓无知!'密愧而出"（《后汉书·杨震传》）。我的脑际里不时回荡着晚清名臣曾国藩的"日课四条"，即慎独、主敬、求仁、习劳，他在《教子书》中写道："一曰慎独则心安；二曰主敬则身强；三曰求仁则人悦；四曰习劳则神钦。"后人有一副对联赞誉曾国藩："立德立功立言三不朽，为师为将为相一完人。"我想，曾氏所以能成为中国传统社会最后一位"三立"完人，不能不归于"日课四条"的重要作用。柳下惠、杨震、曾国藩，令人不禁肃然起敬，我似乎听到曾子在说：这就是慎独，更在于修身!

第六章 读《中庸》,思心法

　　《中庸》属"四书"范畴,是儒家的经典著作,其主题思想是教育人们进行自我修养、自我监督、自我教育、自我完善,培育理想人格,达到至性、至诚、至道、至德、至圣以及合内外之道的人格目标,促进自然界和人类社会实现"中和"的境界。一般认为,《中庸》既有世界观又有方法论,属儒家的理论渊薮,是儒家典籍中哲理性最强、抽象思辨最高的著作,它从天人合一出发,深入阐述了儒家的性理之学,从而使儒家学说具备了形而上思辨的特征。后世学者尤其是宋代学者对《中庸》评价甚高,二程认为:《中庸》"乃孔门传授心法,子思恐其久而失也,故笔之于书,以授孟子。其书始言一理,中散为万事,末复合为一理。放之则弥六合,卷之则退藏于密。其味无穷,皆实学也。善读者玩索而有得焉,则终身受用之,有不能尽者矣"。南宋黎立武著有《中庸指归》,认为"《中庸》者,群经之统会枢要"。

　　现代儒家学者杜维明指出:"只有很少的书值得我们反复细读,从中得到取之不竭的灵感源泉,而《中庸》就是这样一种文本。"①《中庸》最大的贡献是全面而系统地论述了儒家心法,把尧传授给舜的修身治国秘诀"允执其中"升华为哲学思想,其内在逻辑可概括为"尚中",这是中庸的逻辑起点,内涵是"无过无不及";"时中",这是中庸的内在本质,强调在动态中把握中庸的原则;"中正",这是中庸的规范准则,

---

① 杜维明:《〈中庸〉洞见》,人民出版社2008年版,第5页。

主要指礼仪制度；"中和"，这是中庸的理想目标，即天人和谐。所谓心法，系指各个思想学派授受的重要心得和方法。宋蔡沈在《〈书经集传〉序》中指出："精一执中，尧、舜、禹相授之心法也。"研读《中庸》，能够区分人心与道心，有利于深入理解儒家心法，坚持执两用中，力避过与不及，实现天人合一、社会和谐。

一、《中庸》其书

《中庸》与《大学》既有相同之处，也有不同之处。不同在于《中庸》的作者比较明确，《史记》记载："孔子生鲤，字伯鱼。伯鱼生伋，字子思。年六十二，子思作《中庸》。"（《史记·孔子世家》）这说明《中庸》由孔子的孙子子思所著。子思师承曾参，孟子又受业于子思门人，发扬光大儒家思想，形成了著名的"思孟学派"。《大学》的作者则众说纷纭、莫衷一是，朱熹虽然作了辨析，认为"经一章，盖孔子之言，曾子述之。其传十章，则曾子之意而门人记之也"，但学界仍有不同看法；相同之处在于两书都出自《礼记》，《中庸》是第三十一篇，《大学》是第四十二篇。更重要的是，《中庸》的命运及其历史地位与《大学》基本一样，自汉及唐，主要和《礼记》的命运相联系，《礼记》是什么历史地位，《中庸》就是什么地位。其中的差异是《大学》更纯正一些，完全是儒学的面貌；《中庸》则由于思辨性强，不时与佛、道思想相结合。魏晋时期，有的学者将"中庸"与道家的无为思想相联系，为"尚俭"立据；唐朝韩愈反对佛教教义，其弟子李翱却糅合佛家心性之学，撰有《中庸说》，以阐发儒家的天命性道学说。宋朝是《中庸》经典地位的确立时期，二程将《中庸》提升到与《论语》《孟子》同等的地位，朱熹作《四书章句集注》，被宋宁宗审定为官书，从此奠定了《中庸》的儒家经典地位。

比较研究《中庸》与《大学》，不仅要注意形式，更要注意内容，以利于更好地理解这两部儒家经典。一般认为,两书同出于《礼记》,又都是儒学名家所著,不应有太大差别。事实上,无论思想内容还是表达方式都存在着明显差异:一是心性差异。明朝学者刘宗周指出:"《大学》言心不言性,心外无性也。《中庸》言性不言心,性即心之所以为心也。"①这是两书最大的差异,《中庸》一书通篇没有提及心,而对性则作了详细论述。从"天命之谓性",到"自诚明,谓之性",再到"唯天下至诚,为能尽其性",《中庸》将性的概念升华为形而上范畴,贯穿于自然界和人类社会各个领域。《大学》全篇只有一次提及性的概念,即"好人之所恶,恶人之所好,是谓拂人之性,灾必逮夫身",而心却占据重要地位,是"八条目"之一。正心是修身的关键,"所谓修身在正其心者"。二是修身差异。《中庸》与《大学》都谈修身,在《中庸》那里,修身分量并不重;在《大学》那里,修身不仅是"八条目"之一,更是全书的灵魂,"自天子以至于庶人,壹是皆以修身为本。其本乱而未治者,否矣,其所厚者薄,而其所薄者厚,未之有也!"三是目标差异。《中庸》的目标是形而上的,即"与天地参",怀有终极追求目标,"唯天下之至诚,为能尽其性;能尽其性,则能尽人之性;能尽人之性,则能尽物之性;能尽物之性,则可以赞天地之化育;可以赞天地之化育,则可以与天地参矣"。《大学》的目标是形而下的,即"平天下",属于现实人生,"物格而后知至,知至而后意诚,意诚而后心正,心正而后身修,身修而后家齐,家齐而后国治,国治而后天下平"。四是论述差异。《中庸》作者讲自己的话比较少,一般都是孔子的思想和言论。即使提出自己的观点,也都用孔子的言论加以阐述和完善,较少引用《尚书》和《诗经》内容给予论证。《大学》作者讲自己的话比较多,一般都是引用《尚书》和《诗经》内容加以论证支撑,而较少引证孔子的言论。当然,《中庸》与《大学》的差异是相对的,内在联系是绝对的,《中庸》论

①　[明]刘宗周著,吴光主编,何俊点校:《刘宗周全集》,浙江古籍出版社2012年版,第412页。

述为人和为学的道理，是一种贯穿人生的认识论；《大学》论述如何为人和为学，是一篇实现人生理想方法的纲要，二者互为表里、互相补充，共同阐述儒家内圣外王的思想。

在儒家典籍中，《中庸》比较难读难懂。朱熹主张阅读"四书"，应最先读《大学》，最后读《中庸》，循序渐进，由浅入深，以便更好地理解《中庸》。《中庸》尽管文辞简约，却讨论了儒学许多重要的概念和命题，既有天道又有人道，既有本体又有方法，概念有性、道、教、诚，天命、中和、大本、达道、达德，在中、时中、用中、费隐、忠恕、鬼神、知行，命题有尊德性而道学问，致广大而尽精微，极高明而道中庸，等等。自南宋以降，《中庸》吸引了众多学者皓首穷经，探究其中的概念和命题，开展广泛而深入的论辩。虽然意见常常相左，却有效推动了思想史的发展和抽象思辨能力的提升。《中庸》一书的论述方式，一般先由作者用先圣的观点给予立论，尔后引述先圣言论加以论证和阐明。第一章至第十一章，主要阐述中庸的思想，其中第一章具有纲领性质，为"一篇之体要"，以后各章据此展开论证和阐述；第十二章至第二十章，主要阐述中庸之道须臾不可离开的思想，其中第二十章是全篇的要点，先后提出了三达德、五达道和治国九经的思想观点；第二十一章至第三十三章，主要阐述诚和至诚的思想，认为这是中庸之道的本质内容。叙述方式有别于前两部分，主要是作者自己极尽阐述，反复推论，以尽先圣所传之意。

二、中庸的概念解读

中庸概念最早出自《论语》："中庸之为德也，其至矣乎！民鲜久矣。"（《论语·雍也》）意思是，中庸作为一种道德，该是最高的吧！人们缺少这种道德很久了。这句话把中庸的重要意义说得非常明白，达到至高无上、无以复加的地步。对于"中庸"一词的理解，东汉郑玄认为：

"名曰中庸者，以记其中和之为用也。庸，用也。"①二程指出："不偏之谓中，不易之谓庸。中者，天下之正道；庸者，天下之定理。"（《四书章句集注·中庸章句》）朱熹赞同二程的观点，解释"中者，不偏不倚，无过不及之名。庸者，平常也"（《四书章句集注·中庸章句》）。一般而言，学者对于"中"的理解比较一致，诚如《说文解字》所言："'中'者，别于外之辞，别于偏之辞也，亦合宜之辞也。"对于"庸"的理解，却有不同看法，郑玄理解为"用"的意思；二程、朱熹则理解为"平常""常理"。无论哪一种理解，中庸的基本精神是凡事都要执两用中，追求不偏不倚的最佳状态，这是不可更易的常理。孔子也作如是观，《论语》记载："子贡问：'师与商也孰贤？'子曰：'师也过，商也不及。'曰：'然则师愈欤？'子曰：'过犹不及。'"（《论语·先进》）无过无不及，就是中庸的精髓。

中庸概念虽然由孔子首次提出，但中庸思想却在上古时代就已产生，认为这是治理国家应遵循的基本原则。古代圣王治国都是执中、行中，坚守中庸之道。《论语》叙述尧让位时对舜说："尧曰：'咨！尔舜！天之历数在尔躬，允执其中。四海困穷，天禄永终。'舜亦以命禹。"（《论语·尧曰》）"允执其中"，就是中庸之道的经典表述。《尚书·大禹谟》叙述舜临终时对禹说："予懋乃德，嘉乃丕绩。天之历数在汝躬，汝终陟元后。人心惟危，道心惟微，惟精惟一，允执厥中。无稽之言勿听，弗询之谋勿庸。"意思是，我赞美你的德行，嘉许你的大功。上天的大命落到了你的身上，你终将升为君王。人心危险，道心精微，要精研要专一，诚实地保持中庸之道。无信验的话不要听，独断的谋略不要用。宋儒认为，从尧嘱舜的"允执其中"，到舜嘱禹的"人心惟危，道心惟微，惟精惟一，允执厥中"，是上古圣人的传心之言；"人心惟危"这十六个字，也被称为"十六字心法"，是天下最根本的道理。朱熹认为："夫尧、舜、禹，天下之大圣也。以天下相传，天下之大事也。

---

① ［东汉］郑玄：《中庸解题》。

以天下之大圣，行天下之大事，而其授受之际，丁宁告戒，不过如此！则天下之理，岂有以加于此哉。"(《四书章句集注·中庸章句》)"十六字心法"的最大意义不是强调中庸，而是区分了"人心"与"道心"。所谓"人心惟危"，是指人们那种物欲情欲，或追名或逐利，对于治国安邦和社会政治的稳定运行来说，是非常危险的；"道心惟微"，是指那些保障社会政治稳定运行的价值观和价值体系，在人们心目中是非常微弱的。人心与道心是一对矛盾，处于互相对立和排斥状态，专注于人心的人，就会压迫道心；专注于道心的人，就可能抑制人心，这就需要允执厥中，在人心与道心之间保持必要的平衡。

儒家对"十六字心法"推崇备至，有人甚至称之为"中华心法"，由此牵涉到道统论。所谓道统，是儒家关于先王之道传承系统的理论。道统说滥觞于《中庸》，"仲尼祖述尧、舜，宪章文、武，上律天时，下袭水土"。意思是，孔子远宗尧、舜之道，近以文王、武王为典范，上遵循天时，下符合地理。孟子则发展了这一思想，提出"五百年必有王者兴"观点，"由尧舜至于汤，由汤至于文王，由文王至于孔子，各五百有余岁，由孔子而来至于今，百有余岁。去圣人之世，若此其未远也，近圣人之居，若此其甚也"(《孟子·尽心下》)。韩愈进一步发展孟子的思想，是道统论的创始人，他在《原道》一文中提出儒家之道的命题，认为儒学之道的核心是"博爱之谓仁，行而宜之之谓义，由是而之焉之谓道，足乎己无待于外之谓德。仁与义为定名，道与德为虚位"。意思是，博爱叫作仁，恰当地去实现仁就是义，沿着仁义之路前行便是道，使自己具备完美的修养而不依靠外部力量就是德。仁和义是内容确定的名词，道和德是内容不确定的名词。千百年来，儒家之道的传承过程就是"尧以是传之舜，舜以是传之禹，禹以是传之汤，汤以是传之文武周公，文武周公传之孔子，孔子传之孟轲。轲之死，不得其传"。朱熹完善了韩愈的道统理论，首次明确提出"道统"概念，"《中庸》何为而作也？子思子忧道学之失其传而作也。盖自上古圣神继天立极，而道统之传有自来矣"(《四书章句集注·中庸章句》)。无论学术还是政治,道统论都有着重要意义。在学术层面,既在儒学内部划分了学派界限,某种意义上可以说是排除了荀子学派,又在儒学外部区分为儒、释、道三家不同的思想体系,从而增强了儒学的认同意识、正统意识和弘道意识。有意思的是,凡是提出和发展道统论的人,无论孟子、韩愈还是二程、朱熹,都以道统继承者自任。在政治层面,区分道统与治统,道统由士人承载,治统由君王负责,增强了知识分子的主体性和相对于权力的独立性,使他们可以利用道统所赋予的话语权对统治者进行批评和干预,在一定程度上阻遏了传统社会皇权的无限滥用和专制独裁。

三、《中庸》的哲学意蕴

《中庸》属儒家经典是毫无疑问的,吊诡的是,佛、道人士也很重视和倡导《中庸》。魏晋南北朝时期,隐士戴颙兼尚佛老,撰有《礼记中庸》二卷,这是史书上个人研究《中庸》的最早记载;梁武帝佞佛,著有《中庸讲疏》一卷。唐朝很多文坛领袖和士林贤达都把《中庸》作为儒释道三教相通的一座桥梁,他们将《中庸》的"诚明"观点与佛教的"止观"理念进行会通,提出"复性明静"的哲学思想。宋朝理学家虽然奠定了《中庸》的历史地位,而首先倡导《中庸》的却是佛教天台宗的智圆和禅宗的契嵩。佛、道人士之所以重视《中庸》,就是因为《中庸》在"四书"中最具哲学意蕴,使佛、道可以通过《中庸》,援儒释佛,借儒解道,增进了佛、道的世俗化程度,而《中庸》通过佛、道化解读,也深化了儒家的义理之学,促进了儒家思想的传播和发展。

《中庸》的哲学意蕴首先表现在本体意识的觉醒。本体是一个哲学概念,意指天地万事万物存在的最终根源和本质,这既是人们认识世界的重要支点,又是任何思想学说的逻辑前提。儒家关注社会现实和伦理道德,一般不太重视形而上的问题,《中庸》却是个例外,提出了"性"的概念,把性看成是天地万事万物的本源,"天命之谓性,率性之谓道,修道之谓教"。意思是,人性中"至善"的本质是天赋予的,人能遵循和发扬这种天赋的本性便是道,按照道的原则进行修身便是教化。《中庸》认为,性的本质规定是"诚","惟天下至诚,为能尽其性"。应当指出,在《中庸》全书中,性不仅仅指人性,还包括物性,"诚者,天之道也;诚之者,人之道也"。这说明性的概念具有普遍性和本体意义。在《中庸》看来,能够至诚尽性,就能够实现"天人合一","能尽其性,则能尽人之性;能尽人之性,则能尽物之性;能尽物之性,则可以赞天地之化育;可以赞天地之化育,则可以与天地参矣"。朱熹注"与天地参":"谓与天地并立为三也。"(《四书章句集注·中庸章句》)中国传统文化把人与天、地并立,称为三才,《易经》说:"有天道焉,有人道焉,有地道焉,兼三才而两之,故六。六者非它也,三才之道也。"与天地参,实质是天、地、人合一的境界。在《中庸》看来,诚与性还是天地的根源,万事万物、始终本末,无不以诚为本;诚为天赋的本质之理,涵泳天地、贯穿始终,"诚者物之终始,不诚无物"。君子要把诚奉为最宝贵的东西,"诚者,非自成己而已也,所以成物也。成己,仁也;成物,知也。性之道也,合内外之道也,故时措之宜也"。意思是,至诚的人,并非自我完善就够了,还要及于万物,行予他人。自我完善,毫无私意,这是仁;及于事物,随物施教,这是智。仁和智是出于本性的德行,融合了自身与外物的规律,所以适时施行,没有不合时宜的。

《中庸》哲学意蕴最重要的内容是辩证思维。按照辩证法的观点,任何事物都是矛盾对立与统一相结合的整体。《中庸》认为,人既有道德本性又有情感成分,性与情也是矛盾的统一体。中国传统文化对待矛盾,有两种不同的观点,一种观点侧重于矛盾双方的对立,称之为"一分为二";另一种侧重于矛盾双方的统一,称之为"合二而一"。中庸思维的特征是合二而一,重视矛盾对立双方的统一性与和谐性,认

为这是天地万事万物的基本规律和发展变化的根本动力,"喜怒哀乐
之未发,谓之中;发而皆中节,谓之和。中也者,天下之大本也;和也
者,天下之达道也。致中和,天地位焉,万物育焉"。意思是,喜怒哀乐
各种感情没有表现出来的时候,叫作中;表现出来以后符合法度,叫作
和。中是天下的根本;和是天下普遍遵循的规律。达到中和的境界,
天地便各在其位了,万物就蓬勃生长了。孔子在《论语》中只有一次提
到中庸概念,而中庸思想却贯穿于全书之中,弥漫着浓厚的辩证气息。
对于自然界,"子钓而不纲,弋不射宿"(《论语·述而》)。意指孔子钓
鱼而不一网打尽,射鸟而不射归巢的鸟,以便生生不息,这实际蕴含着
保持生态平衡和谐的思想意识。对于政治,孔子要求做适宜的事情,
"君子之于天下也,无适也,无莫也,义之与比"(《论语·里仁》)。即使
忠于国君,也有一定的原则,而非绝对服从,"邦有道,则仕;邦无道,则
可卷而怀之"(《论语·卫灵公》)。对于经济,尤其是财富分配要均衡,
"不患寡而患不均"。对于学问,"子曰:'吾有知乎哉?无知也。有鄙
夫问于我,空空如也。我叩其两端而竭焉。'"(《论语·子罕》)朱熹注
解:"叩,发动。两端,犹言两头。言终始、本末、上下、精粗,无所不
尽。"(《四书章句集注·论语集注》)对于修身,既要重视内容又要重视形
式,"质胜文则野,文胜质则史。文质彬彬,然后君子"(《论语·雍也》)。

　　中庸思想具有辩证法因素,容易引起人们的误解,最大的误解是
把中庸之道当作折中主义。所谓折中主义,是没有原则,没有是非,同
时从同一个角度肯定和调和两种不能调和的矛盾以及不同观点,进而
陷入模棱两可、游移不定的思维混乱之中。中庸之道不是调和不可调
和的两个互相矛盾的极端,或一是一非的两种不同观点,而是调和可
以调和的矛盾,实质是寻找矛盾双方互相联系与制约的交叉领域,寻
找矛盾双方最大的公约数和共同点,从而促进事物保持理想状态,避
免发生过或不及的情况。这说明中庸之道不是折中调和,没有模棱两
可,而是经与权的调谐,原则性与灵活性的统一,逻辑发散与内敛的平

衡。因而孔子严厉指责那种貌似忠厚实则是非不分、一味奉迎、毫无
原则之人，"乡愿，德之贼也"（《论语·阳货》）。在孔子看来，坚守中庸
之人，就会爱憎分明，严守是非界线，"惟仁者能好人，能恶人"（《论
语·里仁》）。另一个误解是把中庸之道当作保守和墨守陈规。在不同
的语境下，保守的含义不尽相同，但基本内容是保持现状和遵循既存
价值观念及其标准。一般而言，保守不反对进步，只反对激进。即便
如此，中庸之道与保守还是有着明显差异。中庸思想虽然强调中和、
执中来维持事物的稳定，但不反对矛盾对立面的转化和发展。《中庸》
提出了"时中"概念："君子之中庸也，君子而时中。"所谓时中，即"中
无定体，随时而在"，意指事物处于变动不居之中，随时都要守中、执
中。同时，中庸思想主张因时制宜、因地制宜、因事制宜，具有权变内
涵。《论语》记载：晋国叛臣佛肸召孔子前往帮助，孔子想去，弟子表示
反对，认为怎么能到做坏事的人那里去为官呢？孔子指出，君子不入
不善是常理，但有时为了事业，也是可以变通的，只是不能改变自己的
品格，"不曰坚乎？磨而不磷；不曰白乎？涅而不缁"（《论语·阳货》）。
意思是，坚硬的东西，不论怎么磨也磨不薄的；洁白的东西，不论怎么
染也不会变黑的。

四、《中庸》的齐家治国

作为儒家经典，《中庸》虽然充满着哲学意蕴，思辨的出发点和落
脚点却是在形而下的领域，关注的重心还是社会人生和治国安邦。
《中庸》在仰望星空的同时，念兹在兹的仍然是内圣外王、修身齐家治
国平天下，具体化为"三达德""五达道"和"九经"。

"三达德"是指智、仁、勇，属于修身的范围。"知、仁、勇三者，天下
之达德也，所以行之者一也"。智、仁、勇是孔子十分推崇的君子人格，
他甚至谦虚地说自己还没有做到，"君子道者三，我无能焉：仁者不忧，

知者不惑,勇者不惧"(《论语·宪问》)。孔子还形象地描述了智者与仁者的不同特点:"知者乐水,仁者乐山;知者动,仁者静;知者乐,仁者寿。"(《论语·雍也》)《中庸》进一步阐述和发展了孔子的三达德思想,把智、仁、勇与命、性、道、诚合为一个序列的范畴。朱熹注释:"知,所以知此也;仁,所以体此也;勇,所以强此也。谓之达德者,天下古今所同得之理也。一则诚而已矣。"(《四书章句集注·中庸章句》)二程甚至将智、仁、勇等同于诚,"所谓诚者,止是诚实此三者。三者之外,更别无诚"(《四书章句集注·中庸章句》)。这是把智、仁、勇看成是人性的具体内容和本质规定,修身就是修炼智、仁、勇三种品格。在智、仁、勇三者关系中,仁是核心,不仅把智与勇内化于自身之中,而且外化于个体生命和社会现实,"修身以道,修身以仁。仁者,人也,亲亲为大"。

《中庸》指明了实现三达德的途径,"好学近乎知,力行近乎仁,知耻近乎勇"。认识并践行智、仁、勇及其途径,就可以内圣外王,"知斯三者,则知所以修身;知所以修身,则知所以治人;知所以治人,则知所以治天下国家矣"。在《中庸》看来,修身以实现智、仁、勇,既包括学习的要求,又包括实践的要求。对于学习,有三种不同情况,"或生而知之,或学而知之,或困而知之"。生而知之是圣人,是天生真诚的人,"诚者,不勉而中,不思而得,从容中道,圣人也"。学而知之是常人,是追求真诚的人,"诚之者,择善而固执之者也"。困而知之不如学而知之,却应给予鼓励。对于实践,也有三种不同情况,"或安而行之,或利而行之,或勉强而行之"。意思是,有的人真诚地践行智、仁、勇,有的人因为名利去践行,有的人被迫勉强去践行。无论学习还是实践,无论自觉还是不自觉,只要做到了智、仁、勇,《中庸》都给予肯定,"及其知之一也","及其成功一也"。《中庸》对于学而知之和困而知之者,指明了学习和实践方法,"博学之,审问之,慎思之,明辨之,笃行之"。进而要求,"有弗学,学之弗能弗措也;有弗问,问之弗知弗措也;有弗思,思之弗得弗措也;有弗辨,辨之弗明弗措也;有弗行,行之弗笃弗措也"。意指学而不能、问而不知、思而不得、辨而不明、行而不笃,都不要就此罢休,而要继续学习和践行,直到真正学会弄懂笃行为止。最后,鼓励大家,"人一能之,己百之;人十能之,己千之。果能此道矣,虽愚必明,虽柔必强"。

"五达道"是指君臣、父子、夫妇、兄弟和朋友之间的关系,属于齐家的范围。"天下之达道五,所以行之者三。曰君臣也,父子也,夫妇也,昆弟也,朋友之交也;五者,天下之达道也"。如果说三达德是修身内化于心的品质,那么,五达道则是修身外化于行的实践。在社会关系这张大网中,人的实践是分层次的,即从家庭到社会,从社会到国家,从国家到天下,五达道主要指家庭和社会层面的实践;同时又是分类别的,在家庭是指父子、夫妇、兄弟之间的关系,在社会是指人与人交往的朋友关系和工作中的上下级关系。《中庸》引用孔子的言论指出,人是不可能离开这些社会关系而生存的,更不可能离开这些关系去实践有关的道德准则,"道不远人。人之为道而远人,不可以为道"。正确处理这些社会关系,就是君子之道。孔子似乎很谦逊,认为自己还没有做到,"君子之道四,丘未能一焉:所求乎子以事父,未能也;所求乎臣以事君,未能也;所求乎弟以事兄,未能也;所求乎朋友先施之,未能也"。孔子认为,五达道是最基本的要求,如果没有做好,就要努力去践行,以求言行一致,"庸德之行,庸言之谨,有所不足,不敢不勉;有余不敢尽。言顾行,行顾言,君子胡不慥慥尔?"意思是,实践平常的道德,谨慎平常的言论,还有不足的地方,就不敢不再努力。言谈要留有余地,不说过头话。言论要符合自己的行为,行为要符合自己的言论,这样的君子怎么会不忠厚诚实呢。

那么,怎样做到五达道呢?《中庸》指出,要从基础做起,这就是孝。孝是继承先人遗志,"武王、周公,其达孝矣乎! 夫孝者,善继人之志,善述人之事者也"。孝是慎终追远,祭祀先人,"武王末受命,周公成文武之德,追太王、王季,上祀先以天子之礼"。太王、王季为文王的祖父、父亲。意思是，周武王晚年才承受天命，及至周公才成就了文王、武王的德业，追尊太王、王季为王，又用天子之礼祭祀历代祖先。孝还要普及到众人，"斯礼也，达乎诸侯大夫，即士庶人。父为大夫，子为士，葬之于大夫，祭以士。父为士，子为大夫，葬之以士，祭之以大夫。期之丧，达乎大夫。三年之丧，达乎天子。父母之丧，无贵贱一也"。《中庸》指出，要从小事做起，扩充开来，进而实现五达道，"故君子语大，天下莫能载焉；语小，天下莫能破焉。《诗》云：'鸢飞戾天，鱼跃于渊。'言其上下察也"。意思是，故君子说到大，连整个天下都载不下；说到小，连一点儿也分不开。《诗经》说，老鹰飞向天空，鱼儿跃入深渊。这是说君子之道，和鹰飞鱼跃一样，由上到下，显明昭著。具体来说，就是要从夫妇关系入手，"君子之道，造端乎夫妇，及其至也，察乎天地"。要从身边的事情做起，"君子之道，譬如行远必自迩，譬如登高必自卑"。最接近身边的事情就是家庭，"《诗》曰：'妻子好合，如鼓瑟琴。兄弟既翕，和乐且耽。宜尔室家，乐尔妻帑。'子曰：'父母其顺矣乎！'"《诗经》说，与妻子和和睦睦，就像弹琴鼓瑟一样。兄弟关系融洽，和顺又快乐。使你的家庭美满，使你的妻子儿女幸福。孔子赞叹道，这样的家庭，父母也就称心如意了啊！《中庸》指出，要从自身做起，循序渐进，实现诚身、孝亲、信友和事上，进而治理好民众。"在下位不获乎上，民不可得而治矣。获乎上有道：不信乎朋友，不获乎上矣。信乎朋友有道：不顺乎亲，不信乎朋友矣。顺乎亲有道：反诸身不诚，不顺乎亲矣。诚身有道：不明乎善，不诚乎身矣"。

"九经"是指治理国家的九项原则，属于治国、平天下的范围。"凡为天下国家有九经，曰：修身也，尊贤也，亲亲也，敬大臣也，体群臣也，子庶民也，来百工也，柔远人也，怀诸侯也"。九经有着丰富而具体的内容，《中庸》给予了详细说明，"修身"是"齐明盛服，非礼不动"，意指像斋戒那样静心虔诚，穿着庄重整齐的服装，不符合礼仪的事情坚决不做；"尊贤"是"去谗远色，贱货而贵德"，意指驱除小人，疏远女色，看轻财物而重视德行；"亲亲"是"尊其位，重其禄，同其好恶"，意指提高亲族的爵位，给他们以丰厚的俸禄，与他们的爱憎相一致；"敬大臣"是"官盛任使"，意指官员众多足供任使；"体群臣"是"忠信重禄"，意指真心诚意地任用他们，并给他们丰厚的俸禄；"子庶民"是"时使薄敛"，意指使民服役不误农时，少收赋税；"来百工"是"日省月试，既禀称事"，意指每天省察，每月考核，付给他们的薪水粮米与他们的业绩相称；"柔远人"是"送往迎来，嘉善而矜不能"，意指来时欢迎，去时欢送，嘉奖有善行的人，怜恤能力差的人；"怀诸侯"是"继绝世，举废国，治乱持危，朝聘以时，厚往而薄来"，意指延续绝嗣的家族，复兴废止的小国，治理祸乱，扶持危弱，接受诸侯朝见聘问，赠送丰厚，纳贡菲薄。九经具有不同的作用，综合实施，就能收到政治经济社会文化的良好效果，达到治国、平天下的目标，"修身则道立，尊贤则不惑，亲亲则诸父昆弟不怨，敬大臣则不眩，体群臣则士之报礼重，子庶民则百姓劝，来百工则财用足，柔远人则四方归之，怀诸侯则天下畏之"。

在《中庸》看来，实施九经，治理天下，前提是君王自身德位相配，名正言顺，不能有德无位或无德有位，也不能德薄而位尊，智小而谋大，力小而任重，"非天子，不议礼，不制度，不考文。今天下车同轨，书同文，行同伦。虽有其位，苟无其德，不敢作礼乐焉；虽有其德，苟无其位，亦不敢作礼乐焉"。即使像孔子这样的圣人，有德无位，不能取信于民众，也就不能直接治理天下，"王天下有三重，其寡过矣乎！上焉者，虽善无征，无征不信，不信民弗从。下焉者，虽善不尊，不尊不信，不信民弗从"。"三重"意指仪礼、制度和考文。《中庸》认为，实施九经，治理天下，关键在选贤任能，"哀公问政，子曰：'文武之政，布在方策。其人存，则其政举；其人亡，则其政息。人道敏政，地道敏树。大政也者，蒲卢也。故为政在人。'"意思是，鲁哀公请教政治。孔子回答，文王、武王的政治措施，都记载在典籍上。这样的贤人在世，这些政事就能实施；他们不在了，这些政事就废弛了。贤人治理国家，政事就能够迅速推行;沃土植树,树木就能快速生长,政事就像芦苇生长一样快速容易。所以政治完全取决于选人用人。

五、《中庸》的君子之道

人是世界上最宝贵的因素,世界上什么事都是人干出来的。但是,人是有差别的,不同品质的人干事的结果就不一样。一般而言,好人干好事,坏人干坏事,尤其治国平天下这样的大事,必须由好人来负责。儒家认为,这样的好人就是圣人和君子。圣人的要求很高,一般人很难做到,儒家理想而现实的人格实际是君子。《中庸》论及天之道、地之道、至诚之道和圣人之道,而谈得最多的却是君子之道。实施中庸之道所依托的主体是君子,治国、平天下所承载的主体也是君子。

《中庸》最后一章不吝篇幅地赞誉君子;《中庸》一书很少引用《诗经》,而最后一章几乎都在引用《诗经》来夸奖君子,从而描绘了一幅完美的君子形象。这就是君子内敛低调,"《诗》曰:'衣锦尚绚。'恶乎其文之著也"。《诗经》说,身穿锦绣衣服,外面再穿一件麻布罩衫,这是厌恶锦衣的花纹过于显著。因而"君子之道,暗然而日章;小人之道,灼然而日亡",意指君子之道,表面暗淡而日益彰明;小人之道,外表鲜明而日益消亡。具体是"君子之道,淡而不厌,简而文,温而理,知远之近,知风之自,知微之显,可与入德矣"。君子内省不疚,"《诗》云:'潜虽伏矣,亦孔之昭!'"《诗经》说,虽然潜伏在水底,但也被看得清清楚楚。因而"君子内省不疚,无恶于志。君子之所不可及者,其唯人之所不见乎?"君子慎独诚信,"《诗》云:'相在尔室,尚不愧于屋漏。'"《诗经》说,看你独自在室内的时候,是不是能做到无愧于心。因而"君子不动而敬,不言而信"。君子庄重肃穆,"《诗》曰:'奏假无言,时靡有争。'"《诗经》说,祭祀时心中默默祈祷,此时肃穆无言没有争执。因而"君子不赏而民劝,不怒而民威于铁钺"。君子治平天下,"《诗》曰:

'不显惟德,百辟其刑之。'"《诗经》说,大大弘扬天子的德行,诸侯们都会来效法。因而"君子笃恭而天下平"。君子温和亲切,"《诗》云:'予怀明德,不大声以色。'"《诗经》说,我怀念文王的美德,他从不厉声厉色。因而孔子强调"声色之于以化民,末也"。君子德行臻于化境,润物无声,"《诗》曰:'德辅如毛。'毛犹有伦。'上天之载,无声无息。'至矣!"《诗经》说,德行犹如鸿毛。犹如鸿毛,还是有行迹可比。《诗经》又说,上天化生万物,既没有声音也没有气味,这才是最高的境界啊!

在《中庸》看来,君子之道是修身。这是因为君子品格是通过修身塑造的,而不是与生俱来的;如果生来就具备君子品格,那就是圣人了。《中庸》反复提及性、道与教的差异,意味着圣人得性得道,是生而知之;一般人是学而知之,教化而成,"自诚明,谓之性;自明诚,谓之教。诚则明矣,明则诚矣"。意思是,由真诚而自然明白道理,这叫作天性;由明白道理后做到真诚,这叫人为的教育。真诚也就会自然明白道理,明白道理后,也就会做到真诚。一般人通过修身,也能发挥像圣人一样的作用,"其次致曲。曲能有诚,诚则形,形则著,著则明,明则动,动则变,变则化;唯天下至诚为能化"。意思是,一般人致力于某一个善端,致力于某一善端,也就能做到真诚。做到真诚就会表现出来,表现出来就会逐渐显著,显著了就会发扬光大,发扬光大就会感动他人,感动他人就会引起转变,引起转变就能化育万物。只有天下最真诚的人能化育万物。《中庸》认为,修身要从家庭开始,进而知人、知天,"故君子不可以不修身。思修身,不可以不事亲;思事亲,不可以不知人;思知人,不可以不知天"。所谓知人、知天,"质诸鬼神而无疑,知天也;百世以俟圣人而不惑,知人也"。如何质诸鬼神、以俟圣人呢?"故君子之道,本诸身,征诸庶民,考诸三王而不缪,建诸天地而不悖,质诸鬼神而无疑,百世以俟圣人而不惑"。意思是,所以君子治理天下应该以自身的德行为根本,并从民众那里得论证,考查夏、商、周三代先王的制度,而没有违背的地方;立于天地之间,而不悖逆自然;质证于鬼神,而没有疑问,等到百世以后,圣人出现也不会产生疑惑。《中庸》指出,修身的本质是道德修养,践行仁义礼智信,"修身以道,修道以仁。仁者,人也,亲亲为大。义者,宜也,尊贤为大。亲亲之杀,尊贤之等,礼所生也"。修身还要践行忠恕,"故君子以人治人,改而止。忠恕违道不远,施诸己而不愿,亦勿施于人"。

在《中庸》看来,君子之道是坚守中庸,这是君子与小人的差异所在,"君子中庸,小人反中庸。君子之中庸也,君子而时中;小人之中庸也,小人而无忌惮也"。坚守中庸,无论明理还是践行,都要无过无不及。"子曰:'道之不行也,我知之矣:知者过之,愚者不及也。道之不明也,我知之矣:贤者过之,不肖者不及也。人莫不饮食也,鲜能知味也。'"坚守中庸,就要向圣贤学习,学圣是学习虞舜,执两用中,"舜其大知也与! 舜好问而好察迩言,隐恶而扬善,执其两端,而用其中于民,其斯以为舜乎!"意思是,舜可以说是具有大智慧的人吧! 他喜欢向人请教问题,又善于从人们浅近平常的话语中分析其含义,不宣扬别人的恶言恶行,只表彰别人的嘉言善行,根据过与不及两端的情况,采纳中庸之道来治理百姓,这就是舜之所以成为舜的原因吧。学贤是学习颜回,绝不放弃中庸之道,"回之为人也,择乎中庸,得一善,则拳拳服膺而弗失之矣"。坚守中庸,就要做真正的强者。《中庸》记载,子路问什么是坚强。孔子回答,有南方之强,"宽柔以教,不报无道",意指用宽厚柔和的精神去教育人,人家对我蛮横无礼也不报复;有北方之强,"衽金革,死而不厌",意指枕着兵器铠甲睡觉,即使死也在所不惜。在孔子看来,南方之强似有不及,北方之强似已过之,"故君子和而不流,强哉矫! 中立而不倚,强哉矫! 国有道,不变塞焉,强哉矫! 国无道,至死不变,强哉矫!"意思是,真正的强者是和顺而不随波逐流;保持中立而不偏不倚;国家政治清明,不改变志向;国家政治黑暗,能坚持操守至死不变。坚守中庸,就是不做怪诞之事,"素隐行怪,后

世有述焉,吾弗为之矣";不半途而废,"君子尊道而行,半途而废,吾弗
能已矣";不为名利所困扰,"君子依乎中庸,遁世不见知而不悔,唯圣
者能之"。意思是,真正的君子遵循中庸之道,即使隐遁在世间一生不
被人知道,也决不后悔,这只有圣人才能做得到。

　　在《中庸》看来,君子之道是安贫乐道,这是孔子赞赏的人格,"饭
疏食饮水,曲肱而枕之,乐亦在其中矣"。孔子并不反对富贵,只是要
求取之有道,"富与贵,是人之所欲也;不以其道得之,不处也。贫与
贱,是人之所恶也;不以其道得之,不去也"。对于那些用非正当手段
取得的财富和尊贵,孔子掷地有声地宣告:"不义而富且贵,于我如浮
云。"《中庸》发展了孔子的思想,提出了"素位而行"的观点,"君子素
其位而行,不愿乎其外"。意思是,君子安于现在所处的地位去做应做
的事,不羡慕这以外的任何事情。任何人来到世上,都会遇到许多既
定的前提和先天的条件,或高贵或贫贱,或生于中原或生于夷狄,或顺
境或逆境,这是个人无法改变的存在。君子的选择是先承认现状,适
应现状,然后等待机遇去改变现状,主要改变不利和不顺的现状,"素
富贵,行乎富贵;素贫贱,行乎贫贱;素夷狄,行乎夷狄;素患难,行乎患
难。君子无入而不自得焉"。《中庸》认为,君子安于现状,要严于律
己,不怨天尤人,"在上位,不凌下;在下位,不援上。正己而不求于人,
则无怨。上不怨天,下不尤人"。这是君子与小人的差别,"君子居易
以俟命,小人行险以侥幸"。意思是,君子安于现状来等待天命,小人
却铤而走险以图获得非分的东西。《中庸》引用孔子的言论强调,君子
对于自己的处境尤其是困境,不会从外部寻找原因,而是从自身寻找
原因,"射有似乎君子,失诸正鹄,反求诸其身"。意思是,君子立身处
世就像射箭一样,如果没有射中靶子,就要回过头来寻找自身技艺的
缺陷和问题。

　　品读《中庸》,使我不时地想起西方的公共选择理论,感到它们之

间在理念上有着相通之处和精神上有着契合的地方。公共选择理论
运用经济学的方法和工具研究政治领域,认为政治领域也存在着利益
交换的可能,即把政治过程看作是人们在政治问题上的利益交换过
程。既然是交换关系,就说明利益各方的矛盾是可以调和的,而不是
不可调和的。调和的关键是要对矛盾着的各个方面不偏不倚、不走极
端,尽量找到各方都能接受的利益平衡点和共同区域,促进矛盾各方
交换关系的发生和完成,这与中庸之道的理念相近,是"允执厥中"思
想的具体实践。我们知道,政治领域既有信念之争又有权力矛盾,信
念之争涉及到治国的根本方向和基本理念,是不可调和的;权力具有
排他性,也是难以调和的。然而,信念之争和权力矛盾一般都发生在
动乱和变革时期,在人类历史的长河中,这毕竟不是常态。人类社会
的政治常态是和平稳定。在和平时期,信念之争和权力矛盾就不是政
治的主流,政治面临的更多问题是利益冲突和力量关系对比。按照公
共选择理论,利益冲突和力量平衡可以通过交换的方式而不是斗争的
方式加以解决,这也是中庸倡导的解决方式。与斗争相比,交换的形
式更温和,成本更低廉,效果也更好。面对公共选择理论复杂的计算、
众多的假设以及不胜其烦的论证,子思微笑着告诉我们:这就是中庸
之道,也是中华心法!

第七章　老子与孔子,日月同辉

研读《老子》与"四书",实质是研读老子与孔子。对于中华文明而言,两人犹如太阳和月亮,同时出现在历史的天空,交相辉映、光焰万丈、泽被华夏。老子是智慧大师,创立了道家学派。孔子是道德大师,创立了儒家学派。道家与儒家是中华文明的基因密码,共同建构了传统文化的基本面貌、主要特质和深层结构。自古及今,中国人都是在儒、道两种不同的文化模式中选择自己的人生道路,出老子道家则入孔子儒家,出孔子儒家则入老子道家。老子与孔子之间的关系,是一个说不尽的话题。比较研读老子与孔子,有利于更好地认识中华文明的基因密码,更加正确地把握传统文化的基本特征和内在品质。

德国哲学家黑格尔在论述思维与存在的关系时,天才地表达了这样一个观念,即同一是有差异的同一,差异是有同一的差异。运用同一与差异的关系进行比较研究,是一个很好的学术分析框架。首先,要承认差异是老子与孔子最基本的关系,否则,就不用道和儒两个概念来分别命名他们的思想体系。同时,要看到老子与孔子思想的差异,既不是简单的对立关系,又不是简单的互补关系,而是差异中有同一、同一中有差异。

一、恢复本来面目

研究老子与孔子的关系,从本质上说是一个学术问题,应力求恢复历史的本来面目。梁启超曾经指出,历史上的孔子与后人的孔子是不同的,随着历史脚步的前行,孔子渐渐变成了西汉的董仲舒,东汉的马融、郑玄,唐朝的韩愈,宋朝的二程、朱熹、陆九渊,明朝的王阳明,清朝的顾炎武、戴震。同理,老子也渐渐变成了汉朝的河上公、严遵,变成了魏晋南北朝的王弼、李荣,变成了唐玄宗、成玄英、杜光庭,变成了宋徽宗,变成了明太祖、释德清、李贽,变成了清世祖。后人不断演绎老子与孔子,一方面说明道家与儒家思想具有普遍性意义、历史性价值和经久不衰的生命力;另一方面则提醒人们,研究老子与孔子的思想及其相互关系,不能把后人演绎的老子与孔子作为主要依据,否则,就容易陷入误区,还可能谬以千里。因此,所谓恢复历史的本来面目,就是要立足《老子》和《论语》原著,研究老子与孔子的关系,就是要回到春秋战国时期,理解老子与孔子的关系。

研究老子与孔子的关系,要避免感情用事,尤其是门户之见。最大的门户之见是儒、道两家之间的互相排斥和批评,早在汉初就已出现这种情况,以致司马迁指出:"世之学老子者则绌儒学,儒学亦绌老子。'道不同不相为谋',岂谓是耶?"(《史记·老子韩非列传》)这大抵符合汉初的历史事实。"文景之治"时期崇尚老子,汉武帝之后则"罢黜百家,独尊儒术"。回首历史长河,儒家长期居庙堂之高,属于官方思想,占据主导地位,道家则久处江湖之远,属于民间哲学,处在边缘地带。庙堂与江湖边界分明,按说可以相安无事,井水不犯河水。然而,中国传统社会是官本位和权力本位的社会,任何一个思想流派一旦占据统治地位,必欲封杀其他思想流派为快事。总体而言,儒家排斥道家时间居多,尤其是宋儒理学,有的否认孔子问礼于老子的史实,叶适在《习学记言》中评说:"言孔子赞其为龙,则是为赞其学者,借孔子以重其师之辞也",这些"皆途引港授,非有明据"。

特别是朱熹,对老子的批评甚至到了人身攻击的程度。他批评老子自私,"老子之术,须自家占得十分稳便,方肯做;才有一毫于己不便，便不肯做。"批评老子懒惰，"老子之术，谦冲俭啬，全不肯役精神。"批评老子不负责任，"老子之学，大抵以虚静无为、冲退自守为事。故其为说，常以懦弱谦下为表，以空虚不毁万物为实。其为治，虽曰'我无为而民自化'，然不化者亦不之问也。其为道每每如此"。批评老子无情冷血，"看得天下事变熟了，都于反处做起。且如人刚强咆哮跳踯之不已，其势必有时而屈。故他只务为弱。人才弱时，却蓄得那精刚完全；及其发也，自然不可当。故张文潜说老子惟静故能知变，然其势必至于忍心无情，视天下之人皆如土偶尔。其心都冷冰冰地了，便是杀人也不恤，故其流多入于变诈刑名。"批评老子阴谋权术；"只要退步柔伏，不与你争"，"他这工夫极离。常见画本老子便是这般气象，笑嘻嘻地，便是个退步占便宜底人。虽未必肖他，然亦是他气象也。只是他放出无状来，便不可当。"（《朱子语类》卷一百二十五）引述朱熹批评老子的众多言论，并不是否定朱熹的为人和思想贡献，而是表明像朱熹这样的大儒和理学创始人，有时也难免受门户之鼓惑和蒙蔽。因此，研究老子与孔子的关系，可以互相批评，却不能互相指责；可以理性批判，却不能感情用事；可以坚持自己的观点，却不能陷入门户之见。唯其如此，才能认识和把握老子与孔子的真实关系。

　　研究老子与孔子的关系，还要重视历史文献。据先秦史料，老子与孔子有过多次交往，《庄子》一书详述了老子与孔子的四次交往，《庄子·田子方》记载："孔子见老聃，老聃新沐"，描述俩人讨论"游心于物"问题。《论语》记载："子曰：'述而不作，信而好古，窃比于我老彭。'"（《论语·述而》）如果"老彭"指老子和彭祖，可见孔子与老子关系之密切。在老子与孔子交往中，两人非但没有互相贬斥，而是互相研习，相处十分融洽。《庄子·天运》篇可分为七个部分，其中三个部分都是关于老子与孔子的交往，第七部分记载："孔子谓老聃曰：'丘治《诗》《书》《礼》《乐》《易》《春秋》六经，自以为久矣，孰知其故矣，以奸者七十二君，论先王之道而明周、召之迹，一君无所钩用。甚矣夫！人之难说也？道之难明邪？'老子曰：'幸矣，子之不遇治世之君！夫六经，先王之陈迹也，岂其所以迹哉！今子之所言，犹迹也。夫迹，履之所出，而迹岂履哉！夫白鶂之相视，眸子不运而风化；虫，雄鸣于上风，雌应于下风而风化。类自为雌雄，故风化。性不可易，命不可变，时不可止，道不可壅。苟得于道，无自而不可；失焉者，无自而可。'孔子不出三月，复见，曰：'丘得之矣。乌鹊孺，鱼傅沫，细要者化，有弟而兄啼。久矣夫，丘不与化为人！不与化为人，安能化人。'老子曰：'可。丘得之矣！'"从这一史料可知，老子与孔子似乎有一次长时间的相处和集中讨论，老子之论深邃而飘逸，孔子所得欣然而窃喜。可贵的是，对于老子思想的传播，孔子发挥了重要作用。《礼记·曾子问》有四处记载，都是孔子复述老子的思想观点，即"吾闻诸老聃曰"。这一方面说明老子思想对孔子的影响很大，另一方面则起到了传播老子思想的功能。《论语》一书也有类似情况，"或曰：'以德报怨，何如？'子曰：'何以报德？以直报怨，以德报德。'"（《论语·宪问》）孔子以另一种眼光看待老子"报怨以德"的观点，客观上也起到了传播作用。

二、差异方面

从思想渊源和演变分析，老子与孔子既有同一关系又有差异关系，但差异是主要的，从而形成了不同的思想体系，建构起各具特色的思想大厦。老子与孔子的差异是多方面的，在著作文本方面，《老子》一书应为老子自撰，是现存的私人著述中最早的著作，而孔子是"述而不作"，没有留下亲笔著作，《论语》是其弟子帮助编纂的；在思想风格方面，读《老子》有一种清冷的感觉，好像秋风扫落叶，会震撼于老子的冷静清寂。他要求人们的心灵虚静澄明，能够认清事物复归本性的运行规律，否则，就会有凶险、出乱子，"致虚极，守静笃，万物并作，吾以观复。夫物芸芸，各复归其根。归根曰静，静曰复命。复命曰常，知常

曰明。不知常,妄作凶"(《老子·第十六章》)。而读《论语》则有温暖的
感觉,似乎沐浴在春风之中,会感动于孔子的"温良恭俭让"。即使批
评人,也带着亲近温暖,"樊迟请学稼。子曰:'吾不如老农。'请学为
圃。曰:'吾不如老圃。'樊迟出。子曰:'小人哉,樊须也!'"(《论语·
子路》)在思考范围方面,《老子》涵盖了本体哲学、政治哲学和人生哲
学,而《论语》则主要讲述伦理哲学。老子建立了相当完备的形而上学
体系,有着丰富的本体内容、系统的辩证法思维和"静观""玄览"的认
识方法,而孔子思想中几乎没有本体论和宇宙观的位置,也较少论及
辩证法和认识论。当然,老子与孔子最大的差异不在于文本、风格和
思考范围,而在于思想内容,这是区别老子与孔子、道家与儒家的关键
所在。

1.道与仁的差异

任何思想体系的差异,都是基本概念和逻辑前提的差异。基本概
念的差异,是不同的思想体系的主要标志,而逻辑前提的差异,则推导
演绎出不同的概念集群、价值判断和理论框架。老子与孔子的差异首
先在于基本概念不同,老子是道,由此形成了思辨哲学;孔子是仁,由
此形成了伦理哲学。《老子》一书74次论及道的概念,老子从道出发,
穷近自然界、人类社会和个体生命的本原及其终极目的,进而构筑起
道家思想体系。在老子那里,道无声无形,浑然一体,是天地万物的本
原,先于天地生成。"有物混成,先天地生。寂兮寥兮! 独立而不改,
周行而不殆,可以为天下母。吾不知其名,强字之曰'道',强为之名曰
'大'"(《老子·第二十五章》)。道的本原是最原始、最质朴、最细小的
东西,却又是能够支配一切的东西,即"道常无名朴。虽小,天下莫能
臣也"(《老子·第三十二章》)。在老子那里,道是天地万物的起源,"道
生一,一生二,二生三,三生万物。万物负阴而抱阳,冲气以为和"(《老

子·第四十二章》)。这是从宇宙观的角度阐述道的作用。在老子那里,道是天地万物运行的动力和规律,"反者道之动,弱者道之用。天下万物生于有,有生于无"(《老子·第四十章》)。具体表现为矛盾对立统一规律,"天下皆知美之为美,斯恶已;皆知善之为善,斯不善已。故有无相生,难易相成,长短相形,高下相倾,音声相和,前后相随"(《老子·第二章》)。同时表现为循环运行规律,"大曰逝、逝曰远、远曰反"(《老子·第二十五章》)。意思是,大到天边又无所不至,无所不至而又运行遥远,运行遥远而又回归本原。作为形上本体之道,最大的特点是无形无象,似有非有,看不见,听不到,摸不着,"视而不见,名曰夷;听之不闻,名曰希;搏之不得,名曰微。此三者不可致诘,故混而为一。其上不徼,其下不昧,绳绳兮不可名,复归于无物。是谓无状之状,无物之象,是谓惚恍。迎之不见其首,随之不见其后"(《老子·第十四章》)。河上公注云:"无色曰夷,无声曰希,无形曰微";释德清认为致诘"犹言思议"。

《论语》一书109次论及仁的概念,孔子从仁出发,深究人间世和社会中各种关系尤其是人与人之间关系的准则,进而构筑起儒家思想体系。孔子既把仁看作是人生的最高境界,以此作为人的道德规范和行为标准,来处理社会各种关系,又把仁看作是儒家思想的最高范畴,统率其他范畴、概念和判断、推理。在孔子那里,爱人是仁的首要含义,"樊迟问仁。子曰:'爱人。'"(《论语·颜渊》)爱人是以孝悌为基础,从血缘亲情出发的,"其为人也孝弟,而好犯上者,鲜矣;不好犯上,而好作乱者,未之有也。君子务本,本立而道生。孝弟也者,其为仁之本与?"(《论语·学而》)钱穆注云:"善事父母曰孝;善事兄长曰弟。"是啊!一个连自己父母兄弟都不爱的人,怎么可能爱其他人呢?一个孝顺父母、敬爱兄长的人,怎么可能犯上作乱呢?孔子之仁真是充满着亲情温暖和人性光辉。在孔子那里,克己是仁的主要内容,"颜渊问仁。子曰:'克己复礼为仁。'"(《论语·颜渊》)孔子从正反两个方面阐述克己的内容，正的方面是帮助人、关爱人，"夫仁者，己欲立而立人，己欲达而达人。能近取譬，可谓仁之方也已"（《论语·雍也》）。反的方面是不强加意志于人，"子贡问曰：'有一言而可以终身行之者乎？'子曰：'其恕乎！己所不欲，勿施于人。'"（《论语·卫灵公》）在孔子那里，复礼是仁的根本目的，"一日克己复礼，天下归仁焉！"（《论语·颜渊》）孔子所推崇的礼是西周的政治规则和社会秩序，"周监于二代，郁郁乎文哉，吾从周"（《论语·八佾》）。

2.无为与有为的差异

老子与孔子生活在礼崩乐坏的春秋末期，两人都关心政治，都在为匡正时弊寻找办法，而开出的药方却大相径庭，甚至到了尖锐对立的地步。孔子推尚仁政，倡导仁义礼智信。在社会治理上，孔子要求用礼乐教化百姓，使人人各安其位，各司其职，不越位，不僭礼；以礼义规定长幼、嫡庶、君臣关系，规范人与人之间的关系，使每个人都恪守各自的社会地位，履行社会职责。"丘闻之，民之所由生，礼为大。非礼，无以节事天地之神也。非礼，无以辨君臣上下长幼之位也。非礼，无以别男女父子兄弟之亲、昏姻疏数之交也"（《礼记·哀公问》）。老子则明显反对仁政主张，"大道废，有仁义；智慧出，有大伪；六亲不和，有孝慈；国家昏乱，有忠臣"（《老子·第十八章》）。老子还说："故失道而后德，失德而后仁，失仁而后义，失义而后礼。夫礼者，忠信之薄而乱之首。"（《老子·第三十八章》）

当然，老子与孔子对待政治的态度，还是集中反映在无为与有为的差异。老子依据"道法自然"原则，提出无为而治主张，表现出超凡脱俗的人生智慧，"故圣人云，我无为而民自化，我好静而民自正，我无事而民自富，我无欲而民自朴"（《老子·第五十七章》）。孔子依据于"仁者爱人"的原则，提倡积极有为的人生态度，表现出高度的社会责任感，"士不可以不弘毅，任重而道远。仁以为己任，不亦重乎？死而后已，不亦远乎？"（《论语·泰伯》）具体表现在治国图景不同。老子与孔子都有明显复古倾向，老子尊素朴，希望回到远古社会，提出了"小国寡民"的图景，"使有什伯之器而不用；使民重死而不远徙；虽有舟舆，无所乘之；虽有甲兵，无所陈之；使民复结绳而用之。甘其食，美其服，安其居，乐其俗。邻国相望，鸡犬之声相闻，民至老死，不相往来"（《老子·第八十章》）。孔子贵文饰，心目中的治国楷模是尧、舜、禹、汤、文、武、周公，希望回到尧舜时代和西周时期，"大哉！尧之为君也！巍巍乎！唯天为大，唯尧则之。荡荡乎！民无能名焉。巍巍乎！其有成功也。焕乎！其有文章！"（《论语·泰伯》）

两人提出的统治路径不同。老子尊自然，强调政治统治与社会治理要依据人和物自身的性质，让其独立自主、率性而为，自己成就自己，而不要外在人为因素的无端干扰和任意审判，"是以圣人欲不欲，不贵难得之货；学不学，复众人之所过，以辅万物之自然而不敢为"（《老子·第六十四章》）。孔子贵仁政，强调人为的作用，积极推行德治，"为政以德，譬如北辰。居其所而众星共之"（《论语·为政》）。同时要求建立礼制，形成等级分明的和谐秩序，"礼之用，和为贵"（《论语·学而》）；形成统治者内部的和谐秩序，"君使臣以礼，臣事君以忠"（《论语·八佾》）；形成统治者与被统治者之间的和谐秩序，"上好礼，则民莫敢不敬"（《论语·子路》）。

两人的个人志向不同。先秦诸子著书立说，目的都是服务政治，为统治者献计献策，即使老子也不例外。差别在于有的人仅仅是为了提供思想主张，有的人则还想为官从政、躬身践行。老子尊自由，安于周守藏室之史职位，看到周王室衰败时，则辞官西出函谷关隐居，因而反复强调"功遂身退，天之道也"（《老子·第九章》）。孔子贵入仕，甚至对自己的治国才能颇为自信，"苟有用我者，期月而已可也，三年有成"（《论语·子路》）。意思是，如果有人任用我治理国家，一年便可以做出成绩,三年就会成功。

3.圣人与君子的差异

　　老子与孔子都有自己的人格理想,也是他们的道德主张。老子的人格理想是圣人,孔子的人格理想是君子,两人人格理想的交集是应该由人格完善、精神高尚的人来治理国家。老子多次提到圣人之治的观念,"是以圣人之治,虚其心,实其腹,弱其志,强其骨。常使民无知、无欲。使夫智者不敢为也,为无为,则无不治"(《老子·第三章》)。意思是,所以有道的人治理国家,要使人的心灵开阔,生活安饱,意志柔韧,体魄强健。常使民众没有奸诈的心智,没有争盗的欲念,使一些自作聪明的人不敢妄为。依照无为的原则去处理政务,则能治理好国家。孔子则强调修身齐家治国平天下,"子路问君子。子曰:'修己以敬。'曰:'如斯而已乎?'曰:'修己以安人。'曰:'如斯而已乎?'曰:'修己以安百姓。修己以安百姓,尧舜其犹病诸!'"(《论语·宪问》)

　　尽管如此,老子之圣人和孔子之君子有着很多差异,最大的差异在于圣人守道,"天之道,利而不害;圣人之道,为而不争"(《老子·第六十八章》);君子守仁,"君子去仁,恶乎成名?君子无终食之间违仁,造次必于是,颠沛必于是"(《论语·里仁》)。意思是,君子如果抛弃了仁,又怎么能成就声名呢?君子不会有哪怕一顿饭的时间离开仁,即使在仓促匆忙之间也必定与仁同在,即使在颠沛流离之时也必定与仁同在。具体而言,在立身处世方面,圣人愿意处下,君子勇于争先。老子认为,圣人治理天下,如江海之纳百川,自甘于处下居后,故能蓄养万民,而不给民众造成损害,"江海所以能为百谷王者,以其善下之,故能为百谷王"(《老子·第六十六章》)。孔子则认为,君子为了崇高的理想,必须意志坚定、百折不挠,"三军可夺帅也,匹夫不可夺志也"(《论语·子罕》);愿意付出重大牺牲,甚至献出生命,"志士仁人,无求生以害仁,有杀身以成仁"(《论语·卫灵公》)。在学习方面,圣人凭直觉,君子靠好学。老子重视智慧而不重视知识,推崇理性直觉,"不出于户,以知天下;不窥于牖,以知天道。其出弥远,其知弥鲜。是以圣人不行而知,不见而名,弗为而成"(《老子·第四十七章》)。孔子则重视知识,重视感性认识和经验积累,《论语》开篇就是"学而时习之,不亦说乎?"(《论语·学而》)孔子没有承认自己是君子、圣人或仁者,却承认自己好学,"十室之邑,必有忠信如丘者焉,不如丘之好学也"(《论语·公冶长》)。在内在品质方面,圣人本真,君子仁勇。老子注重原始纯朴的人生品质,希望人们无论在什么年龄段都要返璞归真,保持婴儿般心态,这就是"含德之厚,比于赤子"(《老子·第五十五章》),"见素抱朴,少私寡欲"(《老子·第十九章》),"是以圣人被褐而怀玉"(《老子·第七十章》)。王弼注云:"被褐者,同其尘;怀玉者,宝其真也。圣人之所以难知,以其同尘而不殊,怀玉而不渝,故难知而为贵也。"[1]孔子则强调人生品质的后天养成,最重要的品质是仁、智、勇,"君子道者三,我无能焉:仁者不忧,知者不惑,勇者不惧"(《论语·子罕》)。

三、同一方面

两千多年来,人们一直在比较研究老子与孔子、道家与儒家的思想。这些比较究其异者多,求其同者少,普遍认为老子与孔子是两个对立的人物,道家与儒家是两个对立的思想体系。诚然,无论是基本概念还是思想范畴,无论是逻辑体系还是理论架构,老子与孔子、道家与儒家都是差异大于同一,差异是基本的。但是,差异并不否认同一,更不意味着泾渭分明的对立。1993 年湖北郭店出土的战国竹简,计有730 枚、13000 多个文字,包含着 16 种古籍,其中三种为道家著作,一种

---

① [魏]王弼注,楼宇烈校释:《老子道德经注》,中华书局 2011 年版,第 183 页。

为儒、道共同的著作，其余为儒家著作。在三种道家著作中，有《老子》甲乙丙三组竹简。《老子》与儒家经典一同出土，说明早期道家与儒家应该有着联系和交流，尤其是竹简《老子》第十九章是"绝知弃辩""绝巧弃利"，而不是传世本的"绝圣弃智""绝仁弃义"，更说明早期道家与儒家并没有那么严重的冲突。当然，对于思想史而言，郭店竹简并没有提供足够资料推翻差异是道家与儒家基本关系的论断，这并不妨碍比较研究老子与孔子，发现其存在的同一性和共同特点，从而加深理解他们的思想观点，辨析道家与儒家一些重要的价值取向和伦理标准。

1.背景相同

背景相同不是直接比较研究老子与孔子的思想内容，却是研究两人思想关系的重要前提。孔子生于公元前 551 年，老子约长孔子二十多岁，他们生活在大动乱、大变革的春秋时代。由于生活年代相同，就有了可比性，也就构成了老子与孔子同一性的多种表现形式。面对同样的历史趋势，这就是春秋的社会形态由奴隶制向封建制转变，政治体制由君主、贵族等级分封制走向君主专制、中央集权和官僚体制，全国局势由分裂趋于统一，华夏族与周边族群以政治认同和文化认同为纽带而日趋融合。身处同样的生存环境，一言以蔽之就是乱。西周灭亡，都城东迁，周王室衰微而愈加溃败，统治秩序日益败坏。诸侯争霸不已，征战讨伐，攻城掠地，春秋初期 140 多个诸侯国逐步演变为 14 国，而后相继出现了所谓"春秋五霸"和"战国七雄"；纲纪解纽，周王室与诸侯之间是"大宗"不尊和"小宗"叛乱，诸侯国内部是弑君杀父、内乱不止；礼崩乐坏，旧的价值观念和行为准则失效了，旧的政治经济秩序瓦解了，新生的思想观念和体制机制还没有建立起来，老百姓不仅朝不保夕，而且无所适从。这些乱象的集中表现就是战争——"春

秋无义战"。老子与孔子鲜明表达了相同的反对战争态度,老子指出:
"以道佐人主者,不以兵强天下,其事好还。师之所处,荆棘生焉。大
军之后,必有凶年"(《老子·第三十章》)。意思是,以道辅佐国君的人,
不靠武力强行天下,发动战争就会遭到报应。军队驻扎的地方,就会
荆棘丛生;打了大仗之后,必定有荒年。孔子则拒绝学习军事和战争,
"卫灵公问陈于孔子。孔子对曰:'俎豆之事,则尝闻之矣,军旅之事,
未之学也。'明日遂行"(《论语·卫灵公》)。意思是,卫灵公向孔子询问
军队陈列之法。孔子回答,礼仪方面的事情,我曾听说过;军队方面的
事情,从来没有学习过。第二天,孔子便离开了卫国。这一史料还说
明,孔子周游列国尽管凄凄惶惶,却仍然保持着"择木而栖"的独立人
格,令人肃然起敬。

老子与孔子遇到同样的问题,一方面,统治者荒淫奢靡,《左传》描
述道:"适遇淫君,外内颇邪,上下怨疾,动作辟违,从欲厌私。高台深
池,撞钟舞女,斩刈民力,输掠其聚,以成其违,不恤后人。暴虐淫纵,
肆行非度,无所还忌。"(《左传·昭公二十年》)另一方面,老百姓民不聊
生,老子指出:"民之饥,以其上食税之多,是以饥"(《老子·第七十五
章》);孔子则大声疾呼:"苛政猛于虎。"(《礼记·檀弓下》)追寻同样的
梦想,面对春秋乱世,有识之士试图从理论上探索战乱的根源,寻求实
现和平相处的社会方案。思想家进而探究人世的哲理,抒发自己的理
想抱负,由此形成了百家争鸣的格局。老子与孔子是同时代出类拔萃
的思想伟人,他们提出了不同的社会政治思想,却怀抱着同一志向,生
长在同一土壤。树虽不同,根脉相连,真是剪不断理还乱。

2.目标趋同

张舜徽指出,诸子百家都离不了为政治服务,"他们的目的不外想
拿各人自己的一套议论主张,游说诸侯,乘机爬上统治地位,成为最高

统治者周围的显赫人物。他们的任务不外想拿各人自己的一套议论主张，实行于当时，来巩固统治者的权位，维护统治与服从的社会秩序"①。这一论断基本符合诸子百家的思想实际，孔子倡导入世，自不待言，即使老子这样的玄妙深思，也不能例外。他们著书立说的根本缘由，就是要消除社会动乱；他们共同的政治理想和目标，就是要治国安邦，实现天下太平，百姓安居乐业。老子与孔子都有入仕从政的经历，这使他们熟知统治阶级内部的各种关系，有着丰富的政治经验，又使他们对周王朝及诸侯国的典章制度有着广博的知识。老子生于楚苦县厉乡曲仁里，成年后任周之守藏史，因"见周之衰，乃遂去"，即辞官归隐；孔子曾任鲁国司空、大司寇，因不满统治者声色犬马，毅然辞鲁周游列国。两人集一生经验和学问之大成，以批判的眼光审视现实，各自提出了内容虽有差异目标实为同一的政治主张。

老子的思想表面是无为，是柔弱虚静、谦退避世，实质却是入世的，这和孔子有异曲同工之妙。在老子看来，无为不是目的，只不过是实现治国安邦目标的方式；无为不是无所作为，而是效法天道、顺应自然，反对妄为和勉强，从而实现民化、民正、民富、民朴的治世目的。老子认为，政治统治和治国安邦是必须的，只不过治理大的国家和烹食小鲜是一个道理，不要经常去打扰它、搅动它，"治大国若烹小鲜"（《老子·第六十章》）。老子认为，追求功名是正常的，只不过是功成之后不要居功自傲，"生而不有，为而不恃，功成而弗居"（《老子·第二章》）；功成之后不要恋位，不要贪图权力，而要急流勇退，"功遂身退，天之道也"（《老子·第九章》）。老子认为，君王想治理好国家无可非议，只不过要遵守无为之道和不争之德，"是以圣人欲上民，必以言下之；欲先民，必以身后之。是以圣人处上而民不重，处前而民不害，故天下乐推而不厌。非以其不争耶？故天下莫能与之争"（《老子·第六十六章》）。

---

① 张舜徽：《周秦道论发微史学三书评议》，华中师范大学出版社 2005 年版，第 7 页。

意思是,所以想要处于人民之上,就要以言辞对人民表示谦下;想要处于人民之前,就要把自身放在人民后面。所以圣人处于上位而人民不觉得沉重,处于前面而人民不觉得受损害。所以天下人都乐于推戴他而不厌弃他。因为圣人不与人争,所以天下没有人能跟他争。

孔子则毫不掩饰自己的入世精神和为政欲望,"如有用我者,吾其为东周乎!"(《论语·阳货》)意思是,如果有人任用我,至少不会把它建设成像东周那样的动乱社会。在孔子看来,社会之所以动乱无序,是因为乱了名分,所以要正名,"子路曰:'卫君待子而为政,子将奚先?'子曰:'必也正名乎!'"(《论语·子路》)意思是,子路问,假如卫国国君要你去治理国家,你先做什么呢?孔子回答,首先一定是正名分。正名的内容是"君君、臣臣、父父、子子",以建立具有等级、角色清晰的社会秩序。孔子认为,要修明政治,统治者必须做到身正,"政者,正也,子帅以正,孰敢不正"(《论语·颜渊》)。统治者自身不正,就不能正人,"苟正其身矣,于从政乎何有?不能正其身,如正人何?"(《论语·子路》)意思是,如果自身正了,对于从政还有什么困难呢?如果不能使自身端正,怎么能使别人端正呢?孔子认为,要修明政治,必须推行德治,"道之以政,齐之以刑,民免而无耻。道之以德,齐之以礼,有耻且格"(《论语·为政》)。孔子认为,要修明政治,必须重视民生和教育,"子适卫,冉有仆。子曰:'庶矣哉!'冉有曰:'既庶矣,又何加焉?'曰:'富之。'曰:'既富矣,又何加焉?'曰:'教之。'"(《论语·子路》)意思是,孔子到卫国去,冉有驾车。孔子说,卫国人口真多呀。冉有问,人口多了,还要做什么呢?孔子回答,使他们富裕起来。冉有又问,富了以后还要做什么呢?孔子回答,教育和教化他们。

3.异中有同

令人感兴趣的是,在老子与孔子思想的最大差异之处,往往隐藏着同一性。道是老子思想的最高范畴和逻辑基础，也是区别老子与孔子思想的显著标志。然而，就在道这一范畴中，可以找到老子与孔子思想的交集。道是老子与孔子思想的主要概念，《老子》一书先后出现了74次，《论语》一书出现了89次。老子与孔子如此大量使用道的概念，存在同一性是必然的，集中表现在道的人文内容。老子之道不仅是形而上本体，而且是人间世的基本准则，"持而盈之，不如其已；揣而锐之，不可长保；金玉满堂，莫之能守；富贵而骄，自遗其咎。功遂身退，天之道也"（《老子·第九章》）。意思是，执持盈满，不如适可而止；显露锋芒，锐势难以保持长久；金玉满堂，无法守藏；如果富贵到了骄横的程度，那是自己留下了祸根。功业完成，就要含藏收敛，这是符合自然规律的道理。孔子之道就是人道，两人思想就有了同一。老子与孔子都把道看成是事物的本质和规律，在老子那里，道是本体、本原和规律的统一体，孔子也把道看成是事物的本质，"朝闻道，夕死可矣！"（《论语·里仁》）孔子还说："笃信好学，守死善道。"（《论语·泰伯》）意思是，笃实地信仰道，好好地学习道，誓死守卫道。老子与孔子都要求人们尊道守道、顺道而行，老子说："孔德之容，惟道是从。"（《老子·第二十一章》）孔子则说："君子谋道不谋食，君子忧道不忧贫。"（《论语·卫灵公》）老子与孔子政治之道都是推崇百姓安居乐业，老子依据于道提出的理想社会是"甘其食，美其服，安其居，乐其俗"（《老子·第八十章》）。孔子是"志于道，据于德，依于仁，游于艺"（《论语·述而》），当弟子问孔子志向时，孔子回答："老者安之，朋友信之，少者怀之。"（《论语·公冶长》）

无为是老子政治的核心概念，也是区别老子与孔子政治思想的主要标志。老子的最大动机和目的就在于发挥无为思想，他全面而系统地论述了无为的政治主张，以致《老子》一书充满着无为的气息。孔子很少提及无为，也没有太多的论述，但孔子并不反对无为，甚至认同无为理念，这是老子与孔子差异之处的同一性表现。"子曰：'无为而治者,其舜也与? 夫何为哉? 恭己正南面而已。'"(《论语·卫灵公》)孔子说,能够不必亲政而使天下太平的人,大概只有舜吧? 他做了些什么呢? 只是庄严端正地坐在朝廷的王位上罢了。

圣人是老子的理想人格,也是区别老子与孔子伦理思想的重要标志。但是,老子与孔子都推崇圣人人格,《老子》一书直接论及圣人有26章31处,《论语》一书有6次提到圣人、圣者和圣的概念。老子与孔子都把圣人作为至高至真至善的道德修养标准,老子认为:"是以圣人抱一为天下式。不自见故明,不自是故彰,不自伐故有功,不自矜故长,夫唯不争,故天下莫能与之争。"(《老子·第二十二章》)意思是,圣人守道,作为天下的范式。不自私表现,所以是非分明;不自以为是,所以声名昭彰;不自我夸耀,所以能建立功勋;不自高自大,所以能领导众人。正因为他不与人争,所以天下没人能和他竞争。孔子则认为,只有极少数人才能达到圣人的境界,只有尧舜才能算是圣人,"何事于仁! 必也圣乎,尧舜其犹病诸"(《论语·雍也》)。由于孔子把圣人看得太高大、太完美,所以他没有在现实生活中倡导圣人人格,退而求其次,极力倡导君子人格,"圣人吾不得而见之矣,得见君子者,斯可矣"(《论语·述而》)。老子与孔子都不自认自己是圣人,老子多次论及圣人,却没有自比为圣人,孔子则明确表示自己不是圣人,"若圣与仁,则吾岂敢? 抑为之不厌,诲人不倦,则可谓云尔已矣"(《论语·述而》)。此外,老子与孔子都奉习《周易》。《老子》和《论语》共同使用了道、德、慈、智、忠、信、礼、孝、勇、俭、圣人等词汇,其中大部分词汇的含义是相通的。中华文明在春秋时期已经相当成熟,老子与孔子生活在同样的文化思潮,继承同样的文化传统,汲取同样的文化养分,怎么可能没有同一性呢!

4.互补协同

林语堂指出："道家及儒家是中国人灵魂的两面。"①老子是大哲学家，是智慧大师，他超凡脱俗、大智若愚、微妙玄通，具有隐士风度。学老子，读《老子》，可以获取智慧灵感；孔子是大教育家，是道德大师，他入世进取、学而不厌、诲人不倦，具有阳刚之气。学孔子，读《论语》，可以提升道德境界。智慧、道德，多么美好的品质，谁人不希望兼修而得之呢？道家的基本特征是返璞归真，认为人的自然本性是纯朴的，社会原始状态是和谐的，人的堕落和社会的动乱，是因为社会进步和文饰太多，所以只有返璞归真、见素抱朴，人性才能纯和，社会才会太平。儒家的基本特征是人文化成，认为"人之初，性本善；性相近，习相远"。所以要以人为中心、以伦常为基础，重修身，重教育，重后天的人格塑造。老子与孔子、道家与儒家互补协同，铸造了中华民族之魂，凝聚成国民品格，使得同一个中国人既表现出道家精神，崇尚自然、知足常乐、追求个性自由，又表现出儒家精神，重家庭、重伦理、重信义。

老子与孔子思想的互补协同，首先表现为阴阳互补。中国哲学的主流是阴阳哲学，诚如《易经》所言："一阴一阳之谓道。"老子也说："万物负阴而抱阳，冲气以为和。"（《老子·第四十二章》）然而，老子没有发展阳刚思想，而是崇尚阴柔，称颂水德，"上善若水。水善利万物而不争，处众人之所恶，故几于道"（《老子·第八章》）；赞美女性，"谷神不死，是谓玄牝。玄牝之门，是谓天地根。绵绵若存，用之不勤"（《老子·第六章》）。意思是，道是那样神妙而永恒，它就是玄妙莫测的母体。玄妙莫测的母体，它就是天地的本根。绵密不断而又川流不息，它的功用无穷无尽。孔子则不然，崇尚"天行健，君子以自强不息"，要

---

① 林语堂：《我这一生——林语堂口述自传》，万卷出版公司2013年版，第172页。

求君子"可以托六尺之孤,可以寄百里之命,临大节而不可夺也"(《论语·泰伯》);寄情自然界是"岁寒,然后知松柏之后凋也"(《论语·子罕》)。老子尚阴,孔子重阳,一阴一阳,刚柔相济。其次表现在隐显互补。中国传统思想文化是儒显道隐、外儒内道,道中有儒、儒中有道。道家是隐的,讲逍遥,讲道法自然,主张从容地生活,保留可进可退的灵活;儒家是显的,讲参与,讲社会责任感,主张以天下为己任,治国平天下。道家崇尚自然无为,始终与社会现实保持着距离,在大部分历史时期都处于在野的地位;儒家则声名显赫,几乎都居于社会思想文化的正宗和主导地位,是政治、教育和道德领域的指导思想。儒家是一个显流,看得清楚,道家是一个隐流,不能小看,它的影响是巨大的,一显一隐形成互补。再次表现在虚实互补。中国理性思辨和抽象思维的源头是老子及道家思想。老子之道是超乎形象,具有无限生机的宇宙之源和价值之本,它把人的精神从世俗的日常生活中解脱出来,甚至要超越社会道德,从形而上本体的高度看待自然、社会和个体生命。孔子则专注于"内圣外王",着力阐述政治主张和伦理思想,对终极价值采取存而不论的态度,即"敬鬼神而远之",因而在抽象思辨方面比较贫乏。冯友兰把老子与孔子的思想概括为"极高明而道中庸",认为"极高明"即玄虚精神,主要来自道家;"道中庸"即入世精神,主要来自儒家,两者的统一便是中国哲学精神[1]。此外,道家重个体、儒家重群体,道家重自由、儒家重规范,道家重人性复归、儒家重人性进步,也都是互补协同关系,推动着中华文明的进步和人格的完善。

综上所述,老子与孔子思想的差异是绝对的,同一是相对的。无论差异还是同一,均属中华文明的基因密码,都在推动着传统文化的发展。差异促进了竞争和创新,激发着传统思想文化的活力和生机,

---

[1]　冯友兰:《新原道》,三联书店2007年版,第3页。

而同一互补对于建构中华民族的人格模式起到了决定性作用,尤其对于传统知识分子,更是影响巨大,积淀为儒道同一互补的人格结构。传统知识分子用道家逍遥、以儒家进取,把道的玄妙空灵与仁的积极入世密切结合起来,既能适应顺境又能适应逆境,使生命富有弹性和保持张力。人生无常,世事难料,儒道同一互补的人格体现在人生的不同阶段,逆境时或处江湖之远,以老子为依归,淡泊名利、独善其身、洒脱自在,不改变天真纯朴之性;顺境时或居庙堂之高,则以孔子为向导,坚守良知、兼济天下、勤勉敬业,争做忠臣良将。人是身体与心灵的统一体,两者既可合一又可分离。儒道同一互补的人格调节着身体与心灵的平衡,那些受到传统文化严格训练、深受老子与孔子思想熏陶的士大夫,即使为官从政、春风得意,也可在心灵上保留一片绿洲,与那些恩恩怨怨、是是非非拉开距离,在做生活主人的同时做生活的旁观者,身不为形体所役,心不为外物所使,漫游在精神的自由王国。即使人生遭遇挫折、身在山林,也可做到心存魏阙,促进身心的和谐。无论从政、经商还是做学问,最后都会成为平民,无论成功还是不成功,最后都会走向平淡。儒道同一互补的人格有助于人们物我两忘,在平民中感悟生命真谛,在平淡中追求永恒无限。中国历史上儒道思想同一互补的典范是苏东坡,他的《定风波》一词真是写尽了传统知识分子人格的悠悠情韵,在此录以共享:"莫听穿林打叶声,何妨吟啸且徐行。竹杖芒鞋轻胜马,谁怕? 一蓑烟雨任平生。 料峭春风吹酒醒,微冷,山头斜照却相迎。回首向来萧瑟处,归去,也无风雨也无晴。"

下篇　概念

第八章　读懂十个词

　　学习国学义理,既要品读经典,又要研读概念。概念是思维的基本要素和单位,反映客观事物的一般属性和本质特征。人类在认识过程中,把所感受到的事物的共同点抽象出来加以提炼,就形成了概念。概念与经典是有机整体,概念是经典的细胞,经典是概念的集合。概念组成经典,没有概念就没有经典;经典观照概念,没有经典的理论体系,概念就不可能与所反映的客观事物以及相关概念建立起联系。国学的主要概念是道、仁、义、礼、智、信、孝、忠、廉、耻这十个词,道是老子思想的最高范畴,是中华文明唯一自觉地探索天下万事万物本体的形而上哲学;仁、义、礼、智、信是儒家思想的核心概念,孝、忠、廉、耻是传统文化的关键词,这九个词凝聚了管仲"四维"、董仲舒"五常"和宋朝"八德"的思想。某种意义上可以说,读懂这十个词,就能掌握国学的基本义理,也为品读经典提供坚实的基础。

　　概念在语言学的表述就是词,在哲学上的抽象就是范畴,三者之间既有联系又有区别。概念和范畴都需要词来表达,而词并不都是概念和范畴,虚词就不是概念范畴。概念和词的内容基本相同,经常可以互相替代,都是客观事物在人们意识中的某种反映经抽象处理而形成的某种意象图式,而词的范围更广,不仅反映客观事物,而且反映一定的概念内容,人们在构成词的同时创造着反映事物的概念。概念和范畴属于理性认识,都是思维的基本单元。范畴是人们的思维对于客观事物普遍本质的概括和提炼,其逻辑形式是概念,即通过一定的概念来表现范畴所概括和反映的事物的本质关系。从这个意义上说,概念与范畴合二而一,概念就是范畴,范畴就是概念。但是,概念与范畴对客观事物本质反映的程度却不同,简单的概念不是范畴,范畴比概念更深刻,更带有普遍性。概念与范畴的区别是相对的,有的词在国学层面是概念,却可以在儒道两家内部成为范畴。无论如何区别,道和仁都是范畴级概念,则是毫无疑问的。阐述概念与词、范畴的关系,是为了读懂这十个词,更好地学习国学,品读经典。

研读国学概念,应以建构为主。所谓建构,是认知心理学的重要概念,意指个体在认知发展过程中建立的对世界的认知和思考方式以及心理活动的框架和结构。对于国学概念而言,首先要建立起一个学习理解的分析系统和阅读框架。一般可以先从词义入手,导出概念的引申义,接着梳理概念的发展脉络,主要是历史起源、社会背景、诸子观点和儒家论述。在梳理过程中,注重阐述概念与社会发展的关系,挖掘诸子观点背后的因由和意识形态,发现各个文本之间的异同,最后归纳提炼出道家和儒家论述的本质内容。建构既是就事论事,又是纵横贯通;既是内容的建构,又是形式的建构。建构过程实质是读懂国学概念,正确把握国学义理的过程。

一、道可道,非常道

道是老子哲学的最高范畴,也是传统文化的重要概念。所有思想家都有意无意使用过道的概念,孔子对道的概念十分崇拜,"朝闻道,夕死可矣"。孔子却没有从本体论的高度论证道的概念,而是把道纳入伦理道德范围,主要内容是忠恕,"子曰:'参乎!吾道一以贯之。'曾子曰:'唯。'子出,门人问曰:'何谓也?'曾子曰:'夫子之道,忠恕而已矣。'"(《论语·里仁》)"道"字最早见于金文,原义为道路,引申出规律、原则、道理等哲学内涵。在中国思想史上,老子是第一个自觉研究本体论的思想家,他把道看作是天下万事万物的本原和起源,"有物混成,先天地生,寂兮寥兮,独立不改,周行而不殆,可以为天地母。吾不知其名,字之曰道,强为之名曰大。大曰逝,逝曰远,远曰反"(《老子·第二十五章》)。老子提出道的概念,研究本体论,也得到西方哲学家的赞誉。黑格尔在《历史哲学》中指出:"道为天地之本,万物之源,中国人把认识道的各种形式看作是最高的学术。……老子的著作,尤其是他的《道德经》,最受世人崇仰。"①雅斯贝尔斯在《大哲学家》一书中将老子列为"原创性形而上学家"。形而上学意指哲学中探究宇宙万物根本原理的内容,具体化为本体论、宇宙论和生命科学。

在老子那里,道非常神秘,"道之为物,惟恍惟惚。惚兮恍兮,其中有象;恍兮惚兮,其中有物。窈兮冥兮,其中有精;其精甚真,其中有信"(《老子·第二十一章》)。道无形无物,"视之不见名曰夷,听之不闻名曰希,搏之不得名曰微。此三者不可致诘,故混而为一"(《老子·第十四章》)。意思是,道看不见叫作夷,听不到叫作希,摸不着叫作微。这三者的形象无从追究,它是浑然一体的。道不能感觉感知,"道可道,非常道;名可名,非常名。无,名万物之始;有,名万物之母。故常无,欲以观其妙;常有,欲以观其徼。此两者同出而异名,同谓之玄。玄之又玄,众妙之门"(《老子·第一章》)。但是,道却创生天下万事万物,"道生一,一生二,二生三,三生万物。万物负阴而抱阳,冲气以为和"(《老子·第四十二章》)。老子之道是辩证法,"天下皆知美之为美,斯恶矣;皆知善之为善,斯不善矣。故有无相生,难易相成,长短相较,高下相倾,音声相和,前后相随"(《老子·第二章》)。老子把矛盾的对立统一看成是道的基本内容,事物运行变化的根本原因,"反者道之动;弱者道之用。天下万物生于有,有生于无"(《老子·第四十章》)。老子之道是认识论。由于道不能直接被感觉感知,只能理性直观自

---

① 李世东等:《老子文化与现代文明》,中国社会出版社2008年版,第274页。

省,"不出户,知天下;不窥牖,见天道。其出弥远,其知弥少。是以圣人不行而知,不见而明,不为而成"(《老子·第四十七章》)。老子之道是无为而治。由于道的本性是自然无为,"天地不仁,以万物为刍狗;圣人不仁,以百姓为刍狗"(《老子·第五章》)。意思是,天地无所偏爱,任凭万物自然生长;圣人无所偏爱,任凭百姓自己发展。统治管理国家也应无为而治,"故圣人云,我无为而民自化,我好静而民自正,我无事而民自富,我无欲而民自朴"(《老子·第五十七章》)。老子之道是人生观,一方面,要保持婴儿般的纯真,"故令有所属,见素抱朴,少私寡欲"(《老子·第十九章》)。另一方面,要向水学习,坚持行为上的柔弱,"天下莫柔弱于水,而攻坚强者莫之能胜,以其无以易之"(《老子·第七十八章》)。

二、仁者爱人

仁是孔子学说的最高范畴,也是传统文化的重要概念。"仁"字诞生比较晚,甲骨文和金文至今尚未发现"仁"字,春秋时期得到广泛应用,原义指两个人在一起,表示互相之间都有亲近的愿望。孔子之前,仁没有受到特别的重视,一般都是与忠、义、信、敏、孝等概念并列,被看作是人的德性之一。孔子把仁从其他德性中提炼升华,作为最高的道德原则、标准和境界,赋予新的丰富的内涵。冯友兰指出:"孔子对于中国文化之贡献,即在一开始试将原有的制度,加以理论化,予以理论的根据。"①孔子给予原有制度的理论化根据就是仁,围绕着仁建构起儒家思想体系。在孔子看来,仁是个体道德修养的准则,也是人生追求的终极目标,值得为此生命不息、奋斗不止,"子曰:'志士仁人,无求生以害仁,有杀身以成仁。'"(《论语·卫灵公》)孟子继承发挥了孔子

---

① 冯友兰:《中国哲学史》,三联书店 2009 年版,第 79 页。

仁的思想，认为仁是人心和人的本性，"恻隐之心，仁也"；把仁和义联系起来，并列为最高道德准则，"仁，人之安宅也；义，人之正路也。旷安宅而弗居，舍正路而不由，哀哉！"（《孟子·离娄上》）意思是，仁是人类最安适的住宅；义是人类最正确的道路。把最安全的住宅空着不去住，把最正确的道路舍弃不去走，可悲啊！董仲舒则进一步推衍孔孟思想，区分仁与义的不同作用，"仁之法，在爱人，不在爱我。义之法，在正我，不在正人"（《春秋繁露·仁义篇》）。宋儒提出"一体之仁"的命题，是对儒家之仁的重大发展，最为典型的表述是程颢的"仁者，浑然与物同体"和程颐的"仁者，以天地万物为一体"。仁对中国文化的贡献甚大，促成了传统文化由上古向中古的转变，沟通连接了孔子之前与之后的文化血脉，确保了中华文明历经数千年而没有中绝和断裂。

仁的本质是爱人，"樊迟问仁。子曰：'爱人。'"（《论语·颜渊》）爱人是指人与人之间应当互亲互爱，这是一种人文精神，集中体现了孔子思想的主旨，是理解儒家思想的总纲。在孔子看来，爱人既有正面的要求，又有负面的限制，正面要求是"夫仁者，己欲立而立人，己欲达而达人。能近取譬，可谓仁之方也"（《论语·颜渊》）。负面就是要从内心约束自己，"仲弓问仁。子曰：'出门如见大宾，使民如承大祭。己所不欲，勿施于人。在邦无怨，在家无怨。'"（《论语·颜渊》）怨出自于心，无怨就是要在内心克制怨气。概言之，儒家之仁的本质就是两句话，一句是"己欲立而立人，己欲达而达人"；另一句是"己所不欲，勿施于人"。这两句话概括了孔子对理想的人格境界和社会秩序的憧憬，表明人生在世除了关注自身的存在，还要关注他人的存在，应该平等地对待他人、尊重他人、帮助他人。在人与人交往过程中，应该有宽广的胸怀，以自己为参照物，推己及人，凡是自己愿意做的事情，都要去帮助他人；凡是自己不愿意做的事情，都不要强加于他人。同时，爱人是有差序的，先要从血缘亲情开始，"仁者，人也，亲亲为大"（《中庸》）。进而推己及人，孟子指出："老吾老，以及人之老；幼吾幼，以及人之幼，天下可运于掌。《诗》云：'刑于寡妻，至于兄弟，以御于家邦。'言举斯心加诸彼而已。"(《孟子·梁惠王上》)意思是，尊敬我家里的长辈，推广到尊敬别人家里的长辈；爱护我家的儿女，推广到爱护别人家的儿女，这样就容易统一天下。《诗经》说，先给妻子做榜样，再推广到兄弟，进而推广到封邑和国家。这是说把这样的好心好意扩大到其他方面就行了。再进一步，就要把仁爱之心扩充开来，推及到天地万物，"亲亲而仁民，仁民而爱物"(《孟子·尽心上》)。

三、不义而富且贵如浮云

义是儒家思想的重要范畴之一。义在社会上运用广泛，在政治统治领域叫道义，在社会交往方面叫信义，在亲友之间叫情义，言行得体方面叫礼义，江湖习惯上叫侠义。人生的整个过程和社会的方方面面都与义的概念有着千丝万缕的联系，义是伦理道德评价使用频率最高的一个概念。"义"字在甲骨文中早已出现，繁体字为"義"，与"仪"相通，意指凭借一己之力显现于外的气象和容貌，具有道德性质和功能。对义的另一个理解是"义者宜也"，意指公正、恰当、适宜的道德行为。儒家高度重视义的概念，孔子把义看成君子品格的规定，"君子义以为质，礼以行之，孙以出之，信以成之。君子哉！"(《论语·卫灵公》)孟子则把义规定为君子的本性，"君子所性，仁义礼智根于心，其生色也睟然，见于面，盎于背，施于四体，四体不言而喻"(《孟子·尽心上》)。意思是，君子的本性，仁义礼智之根植在他心中，而发出来的神色是纯和温润，它表现于颜面，反映于肩背，以至于手足四肢，在手足四肢的动作上，不必言语，别人一目了然。更重要的是，孟子将义提升到与仁并列的高度，由外在的道德规范内化为人性善的规定。如果说孔子贵仁，那孟子则是仁义并重。正是仁义并重的思想，使得孟子不仅继承了孔子衣钵，而且发展了儒家学说，在儒学发展史上奠定了亚圣的地位。荀子也对义的概念作出了重要论述,强调"仁者爱人,义者循理"
(《荀子·议兵》)。循理而行就是宜,这是义的真谛所在。

在儒家思想范畴中,义的概念有些特殊。仁、礼、智、信都有明确
而具体的内容,仁是爱人,礼是礼仪、规矩,智是知识、智慧,信是言而
有信、信守承诺,唯独义的概念语义模糊,没有实体性内容。义者宜
也,不是对主体行为内容的规定,而是对行为特征的规范。恰恰是对
行为特征的规范,显示了义的重大理论价值,这就是正确处理经与权
的关系,在社会伦理道德领域实现了普遍性与特殊性、绝对性与相对
性的统一。一般而言,经是指伦理道德的主体内容,强调道德原则的
绝对性和普遍性,强调坚守道德原则的重要性和必要性。权是指道德
价值的具体运用,可以灵活掌握、变通处置。权的变通并不能离开经
的原则,而是为了更好地实践经的原则,《公羊传》云:"权者,反于经然
后有善者也。"孔子很重视权的学问,认为学习权比学习经重要,权变
是最难学的,"可与共学,未可与适道;可与适道,未可与立;可与立,未
可与权"(《论语·子罕》)。

义最重要的关系是利。利有大利与小利之分,大利是指国家的利
益、民众的利益,小利则是指物质利益和包括名利在内的个人私利。
与义相对立的,一般是指小利。义与利对于每个人的人生和日常生活
都有着重要影响,任何人的言论和行为或显或隐受到深藏于其内心的
义利观支配。儒家强调重义轻利,孔子始终把道义放在比物质利益更
为重要的位置,"饭疏食饮水,曲肱而枕之,乐亦在其中矣。不义而富
且贵,于我如浮云"(《论语·述而》)。儒家强调见利思义。人是血肉之
躯,不能没有五谷杂粮给予补充,不能没有物质条件给予保障,孔子认
为,对于利益的追求是人之常情,但要以义节利,以伦理道德规范追求
利益的行为,"富与贵,是人之所欲也;不以其道得之,不处也。贫与
贱,是人之所恶也;不以其道得之,不去也"(《论语·里仁》)。儒家强调
舍生取义。义与利有时是统一的,义利可以兼得;有时是对立的,甚至

严重对立。当义利不能两全时，孟子正气沛然地宣示："鱼我所欲也，熊掌亦我所欲也。二者不可得兼，舍鱼而取熊掌者也。生亦我所欲也，义亦我所欲也，二者不可得兼，舍生而取义者也。生亦我所欲，所欲有甚于生者，故不为苟得也；死亦我所恶，所恶有甚于死者，故患有所不辟也。"（《孟子·告子上》）

四、礼之用，和为贵

礼是传统文化的核心，中华民族所以有礼义之邦的声誉。礼是儒家重要的思想范畴，具有悠久绵长的历史，《礼记》标题疏曰："礼事起于燧皇，礼名起于黄帝。"燧皇即燧人氏，是中华民族可以考证的第一位祖先，这说明在远古石器时代就有了礼的行为，而轩辕皇帝时期已有了礼的概念。"礼"字的繁体字为"禮"，起源于祭祀活动，取意于祭祀的鼓乐和玉器，是原始初民用来禳灾祈福、慎终追远的仪式；后来引申为祭典的专有名词，"凡治人之道，莫重于礼，礼有五经，莫重于祭"（《礼记·祭统》）。五经指吉、凶、宾、军、嘉五种礼仪；祭礼属于吉礼，位于五种礼仪之首，是最重要的礼仪。西周之后，礼不再局限于宗教范围，逐渐渗透到社会生活的各个领域，特指运用一定的礼物、以特定的仪态举止所表达的特殊意义，发挥着广泛的社会功能。孔子在回答鲁哀公问礼时指出："非礼，无以事天地之神也；非礼，无以辨君臣上下长幼之位也；非礼，无以别男女父子兄弟之亲、昏姻疏数之交也。"（《礼记·哀公问》）

传统礼文化离不开周公和三礼典籍。周公姓姬名旦，是周文王的第四个儿子，周武王的弟弟。周公的历史功绩是帮助其兄、侄克殷建周，先是辅佐兄长周武王，建立周朝；武王之后，作为摄政辅佐侄子成王，巩固周朝。周公最大的历史功绩是制礼作乐，集礼乐文明之大成，构建了灿烂的上古礼乐文化。孔子对周公佩服得五体投地，"周监于二代,郁郁乎文哉！吾从周"(《论语·八佾》)。传统的礼乐文化和礼仪文明聚集于三礼典籍,《周礼》居三礼之首,世传为周公所著。《周礼》原名为《周官》,将官职分为六官,即天官、地官、春官、夏官、秋官、冬官,是一部通过官制来表达政治理想和治国方略的著作,内容大至天下九州、天文历象,小至沟洫道路、草木虫鱼,凡社会政治、经济、军事、文化、宗教、礼仪、司法等各方面的典章制度,以及国家、宗教、个人的行为道德无所不包。《仪礼》是最早有关礼的经书,属于"五经"范围,《史记》认为出自孔子。《仪礼》全书现有十七篇,以记载士大夫的礼仪为主,包括从生到死、从低级贵族到高级贵族、从成人和结婚到社交活动等各种礼仪。其中,有些礼仪是从氏族社会传袭下来的风俗习惯,由此可以窥见远古中国的田园牧歌和社会画卷。孔子即使在颠沛流离时期,也没有忘记《仪礼》,《史记》记载:"孔子去曹适宋,与弟子习礼大树下。"《礼记》又名《小戴礼记》,是孔子弟子学习《仪礼》过程中撰写的文章和心得体会,据传为西汉礼学家戴圣所编。《礼记》为"十三经"之一,还为"四书"贡献了《大学》和《中庸》,是一部重要的儒家典籍,现有四十九篇,从文体分析,可分为议论文,以议论方式阐发礼的原理和意义;说明文,以诠释方式记录各种礼制;记叙文,以叙述方式记载有关礼的言行以及相关事件。学习研读礼仪文明,三礼典籍是基础和主要载体。

中国传统社会实行的是宗法等级制度,礼的精神是别异。所谓别异,就是区分人在社会关系中不同的角色、身份和地位,制定出相应的礼仪规范供人们遵循践行,进而形成社会关系之网和人伦秩序。荀子指出:"礼者,贵贱有等,长幼有序,贫富轻重皆有称者也。"(《荀子·富国》)这里的贵贱、长幼、贫富似乎不是人格意义上的不平等,而是社会角色的差别和道德规范的不同要求。礼的主旨是敬让,孟子认为:"恭敬之心,礼也"(《孟子·告子上》);"辞让之心,礼之端也"(《孟子·公孙丑上》)。恭敬是"在貌为恭,在心为敬"(《礼记·曲礼》),名为两个概念,实为一个内容,那就是敬的感情,即发自内心的尊敬和敬重。马一浮指出:先儒所说的"礼仪三百,威仪三千,一言以蔽之,曰:勿不敬"。辞让亦称退让,"应进而迁曰退,应受而推曰让"。孔子认为,辞让既是君子遵礼的表现,又是君子人格的组成部分,"君子无所争,必也射乎!揖让而升,下而饮,其争也君子"(《论语·八佾》)。礼的目的是和谐,"礼之用,和为贵"。在儒家看来,和谐的关键是人人都要学习礼义,践行礼仪,遵守礼制。只要大家各守其礼,各安其位,整个社会就能和谐稳定。和谐的前提是学礼,孔子对自己的儿子孔鲤强调:"不学礼,无以立。"(《论语·季氏》)《论语》的最后一段话还强调学礼知礼,"不知命,无以为君子也。不知礼,无以立也。不知言,无以知人也"(《论语·尧曰》)。

五、敬鬼神而远之

智是儒家重要的思想范畴,在孔子那里,属于德性范围,"知、仁、勇三者,天下之达德也"(《中庸》);在孟子那里,属于人性范围,"仁义礼智,非由外铄我也,我固有之也,弗思耳矣"(《孟子·告子上》);在董仲舒那里,则固化为"五常"范围,共同构成儒家思想体系的核心内容,"仁义礼智信,五常之道"。

"智"字在甲骨文已经出现,先秦时期"智"与"知"通用,本义有了解、识别的意思,引申为名词,既有知识的含义,意指人类在实践中探索认识物质世界以及精神世界的成果,又有智慧的含义,意指基于神经器官的一种综合能力,即运用知识、经验、技术解决问题,完成任务和实现目标的能力。围绕智的概念,形成了尚智与反智不同看法。儒家尚智,把智纳入自己的思想体系,强调智是君子人格的一部分,指出智者与仁者的不同表现,"知者乐水,仁者乐山;知者动,仁者静;知者乐,仁者寿"(《论语·雍也》)。道家反智,"大道废,有仁义;智慧出,有大伪;六亲不和,有孝子;国家混乱,有忠臣"(《老子·第十八章》)。道家并不是真正的反智,而是辩证地看到了智的负面影响,有可能演变为虚假伪善、尔虞我诈和机巧权术。从某种意义上可以说,正是儒家和道家对待智的不同看法,既相互批判又相互吸纳,构建了传统的智慧观。

比较中西文化对待智的观念很有意义。西方文化的源头是古希腊文明,在古希腊哲人那里,智慧、公正、勇敢和节制是主要道德,而智慧是最重要的道德和思想范畴,居于四德之首。苏格拉底认为:"智慧就是最大的善。"智慧是理性与德性的统一体,古希腊人侧重于智慧的理性方面,强调智慧的实质是探索真理,重点是发现自然界的知识,赫拉克利特指出:"智慧就在于说出真理,并且按照自然行事,听自然的话。"[1]先秦儒家侧重于智慧的德性,强调智慧的实质是学习德性,重点是发现人间世的知识。冯友兰指出:"智是人对仁义礼底了解。人必对于仁有了解,然后才可以有仁底行为。必对于义有了解,然后可以有义底行为。必对于礼有了解,然后他的行为,才不是普遍底循规蹈矩。"[2]由于中西文化对智作出不同选择,造就了不同的发展路径。先秦思想家从天人合一出发,强调智的德性,以德统智,着力处理人与人之间的伦理道德关系,忽视发展对自然的认知能力以及对自然科学的探知。古希腊哲人则从天人有别出发,强调"人是理性动物",以智统德,注重思辨、理论抽象和逻辑架构,探寻感性与理性、真理与谬误、真理的绝对性与相对性关系,着力揭示宇宙之谜和自然界的规律,进而利用和控制自然界以及宇宙万物。

儒家之智是一个综合性概念,蕴含着丰富的内容。一方面,智是认识论。孔子虽然承认生而知之,关注的却是学而知之。《论语》将

---

[1]　北京大学哲学系外国哲学史教研室编译:《西方哲学原著选读》上卷,商务印书馆1981年版,第25页。

[2]　冯友兰:《新原道》,三联书店2007年版,第9页。

"学而"放在第一篇,就是强调学习和求知的重要性,朱熹指出:"此为书之首篇,故所记多务本之意。乃入道之门、积德之基、学者之先务也。"(《四书章句集注·论语集注》)孔子不承认自己是生而知之,认为知识都是在勤奋敏捷地学习中获得的,"我非生而知之者,好古敏以求之者也"(《论语·述而》)。弟子认为孔子有那么多的知识和才能,是因为"天之纵圣",孔子知道后给予否定,指出自己的知识和才能是从实践中学来的,"吾少也贱,故多能鄙事。君子多乎哉?不多也"(《论语·子罕》)。另一方面,智是人格论。孔子以仁为核心,提出了圣人和君子的理想人格。孟子把仁且智作为圣人的本质规定,认为尧舜是圣人,"知者无不知也,当务之为急;仁者无不爱也,急亲贤之为务。尧舜之知而不遍物,急先务也;尧舜之仁而不遍爱人,急亲贤也"(《孟子·尽心上》)。孔子倡导圣人人格,却认为难以达到,在现实生活中能够实现的是君子人格,"圣人,吾不得而见之矣。得见君子者,斯可矣"(《论语·述而》)。智是君子人格的主要内容,"君子道者三,我无能焉:仁者不忧,知者不惑,勇者不惧"(《论语·宪问》)。在孔子看来,对待鬼神等超自然力量的态度,也是区别智与不智的重要尺度,他自己是"不语怪力乱神";强调"务民之义,敬鬼神而远之,可谓知焉"(《论语·雍也》)。这是儒家之智的理性表现,使儒家思想没有成为邪教式的宗教。

六、言而有信

信是儒家的重要思想概念,其源头来自于孔子。根据杨伯峻的研究,《论语》谈及信的概念有 38 次,其中 24 次的内容与道德有关。"信"的含义在甲骨文中已有表述,为"允"字,有的学者研究认为:"甲骨文允,像人鞠躬低头,双手向后下垂,以表示恭敬、诚信的样子。"①

---

① 于省吾主编:《甲骨文字诂林》(第 1 册),中华书局 1999 年版,第 40 页。

信的本义是言语不虚妄，意指不自欺、不欺人，表里如一、言行合一。与信联系最密切的概念是诚，《说文解字》对"信"与"诚"互训："信，诚也"；"诚，信也"。在先秦儒家中，信并不是最重要的伦理道德概念，而是众多道德条目中的一目。在孔子那里，信是仁的组成部分，两者是纲与目的关系，信要服从仁，仁要指导信，"子张问仁于孔子。孔子曰：'能行五者于天下为仁矣。''请问之。'曰：'恭、宽、信、敏、惠。恭则不侮，宽则得众，信则人任焉，敏则有功，惠则足以使人。'"（《论语·阳货》）孟子明确把仁义礼智规定为人之本性，却没有给信留出位置。只是到西汉董仲舒，才将信纳入儒家思想的基本范畴，"夫仁、义、礼、智、信，五常之道，王者所当修饬也"（《汉书》卷五十六）。他还运用五行学说将之加以神秘化，即"东方者木，尚仁；南方者火，尚智；西方者金，尚义；北方者水，尚礼；中央者土，尚信"。

　　信的本质规定是平等。儒家倡导人伦，主要指父子、君臣、夫妇、长幼和朋友关系，"父子有亲，君臣有义，夫妇有别，长幼有序，朋友有信"（《孟子·滕文公上》）。这些人伦关系是有差异的，最大的差异不在于不同的伦理规范，而在于双方平等与不平等的关系。传统社会实行的是宗法等级制度，父子、君臣、夫妇、长幼双方是不平等的，唯有朋友双方是平等的主体，信是平等主体之间处理相互关系的基本准则。孔子没有给信最高德目的地位，却重视朋友之间的诚信交往，《论语》开篇就说："学而时习之，不亦说乎？有朋友自远方来，不亦乐乎？人不知而不愠，不亦君子乎？"孔子认为，朋友交往最重要的原则是信，"与朋友交，言而有信"。这也是社会交往的基本要求，即社会交往要谦虚谨慎、诚实守信，"弟子入则孝，出则弟，谨而信，泛爱众，而亲仁。行有余力，则以学文"（《论语·学而》）。孔子认为，信是通行天下的准则，一个人有信，即使到了陌生的地方，也能通行无阻，反之，即使在本乡本土，也会受到障碍；要求学生时时刻刻、随时随地都不能忘记信的准则，"子曰：'言忠信，行笃敬，虽蛮貊之邦，行矣。言不忠信，行不笃敬，

虽州里,行乎哉？立则见其参于前也,在舆则见其倚于衡也,夫然后行。'"(《论语·卫灵公》)

儒家正确揭示了信的本质,充满着道德内容,却存在着局限性和薄弱环节,这就是没有把信视作最高的道德规范。孔子对士进行了分类,把有信誉、信用的读书人放在了第三档的地位,"子贡问曰:'何如斯可谓之士矣？'子曰:'行己有耻,使于四方,不辱君命,可谓士矣。'曰:'敢问其次。'曰:'宗族称孝焉,乡党称弟焉。'曰:'敢问其次。'曰:'言必信,行必果,硁硁然小人哉！抑亦可以为次矣。'曰:'今之从政者何如？'子曰:'噫！斗筲之人,何足算也？'"(《论语·子路》)在实践中,信不具备普遍道德律的地位而必须绝对服从,却要以事情的性质为转移,依交往的对象来衡量,从而存在着不确定性,可能发生言行不一、说一套做一套的矛盾。孟子明确指出:"大人者,言不必信,行不必果,惟义所在。"(《孟子·离娄上》)义者宜也,在不同场合有着不同要求,信随着义,也就会发生相应的变化。儒家之信忽视至上性和绝对性,就可能在道德领域撕开一个缺口,让不诚信行为获得存在依据,进而腐蚀和破坏整个诚信体系的基础。因此,儒家之信必须改革创新,使其具有绝对性,应成为天上的星空和心中的道德律,在任何时候任何情况下都要坚守诚信。

七、人之行莫大于孝

孝是中国文化的重要组成部分,是区别于世界其他文明的主要象征。黑格尔指出:"中国这个文化大国是纯粹建筑在孝敬这一道德基础之上的,国家最为本质的特征便是客观的家庭孝敬。"①孝是儒家思想的重要概念,儒家以仁为核心构筑起宏伟的思想大厦,其基础则是

① ［德］黑格尔:《历史哲学》,三联书店 1956 年版,第 65 页。

孝，"其为人也孝弟，而好犯上者，鲜矣；不好犯上，而好作乱者，未之有也。君子务本，本立而道生。孝弟也者，其为仁之本也"（《论语·学而》）。孝的观念和行为源于上古社会，甲骨文和金文都有"孝"字。在甲骨文中，"孝"字的上半部分是个老人，弯腰弓背，白发飘拂，手柱拐杖，一幅老态龙钟的模样；下半部分是个孩子，两手朝上伸出，托着老人，作服侍状。孝的内涵是善于侍奉父母长辈，反映了血缘和亲情。儒家全面阐述了孝的内容、功能和意义，著有《孝经》一书，属于"十三经"范围。孔子把孝纳入仁的范畴，最大贡献是引敬入孝，将以血缘关系为纽带的"亲亲之情"上升到人文关怀的高度，凸显了孝所具有的人本精神，"子游问孝。子曰：'今之孝，是谓能养。至于犬马，皆能有养。不敬，何以别乎？'"（《论语·为政》）

　　孝养父母是孝的主要内容。在儒家看来，孝养父母可区分为物质奉养和精神奉养两种情况，真正的奉养是物质与精神有机统一，关键在于孝敬。孟子以曾子一家为例，区分为养志与养口体，"养志"即精神奉养，曾子为榜样，"曾子养曾皙，必有酒肉。将彻，必请所与。问有余，必曰：'有。'"（《孟子·离娄上》）意思是，从前曾子奉养他的父亲曾皙，每餐一定有酒有肉。撤除的时候，一定要问，剩下的给谁。曾皙若问还有剩余的吗，一定回答有。"养口体"即物质奉养，曾子的儿子是典型，"曾皙死，曾元养曾子，必有酒肉。将彻，不请所与。问有余，曰：'亡矣。'—将以复进也。此所谓养口体者"（《孟子·离娄上》）。意思是，曾皙死后，曾元养曾子，也一定有酒有肉。撤除的时候，便不问剩下的给谁了。曾子若问还有剩余的吗，便说没有了，实际是留下预备以后进用。这叫作口体之养。对比曾子与曾元，相同的是奉养父母都有酒有肉，不同的是"将彻"之时，曾子注意体察父母的内心意愿和感受，而曾元却没有这份情感，实质区别在于曾子注重在精神上奉养父母，曾元只是物质上的奉养，敬意不够。敬的主要表现是和颜悦色。"子夏问孝。子曰：'色难。有事，弟子服其劳；有酒食，先生馔，曾是以为孝乎？'"(《论语·为政》)朱熹解释道："故事亲之际，惟色之为难耳。服劳奉养，未足孝也。旧说承顺父母之色为难。"(《四书章句集注·论语集注》)情自心意、境由心生，子女奉养父母，和颜悦色是表现形式，内心却是敬意和爱恋。

孝与仁关系最为密切，在儒家思想中具有特殊地位。孝是爱父母，仁是爱人，两者是相通的。由于孝的存在，儒家之爱就成了差序之爱，即从血缘关系开始，由近及远、推己及人，逐步爱及天下所有的人和万事万物，渐次进入仁的理想境界。朱熹比较全面地论述了孝与仁的关系，"论性，则仁为孝悌之本"(《四书章句集注·论语集注》)。具体而言，仁是理，孝悌是事，有是仁，后有是孝悌；仁是性，孝悌是用，用便是情，情是发出来的；仁是源，孝是最初的流，"仁便是本了，上面更无本。如水之流，必过第一池，然后过第二池，第三池。未有不先过第一池，而能及第二第三者。仁便是水之源，而孝悌便是第一池"(《朱子语类》卷二十)。同时，"论行仁，则孝悌为仁之本"(《朱子语类》卷二十)，"行仁"为一个词组，不等于仁的概念，意指实践仁的要求，先从孝悌开始。一个人连父母都不能敬爱，必然不能泛爱他人。朱熹进一步说明，盖仁自事亲、从兄，以至亲亲、仁民，仁民、爱物无非仁。然初自事亲、从兄行起。

八、内尽其心而不欺

忠是传统文化的重要组成部分，是重要的伦理道德规范。"忠"字的构造是上"中"下"心"，即中在心上，中正不斜，其原初含义就是忠诚、忠信。《增韵》释"忠"为"内尽其心，而不欺也"。"忠"字产生较晚，在目前已识的甲骨文、金文中没有发现"忠"字；现存的夏商周三代政治文献中也没有见到"忠"字。没有发现"忠"字，并不表明上古社会没有忠的观念和行为，只不过淹没于宗法关系之汪洋大海。以宗法制度为核心的上古社会,实行政权与族权相结合的统治,王室卿士和诸侯卿大夫都由宗臣担任,大夫之家臣也是选用同宗士人。对于诸侯、大夫以及士人而言,君臣关系与父子关系没有根本的利害冲突,在家尽孝与为国尽忠是一致的,尽孝就是尽忠。在宗法社会,父子关系优先于君臣关系,忠君观念与孝悌观念重叠合一,解决了父与子孝的问题,也就协同了君与臣忠的关系,进而稳定了社会秩序。春秋战国时期忠的观念凸显,原因在于礼崩乐坏,陪臣执国命,仕于大夫之家人家仆也能称臣,甚至与君主没有血缘、没有世禄的异国异姓之臣,开始进入权力中心,成为国家利益的享有者和守卫者。原先子孝于父的血缘力量已无法约束和保证臣对君的忠诚,忠的观念自然而然地流行开来并被人们日益推崇,这就是老子所说的"国家昏乱,有忠臣"(《老子·第十八章》)。

儒家对忠的现实进行了系统化思考和理论化抽象,传统文化关于忠的论述实际是儒家的思想。但是,儒家之忠内容庞杂,认识不尽一致,前后差别很大。在孔子那里,忠很难说是一个重要概念,只不过是仁的一个德目。《论语》一书提及"忠"字,大多是忠信或忠恕合并使用,侧重于修身和待人处世方面的内容。《孟子》一书很少论及"忠"字,偶尔论及,也是属于伦理道德范畴,"分人以财谓之惠,教人以善谓之忠,为天下得人者谓之仁"(《孟子·滕文公上》)。意思是,把钱财分给别人的叫作惠,把做人的道理教给别人的叫作忠,替天下人民找到出色人才的便叫作仁。尤其在孔孟那里,忠君的思想微乎其微,甚至可以忽略不计。孔子确实提出了忠君概念,却认为君与臣各有各的行为规范,两者关系是双向互动的,"定公问:'君使臣,臣事君,如之何?'孔子对曰:'君使臣以礼,臣事君以忠。'"(《论语·八佾》)至于孟子,不仅没有强化忠君概念,自己则始终保持着独立人格,"说大人,则藐之,勿视其巍巍然。"(《孟子·尽心下》)孟子认为,君与臣的关系存在着多种可能性,君好则臣忠,君恶则臣不仅可以不忠,甚至可以将君王视作仇人,"君之视臣如手足,则臣视君如腹心;君之视臣如犬马,则臣视君如国人;君之视臣如土芥,则臣视君如寇仇"(《孟子·离娄下》)。对于先秦儒家之忠,荀子作了重大改造,使得儒家忠君思想得以定形,后世儒家的忠君观念实际是荀子思想的延续和拓展。荀子把君权放到最高位置,"天子者,势位至尊,无敌于天下"(《荀子·正论》),强调为臣必忠,忠的核心是顺从,"请问为人臣?曰:以礼侍君,忠顺不懈。"(《荀子·君道》)董仲舒适应大一统的政治需要,确立了"君为臣纲"的意识形态,完善了由荀子开启的忠君思想体系,"心止于一中者,谓之忠;持二中者,谓之患;患,人之中不一者也,不一者,故患之所由生也,是故君子贱二而贵一"(《春秋繁露·天道无二》)。

"子以四教:文,行,忠,信。"(《论语·述而》)作为伦理道德规范,忠不仅是君臣关系的行为准则,而且是人与人之间交往的行为准则,"主忠信,无友不如己者,过则勿惮改"(《论语·学而》);更是个人道德品质的基本要求,"十室之邑,必有忠信如丘者"(《论语·公冶长》)。千百年来,随着社会发展和时代前行,忠的观念不断发生变化,范围在扩大,内容在丰富,由原初的人人之忠转变为人人互忠,忠于工作,忠于事业;转变为臣对君忠,忠于国民,忠于天下。无论怎么变化,设中于心的"忠"字,将忠与中正紧紧联系在一起,忠的主体内容始终是诚实无私,爱其人、敬其事,尽心竭力、忠贞不二,受人之托、忠人之事,没有发生根本变化。忠的生命力不在于忠君,而在于其主体道德内容,这是一种崇高的价值观,直接引导着人们的生活实践,推动着人们道德理性的自觉。

九、出淤泥而不染

廉是一个政治伦理概念,与公共权力相联系,与腐败相对立。没有公共权力,就没有腐败,也就没有廉的问题。自人类社会建立国家以来,古今中外都关注廉的问题,英国阿克顿勋爵说过一句名言:"权力导致腐败,绝对权力绝对导致腐败。"中国传统社会早已注意到廉的问题,《管子》开篇明确提出"国之四维"的观点,廉是其中一维,"何谓四维? 一曰礼,二曰义,三曰廉,四曰耻。礼不逾节,义不自进,廉不蔽恶,耻不从枉。故不逾节,则上位安;不自进,则民无巧诈;不蔽恶,则行自全;不从枉,则邪事不生"(《管子·牧民》)。管子认为,四维关乎国家兴衰存亡,"一维绝则倾,二维绝则危,三维绝则覆,四维绝则灭。倾可正也,危可安也,覆可起也,灭不可复错也"(《管子·牧民》)。"廉"字的本义与建筑物有关,指堂屋的侧边,具有平直、收缩、有棱角的含义,引申义为清廉、正直、俭约、内敛。与"廉"字关系密切的词有"廉政"和"廉洁",两者内容相通,如果一定要区分,廉政侧重于公共权力的整体运行状况,廉洁侧重于官员的个人操守。由于公共权力运行依赖于官员,人们对廉的关注,一般聚焦于廉洁,即要求官员在行使权力过程中做到清正廉洁,希望官员像莲花一样"出淤泥而不染"。

令人吊诡的是,先秦儒家并没有过多地关注和论述廉的问题,《论语》甚至没有使用过廉的概念,因而很难说廉是儒家思想的重要概念。究其原因,可能与儒家思想逻辑预设、政治追求和人格理想有关。儒家的逻辑预设是人性善,孟子云:"仁义礼智,非由外铄我也,我固有之也,弗思耳矣。"(《孟子·告子上》)既然是人性善,那么,即使为官从政,人性善的本质规定自然会约束官员行为,廉就不会成为突出问题。儒家政治追求是德政,孔子曰:"为政以德,譬如北辰,居其所而众星共之。"(《论语·为政》)德政能使人产生羞耻之心,那么,官员具有羞耻之心,就不会行贿受贿、贪赃枉法,廉也不会成为突出问题。儒家的理想人格是君子,"君子喻于义,小人喻于利"(《论语·里仁》)。君子重义轻利,是道德完满的人,那么,君子为官从政,也不会发生贪腐问题,廉就不是突出问题。虽然先秦儒家没有形成完整而系统的廉的思想,却有着丰富的廉的内容。

廉的实质是"无取",这是孟子的观点,"可以取,可以无取,取伤廉"。无取什么呢?就是财物。唐朝武则天制颁的《臣轨》强调:"理官莫如平,临财莫如廉。廉平之德,吏之宝也。"这说明传统社会对廉的认识是清楚而正确的,廉与财相关,本质规定是无取。官员不取不义之财,就是廉。在儒家看来,官员能否做到廉洁无取,关键在于能否正确处理义与利的关系。孔子告诫官员:"放于利而行,多怨";强调见利思义,"士见危致命,见得思义,祭思敬,丧思哀,其可已也"(《论语·子张》)。正确处理公与私的关系。官员掌握的是公共权力,负责的是公共事务,联系的是公共大众,绕不开公与私的关系。宋儒陆九渊把公私关系与善恶关系相联系,"为善为公,心之正也;为恶为私,心之邪也。为善为公,则有和揖睦之风,是谓之福。为恶为私,则有乘争陵犯之风,是谓之祸"(《赠金溪砌街者》)。正确处理理与欲的关系。理与欲是传统伦理学的重要命题,理是指人生而具有的内在本性,欲是指感物而动的欲望。先秦儒家不否认人的欲望,"饮食男女,人之大欲存焉"(《礼记·礼运》)。好色,人之所欲也;富贵,人之所欲也。但要节欲、寡欲,以理制欲,"养心莫善于寡欲。其为人也寡欲,虽有不存焉者,寡也;其为人也多欲,虽有存焉者,寡也"(《孟子·尽心下》)。

十、人不可以无耻

耻是中国文化的重要概念,也是中国文化的一大特征。自上世纪40年代,美国学者路丝·本尼迪克特提出耻感文化和罪感文化的观念,一般认为耻感文化源于中国,是中国文化区别于西方文化的一个标志。"耻"的原始含义是羞耻、惭愧以及由此而产生的羞耻心和知耻感。现代心理学研究认为,耻是一种道德心理和情感,是人们按照一定的伦理道德标准评价他人行为,或在自身行为受到社会和自我否定之后,自我反省或拷问产生的痛苦情感和羞愧心理。耻的观念和行为产生于殷商时期，真正形成耻感文化却是在春秋战国时期，法家和儒家比较全面地论述了耻的问题。法家强调法治，主要是利用人们的耻感心理进行信赏必罚，具有明显的功利色彩。商鞅指出："夫刑者所以禁邪也，而赏者所以助禁也。羞辱、劳苦者，民之所恶也；显荣、佚乐者，民之所务也。故其国刑不可恶而爵禄不足务也，此亡国之兆也。"（《商君书·算地》）儒家强调德治，把耻纳入自己的思想体系进行论证阐述，从而构建起传统的耻感文化。孔子认为，只有以德和礼治理天下，才能使人民知耻，进而心悦诚服，自觉遵守礼法制度，达到天下大治，"道之以政，齐之以刑，民免而无耻。道之以德，齐之以礼，有耻且格"（《论语·为政》）。

耻感最重要的条件是人有良心。所谓良心，意指被社会普遍认可并内化于心的行为规范和价值标准。儒家高度重视良心概念，孟子说："虽存乎人者，岂无仁义之心哉？其所以放其良心者，亦犹斧斤之于木也。"（《孟子·告子上》）朱熹注释："良心者，本然之善心。即所谓仁义之心也。"（《四书章句集注·孟子集注》）良心的内容就是仁义礼智，没有良心的人就是禽兽，"由是观之，无恻隐之心，非人也；无羞恶之心，非人也；无辞让之心，非人也；无是非之心，非人也"（《孟子·公孙丑上》）。"羞恶之心"就是耻，耻是区别人与禽兽的一个标志。良心是后天学习和培养形成的，所以人要坚持修身，通过修身培育良心，明辨是非，知晓真善美与假恶丑的区别。坚持修身，要经常自省。自省既要常态化又要广覆盖，才能达到修炼良心的效果。曾子曰："吾日三省吾身：为人谋而不忠乎？与朋友交而不信乎？传不习乎？"（《论语·学而》）坚持修身，要一生慎独。慎独的伦理动因正是耻感意识，如果没有耻感，任何人都不可能也不愿意做到慎独。《中庸》开篇就强调慎独："道也者，不可须臾离也，可离非道也。是故君子戒慎乎其所不睹，恐惧乎其所不闻。莫见乎隐，莫显乎微，故君子慎其独也。"意思是，道是不可片刻离开的，如果可以离开，那就不是道了。所以，品德高尚的人在没有人看见的地方也是谨慎的,在没有人听见的地方也是有所戒惧的。越是隐蔽的地方越是明显,越是细微的地方越是显著。所以品德高尚的人在一个人独处的时候也是谨慎的。坚持修身,要改过迁善。耻是人们因其行为与社会道德相背离而产生的痛苦、羞愧的心理体验。人有错误缺点,是耻的前提;改正错误缺点,是耻感的应有之义,"君子之过也,如日月之食焉。过也,人皆见之;更也,人皆仰之"(《论语·子张》)。孔子认为,真正的错误是有错不改,"子曰:'过而不改,是谓过也。'"(《论语·卫灵公》)

巡游在国学的海洋,概念和范畴就是海中的一座座岛屿,依托这些岛屿,可以游向更为广阔和深远的海洋,欣赏更美的风景,收获更多的宝藏。之所以要学习研读国学概念和范畴,是因为概念和范畴是"帮助我们认识和掌握自然现象之网的网上纽结"①。概念和范畴是人们认识的结晶和成果,是思维对于客观事物普遍本质的概括和反映。道家的概念范畴是对自然界和人间世普遍存在的事物及其运行规律的概括抽象;儒家的概念范畴是对人间世和政治领域普遍存在的社会伦理道德的概括提炼。学习研读儒家和道家的概念范畴,就能认识理解把握自然界、人间世和政治领域的普遍现象及其本质内容。概念和范畴是构成国学理论的基本条件。任何一种理论都是结构复杂的思维形态,必须由相应的概念和范畴、原理和推论去组成有机联系的整体。概念和范畴是理论体系的细胞和单元,理论是概念和范畴的集合体。如果没有概念和范畴,就不可能建立儒家和道家理论体系;不学习掌握国学概念和范畴,就不可能学懂弄通相应的理论体系。概念和范畴是认识、改造世界的工具。概念和范畴一旦产生并构成理论体系,就具有相对独立性,反作用于自然界和人类社会,成为改造世界

---

① 《列宁全集》第55卷,人民出版社1990年版,第78页。

的工具。儒家和道家思想产生以来,一直塑造着中华民族的品格,影响着中国社会的发展进程。即使在欧风美雨侵袭的今天,我们仍然无时无刻地感受到国学的温润如玉和传统文化的润物无声。只有学习运用国学概念和范畴,才能传承和弘扬国学,发挥传统文化在现代化进程中的根基作用。任何现代化,都不能丢掉国学之根和忘了传统文化之魂。

第九章　道：玄妙幽深

　　道是老子哲学的核心概念，是道家思想的最高范畴。德国思想家雅斯贝尔斯在《大哲学家》一书中将老子列为"原创性形而上学家"。所谓形而上学，是指哲学中探究宇宙万物根本原理的那一部分内容。在西方，形而上学又形成了本体论、宇宙论和生命科学。本体论，研究宇宙万物之上、一切现象之外的终极存在；宇宙论，研究宇宙的生成、变化和时空结构；生命科学，研究生命的起源、进化和本质及其与宇宙、终极存在的关系。老子之所以被称为形而上学家，是因为在先秦思想家中，老子是唯一一个比较自觉地探索研究宇宙万物的本原和起源问题。作为中国哲学的鼻祖，老子提炼升华道这一概念，把道作为宇宙的根源和终极真理，建立起以道为最高范畴的哲学体系，较好地解释了宇宙万物的共同本质和基本规律。

　　老子之道不是无源之水、无本之木。道是中国文化中最古老的概念，它从一个实物名词发展成为多元内涵的抽象概念，反映了古代社会人们思维从直观到抽象的跃进。"道"字最早见于金文，《说文解字》释"道"为从走从首，"一达谓之道"，意指道路。既然是道路，就有方向性，是指起点与终点共同规定的运行轨迹。这使思想家们有可能从道的原初意义引申出规律、原则、道理等哲学内涵。殷周之际，人们一般认为，自然界和人间世的主宰力量是天，自然之天由此被神化，产生了天、天命、天帝、天子等一系列具有神性的概念。先秦时期，道才成为普遍运用的概念，诸子百家几乎都使用过道的概念。由于观察天象运行轨迹的需要,在春秋初叶,首先是占灵术士把天与道合称为天道。天道概念具有神秘色彩,奇怪的是,先秦思想家们既没有着力加以证明,也没有真正给予否定,而着眼于现实的思想家更多地强调天道自然,不会干预人事,"天道皇皇,日月以为常,明者以为法,微者则是行。阳至而阴,阴至而阳;日困而还,月盈而匡"(《国语·越语》)。到了老子与孔子时代,天道概念仍然保留,却出现了分离,相互关系发生了重大变化。在孔子那里,天一直作为最高范畴予以留存,"天何言哉?四时行焉,百物生焉"(《论语·阳货》);道则从属于天,"道之将行也与,命也;道之将废也与,命也"(《论语·宪问》)。孔子没有花很多时间去论证天和研究道,天和道并不是孔子思想体系的重要概念和组成部分。在老子那里,道发展演变为形而上本体,天则从属于道,"域中有四大,而人居其一焉。人法地,地法天,天法道,道法自然"(《老子·第二十五章》)。

按照理论体系建构而言,任何一门学说都需要有自己的预设,即关于表达或话语的含意的一种不言自明的设定。老子将道作为预设,作为道家哲学的逻辑前提、思想起点和论证中心,进而构筑起理论大厦,以解释自然界和人间世纷繁复杂的各种情况。在中国历史发展中,道在民间的影响微乎其微,而在思想界影响甚大,始终居有一席之地。道家一直将道作为思想体系的核心范畴,不断探讨其内涵与外延、本质规定与表现形式;儒家等其他思想学派从没有放弃使用道的概念,却也没有提升其地位和赋予新的内容。因此,研读老子之道,就可以全面把握道的基本内容和主要精神。老子之道虽然是形而上本体,却具有逻辑的严谨性和彻底性,能够渗透贯穿到自然界和人间世各个领域。从这个意义上说,老子之道是天道、治道和人道的有机统一体。

一、天道自然

老子之道首先是天道,阐述了人与自然的关系。对于中国思想史的发展而言,老子之道具有里程碑意义。首先,老子之道否定了天命和鬼神的存在。任何民族的文化都是从宗教开始的,都有天命和鬼神的观念。在中国古代思想史上有一条不成文的规则,就是统治者都是以天命神权来诠释王朝、皇权的合法性;思想家都把天命作为解释一切社会、政治和历史现象的重要依据。先秦时期虽然是天命鬼神逐步衰落的时期,但当时的思想家大都保留着天命鬼神的观念,即使像孔子这样比较理性的思想家,仍然强调要"畏天命",仍然认为"祭神,如神在"。唯有老子彻底抛弃了天命鬼神观念,老子之道是"象帝之先",老子之道是"道法自然"。同时,老子之道奠定了中国古代一元本体论哲学的理论基础。先秦思想家在论及世界本原时,一般都是多元本体论者,他们认为世界的本质和起源是多元的,而不是一元的,"八卦"说、"五行"说以及"阴阳"说就是多元本体论的理论形式。唯有老子创造出以道为天地万物本原和起源的本体论哲学,取代多元本体论。此外,老子之道决定了中国古代两种互相对立的哲学路线的发展方向。老子之后,一些哲学家把道解释为无或无与有,建构起精神本体论的哲学路线,宋明理学就是精神本体论的代表;另一些哲学家则把道解释为精气、元气,建构起物质本体论的哲学路线,稷下道家的精气说和黄老学者的元气说就是物质本体论的代表。当然,老子之道的贡献更在于其深刻的思想内涵和耀眼的智慧结晶。

老子之道是本体论。老子是中国以抽象思维方式探究回答世界本原问题的第一人。作为世界本原,老子之道超越了天地万物的现象和表征,具有永恒性和普适性。所谓永恒性,是从时间维度思考的,只要人类社会存在,道都是对世界本原和起源的一种解释;普适性则是从空间维度思考的，只要是人类能够感觉感知的事物，大至宇宙星空，小至基本粒子，道都能够给予说明和论证。老子之道不可能被感觉感知，只能通过理性直觉来把握，这是因为道无形无物。道的无形表现在"视之不见名曰夷，听之不闻名曰希，搏之不得名曰微。此三者不可致诘，故混而为一"（《老子·第十四章》）。道的无物表现在"其上不皦，其下不昧，绳绳不可名，复归于无物。是谓无状之状、无物之象。是谓惚恍。迎之不见其首，随之不见其后"（《老子·第十四章》）。意思是，道的上面不显得光亮，下面也不显得阴暗。道绵绵不绝而不可名状，一切的运动都会回到不见物体的状态。这是没有形状的形状，不见物体的形象，称之谓惚恍。迎着它，看不见它的前头。随着它，却看不见它的后面。

道不可名状，因而不能被感觉感知。《老子》开篇就指出："道可道，非常道；名可名，非常名。"（《老子·第一章》）这是本体论的表述，思想非常深刻，意指那些可说可名的东西都不是永恒的，因而也不可能成为世界的本原。管子也说："物固有形，形固有名。"（《管子·心术上》）名随形而定，既然道为无形，那就不可名了。有趣的是，老子还是命名了自己理解的世界本原叫作道。老子似乎感到了自我矛盾，他无奈地说："吾不知其名，字之曰道，强为之名曰大。"（《老子·第二十五章》）同时，道并非绝对和静止的虚无，也不是实有，而是实存。实存就是空无所有，这只能通过理性直觉来把握，"道之为物，惟恍惟惚。惚兮恍兮，其中有象；恍兮惚兮，其中有物。窈兮冥兮，其中有精；其精甚真，其中有信"（《老子·第二十一章》）。意思是，道是恍恍惚惚的。那样的惚惚恍恍，其中却有迹象；那样的恍恍惚惚，其中却有实物；那样的深远暗昧，其中却有物质；那样的暗昧深远，其中却是可信验的。有的学者根据这段话，将老子之道理解为似无实有、似有实无，这是不符合原意的。比较合理的解释，老子之道应为似无非无、似有非有。

老子之道是宇宙论。哲学不仅要探究世界的本原，而且要探究宇宙万物的起源和发展变化。作为宇宙论，老子之道是超越宇宙万物的具体存在而又内在于万物的形而上本体，具有无穷的创造力，蕴涵着无限的可能性，"道冲而用之或不盈"（《老子·第四章》）。"冲"为盅，比喻道的空虚。意思是，道有着无穷无尽的空间，因而能够无穷无尽地使用。宇宙万物的蓬勃生长，都是道的创造力的具体表现。从万物生生不息、欣欣向荣的过程中，可以体悟到道的勃勃生机和无穷活力。

道与宇宙万物的关系，在时序上是先后关系。道不受时间和空间的限制，不会因宇宙万物的生灭变化而有所影响，"有物混成，先天地生"（《老子·第二十五章》）；在本质上是母与子关系。道创生宇宙万物类似于母亲孕育生命，老子经常用母亲来比喻道，既形象又传神，"寂兮寥兮，独立不改，周行而不殆，可以为天下母"（《老子·第二十五章》）。王弼注云："寂寥，无形体也。"《老子》第五十二章更是明确用母与子的关系比喻道与万物的关系，"天下有始，以为天下母。既得其母，以知其子；既知其子，复守其母，没身不殆"。意思是，天下万物有其本始，这本始就是天下万物之母。得到了母就知道子，知道了子又能守住母，那就终身无忧了。在演化上是有与无的关系。道创生宇宙万物是个运动变化过程，而有与无就是道的运动方式，就是道由形而上转入形而下、无形质落向有形质的活动过程。"无，名万物之始。有，名万物之母。故常无，欲以观其妙；常有，欲以观其徼。此两者同出而异名，同谓之玄。玄之又玄，众妙之门"（《老子·第一章》）。意思是，无，是形成天地的本始；有，是创生万物的根源。所以常从无中，去观照道的奥妙；常从有中，去观照道的端倪。无与有同一来源而不同名称，都可说是很幽深的。幽深而又幽深，是一切奥妙的门径。在老子看来，正是有与无的运动，使"道生一，一生二，二生三，三生万物"（《老子·第四十二章》）。

老子之道是辩证法。这是老子哲学最显著的特点，也是老子给中外思想史留下最鲜明的印记。老子是朴素辩证法大师，《老子》有着丰富而深刻的辩证法思想。老子之道根本的生命力在于"反者道之动"，道运动的根源在于矛盾，在于对立面的存在。老子认为，相反相成是道运动的基本内容。天地万物都有它的对立面，由于有对立面，才能形成天地万物；人类社会关于美丑、善恶的价值也是在对立统一中形成的，"天下皆知美之为美，斯恶已；皆知善之为善，斯不善已。故有无相生，难易相成，长短相较，高下相倾，音声相和，前后相随"（《老子·第二章》）。

老子认为，物极必反是道运动的内在规定。任何事物都包含着否定性因素，事物的发展总是由肯定向否定方向运行；当否定性成为主导性因素，事物也就走向了自己反面，"祸兮，福之所倚。福兮，祸之所伏。孰知其极？其无正也？正复为奇，善复为妖"（《老子·第五十八章》）。老子认为，正像若反是道运动的重要标志。任何事物的本质与现象既可能是统一的，也可能是矛盾的，正像若反则是提醒人们要从反面关系中观看正面，这比只看到正面更有积极意义；重视相反对立面的作用，说明反面作用比正面作用更大，"大成若缺，其用不弊。大盈若冲，其用不穷。大直若屈，大巧若拙，大辩若讷"（《老子·第四十五章》）。老子认为，循环运行是道运动的必然现象。任何事物运动都会复归，回到原初状态和原出发点。《老子》一书充满了复归返本思想，认为道与历史都是依照循环方式运行，"大曰逝，逝曰远，远曰反"（《老子·第二十五章》）。王弼注云："逝，行也。"复归返本是永恒规律，"夫物芸芸，各复归其根。归根曰静，是谓复命。复命曰常，知常曰明。不知常，妄作，凶"（《老子·第十六章》）。意思是，万物纷纷芸芸，各自返回到它的本根。返回本根叫作静，静叫作回归本原。回归本原是永恒的规律。认识永恒的规律，叫作明智；不认识永恒的规律，轻举妄动就会出乱子。

老子之道是认识论。所谓认识论，是指研究人类认识的本质及其发展过程的理论。老子没有更多地探究人的认识问题，《老子》涉及认识论的篇章也不多,这并不表明老子哲学中没有认识论因素。从常道与非常道、常名与非常名分析,老子在一定程度上意识到了思维与存在的差异性,认为道是不能言说的,能够言说的就不是常道。这实质是说明人的认识不可能与客体完全同一,人们不能完全认识道,只能不断地趋近于道。在老子看来,道不能靠感性经验和理性思维去认识,而要靠理性直觉去体悟。老子认识论的最大特点是强调人的抽象思维和直觉思维,更加重视主体自我的心灵作用。由于重视心灵的体悟,老子特别强调理性直观自省,"不出户,知天下;不窥牖,见天道。其出弥远,其知弥少。是以圣人不行而知,不见而名,不为而成"(《老子·第四十七章》)。意思是,不出门就知道天下事,不看窗外就知道宇宙万物之道。出门走得越远,所知道的就越少。所以圣人不用去做就能知道,不用去看就能明白,无所作为就有成就。由于重视心灵的体悟,老子对学习知识和学道悟道作了区分,"为学日益,为道日损。损之又损,以至于无为,无为而无不为"(《老子·第四十八章》)。"为学"指的是一般的求知活动,而知识要通过学习逐渐积累,才能不断增加和丰富,所以是"日益";"为道"指的是认识道、体悟道,这是一种反求诸己的精神修炼,与为学相反,要减少知识,抛弃成见,祛除心灵的遮蔽,以达到清静无为的悟道之境。由于重视心灵的体悟,老子要求达到空明清静的最佳心态,"致虚极,守静笃,万物并作,吾以观复"(《老子·第十六章》)。冯友兰认为,老子所讲的认识方法,主要是"观","'观'要照事物的本来面貌,不要受情感欲望的影响,所以说'致虚极,守静笃',意即必须保持内心的安静,才能认识事物的真相"①。

二、治道无为

南怀瑾在讲解《老子》之前,作过一个意味深长的比喻:"儒家像粮

---

① 冯友兰:《三松堂全集》(第七卷),河南人民出版社 2000 年版,第 266 页。

食店,绝不能打。否则,打倒了儒家,我们就没有饭吃——没有精神食粮;佛家是百货店,像大都市的百货公司,各式各样的日用品俱备,随时可以去逛逛,有钱就选购一些回来,没有钱则观光一番,无人阻拦,但里面所有,都是人生必需的东西,也是不可缺少的;道家则是药店,如果不生病,一生也可以不必去理会它,要是一生病,就非自动找上门去不可。"[1]人吃五谷杂粮,哪有不得病的道理,在社会生活中,药店是绝对不可缺少的。当然,南怀瑾所说的"生病",主要不是指人的身体生病,而是指人的心灵生病;主要不是指个体生病,而是指社会生病,指统治者治理国家出了问题,造成了社会动乱。因此,老子开的药店是政治药店;老子之道的本质是治道。所谓治道,就是政治,就是阐述人与人、人与社会之间的关系。老子的政治思考既有天道的理论构想,又有治道的实践模式。《老子》是一本典型的政治书籍,从头到尾讲的都是统治术。无怪乎,品读《老子》,就会感到有一种指点帝王、激扬文字的气势。

作为治道,老子之道具有强烈的批判性。老子经常站在老百姓和弱势群体的立场,揭露社会制度的弊端,抨击统治阶级的腐朽。面对统治者的剥削和厚敛重税,老子批判说:"民之饥,以其上食税之多,是以饥。民之难治,以其上之有为,是以难治。民之轻死,以其上求生之厚,是以轻死。夫唯无以生为者,是贤于贵生。"(《老子·第七十五章》)面对统治者的严刑峻法,《道德经》第七十四章开篇就对滥刑杀人提出抗议,"民不畏死,奈何以死惧之!"语出反诘,振聋发聩。接着指出:"若使民常畏死,而为奇者吾得执而杀之,孰敢?"王弼注云:"诡异乱群,谓之奇也。"最后指出:"常有司杀者杀,夫代司杀者杀,是谓代大匠斲。夫代大匠斲者,希有不伤其手矣。""司杀者"、"大匠",意指天道,即警告统治者不要代替天道去杀人,不要越权杀人,这就如同代替木

---

[1] 南怀瑾:《南怀瑾选集》(第二卷),复旦大学出版社 2013 年版,第 6 页。

匠去砍木头一样。那些代替木匠砍木头的人,很少有不砍伤自己手的。面对统治者的不公和贫富差距,第七十七章将自然规律与社会运行现实进行对比说明,开篇就强调天道的公平,"天之道,其犹张弓与!高者抑之,下者举之;有馀者损之,不足者补之。"然后激烈批判人道的不公平,"天之道,损有馀而补不足。人之道则不然,损不足以奉有馀。"老子批判社会现实最精彩的部分是强烈地反对战争,这实质是尊重生命,"以道佐人主者,不以兵强天下,其事好还"(《老子·第三十章》)。意思是,用道辅助君主的人,不靠军事逞强于天下。用兵这件事会遭到报应。

老子在批判春秋乱世和统治无道的过程中,建构起道家的政治学说,后人一般称之为"君人南面之术"。这是有道理的,因为老子之治道主要是说给统治者听的,是对统治者提出要求,概言之就是统治术。但是,老子之治道是政治原理而不是具体的官僚技术。老子之治道的理论基础是天道,天道是形而上的,形而下入政治共同体后,就是治道,重点是君王与百姓的关系。天道效法自然,治道效法天道,就是奉行无为之治,"道常无为而无不为,侯王若能守之,万物将自化"(《老子·第三十七章》)。无为是对统治者的基本要求,是治道的根本原则。围绕无为,老子提出了系统完整的政治构想。

"小国寡民",是老子之道对统治者治国图景的理想要求。思想家大都要设计理想的政治图景和治理目的,这既为统治者提供奋斗目标,又为统治者注入行为动力。老子的政治理想图景是"小国寡民",在这样的社会生活中,先进的器械以及交通工具,甚至连文字都可以弃而不用,更没有战争和杀戮,"使有什伯之器而不用,使民重死而不远徙。虽有舟舆,无所乘之;虽有甲兵,无所陈之;使人复结绳而用之"(《老子·第八十章》)。"什伯之器",意指十倍百倍于人力的器械。在这样的社会生活中,自给自足,人民过着纯朴自然的古代村社生活,"邻国相望,鸡犬之声相闻,民至老死不相往来"(《老子·第八十章》)。

在这样的社会生活中,人民安居乐业,生活幸福,"甘其食,美其服,安其居,乐其俗"(《老子·第八十章》)。如果说小国寡民带有桃花源的虚幻和小农经济的浓厚色彩,那么,这四句话、十二字则是老子理想社会的价值所在,具有时空超越性。古今中外,只要是正常的统治者,都会追求"四句话、十二字"的政治图景。

对于小国寡民社会,老子强调绝圣弃智和绝仁弃义。我们知道,老子思维注重正言若反,老子用心和关注更多的是事物的反面作用和负面影响。老子认为,智慧和仁义都有着反面作用,即"大道废,有仁义;慧智出,有大伪;六亲不和,有孝慈;国家昏乱,有忠臣"(《老子·第十八章》)。在智慧方面,老子并不是指知识,而是指心智,指虚伪狡诈。老子既看到了智慧与大伪的区别,又看到两者之间的联系。智慧的出现和不断发展,一方面增加人们认识和改造世界的能力,另一方面随之也出现了阴谋诡计和狡诈虚伪,这正是智慧的反面作用,是智慧给人类社会带来的负面影响。《老子》第六十五章明确反对以智治国,一开篇就赞颂古代优秀治国者,"古之善为道者,非以明民,将以愚之。"河上公注云:"明,知巧诈也";愚为"使朴质不诈伪也"。接着猛烈抨击以智治国的祸害,"民之难治,以其智多。故以智治国,国之贼;不以智治国,国之福。"最后指出:"知此两者,亦稽式。常知稽式,是谓玄德。玄德深矣,远矣,与物反矣,然后乃至大顺。"意思是,认识以智治国和不以智治国的差别,这就是治国的法则。常守住这个法则,就是玄德。玄德深啊远啊,与万物复归于大道,然后就能达到太平之治。在仁义方面,老子不仅看到了大道之废与仁义兴起之间的联系,提倡仁义往往是因为社会上存在着大量的不仁不义行为,两者总是相反相成、互相依存的,而且看到了仁义的负面作用。仁义既可用来提高人们的道德水平,维持社会秩序,也可以成为野心家和阴谋家文饰自己、沽名钓誉的手段以及攻击他人的武器,"故失道而后德,失德而后仁,失仁而后义,失义而后礼。夫礼者,忠信之薄而乱之首"(《老子·第三十八章》)。因此,老子憧憬的小国寡民社会是"绝圣弃智,民利百倍;绝仁弃义,民复孝慈;绝巧弃利,盗贼无有。此三者,以为文不足,故令有所属,见素抱朴,少私寡欲,绝学无忧"(《老子·第十九章》)。意思是,抛弃聪明与智巧,民众才能获利百倍;抛弃仁与义的法则,民众才能回归孝慈;抛弃机巧与货利的诱惑,盗贼才能消失。以上三种巧饰之物,不足以治理天下。因此要让民心有所归属:外表单纯而内心淳朴,少有私心降低欲望,抛弃所谓的学问,就能无忧无虑。

"不知有之",是老子之道对统治者治国水平的理想要求。《老子》一书实质是帝王之学,主要是教导帝王治国安邦。按照自然无为原则,老子将统治者的治国水平分为四个等次,核心是要诚实、诚信地对待民众百姓,"太上,不知有之。其次,亲而誉之。其次,畏之。其次,侮之。信不足,焉有不信焉"(《老子·第十七章》)。意思是,最好的国君,百姓都不知道他的存在。次一等的国君,有百姓亲近他赞扬他。再次一等的国君,百姓都畏惧他。最下等的国君,百姓敢于蔑视侮辱他。所以,缺乏诚信的统治者,就得不到百姓的信任。王弼对"太上"注云:"太上,谓大人也。大人在上,故曰太上。大人在上,居无为之事,行不言之教,万物作焉而不为始,故下知有之而已,言从上也。"林语堂对最下等的国君作出解释:"最末等的国君,以权术愚弄人民,以诡诈欺骗人民,法令不行,人民轻侮他。这是什么缘故呢?因为这种国君本身诚信不足,人民当然不相信他。"①对于"太上,不知有之",有的版本作"太上,下知有之",意义大体相同,即指老百姓仅仅知道国君的存在。由此可知,在老子看来,统治者治国的最高境界是"不知有之"或"下知有之"。

那么,统治者如何做到"不知有之"呢?这涉及到君王与臣属的关系。君王治理天下一般是通过臣属的行为间接实现的。君王要达到

---

① 林语堂:《老子的智慧》,陕西师范大学出版社 2006 年版,第 86 页。

"不知有之"的目的,首先要效法天道的"不自生",真正做到"无私",即"天长地久。天地所以能长且久者,以其不自生,故能长生。是以圣人后其身而身先,外其身而身存。非以其无私邪?故能成其私"(《老子·第七章》)。意思是,天地的存在既长且久。天地之所以能够长久存在,是因为它并不为自己而存在,所以它能够长生。因此,圣人把自己的利益置于众人之后,他的所得反而先于众人;他总是将自己置之度外,其自身反倒得到保全。这难道不是因为他的无私吗?他反而因此成就了伟业。这是君王驾驭臣属的前提和赢得臣属信任的基础。关键是秉要执本,清虚以自守,卑弱以自恃。具体来说,君无为而臣有为,庄子在《天道篇》作了全面阐述:"上无为也,下亦无为也,是下与上同德;下与上同德,则不臣。下有为也,上亦有为,是上与下同道;上与下同道,则不主。上必无为而用天下,下必有为为天下用,此不易之道也。"君要愚而臣要智,"我愚人之心也哉!沌沌兮!俗人昭昭,我独昏昏;俗人察察,我独闷闷。淡兮其若海,飂兮若无止。众人皆有以,而我独顽且鄙。我独异于人,而贵食母"(《老子·第二十章》)。如果从君王与臣属的关系理解,意思是,君王真是愚人的心胸啊,终日混混沌沌。臣属都自我炫耀,君王却糊里糊涂。臣属都工于算计,君王独茫然无知。心是那样辽阔,就像大海无边无缘;思绪像疾风劲吹,飘扬万里没有尽头。臣属都各有所用,君王独显得鄙劣无能。君王是这样的与臣属不同,君王寻求道的滋养。君要静而臣要动,"致虚极,守静笃,万物并作,吾以观复"(《老子·第十六章》)。老子认为,君王治理国家要做到虚静,在处理事情时,自己不动声色,让臣属纷纷议论;自己不直接动手,让臣属去动手处置。即使君王要有所作为,也要尽量减少动作,"治大国若烹小鲜"(《老子·第六十章》)。法家吸取了老子这一思想,认为君王不动声色,可以使群臣不知道君王喜好,从而更有利于驾驭臣属。老子的政治学说容易被误解为阴谋权术,这大概是主要原因,却不符合治道无为的本意。

　　"圣人之治",是老子之道对统治者治国品格的理想要求。圣人是老子为世俗统治者树立的执政和治国安邦榜样,也是实现老子政治理想的人事保证。任何事都是人做的,没有人什么事也做不成;没有合适的人,什么事也做不好,这是最基本的道理。就政治而言,好的政治需要好的统治者。在老子看来,他的小国寡民图景和无为而治原则,只有具备圣人品格的统治者才能担当和组织实施。这是因为圣人能够忍辱负重,"是以圣人云:'受国之垢,是谓社稷主;受国不祥,是为天下王。'正言若反"(《老子·第七十八章》)。意思是,所以圣人说,能够承受一国的耻辱,就可以成为国家的君王;能够承受一国的灾祸,就可以成为天下的君王。这正话听起来好像是反话。这是因为圣人能够守道不争。世人都喜欢追逐事物的显相和正面现象,喜欢求全求盈求多,这就容易引起纷争。《老子》第二十二章运用辩证思维,开篇就强调不争的意义,"曲则全,枉则直,洼则盈,敝则新,少则得,多则惑。"曲、枉、洼、敝、少等概念都具有不争的内涵。接着以圣人为例阐述不争之道理,"是以圣人抱一为天下式。不自见故明,不自是故彰,不自伐故有功,不自矜故长。"最后指明不争的效果,"夫唯不争,故天下莫能与之争。古之所谓曲则全者,岂虚言哉! 诚全而归之。"这是因为圣人能够尊重百姓,"圣人无常心,以百姓心为心。善者,吾善之;不善者,吾亦善之,德善。信者,吾信之;不信者,吾亦信之,德信"。圣人之治是浑厚真朴,"圣人在天下,歙歙焉,为天下浑其心。百姓皆注其耳目,圣人皆孩之"(《老子·第四十九章》)。意思是,圣人治理天下,显得安祥和合,让天下人的心归于浑朴。百姓都运用自己的聪明,耳目各有所关注,圣人却孩童般地看待他们。这是因为圣人能够无为而无不为,"故圣人云,我无为而民自化,我好静而民自正,我无事而民自富,我无欲而民自朴"(《老子·第五十七章》)。统治者的好静、无事、无欲,归根结底是无为,无为而治的目的是有作为,即让老百姓自化、自正、自富和自朴。这是多么美好的治理图景,以及统治者与老百姓的良好关系啊！

三、人道柔弱

中国哲学一向不为知识而求知识，而是为人生而求做人，道德色彩比较浓厚，伦理思想比较丰富。先秦思想家们虽然都以拯救乱世、匡正时弊为宗旨，但其出发点和落脚点仍在于人生。他们都在思考生命的意义和价值，都在着力建立与其基本思想相符合的人格理论。冯友兰指出："由于哲学探究的主题是内圣外王之道，所以学哲学不单是要获得这种知识，而且是要养成这种人格。"[1]先秦思想家都有自己的理想人格，但其哲学底蕴和思想内涵却有着很大差异。孔子贵仁，"仁者爱人"，依据于仁建立了君子的理想人格。墨家贵贤，倡导"兼相爱，交相利"，在此基础上建立了贤人的理想人格。法家贵法，力主法治，其理想人格是尊主卑臣。老子贵柔，主张无为，建构起圣人的理想人格；围绕圣人，提出了柔、愚、啬、朴、慈、俭、静、弱等人格规范，形成了道家人格的思想体系。

老子的理想人格，异于孔子、墨家、法家的理想人格，最大的差异是理论基础不同。老子思想的核心是道，道与其说是一个伦理范畴，倒不如说是一个哲学范畴。老子依据于道建构的理想人格，具有本体论意义，因而思想更深刻，逻辑更彻底，其他先秦思想家的理想人格只有伦理学意义。研究先秦思想家的理想人格，不能不涉及道德范畴，先秦思想家一般是在伦理学意义上使用道德范畴的，而且道与德是合并使用的。在老子哲学中，道与德是分开使用的，道更多地表达本体论的内容，德更多地表达价值论的内容。《老子》一书分为上下篇，上篇第一章至第三十七章为"道经"，主要阐述道的本旨；下篇第三十八

---

[1] 冯友兰：《三松堂全集》（第六卷），河南人民出版社 2000 年版，第 12 页。

章至第八十一章为"德经"，主要说明道的作用，全书浑然一体，贯穿着尊道贵德的思想。所谓德，王弼注云："德者，得也，常得而无丧，利而无害，故以德为名焉。何以得德？由乎道也。"道与德的关系是道为体、德为用，德是道与天地万物的联系和转化机制，道通过德落实于天地万物，内化到每一个个体事物之中，成为每一个个体事物的本质和特性。"道生之，德畜之，物形之，势成之。是以万物莫不尊道而贵德。道之尊，德之贵，夫莫之命而常自然"（《老子·第五十一章》）。对于人生而言，德既是道的实现，也是道的主体化。道实际上是生命的源泉和根本，是一种潜能或潜在性存在，德则是主体实现的原则，是一个价值范畴，由修德而复道，这说明道也是一个价值本体。

老子之道形而下到人生层面，其所显现的特性而为人类所体验所效法者都是属于德的活动范围，这就是人道。人道思考的是人与自身的关系，研究人的德性问题。老子之人道既是道德，又是德性之学。在人道那里，德虽然源自于道，但不再是本体论范畴，而是一个主体的实现原则，变成了人生修养或修身的问题。修身的本质是处理人与道的关系。修身的水平不同，导致了人与道的不同关系。有的人修身好，与道就接近，甚至能够合一，有的人修身不够，则与道不合一，甚至远离。老子把他们区分为上德与下德、有德与无德之人，"上德不德，是以有德；下德不失德，是以无德。上德无为而无以为，下德为之而有以为。上仁为之而无以为，上义为之而有以为。上礼为之而莫之应，则攘臂而扔之"（《老子·第三十八章》）。老子所谓的上德，是无为之德，不自知有德，不自居有德，却成就德的最高境界；下德是有为之德，以德自居，孜孜以求，最后终归于无德。老子推崇的是上德，上德之人就是圣人，就是有道之士，就是具有高尚道德修养的人。如何通过修身，达到上德和圣人境界，老子之人道提供了思路和方法。

复归婴儿，保持精神上的纯真，这是老子之人道的内修本领。婴儿是生命的象征，无知无欲、自然天真、纯洁朴实，但是，婴儿有着无限

发展的潜力和可能。老子从婴儿身上看到了人生心灵修养的本质和
途径,运用婴儿的比喻,具体阐述了主体内在的道德和性情修养。老
子认为,上德之人必然如婴儿般的纯洁天真,"含德之厚,比于赤子"
(《老子·第五十五章》)。在老子看来,婴儿的心灵与肉体是统一的,具
有旺盛生命力。这种生命力不仅表现在人生都是从婴儿开始的,逐步
走向少年、青年、中年和老年;更表现在婴儿处于本能状态,没有是非
心,没有苦乐感,无所畏惧,十分强壮,"蜂虿虺蛇不螫,猛兽不据,攫鸟
不搏。骨弱筋柔而握固,未知牝牡之合而全作,精之至也。终日号而
不嗄,和之至也"(《老子·第五十五章》)。意思是,蜂蝎毒蛇不会螫他,
鸷鸟猛兽不会搏击他。筋骨柔弱,拳头却握得紧紧的。还不知男女之
事,男性性征却很有力量,这是精气充足的缘故。整日号哭,喉咙却不
会沙哑,这是元气淳和的缘故。当然,婴儿强壮不是身体的强壮,而是
精神的强壮。婴儿在天真无邪中充满着生机和活力,整个身体都处在
积极的正面状态。

在老子看来,人生离开婴儿之后,心灵与肉体逐步分化,就难以在
精神上保持婴儿状态和心灵上保持本真品质。随着年龄的增长,人生
逐步远离婴儿状态,不可避免地产生欲望和知性。有了欲望,必然出
现各种技巧,以满足欲望;有了知性,必然发生对象认识,以求获得知
识。人的欲望和知性过分膨胀,就会失掉人的本真,导致人的异化,即
人创造的物质和精神产品不为人所驾驭,反过来奴役和支配人的身心
和言行。老子认为,保持本真就是明白道理,贪图欲望就会加速衰老
和死亡,"知和曰常,知常曰明,益生曰祥,心使气曰强。物壮则老,谓
之不道,不道早已"(《老子·第五十五章》)。意思是,认识元气淳和的
道理叫作常,认识常叫作明。贪生纵欲就会有灾殃,心机主使和气就
是逞强。过分的强壮就趋于衰老,这叫作不合于道,不合于道,很快就
会死亡。

在老子看来,人的一生如要保持心灵与肉体的统一,实现人与道

的合一，就要不断地修身，具体路径是复归于婴儿。修身不是为学而是为道，为学是增进知识，主要通过求知活动逐渐积累和不断增多。老子并不反对知识，而是反对功利性的求知活动。为道是提升道德品质，主要通过内省，减少心计，抛弃成见。为学属于知识论，为道属于修身范畴，两者有着不同功能，不能互相代替。复归于婴儿，并不是人的肉体回归到婴儿时期。时间的单向性决定了人离开婴儿之后，只能走向老年和死亡，不可能回到生机勃勃的婴儿状态。肉体不能回归，心灵却能回归，精神却能永远保持婴儿般的纯朴和本真。老子正是从心灵和精神角度，阐述人生复归于婴儿的道理，"知其雄，守其雌，为天下谿。为天下谿，常德不离，复归于婴儿。知其白，守其黑，为天下式。为天下式，常德不忒，复归于无极。知其荣，守其辱，为天下谷。为天下谷，常德乃足，复归于朴"（《老子·第二十八章》）。"复归"均为指人的德性复归，如婴儿般的纯真，摒弃一切杂念，遵从道的运行和规律。

　　向水学习，坚守行为上的柔弱，这是老子之人道的处世方法。如果说复归婴儿是人生修养对内的心灵指导，那么，向水学习则是人生修养对外的行为指导。人的对内修养是主体内在的道德与性情修养，对外修养则是应对社会与人际关系的方法总和，二者圆融自洽地形成了老子之人道的全部实践内容。老子把柔弱看成是人生对外修养必须遵循的基本原则，他是从形而上的角度认识柔弱的，柔弱是道的重要组成部分，与事物的反面一起促成了道的运动，"反者道之动；弱者道之用。天下万物生于有，有生于无"（《老子·第四十章》）。老子认为，天地万物中最能体现柔弱品格的就是水，世上没有比水更柔弱的事物了，"天下莫柔弱于水，而攻坚强者莫之能胜，以其无以易之"（《老子·第七十八章》）。然而，老子感叹："天下莫不知，莫能行。"（《老子·第七十八章》）意思是，天下都知道水的好处和柔弱的作用，却没有人能实行。老子之人道希望人们向水学习，以柔弱的态度和方法为人处世。

在老子看来,水的柔弱表现在不争。我们知道,无论动物还是植物,一切生命形式都离不开水,但是,水流向低处,安居低洼,不争高于天下,不争宠于自然。老子对水这一看似简单而平常的自然现象,作出了全新的人文解释,这是一种与世无争的高贵品质,不仅反映了精神上的谦卑,而且体现了为人处世的低调态度。老子不禁加以赞誉,水就是道啊!"上善若水。水善利万物而不争,处众人之所恶,故几于道"(《老子·第八章》)。河上公注云:"上善之人,如水之性。"王弼注云:"道无水有,故曰'几'也。"老子认为,不争就是水滋养万物而不居功自傲,不占有和主宰它们,这是最高的道德,"故道生之,德畜之;长之育之,亭之毒之,养之覆之。生而不有,为而不恃,长而不宰,是谓玄德"(《老子·第五十一章》)。意思是,道化生它们,蓄养它们,使它们成长,使它们发育,使它们成熟,使它们得到培养和保护。道化生万物却不加占有,有所作为却不自恃有功,长养万物却不加主宰,这就是深奥而高妙的德。

在老子看来,水的柔弱表现在处下。处下实际上也是不争的一种表现,更是谦卑精神的具体展示。谦卑处下是包容宽容,胸怀博大,能够随物赋形。水没有固定的形状,也不刻意塑造某种形状,而是自然给予什么形状,水就成为什么形状。谦卑处下能够随遇而安,水遇到高山,就绕道而行;遇到低洼,就安居积蓄,不计较、不逞强,不自傲、不邀宠。更重要的是,无论在高处还是在低洼,水都不择细流,不计清浊,不避污泥浊水,有容乃大,无私奉献。老子赞美水的谦卑处下,"江海所以能为百谷王者,以其善下之,故能为百谷王"(《老子·第六十六章》)。在老子看来,水的柔弱还表现在以柔克刚。水看似柔弱却有着异乎寻常的力量,水滴石穿,既可以润物无声、滋润心灵,又可以毁灭利剑、穿透顽石。老子从中会意到了一种人文力量,那就是顽强的韧性和坚定的意志,辩证地看到了柔弱与刚强的关系,那就是柔弱胜刚强,"天下之至柔,驰骋天下之至坚,无有入无间,吾是以知无为之有益"。意思是，天下最柔弱的水，纵横出入于天下最坚硬的东西，无形的力量穿透没有间隙的东西。我因此知道无为是有益的。不过，老子紧接着就指出："不言之教，无为之益，天下希及之。"(《老子·第四十三章》)这说明人生向水学习，修身养性，并不是一件容易的事情。

圣人标准，超越自我完善人生，这是老子之人道的理想目标。无论内修心灵，还是外修立身，都需要有一个目标指引，这不仅可以明确修身的努力方向，而且可以为修身提供前进动力。老子之人道设定的修身目标就是圣人，圣人是老子理想人格的具体化形象。有趣的是，老子作为"周守藏室之史"，应该熟悉先秦及以前的历史和历史人物，而翻遍《老子》全书，却没有提到一个历史上的人物，更没有拿任何一个历史人物来比附圣人。好在《老子》一书多处议论圣人，使得圣人形象呼之欲出，臻于完美。

在老子看来，圣人是与道合一的人。圣人是道的完美化身，不仅在本体论上得到道的全部内容，而且通过致虚静的内省方法，在认识论的意义上也把握了蕴含在他们自身中的道的全部内容。老子之人道，某种意义上可说是圣人之道。这是因为普通人常常为贪欲所诱惑，失去了道的本性，唯有圣人，才能尊天道、法自然和明人事。《老子》一书经常将天之道与圣人之道对应起来加以阐述，譬如，第八十一章说："天之道，利而不害。圣人之道，为而不争。"又如，第七十三章说："天之道，不争而善胜。"第六十六章则说：圣人"以其不争，故天下莫能与之争"。再如，第七十三章说：天之道"不言而善应，不召而自来"，第二章则说："是以圣人处无为之事，行不言之教。"

在老子看来，圣人在政治上是自然无为，"为者败之，执者失之。是以圣人无为，故无败；无执，故无失。民之从事，常于几成而败之。慎终如始，则无败事。是以圣人欲不欲，不贵难得之货。学不学，复众人之所过，以辅万物之自然而不敢为"(《老子·第二十九章》)。意思是，有所作为就会失败，有所把持就会失去。所以圣人无所作为就不会有失败,无所把持就不会失去。人们做事,常常在快要成功的时候失败了。慎重对待事情的终结,就像对待开始一样,就不会有失败之事。所以圣人以不欲为欲,不看重难得的奇物;以不学为学,抛弃众人的过失而复归于根本,辅助万物自然成长而不敢作为。在老子看来,圣人在立身上无知无欲。老子认为,贪婪、骄奢淫逸、纵情声色犬马,必然导致人的心灵与肉体的矛盾,使得精神发狂,"五色令人目盲,五音令人耳聋,五味令人口爽,驰骋畋猎令人心发狂,难得之货令人行妨"。"畋猎"指打猎;"难得之货"为稀世珍品。圣人守住内心的平静,不贪图物质享乐和感官享受,"是以圣人为腹不为目,故去彼取此"(《老子·第十二章》)。王弼注云:"为腹者以物养己,为目者以物役己,故圣人不为目也。"圣人在处世上乐于助人,"圣人不积,既以为人,己愈有;既以与人,己愈多"(《老子·第八十一章》)。意思是,圣人不私自积藏财货,他尽量帮助别人,自己反而更充足;他尽量给与别人,自己反而更富有。

　　人是心灵与肉体共存的统一体,肉体的有限性与心灵的无限性形成了巨大矛盾,人们对肉体必将消失所引发心灵上的焦虑和恐惧,是人类必须解决的重大精神问题。从根本上说,解决人的心灵与肉体矛盾主要有两个途径,一个途径是宗教,天堂是宗教解决人的心灵与肉体矛盾的一种方法。天堂这一概念源自于人类的想象,既是人类对历史发端的一种迷蒙记忆,又是对遥远盼望的一个许诺。人类想象出来的天堂可以激发人的兴趣,抚慰那些在忧愁和痛苦重压下的心灵,满足人们超越今生的渴望。另一个途径是哲学,主要靠抽象思考和理性思辨来解决人的心灵与肉体矛盾。哲学通过对世界本原的追问和人生终极目标的探寻,试图为解决人的心灵与肉体矛盾提供答案。面对春秋乱世和人们心灵的困惑,老子提供了道的概念和药方。这个道从"自然"出发,在天地万物与人类社会之间架设了"无为"的桥梁,希望人们不要失掉自我,消弭争斗,回归婴儿状态,从容平静地生活。从这个意义分析,宗教和哲学就在我们身边,就是我们的人生。不管我们个人离人生的终点还有多远,只要一想到有天堂在等着我们,有终极目标在激励我们,我们就会感到极大的安慰,就会使自己的心灵永远安宁平静。不过,与宗教的遥远虚幻相比,哲学解决人的心灵与肉体矛盾更具理性和实践性,这就是研读哲学和老子之道的价值所在。

第十章　仁:亲亲为大

　　仁是孔子学说的核心概念,是儒家思想的最高范畴。美国哲学家赫伯特·芬格莱特写过一本书叫《孔子:即凡而圣》,他自述阅读孔子时观念不断发生着变化,初读时觉得孔子是一个平常而偏狭的道德说教者,渐渐感受到孔子是一位饱经人世沧桑、饱含人生智慧的思想导师,"在孔子的思想里,我发现了一种人性的视域,这种视域在哲学上是深刻的,在心理学上是真实的,在社会学上它也是既富有洞见又发人深省的"。因此,"《论语》里的睿见卓识,在精神实质上接近于这种西方哲学最新发展的一些最显著的特征。就此而言,孔子是迄今为止'超越于我们时代的'思想家"①。应当指出,芬格莱特的评论既中肯又深刻,中肯在于他真实地说出了阅读孔子、研究《论语》从一般理解到尊崇的心路历程;深刻在于他正确把握了孔子思想的本质在于人性视域,这就是关注人的生存状态。孔子把对人的思考和认识凝聚为"仁"的思想范畴,形成了以仁为核心的思想体系。孔子把仁奉为最高境界,以仁观照个体生命和社会政治领域,从而对中国历史和传统文化产生了巨大影响。一定意义上说,正是因为孔子关注人的生存状态,导致了中西文化发展的差异,中国传统文化关注人文领域,充满伦理道德色彩,而西方文化关注自然领域,洋溢着科学理性精神。

　　从文字学分析,"仁"字诞生的时间比较晚,在甲骨文和金文中至

---

① [美]赫伯特·芬格莱特著,彭国翔、张华译:《孔子:即凡而圣》,江苏人民出版社2002年版,第1页。

今尚未发现，是约为春秋时代的新名词。《诗经》有两处提到仁，而且都和"美"字联系在一起，《郑风》曰："洵美且仁。"《齐风》曰："其人美且仁。"《尚书》中周公言："予仁若考，能多才多艺，能事鬼神。"意思是，我具备像父亲一样的仁德，既有多种才能和技艺，又能够尊奉鬼神、祭祀祖先。《诗》《书》把仁作为优秀品德，是毫无疑问的，但没有指明具体内容。《国语》却具体指出了仁的内容，《周语》记载了富辰向周襄王进谏"仁所以保民也"；《晋语一》说"爱亲之谓仁"，意指仁在父子关系中是孝敬长辈；《晋语二》说"仁不怨君"，意指仁在国与国的关系间是保护小国，救助邻国。通过引述《诗》《书》及《国语》，可以看出仁的基本含义是指人的品质，这种品质只有在社会交往和处理人与人的关系中才能显现。郑玄注《中庸》将"仁"字解释为："'人也'，读如'相人偶'之人，以人意相存问之言。"刘文英将"相人偶"认定为一种远古时期的礼仪，即"两人见面时，首先观顾对方，然后互相作揖，表示敬意和问候①。由此可知，"仁"最初的字形和字义所表达的内容是在两个人之间发生的或引申为在一种人际关系之中发生的情况。如果只有一个人，便不可能发生仁的情况。而且，仁所表达的内容是一种积极正面的行为意识，正如"相人偶"提到的双方都要对彼此怀有敬意，作揖弯腰，"以人意相存问"，如果其中一人不存敬意，那这种"相人偶"的礼仪就不可能实现，也就谈不上产生仁的行为和意识。牟宗三认为："孔子之提出仁，实由《诗》《书》中之重德、敬德而转出来的。"②

孔子是中国古代优秀思想的集大成者。"仁"字虽然出现得比较晚，而仁的思想却有着深厚的历史渊源。孔子既知识渊博又博学多才，他依据于春秋现实社会，以夏、商、周三代为基本范围，以周文王、武王、周公之治为重点，对古代的人道和民本思想进行深入研究，充分吸收其中的精神营养，进而提炼升华为仁的范畴。在《论语》及有

---

① 刘文英：《"仁"之观念的历史探源》，《天府新论》1990 年第 6 期。
② 牟宗三：《心体与性体》，吉林出版集团 2013 年版，第 22 页。

关著述里，尧舜、夏商周尤其是西周的历史记载，都可以找到仁的思想内容，孔子自己亦说："周监于二代，郁郁乎文哉！吾从周。"（《论语·八佾》）在上古历史中，孔子汲取了民本的思想资源。黄帝的"抚万民"，帝喾的"知民之急，仁而威，惠而信"（《史记》卷十二），尧的大哉之为君，舜的"有臣五人，而天下治"（《论语·泰伯》），大禹的"知人则哲，能官人；安民则惠，黎民怀之"（《尚书·皋陶谟》），周公的"保惠庶民"，管仲的"民到于今受其赐"（《论语·宪问》），这些爱民、惠民、保民的思想观点构成了孔子之仁的本色。孔子汲取了尚贤的思想资源。尚贤属于政治范畴，却和人有着紧密联系，选一贤人，则民众受惠；用一恶人，则百姓遭殃。舜、禹以功德受禅，舜举皋陶，汤举伊尹，泰伯"三以让天下"，齐国的鲍叔牙荐管仲，郑国的子皮荐子产，这些知贤、用贤、荐贤、举贤、让贤的事迹丰富了孔子之仁的内容。孔子汲取了志士仁人的精神养分。尧、舜、禹、皋陶、伊尹、周公旦、太公望、微子、箕子、比干、伯夷、叔齐、管仲等的言论行为和功业政绩，有的属于为政仁德，有的是廉洁自爱、保持节操，有的属于忠于明君，有的是出身低微而为政爱民……孔子敬慕志士仁人，志士仁人影响孔子之仁。孔子汲取了不仁的经验教训。夏桀"率遏众力"，殷纣"暴虐百姓"，管叔、蔡叔参与叛乱，这些反面典型为孔子之仁提供了佐证，不仁则失民心，失民心则失天下。正是这些历史渊源和思想资源，成就了孔子之仁。

孔子站在时代的高度，结合春秋社会现实，集中前人的智慧，创立了以仁为核心的儒家思想体系，成为中华民族的优秀社会道德规范和恢宏的精神财富。孔子对中华文明最大的贡献是创立了仁学，中国传统文化深深烙上了仁的印痕。孔子之仁奠定了中华民族精神发展的方向和社会秩序结构的基础，主导着社会政治经济文化的历史演进。自孔子之后，战国时期的孟子以仁为核心，发展出仁义并举的道德系统，奠定了中国传统伦理道德的思想基础；荀子发展出隆礼尊君的思想观念,奠定了中国传统政教合一的制度文化基础。西汉的董仲舒结合孟子与荀子的思想,将儒家伦理学说政治化、秩序化,使得独尊儒术与君权神授相结合,用国家意识形态固化了儒家学说,促成了儒学在体制内的发展。宋儒提出"一体之仁"命题,是对先秦儒家仁学思想的重大发展,经典的表述是程颢的"仁者,浑然与物同体"和程颐的"仁者,以天地万物为一体"。张载、朱熹等对"一体之仁"虽有不同理解和表述,却都认同这一命题,体现了宋儒对仁学发展的高度一致性。宋儒增强了仁学的理论性和思辨性,引领了明清心学、朴学的发展。尤其值得重视的是,孔子之仁不仅在思想界有着重大影响,而且在社会民间更是影响广泛而深远。无论男女老幼、士农工商、贫贱富贵,都不同程度地认同仁的理念,都自觉不自觉地践行仁的规范,如果说有什么东西是中国人的标志,那就是仁。仁是孔子和他的弟子谈论最多的思想范畴。学习仁的概念,最好的办法是追本溯源,认真研究孔子,反复阅读《论语》,真正体悟仁的博大精深和人性光辉。

一、仁的内容

《说文解字》解释:"仁,亲也。从人从二。""亲也",就是仁是差序之爱,亲亲为大。"从人",比较容易理解,是指一个站立着的人。"从二",内容则比较丰富,既可理解为复数的数字,不仅指一个人,而且指一个人之外的其他人,仁由此引申出人与人、人与群体、人与社会的关系;又可理解为天、地,传统文化有天地人"三才"之说,仁是要求人从二不从三,只效法天地,只怀天地之本性,不怀个人之私欲。从"仁"字的结构分析,仁与人密切相关;"仁"字的结构已经内敛着儒家仁学的端倪和要义。孔子选择仁来概括升华他对人的生存状态的全部思考,确实是名实相副、名正言顺。无论学界如何理解,是爱人还是忠恕,是立人还是达人,都清晰地凸显了仁的人际交往内涵。

孔子之仁的核心是爱人,"樊迟问仁。子曰:'爱人。'"(《论语·颜渊》)爱人是指人与人之间应当互亲互爱,这是一种人性精神,基本涵盖了孔子之仁的主旨,可以理解为儒家思想的总纲。在孔子看来,爱人就是要把人当人看,对人类持有起码的爱心和同情心。爱人既有正面的要求,又有负面的限制,正面是支持和帮助他人,"夫仁者,己欲立而立人,己欲达而达人。能近取譬,可谓仁之方也已"(《论语·雍也》)。负面是从内心约束自己,"仲弓问仁。子曰:'出门如见大宾,使民如承大祭。己所不欲,勿施于人。在邦无怨,在家无怨。'仲弓曰:'雍虽不敏,请事斯语矣!'"(《论语·阳货》)怨出自于心,无怨就是要在内心克制怨气。这段话的意思是,仲弓问什么是仁。孔子回答,出门就像接待宾客一样庄重,管理百姓就像承当大祭典一样严肃。自己所不喜欢的,不要强加于人。在诸侯之国做官无所怨言,在卿大夫家管事也无所怨言。仲弓说,我虽然迟钝,也要遵照您的教诲去行动。"己欲立而立人,己欲达而达人"(《论语·雍也》)和"己所不欲,勿施于人"(《论语·阳货》),是孔子之仁的本质内容,也是孔子之仁的经典表述,概括了孔子对理想的人格境界和社会秩序的憧憬。这表明人生在世除了关注自身的存在,还要关注他人的存在,应该平等地对待他人、尊重他人。在人与人交往过程中,应该有宽广的胸怀,把自己作为参照物,推己及人,凡是自己愿意做的事情,都要去帮助他人;凡是自己不愿意做的事情,都不要强加于他人。

在孔子看来,爱人是有差序的,首先从家人、亲人开始,这是最大的仁,"仁者,人也,亲亲为大"(《中庸》)。"亲亲"第一要义是孝,孝敬父母。父母作为人人可知而且不可回避的血缘亲属,孝是与生俱来、人人都可以体会到的情感。人们在孝敬父母过程中能够领略到人之为人的存在意义,感受到自身生命力量的来源,好像有一种源头活水在我们的血脉中流淌。而对父母的孝敬,则表明我们的存在是对这一血脉的呵护和坚守,进而展示的是个体有希望、人类有未来。"亲亲"
的另一要义是悌,即兄友弟恭。如果说父母是人们纵向上不可回避的
血缘亲属,那么,兄弟姐妹是横向上不可回避的血缘亲属,人们在兄友
弟恭的过程中可以体会到亲情的温暖和坦诚。从亲亲出发,孔子为仁
找到了根基,这就是孝悌,"其为人也孝弟,而好犯上者,鲜矣;不好犯
上而作乱者,未之有也。君子务本,本立而道生。孝弟也者,其为仁之
本与!"(《论语·学而》)意思是,一个人为人孝顺父母,敬爱兄长,却喜
欢冒犯上者和长者,是很少有的;不喜欢冒犯上者和长者,却喜欢造
反,这种人从来就没有过。君子致力于根本建设,根本树立了,治国和
做人的道理也就产生了。孝和悌,这就是仁的根本吧! 当然,孔子爱
人的对象不限于亲亲,不局限于父母双亲和兄弟姐妹,也不局限于家
族关系中的近亲和宗法关系中的远亲,而是涉及到社会上所有的人,
或者说是在社会交往中遇到的所有人,都要关心他们、爱护他们,"子
曰:'弟子,入则孝,出则悌,谨而信,泛爱众,而亲仁。行有余力,则以
学文。'"(《论语·学而》)从亲亲到泛爱众,说明孔子的仁爱思想是以
血缘家庭为中心,逐步扩展开来的差序结构,具体表现为父慈子孝、兄
友弟恭,"君使臣以礼,臣事君以忠"(《论语·八佾》)。亲亲是因为血
缘关系,泛爱众则因为"四海之内皆兄弟也",亲亲之爱与泛爱众之爱
在本质上是一致的,而表现形式是有差异的。这种差异主要不是等级
地位的差异,更多的是由于不同的社会和家庭角色引起的不同伦理道
德规范要求,这就不能在亲亲与泛爱众之间简单地划等号,不能没有
差别地提倡兼爱,否则,就会人伦失范、社会失序。孟子强烈地表示反
对,他说:"杨氏为我,是无君也;墨氏兼爱,是无父也。无君无父,是禽
兽也。"(《孟子·滕文公下》)孟子发展完善了孔子之仁,把仁爱之心推
及到天地万物,形成了"亲亲""仁民"和"爱物"严密的逻辑体系,"君
子之于物也,爱之而弗仁;于民也,仁之而弗亲;亲亲而仁民,仁民而爱
物"(《孟子·尽心上》)。

在孔子看来,爱人的路径是忠与恕。"子曰:'参乎! 吾道一以贯之。'曾子曰:'唯。'子出。门人问曰:'何谓也?'曾子曰:'夫子之道,忠恕而已矣。'"(《论语·里仁》)意思是,孔子说,曾参啊! 我的学说贯穿着一个基本思想。曾子说知道。孔子走出去之后,别的学生问是什么意思。曾子回答,他老人家的学说,就是忠和恕。冯友兰认为,忠和恕的做人原则也就是仁的原则;一个人按忠恕行事为人,也就是仁的实践;忠和恕乃是人的道德生活的开始,也是它的完成。对于统治者而言,爱人的前提是知人。先秦时期"知"与"智"通,仁与智有着密切关系,"仁者安仁,知者利仁"(《论语·里仁》)。所以,樊迟在问仁后接着问智,"子曰:'知人。'樊迟未达。子曰:'举直错诸枉,能使枉者直。'樊迟退,见子夏。曰:'乡也吾见于夫子而问知。子曰,举直错诸枉,能使枉者直,何谓也?'子夏曰:'富哉言乎! 舜有天下,选于众,举皋陶,不仁者远矣。汤有天下,选于众,举伊尹,不仁者远矣。'"(《论语·颜渊》)意思是,孔子回答樊迟,智就是要了解人、认识人。樊迟不明白。孔子解释,把正直的人选拔出来,使其位置在邪曲的人之上,就能使邪曲的人改正过来。樊迟退了出来,遇到子夏说,刚才我见了老师,问他什么是智慧。老师说把正直的人选拔出来,使其位置在邪曲的人之上,就能使邪曲的人改正过来,这是什么意思? 子夏说道,这话的含义是多么丰富啊! 舜有了天下,从众人中把皋陶选拔出来做掌管刑狱的大臣,不仁的人就存在不下去了。汤有了天下,从众人中把伊尹选拔出来当阿衡,相当于后世的宰相,不仁的人就存在不下去了。孔子所谓的知人,就是知人善任,选拔那些具有仁德的人来帮助管理国家、感化百姓,而不是选拔那些不仁的人来管理国家。《论语·尧曰》记载周武王在分封时说:"虽有周亲,不如仁人。"表明在治理国家的范围内,亲戚和家庭成员比不上有仁德的人。治国必须选贤任能,如果亲与贤能够统一,内举不避亲是可以的,但只能作为个案对待,从价值导向和治国方略选择而言,一定要坚持任人唯贤,绝不能任人唯亲。

在孔子看来,仁自身集聚着巨大的正面能量,包含了所有的优秀品德。如果仁自身没有丰富的内涵,那就不可能树立起爱人的光辉形象。这说明个人修身养性和追求仁的境界,既是一个长期的过程,又是一种艰难困苦的努力,"子张问仁于孔子。孔子曰:'能行五者于天下,为仁矣。'请问之。曰:'恭,宽,信,敏,惠。恭则不侮,宽则得众,信则人任焉,敏则有功,惠则足以使人。'"(《论语·阳货》)《论语》还说:"仁者必有勇。""择不处仁,焉得知?"这些都说明孔子之仁是一切优秀道德品质的集合体,囊括了恭、宽、信、敏、惠、勇、智众多品德。孔子还把仁与礼联系在一起,认为仁是礼的内容,礼是仁的形式。"颜渊问仁。子曰:'克己复礼为仁。一日克己复礼,天下归仁焉。为仁由己,而由人乎哉?'颜渊曰:'请问其目。'子曰:'非礼勿视,非礼勿听,非礼勿言,非礼勿动。'颜渊曰:'回虽不敏,请事斯语矣!'"(《论语·颜渊》)朱熹把"己"解释为人欲,克己也就是克制人的欲望。人从动物界进化而来,不可能没有欲望;人又是社会中的人,不能不对欲望有所节制,所以要接受代表秩序和稳定的礼的规范。只有知礼守礼,人才能约束和克制自己,才能将外在的礼制转化为内在的道德自律。这段话是说,能够克己复礼,遵守礼的规范,按照礼的规定去爱人,就是一个有仁德的人。而一个有仁德的人,行为必须符合礼制、礼仪,否则,就没有达到尽善尽美,"知及之,仁能守之,庄以莅之,动之不以礼,未善也"(《论语·卫灵公》)。意思是,聪明才智足以得到它,仁德可以保持它,用庄重的态度以临其民,指使百姓时却不符合礼的要求,那也是不好的。

二、以仁论人

仁作为伦理道德准则,是品人鉴事的基本依据。孔子不但全面阐述了仁的丰富内涵，而且经常运用仁这一范畴对人对事品评甄别。研读《论语》，细细体味孔子及其弟子运用仁进行评论的情况，有助于加深对仁的理解。

首先，孔子似乎不轻许人以仁。仁集中了人生所有的优秀品德，是人生的最高境界，每个人可以学习仁、践行仁，努力趋近于仁的境界，却很难到达仁的峰巅。孔子及其弟子可以赞誉人，肯定人的优秀品质，而很少冠以仁的荣誉。在孔子看来，仁不能等同于才能和本领。有一次，孔子与孟武伯谈论评价其弟子子路、冉求和公西赤，尽管孔子认为其弟子都具有一定的才能，却没有给予仁的赞誉。"孟武伯问子路仁乎？子曰：'不知也。'又问。子曰：'由也，千乘之国，可使治其赋也。不知其仁也。'"（《论语·公冶长》）孟武伯是鲁国大夫孟懿子的儿子，孟懿子临死前让孟武伯师从孔子。这段话的意思是，孟武伯问孔子，子路这个人是否达到了仁的境界。孔子回答，不知道。孟武伯又问一遍。孔子说，子路这个人啊，一个具有千辆兵车的国家，可以让他负责兵役等军政工作。至于他是否有仁德，我不知道。这说明子路具备管理一个诸侯之国的本领，其个人品德则没有达到仁者的要求。"'求也何如？'子曰：'求也，千室之邑，百乘之家，可使为之宰也。不知其仁也。'"（《论语·公冶长》）意思是，冉求是否是个仁者？孔子回答，求这个人啊，一个千户人家的私邑，一个具有百辆兵车的大夫之家，可以让他当总管。至于他有没有仁德，我不知道。这说明冉求具备管理一个大夫之家的本领，还没有达到仁者的要求。"'赤也何如？'子曰：'赤也，束带立于朝，可使与宾客言也。不知其仁也。'"（《论语·公冶长》）意思是，公西赤是否是个仁者？孔子回答，赤这个人啊，穿着礼服，立于朝廷之上，可以叫他应对宾客，负责外事。至于他有没有仁德，我不知道。这说明公西赤具有外交才干，也没有达到仁者的要求。从对子路、冉求、公西赤的评价可以看出，孔子把才能与仁德是分开的，子路他们都有一定的才能，但有才能不一定有仁德。当然，作为孔子的弟子，他们自身的道德素养总体上应该是比较高的，肯定不是一个不仁的人，却不能由此确认他们的道德品行达到了仁的境界。仁与不仁不是非黑即白的关系，两者之间有着广阔的空间，也可能是灰色区域，我们不能采取非此即彼的思维方法进行评论。仁是一个需要长期修养的过程，在这一过程中，一个人可能具备了某些优秀品质，却未必达到了仁的境界，"有德者必有言，有言者不必有德；仁者必有勇，勇者不必有仁"（《论语·宪问》）。意思是，有道德的人必定有好言辞，但有好言辞的人未必有道德；有仁德的人必定勇敢，但勇敢的人未必有仁德。

在孔子看来，仁不能等同于某一方面的品德。孔子与弟子谈论评价楚国宰相子文和齐国大夫陈文子，尽管孔子认为两人分别具有忠和清的品德，也没有给予仁的赞誉。"子张问曰：'令尹子文三仕为令尹，无喜色；三已之，无愠色。旧令尹之政，必以告新令尹。何如？'子曰：'忠矣。'曰：'仁矣乎？'曰：'未知。焉得仁？'"（《论语·公冶长》）子张问孔子，楚国的子文三次做令尹即宰相，不显露喜色；三次被罢官，不显露愠色。每次卸任时，一定将自己这位前任令尹的政务全部告诉接任的人。这个人应该怎样评价？孔子回答，令尹子文可以算得上忠了。子张追问，够得上仁吗？孔子回答，不知道，从哪里看得出他的仁呢？这说明忠不等于仁，楚国的子文具备忠的品质，却没有达到仁者的要求。子张又问，"崔子弑齐君，陈文子有马十乘，弃而违之。至于他邦，则曰：犹吾大夫崔子也。违之。之一邦，则又曰：犹吾大夫崔子也。违之。何如？"（《论语·公冶长》）意思是，齐国大夫崔杼杀了齐国国君，大夫陈文子有四十匹马，都舍弃不要，离开齐国。到了别的国家，陈文子说，这里的执政者跟崔杼差不多。又离开这个国家，到另一个国家，陈文子又说，这里的执政者还是和崔杼差不多。于是又离开这个国家。这个人应该怎样评价？"子曰：'清矣。'曰：'仁矣乎？'曰：'未知。焉得仁？'"这说明清不等于仁，齐国的陈文子具备清高、清正的品质,也没有达到仁者的要求。由此可见,孔子把仁与忠、清等优秀品德区分开来,忠和清虽然都是优秀品德,属于仁的范围,却不能与仁划等号。仁是优秀品德集合的概念,忠、清是优秀品德的概念,集合概念不是单一因素的简单相加,单一概念绝不能等同于集合概念。

在孔子看来,仁不能等同于仪表和修身养性,这可从曾子和子游评价他们的同学子张时得到理解。曾子说:"堂堂乎张也,难与并为仁矣。"(《论语·子张》)意思是,子张这个人在仪容上已是十分讲究了,可惜我们还是难于和他一同进入仁的境界。这一评价说明仁德与仪容是分开的,仪容庄严大方,是一种良好的外在形态,却不一定能达到仁的境界。子游说:"吾友张也,为难能也。然而未仁。"(《论语·子张》)意思是,我的同学子张,是很难能可贵的,然而还没有达到仁的境界。这一评价说明仁德与自身修养的程度也是分开的。虽然仁的境界必须通过自身修养才能达到,但通过自身修养未必都能达到仁的境界。对于修身养性与仁的关系,还可从孔子对颜回的评价得到佐证。颜回是孔子最得意、最喜欢的弟子,孔子多次高度评价颜回,但以仁为标准评价颜回,他却相当克制,"子曰:'回也,其心三月不违仁;其余则日月至焉而已矣。'"(《论语·雍也》)"三月"与"日月"相对,不是实指三月,而是长期的意思。钱穆注解:"违,言其由此地道彼地去;至,言由彼来此。如人在屋,间有出时,是违。如屋外人,间一来人,是至。不违,是居仁。至焉,是欲仁也。颜渊已能以仁为安宅,余人则欲仁而屡至。日月至,谓一日来至,一月来至。所异在尚不能安。"①

同时,孔子还是给一些人以仁的赞誉。虽然孔子以仁论人很严格,甚至到了苛刻的程度,以至于给人感觉好像仁的境界似乎是可望而不可即的。但是,孔子毕竟是个现实主义者,他倡导积极入世,就要让仁的最高道德理想能够在现实世界中落地生根,以激励和鞭策更多

---

① 陆学艺、王处辉主编:《中国社会思想史资料选辑》(先秦卷),广西人民出版社2005年版,第148页。

的人追求仁的境界和目标。在孔子看来，殷商时代有三位仁者，"微子去之，箕子为之奴，比干谏而死。孔子曰：'殷有三仁焉。'"（《论语·微子》）微子，是殷纣王的庶兄，纣王昏昧荒淫，微子屡次进谏不听，便离国而去。箕子，是纣王的叔父，也屡谏不听，这时有人劝箕子离国而去，箕子认为，做臣子的人，谏君不听就离去，这是显露国君过失而自己取悦百姓的行为，他不能这样做。于是，他就披头散发，装作狂人，希望以此感悟纣王，结果被纣王囚禁为奴。比干，也是纣王的叔父。他见箕子被囚为奴，就说国君有了过失，做臣子的应以死谏争；百姓何罪，而受国君的暴政呢？于是向纣王进言说，先王艰难，天命不易，国家将亡之明证，请纣王洗心易行。纣王大怒，杀了比干，还挖出他的心来看。孔子认为，微子、箕子、比干称得上是仁人。然而，令人不解的是，三个人对待纣王的态度虽然都希望他洗心革面、改恶从善，而具体做法是有很大差别的，微子离国而去，箕子佯狂为奴，比干为谏而死，且三人中的后者对于前者所为都是不满意的，孔子却都给予了仁的评价。

在孔子看来，管仲是一位仁者。孔子评价管仲显然有着矛盾心理，一方面，孔子认为，管仲在宽厚、节俭和礼仪方面都有缺点，甚至认为管仲不知礼，"子曰：'管仲之器小哉！'或曰：'管仲俭乎？'曰：'管氏有三归，官事不摄，焉得俭？''然则管仲知礼乎？'曰：'邦君树塞门，管氏亦树塞门；邦君为两君之好，有反坫，管氏亦有反坫。管氏而知礼，孰不知礼？'"（《论语·八佾》）意思是，孔子说，管仲的气度小得很啊！有人便问，管仲的生活不是很俭朴吗？孔子说，管仲有三处家室，手下管事的人从不兼职，一人只管一事，这哪里是俭朴呢？有人又问，管仲知礼吗？孔子说，国君宫殿门前立了一个照壁，管仲家也立了一个照壁；国君设宴招待他国君主，在堂上两楹间设有放置酒杯的土台，管仲家里也有这样的土台。如果说管仲知礼，那还有谁不知礼呢？另一方面，孔子在《论语·宪问》中有两处肯定管仲是个仁者，一处是，"子路

曰:'桓公杀公子纠,召忽死之,管仲不死。'曰:'未仁乎?'子曰:'桓公
九合诸侯,不以兵车,管仲之力也。如其仁! 如其仁!'"意思是,子路
对孔子说,齐桓公杀了他同父异母的哥哥公子纠,公子纠的一个师傅
召忽因此自杀;另一个师傅管仲却不肯自杀殉主,后来还做了齐桓公
的宰相。管仲这样的人不能算仁人吧? 孔子回答,齐桓公多次召集诸
侯结盟,不用武力,靠的都是管仲的能力,这就是管仲的仁! 这就是管
仲的仁! 另一处是,"子贡曰:'管仲非仁者与? 桓公杀公子纠,不能
死,又相之。'子曰:'管仲相桓公,霸诸侯,一匡天下,民到于今受其赐。
微管仲,吾其被发左衽矣! 岂若匹夫匹妇之为谅也,自经于沟渎而莫
之知也。'"子贡也认为管仲不算仁者。孔子不同意子贡的观点,认为
管仲辅佐齐桓公,称霸诸侯,匡正天下,人们到今天还受着他的恩惠。
假如没有管仲,我们都会披头散发、衣襟左开,沦为异族了。难道都要
像普通老百姓一般守着小信义,在田沟中上吊自杀却无人知晓才
对吗?

分析"殷有三仁"和对管仲的评价,孔子以仁论人是从大处着眼
的,而不是从小处着眼的。所谓大处,就是孔子的人本思想,只要在动
机上或结局上有利于老百姓,即使个人品德有不尽完美的地方,也应
给予较高的评价。微子、箕子、比干在动机上都是要为老百姓谋福祉,
管仲则在结局上使得春秋社会得到了暂时的安宁,老百姓得到了福
祉,他们可以算得上仁者。所谓小处,就是个人的修养,管仲虽然不够
俭朴、不够知礼,但他匡正天下的举动是符合仁的。这符合孔子一贯
的思想,"君子贞而不谅"。意思是,君子讲大节而不拘泥于小信。子
夏也说:"大德不踰闲,小德出入可也。"(《论语·子张》)即人的德行,
在大节上不可越出规矩,在小节上有点出入是可以的。因此,孔子对
管仲看似前后矛盾的评价,实际上体现了对普通民众的关注和对社会
秩序的维护,充满了人道精神、人文关怀和人性光辉。孔子关于仁的
思想与实践发生在两千多年前,是多么的难能可贵! 孔子关于仁的思

想与实践,是个人修身养性的崇高境界,虽然难以达到,却值得每个人
终身去追求和全身心地投入。

三、践仁方法

　　研读仁这一范畴,是为了实践仁的理想。孔子关于仁的思想虽然
非常精深,却平实而不玄虚,具有很强的实践性特征。孔子自己就是
践行仁的典范,"厩焚。子退朝,曰:'伤人乎?'不问马"(《论语·乡
党》)。周朝居民分为十等,"王臣公、公臣大夫、大夫臣士、士臣皂、皂
臣舆、舆臣隶、隶臣僚、僚臣台。马有圉、牛有牧"(《左传·昭公七年》)。
自皂至台,是各级奴隶,马夫牛牧不列等,比台更贱。与马夫牛牧相
比,当时的马是宝贵财富,是衡量一个国家实力大小的重要标志。马
棚失火,孔子却问"伤人乎"而"不问马",能够给予马夫牛牧等底层民
众真正的关爱,充分体现了民本思想和天地之性人为贵的理念。这是
中国文化史的一件大事,即孔子打破了人与人之间不合理的界限,承
认只要是人,只要是同类,便是平等的理念。同时,孔子感叹,仁人太
少了,实践仁的人太少了,"我未见好仁者、恶不仁者。好仁者,无以尚
之;恶不仁者,其为仁矣,不使不仁者加乎其身。有能一日用其力于仁
矣乎? 我未见力不足者。盖有之矣,我未之见也"(《论语·里仁》)。意
思是,我不曾见到真正喜爱仁的人和真正厌恶不仁的人。真正喜爱仁
的人,没有什么能让他超过对仁的喜爱;真正厌恶不仁的人,他对待
仁,只是不让不仁的东西加在自己身上。有谁能真正花一天时间把力
量用在仁上呢? 我没有见过力量不够的人,或许有这样的人,但我从
未见过。一方面,强调"为仁由己",践仁易行;另一方面,又说践仁的
人太少,达到仁的境界很困难,孔子的观点看似矛盾,实质为了让人们
的注意力凝聚于仁,在不断的、永无止境的现实人生追求之中找到具
有终极意义的精神家园。

　　修身是践仁的根本方法，《大学》指出："自天子以至于庶人，壹是皆以修身为本。"那么，如何认识修身呢？孔子认为，从人生分析，修身是一辈子的事情，"子曰：'吾十有五而志于学，三十而立，四十而不惑，五十而知天命，六十而耳顺，七十而从心所欲，不逾矩。'"（《论语·为政》）从内容分析，修身包含自我修养、参与社会和关心天下的全部内容，"子路问君子。子曰：'修己以敬。'曰：'如斯而已乎？'曰：'修己以安人。'曰：'如斯而已乎？'曰：'修己以安百姓。'"（《论语·宪问》）从内圣与外王的关系分析，修身是枢纽，既是内圣的结果，又是外王的基础和前提，"古之欲明明德于天下者，先治其国；欲治其国者，先齐其家；欲齐其家者，先修其身；欲修其身者，先正其心；欲正其心者，先诚其意；欲诚其意者，先致其知，致知在格物"（《大学》）。认识修身是为了更好地践仁，践仁是修身的核心内容，这种出自内心的自由选择和反省的自觉行为，可以突破人生的生理局限，造就人生的丰功伟业和无限风光。

　　在孔子看来，践仁要有仁心，这就是思想是行动的先导，动机对效果有着重要影响。虽然通过个人修养臻于仁的境界很困难，但有仁爱的内心，做人做事从仁的动机出发，却是容易做到的。在《论语》中，孔子反复强调这一观点，"为仁由己，而由人乎哉？"（《论语·颜渊》）意思是，要做到仁全靠自己，哪能靠别人帮助呢？由此可知，实践仁的要求，主要靠自身的努力。孔子还指出，为仁之方法，主要在内心好仁而恶不仁。只要内心向仁，就会努力去实践仁，仁离我们就很近了，而不会出现用力不足的问题，"仁远乎哉？我欲仁，斯仁至矣"（《论语·述而》）。孔子认为，一个人内心向仁，不仅能得到仁，而且能够以仁来约束自己的行为，保持内心的平静。子张问孔子如何从政，孔子回答是尊五美，屏四恶。"子张问曰：'何谓五美？'子曰：'君子惠而不费，劳而不怨，欲而不贪，泰而不骄，威而不猛。'"（《论语·尧曰》）其中一美就和仁有关系，"欲仁而得仁，又焉贪？"（《论语·尧曰》）意思是，为官从政者内心想要仁德就能得到仁德,那他还会有什么贪欲呢?孔子认为,一个人只要内心有仁,即使为达到仁的境界而献出生命,那他也不会有任何怨言的。"冉有曰:'夫子为卫君乎?'子贡曰:'诺。吾将问之。'入,曰:'伯夷、叔齐何人也?'曰:'古之贤人也。'曰:'怨乎?'曰:'求仁而得仁,又何怨!'出,曰:'夫子不为也。'"(《论语·述而》)卫国国君卫出公与其父争夺君位,这与商朝末年孤竹君之子伯夷、叔齐互相让位形成鲜明对照,而伯夷、叔齐最后因"不食周粟"饿死首阳山。这段话就是对争位与让位这两件事进行评价,其中涉及对仁的理解。意思是,冉有问:老师会赞成卫君吗?子贡说,我去问问吧。子贡进入孔子的房间问道:伯夷、叔齐是怎么样的人?孔子回答:是古时候的贤人。子贡又问:他们相互让位而饿死,内心会有怨恨吗?孔子回答,他们追求仁,并得到了仁,又有什么怨恨呢?子贡出来对冉有说,老师不赞成卫君。

在孔子看来,仁不是单一的品质,这就要全面实践仁的丰富内容。孔子认为,要通过好学来实践仁的理念。有一次,孔子问子路:"由也,女闻六言六蔽矣乎?"仲由啊,你知道六种品德可能带来的六种流蔽吗?然后给予解释,其中一言一蔽为"好仁不好学,其蔽也愚"(《论语·阳货》)。孔子强调仁就在好学之中,好学就是仁的表现,"博学而笃志,切问而近思,仁在其中矣"(《论语·子张》)。意思是,广泛地学习,坚守着志向,恳切地发问,联系当前问题进行思考,仁德就在这里面了。好学很广泛,就包括仁的内容,"志于道,据于德,依于仁,游于艺"(《论语·述而》)。孔子认为,要通过朋友帮助来实践仁的理念,"君子以文会友,以友辅仁"(《论语·颜渊》)。孔子特别强调要侍奉大夫中的贤人,结交读书人中的仁人,"子贡问为仁。子曰:'工欲善其事,必先利其器。居是邦也,事其大夫之贤者,友其士之仁者。'"(《论语·卫灵公》)孔子认为,要通过其他优秀品质来实践仁的理念,"知及之,仁不能守之,虽得之,必失之。知及之,仁能守之,不庄以莅之,则民不敬。知及之,仁能守之,庄以莅之,动之不以礼,未善也"(《论语·卫灵公》)。意思是,一个人的聪明才智足以得到一个官职,但如果没有仁德,就不能守住它,即使得到了,也必定会失去。聪明才智足以得到它,有仁德可以守住它,但如果不以严肃的态度来对待它,民众也不会敬服于你。聪明才智足以得到它,有仁德可以守住它,也有严肃的态度,但如果不按照礼节来行动,也是不完善的。这段话表明,仁与智、礼等优秀品质是相辅相成的,只有相互配合,才能达到仁的境界。全面实践仁的理念,体现了孔子对人的社会性的认识,以及与个人修养之间的相互联系、相互促进作用,为现实生活中如何实现人的全面发展提供了实践途径,其中每一种品质及其实践都有着丰富的内涵,需要付出不懈的努力。

在孔子看来,实践仁的理念是一个长期的过程,这就要求人们终身努力和不断追求仁的理念。孔子虽然被后人尊为圣人和仁者,但他多次表白自己不是一个圣人和仁者,还没有达到仁的境界,"若圣与仁,则吾岂敢? 抑为之不厌,诲人不倦,则可谓云尔已矣"(《论语·述而》)。这固然有谦虚的成分,也从另一方面反映实践仁的理念不易,达到仁的境界更不易。尽管如此,孔子还是要求人们要坚定不移、坚忍不拔地去追求仁、实践仁。他把践仁看成是修身齐家治国平天下的基础,"子曰:'好学近乎知,力行近乎仁,知耻近乎勇。知斯三者,则知所以修身;知所以修身,则知所以治人;知所以治人,则知所以治天下国家矣。'"(《中庸》)孔子要求为了仁,可以抗争一切权威,包括自己的老师,"当仁不让于师"。大家知道儒家文化是非常尊师重教的,能够说出这样的观点,是多么不容易啊! 我们会由此情不自禁地想起古希腊哲人亚里士多德的一句话:"我爱我师,但我更爱真理。""轴心时代"的两位东西方哲人的心是相通的,两句话实在有异曲同工之妙。孔子要求为了仁,可以付出一生的努力,"士不可以不弘毅,任重而道远。仁以为己任,不亦重乎? 死而后已,不亦远乎?"(《论语·泰伯》)孔子还要求为了仁,可以献出自己的一切,包括生命,"志士仁人,无求生以害仁,有杀身以成仁"(《论语·卫灵公》)。意思是,有志向的读书人和有仁德的人,不因贪生怕死而损害仁德,敢于献出生命以成就仁德。读着孔子的这些话语,真给人一种苍凉悲壮的感觉。同时,一股浩然之气油然而生,在胸中激荡澎湃,这就是每个人都必须内心向仁、终身践仁,力争成为一名仁者。

据史书记载,有人问岳飞的用兵之术,岳飞回答:"仁、智、信、勇、严,阙一不可。"仁在军事中也有作用,而且居宋朝名将岳飞用兵之首,可见在历史上影响之大。千百年来,孔子之仁一直是社会倡导的价值标准,也是中华民族道德的精神支柱,召唤着无数英雄为理想信念和国家民族而生命不息,奋斗不已。在封建社会,仁限制了专制暴政,促进着君王推行仁政。从刘邦建立汉朝推行轻徭薄赋政策,到唐初李世民认为国以民为本,民以食为天,"今省徭薄赋,不夺其时,使比屋之人,恣其耕稼,则其富有矣"(《贞观政要·论务农》),再到康乾盛世"滋生人丁、永不加赋",历史上多少有为君王用仁克制自己的权力和私欲,实践着以仁为核心的王道政治。中国历史分分合合,无论是在大一统时期,还是在内乱分裂时期,仁都是各民族的精神目标和信仰依托。从北魏拓跋宏迁都洛阳,到蒙古人入主中原,再到满人破关南下,历史上多少睿智的少数民族统治者都没有放弃孔子之仁,而把仁作为一种至高无上的道德准则来协调社会,重建社会秩序,维护社会稳定,传承着以仁为核心的伦理规范。每当中华民族陷入分裂或遭遇外敌入侵的时期,仁更是光耀天穹、照亮神州。从孟子的"富贵不能淫,贫贱不能移,威武不能屈",到程颢的"学者先须识仁。仁者浑然与物同体。义、礼、智、信皆仁也";从范仲淹的"先天下之忧而忧,后天下之乐而乐",到于谦的"粉骨碎身全不怕,只留得清白在人间";从岳飞的《满江红》到文天祥的《正气歌》,历史上多少志士仁人历经磨难、痴心不改,杀身成仁、舍生取义,弘扬着以仁为核心的民族精神。正是孔子之仁,塑造了中华民族的灵魂,维系了中华民族的团结统一,促进了中华民族的绵远流长。作为中国人,应当感恩孔子,感恩孔子之仁!

第十一章 义：循理而行

义是儒家重要的思想范畴，是含义广泛的道德概念，在中国伦理思想史上有着重要地位，管子倡导"礼义廉耻，国之四维"，儒家倡导"仁义礼智信"，环绕义的概念作了交集。义的概念，既是中国传统社会价值体系的重要组成部分，也是当今社会价值体系不可或缺的组成部分。尤其在社会民间，义的运用更是大行其道，它是政治统治、社会运行和个人行为的基本准则，这叫道义；它是社会交往、经济交易和人与人交流的主要凭据，这叫信义；它是亲属、朋友乃至于人与人之间的互相牵挂、互相照应、互相提携和互相关心的形态描述，这叫情义；它是人在社会关系之网中行为、言语、穿着和容貌得体的重要表现，这叫礼义；它是有胆略、讲义气，愿意见义勇为、舍己为人，敢于锄强扶弱、惩恶扬善的人物特写，乃至有些不分青红皂白而两肋插刀的江湖习气，这叫侠义。可以说，人生的整个过程和社会的方方面面都与义的概念有着千丝万缕的联系，义是伦理道德评价中使用频率最高的一个概念。人们对人物和事件进行评价时，义与不义是最常用的表述。一个人有道德、讲信誉、重操守，被称为有义之人，否则就是不义之人；一件事合乎常识、通于情理、不悖礼法，被称为有义之事，否则就是不义之事。

"义"的繁体字为"義"，《说文解字》注释为"己之威仪也。从我从羊"。学界一般都认同"义"的本源为"仪"，意指凭借一己之力显现于外的气象和容貌，具有道德性质和功能。"从我"，是指"威仪出于己"。有的学者解释:"此处的'羊'是那种头上有盘曲大角,常常为捍卫领导权和交配优先权而殊死相牴的公羊;'我',是古代一种长柄的兵器,形制美观,但不适宜搏斗,讨伐敌对者时常用来作为军队的标志。因此,'义'的本意原指'头羊'为捍卫自我或群体权力而实施的搏斗,也指搏斗前摆出的威仪。"[1]"从羊",是"与善美同意",可解释为"羊的性格温顺和善,食草而不与人争食,更不会伤害人类。羊之奉献,肉可食、皮可衣,既可果腹又能保暖。因此,古人从实用功利出发,把羊视作大吉大利的吉祥征兆"[2]。"义"的另一个解释是"义者宜也",后世大多从"宜"的角度理解义,意指公正、恰当、适宜的道德及其行为。依据哲学思辨,所谓宜,是指义的实践性品格,内含灵活变通的旨趣,具有广泛的适用性。管子认为,义有七体:"孝弟慈惠,以养亲戚;恭敬忠信,以事君上;中正比宜,以行礼节;整齐撙诎,以辟刑戮;纤啬省用,以备饥馑;敦蒙纯固,以备祸乱;和协辑睦,以备寇戎。凡此七者,义之体也。"(《管子·五辅》)意思是,用孝悌慈忠来奉养亲属;用恭敬忠信来事奉君王;用公正友爱来推行礼节;用端正克制来避免犯罪;用节约省俭来防备饥荒;用敦厚朴实来戒备祸乱;用和谐协调来防止敌寇。这七个方面,都是义的实体。因此,义是形上与形下的统一体,既具有主体性又具有实践性,作为形上的道德价值,是必须遵守的主体品格;义下沉到现实层面,作为形下的道德行为,就要具体情况具体分析,因时因地因事制宜地进行实践,诚如荀子所言"仁者爱人,义者循理"(《荀子·议兵》)。循理而行,就是宜,这是义的真谛所在。只有认识了宜的旨趣,才能真正认识义的概念。

---

[1]　唐汉:《图说字源》,红旗出版社2015年版,第819页。

[2]　唐汉:《图说字源》,红旗出版社2015年版,第3页。

一、先秦之义

"义"字在甲骨文中已经出现,起源于古代的祭祀活动,后来发展成为社会的道德规范和人们的行为准则。卜辞"義"具有地名和祭祀场所的意思,在商周时期,既象征着威仪,又内含着价值和道德原则。春秋战国时期,诸子百家都对义作出了自己的解读。在儒家谱系中,孔子首先提出义的概念,《论语》多次运用义的概念。孔子之义涉及政治、社会、军事、宗教、礼乐、利益和个体修养等诸多领域,呈现出惊人的包容性,其基本内容却落脚在个人的伦理道德范围,构成为君子人格的本质规定,"君子义以为质"。意思是,君子以义作为立身处世的根本。郑玄注云:"义以为质谓操行。"

孔子之后,儒分为八,主要派别区分于孟子与荀子。孟子重仁,荀子隆礼,都言不离义;孟子言必曰"仁义",荀子语必称"礼义"。义是孟子思想的核心概念之一,在《孟子》一书中出现了 108 次。孟子将义由一个外在的道德规范内化为人性善的规定,进而提升到与仁并列的高度,"恻隐之心,仁也;羞恶之心,义也;恭敬之心,礼也;是非之心,智也。仁义礼智非由外铄我也,我固有之也"(《孟子·告子上》)。如果说孔子思想侧重于仁,那么,孟子思想则是仁义并重。正是仁义并重的思想,使得孟子不仅继承了孔子衣钵,而且发展了儒家学说,在儒学史上奠定了亚圣地位。程颐认为:"孟子有功于圣门,不可胜言。仲尼只说一个仁字,孟子开口便说仁义。仲尼只说一个志,孟子便说出许多养气出来。只此二字,其功甚多。"(《四书章句集注·孟子集注》)

义在荀子思想中也有重要地位。荀子把义看作人之为人的本质规定,是人区别于自然界和动物界的重要标志,也是人定胜天的主要依据,"水火有气而无生,草木有生而无知,禽兽有知而无义,人有气、有生、有知,亦且有义,故为天下贵也。力不若牛,走不若马,而牛马为用,何也？曰:人能群,彼不能群也。人何以能群也？曰:分。分何以能行？曰:义。故义以分则和,和则一,一则多力,多力则强,强则胜物,故宫室可得而居也。故序四时,裁万物,兼利天下,无他故焉,得之分义也"(《荀子·王制》)。同时,荀子把义看作是王道的标志和君子治世的标准,"天地者,生之始也;礼义者,治之始也;君子者,礼义之始也"(《荀子·王制》)。与孟子不同的是,荀子讲性恶,认为义不是天生的,也不是人性固有的,而是圣人"生礼义"。对于一般人而言,义是后天学习改造获得的品质,"枸木将待檃栝蒸矫然后直,钝金必将待砻厉然后利,今人之性恶,必将待师法然后正,得礼义然后治"(《荀子·性恶》)。意思是,弯曲的木头,一定要通过工具的矫正加热才能挺直;不锋利的金属器具,一定要通过打磨才能锋利;人恶的本性,一定要通过法治才能纠正,学习礼义才能治平天下。

儒家典籍经常使用义的概念,突出的表现是《左传》。《左传》是一部史书,义的概念出现了112次,分布在全书78段文字中,这些段落大部分与人物、事件和德行相联系,成为贯穿于事件整体的精神与灵魂。最为著名的是"郑伯克段于鄢"篇章,郑伯即郑庄公,段即郑伯之弟共叔段。在这一篇章中,两用"义"字,"多行不义必自毙";"不义不昵,厚将崩"。这虽然是郑庄公斥责共叔段的话语,却书写了郑庄公有意纵容共叔段之恶,待其恶行昭彰于世人后兴兵除之的历史事实,形成了以不义杀人的经典案例;同时指明了郑庄公包藏祸心,故意养段之不义,又诛之以不义。在《左传》中,义还是一种具体品德,有时指君德,"君义臣行";有时指父母之德,"父义母慈""母义子爱";有时指丈夫的品德,"夫和而义,妻柔而正"。由此可见,义的概念在春秋战国时期已经具有丰富的内容,得到了广泛的运用。

义是先秦思想家普遍使用的概念。墨家十分看重义的概念,《墨子》一书有《贵义》篇。墨子认为,义比生命还贵重,"万事莫贵于义,今谓人曰:'予子冠履而断子手足,子为乎?'必不为,何故？则冠履不若手足之贵也。又曰:'予子天下而杀子之身,子为乎?'必不为,何故?则天下不若身之贵也。争一言以相杀,是贵义于其身也。故曰:'万事莫贵于义也。'"墨子之义围绕"兼相爱、交相利",有时指政治,"义者,政也"(《墨子·天志上》);而且是指好的政治,"义者,善政也。何以知义之为善政也?曰:天下有义则治,无义则乱,是以知义之为善政也"(《墨子·天志上》)。有时指利益,"义,利也"(《墨子·经说下》)。在墨子看来,利不是私利、利己,而是利人、利天下,"仁人之事者,务必兴天下之利,除天下之害"(《墨子·兼爱中》)。"天下之害"是指"国之与国之相攻,家之与家之相篡,人之与人之相贼,君臣不惠忠,父子不慈孝,兄弟不和调"(《墨子·兼爱中》)。义就是要消除这些天下之害,进而达到利他人、治天下的目的。由于墨子以利界定义,具有鲜明的功利色彩,"利人者,人亦从而利之"(《墨子·兼爱中》)。这就和儒家之义拉开了距离,有了很大差别。义固然有功利的内容,但作为社会道德力量和人的价值准则,又具有超功利的特征。一个社会如果过于强调义的功利性,就容易失去完整健全的价值追求,甚至导致人本身的工具化,使人与人之间不可避免地出现矛盾和冲突。儒家强调义的价值性,把义本身看成是目的,看成为社会和人生的基本规范,使义超越功利而升华到人性的高度,从而胜过诸子百家之义,在历史长河中占据主导地位,在社会伦理道德领域发挥着引领作用。

　　法家强调术、势、霸,却没有忘记义的概念。韩非子认同义为宜的内容,"义者,君臣上下之事,父子贵贱之差也。知交朋友之接也,亲疏内外之分也。臣事君宜,下怀上宜,子事父宜,贱敬贵宜,知交朋友之相助也宜,亲者内而疏外宜。义者,谓其宜也,宜而为之"(《韩非子·解老》)。但韩非子完全以功利眼光看待各种社会关系,他认为君臣之间是一种利益关系,"臣尽死力以与君市,君垂爵禄以与臣市。君臣之际,非父子之亲也,计数之所出也"(《韩非子·难一》)。与此相一致,他在《备内》篇指出,医生吸吮病人的伤口,口含病人的污血,并不是出于人道的目的,而是"利所加也";车匠希望人们富贵,并不是出于博爱之心,而是"人不贵,则舆不售";棺材匠希望人死得越多越好,是因为"人不死,则棺不买",其本意并非憎恨别人,而是"利在人之死也"。韩非子撕开了人间世温情脉脉的面纱,虽然不无社会之真实,却是令人不寒而栗。法家基本否定了义的价值内涵,认为"行义"只会带来消极的后果,"行义示则主威分,慈仁听则法制毁"(《韩非子·八经》)。

道家论义,把讨论范围由社会扩大到宇宙自然界,也否定义的价值作用。老子从道法自然出发,认为仁义是人为的产物,有百害而无一益,对于天道而言,有悖自然无为的原则;对于社会而言,导致纷争不止、动乱不已;对于人自身而言,扭曲自然本性,成为追名逐利之辈,"大道废,有仁义;慧智出,有大伪;六亲不和,有孝慈;国家昏乱,有忠臣"(《老子·第十八章》)。道家对义的概念没有作过正面界定,没有提供新的认识,而是批判仁义在维系社会人心的实践中存在的弊端,主张抛弃仁义的概念及其实践,促使社会和人生返璞归真、顺应自然、崇尚自由,"绝圣弃智,民利百倍;绝仁弃义,民复孝慈;绝巧弃利,盗贼无有"(《老子·第十九章》)。

二、义的内容

先秦乱世,义的概念得以凸显,在诸子百家中形成为内涵丰富、主体多元、作用广泛的普适性观念,对社会各个方面都产生了影响。随着时间的推移和历史的演进,只有儒家之义传承下来,并在社会伦理道德领域广为流传,逐步积淀为中华民族精神的组成部分。这主要得益于孔子,他对义的概念进行了改造和升华,"君子义以为上",将义由普适性的观念改造为相对单一的伦理范畴,由整体的社会准则转变为个体的道德规范,由外在的强制约束内化为人心的主动自觉,从而成为塑造君子人格的精神力量。更重要的是,孔子提倡"隐居以求其志,行义以达其道"(《论语·季氏》),强调义的主体性和实践性,既内敛为行为主体的品格,在人们的心灵深处播种下礼义文明的基因,又外化为主体行为的品格,把义由抽象的价值准则贯穿到日常生活和个人行为之中,拓展了伦理道德实践的空间。孟子、朱熹继承了孔子的思想,在主体性与实践性相结合方面丰富和发展了义的概念,朱熹明确指出:"义者,心之制,事之宜也。"(《四书章句集注·孟子集注》)"心之制",即义的主体性品格;"事之宜",是指义的实践性品格。在儒家看来,义属于社会伦理道德范畴,既是处理人际关系的重要依据,又是个人道德修身的价值取向,更是具有现实操作性的思想概念。

1.义是人性的规定

孔子没有对人性作出判断,也没有从形而上高度探索伦理道德的来源问题,子贡说:"夫子之文章,可得而闻也。夫子之言性与天道,不可得而闻也。"(《论语·公冶长》)孔子认为:"性相近也,习相远也"(《论语·阳货》),强调后天的学习和实践对人的品性有着重要影响。在孔子看来,仁是最高的道德境界,人们可以通过后天的修养和学习实践达到仁的境界,"仁远乎哉? 我欲仁,斯仁至矣"(《论语·述而》)。孟子则认为人性本善,将义规定为"羞恶之心",与仁、礼、智共同构成人的本性,"人皆有不忍人之心者,今人乍见孺子将入于井,皆有怵惕恻隐之心,非所以内交于孺子之父母也,非所以要誉于乡党朋友也,非恶其声而然也。由是观之,无恻隐之心,非人也;无羞恶之心,非人也;无辞让之心,非人也;无是非之心,非人也。恻隐之心,仁之端也;羞恶之心,义之端也;辞让之心,礼之端也;是非之心,智之端也"(《孟子·公孙丑上》)。孟子言人性本善,虽然不无唯心倾向,却有着积极的社会意义和激励作用。这是告诉人们,所有道德行为都源自于人的本性,只要你愿意,就能够做到,而且是容易做到的事情,关键看你做不做,做是符合人性,不做是违反人性。孟子以羞恶来界定义的内容,是对孔子之义的贡献与发展。所谓羞恶之心,朱熹解释:"羞,耻己之不善也;恶,憎人之不善也。"(《四书章句集注·孟子集注》)这说明羞恶之心是一种情感意识,是一种防范错误的心理,能够促使主体控制自然欲望和负面感情,抑制那些不该做的事情。羞恶之心还与耻的观念相联系,进一步强化了人性的向善之心,"人不可以无耻,无耻之耻,无耻矣"(《孟子·尽心上》)。羞恶之心是对人的行为是否合乎善和道德作出主观判断,无论是自己不善良、不道德的行为,还是他人不善良、不道德的行为,都是不义的行为,于己要感到羞耻,于人要深恶痛绝。

同时,孟子希望人们能够把人性的善端"扩而充之",发扬光大,"凡有四端于我者,知皆扩而充之矣,若火之始然,泉之始达。苟能充之,足以保四海;苟不充之,不足以事父母"(《孟子·公孙丑上》)。意思是,凡是有这四种善的萌芽在身的人,就该懂得把它们都扩充起来,就像火开始燃烧,泉水开始流出。如果能扩充它们,就足以安抚天下;如果不能扩充它们,就连父母都侍奉不了。人性之善扩而充之,包括对己和对人的内容。对己是彰显人的本性,不断完善人格,否则就是自暴自弃,"自暴者不可与有言也,自弃者不可与有为也。言非礼义,谓之自暴也;吾身不能居仁由义,谓之自弃也"(《孟子·离娄上》)。对人则有二层含义,就一般人而言,要做大人而不要做小人,大人重视修身养性,小人关注口腹之欲,"体有贵贱,有大小,无以小害大,无以贱害贵。养其小为小人,养其大为大人"(《孟子·告子上》);就君王而言,要言义而不要言利,积极施行仁政。《孟子》开篇记载:梁惠王问孟子:"叟!不远千里而来,亦将有以利吾国乎?"孟子回答:"王!何必曰利?亦有仁义而已矣。"在人性的扩充过程中,孟子经常将义与仁联系在一起进行论述,要求推己及人,"人皆有所不忍,达之于其所忍,仁也;人皆有所不为,达之于其所为,义也。人能充无欲害人之心,而仁不可胜用也;人能充无穿踰之心,而义不可胜用也"(《孟子·尽心下》)。意思是,人人都有不忍心做的事,把这种心推及到他所忍心做的事上,就是仁;人人都有不愿意做的事,推及到他所想做的事上,就是义。人如果能够把不想害人的心扩展开来,那仁就会用之不竭;人如果能够把不挖洞、跳墙的心扩展开来,那义就会用之不竭。孟子在这段话中把仁与忍、义与为分别联系在一起,对于理解主体性与实践性的关系具有重要意义。忍字是心上一把刀,属于内在心理的表达,说明仁侧重于主体性品格;为是外在行动的写照,说明义侧重在实践性品格。一般而言,义是区别行动当为与不当为的依据,当为之事义不容辞,不当为之事坚决拒绝,孔子说:"见义不为,无勇也。"(《论语·为政》)

2.义是君子的人格

君子是儒家塑造的理想人格,侯外庐认为:"孔子在道德思想方面把西周的观念拉到了人类的心理上来讲,更具体地说来,拉到君子的规范上规定起来。"①义在君子人格中有着重要地位和作用。在孔子看来,义是君子的本质规定,"君子义以为质,礼以行之,孙以出之,信以成之。君子哉!"(《论语·卫灵公》)程颐认为:"义以为质,如质干然,礼行此,孙出此,信成此。此四句只是一事,以义为本。"(《四书章句集注·论语集注》)这说明一个真正的君子,是优秀道德品质的集合体,其中义是根本,表现在外面的行为是礼,有高度的文化修养;然后是态度,非常谦逊,不自满,不骄傲;最后是诚信,对人对事,处之有信,言而有信,自信而信他人。在孔子看来,义是区分君子与小人的标准。如果说君子是孔子崇尚的人格,那么,小人则是孔子反对的人格,"近之则不孙,远之则怨"(《论语·阳货》)。《论语》经常比较君子与小人的差别,最大的差别与义有关,这就是"君子喻于义,小人喻于利"。孔子

---

① 张岂之主编:《侯外庐著作与思想研究》(第9卷),长春出版社2016年版,第151页。

认为,义与君子应当相伴终生,君子只做符合义的事情,不做悖义之事,"君子之于天下也,无适也,无莫也,义之与比"(《论语·里仁》)。勇在孔子思想中具有很重要的地位,他甚至把勇与仁、智并列作为君子的标准,"君子道者三,我无能焉:仁者不忧,知者不惑,勇者不惧"(《论语·宪问》)。但是,在孔子看来,义比勇更重要,义为勇的灵魂,勇需要义来规范。当子路问孔子,君子崇尚勇敢吗?孔子回答:"君子义以为上。君子有勇而无义为乱,小人有勇而无义为盗。"(《论语·阳货》)意思是,君子认为义是最重要的。如果君子有勇而无义,就会犯上作乱。如果小人有勇而无义,就会成为盗贼。

在中国传统社会,为官从政大概是君子实现理想抱负和人生价值的主要途径。"学而优则仕",孔子鼓励君子为官从政,承担社会责任,努力为大众服务。《论语》记载,孔子周游列国时,遇到一个隐者讥笑他"四体不勤,五谷不分",不但不恼,还让子路告诉隐者,"不仕无义,长幼之节,不可废也;君臣之义,如之何其废之?欲洁其身而乱大伦"(《论语·微子》)。意思是,不出来做官是不合道义的。长幼之间的礼节,是不能偏废的;君臣之间的礼义,难道就能废弃吗?这是想要保持自身的高洁,却混淆了长幼、君臣等重要的伦理关系。孔子认为,入仕为官必须遵循义的原则,"君子之仕也,行其义也"(《论语·微子》)。孔子称赞春秋时一位叫子产的官员,就是因为他有义。子产是郑国的大夫,自郑简公起为相,历定公、献公、声公之朝,是当时杰出的政治家和外交家,很有政绩,颇受百姓拥护。"子谓子产:'有君子之道四焉:其行己也恭,其事上也敬,其养民也惠,其使民也义。'"(《论语·公冶长》)孔子评论子产有四种君子的德行,行为态度庄严恭敬,事奉君主严肃尊敬,养护人民有恩惠,管理指导人民合乎时宜。孔子认为,入仕为官要做大臣,可做具臣,决不能做佞臣。大臣具有坚定而又独立的政治品格,能够按照道义辅佐君主;具臣缺乏主见,而能够坚决实施政令,坚守道德底线;佞臣只知道阿谀奉承,没有任何道德原则。鲁国大夫季子然问孔子,子路和冉求可称为大臣吗? 孔子回答,子路和冉求只能算个具臣,他们可能会顺从上司的旨意,却不会干杀人越货的事情,"所谓大臣者,以道事君,不可则止。今由与求也,可谓具臣矣"(《论语·先进》)。孔子认为,入仕为官要处理好君臣关系。具体而言,君与臣有着不同的行为规范,"定公问:'君使臣,臣事君,如之何?'孔子对曰:'君使臣以礼,臣事君以忠。'"(《论语·八佾》)在这段话中,有四个字很关键,"使"与"事"说明君臣是领导与服务的关系;"礼"与"忠"说明对君臣行为的要求不同,君要按制度和规矩领导臣子,臣要尽心尽力按照君主的指令和意图去工作。同时,君与臣之间不是简单的顺从关系,更不是盲从关系,"子路问事君。子曰:'勿欺之,而犯之。'"(《论语·宪问》)意思是,子路问如何服务君主。孔子回答,不要欺骗君主,不要唯唯诺诺,而要敢于说不同意见,甚至犯颜直谏。

3.义的主旨是敬长

儒家思想的最高范畴是仁,根基却是孝悌,"其为人也孝弟,而好犯上者,鲜矣;不好犯上,而好作乱者,未之有也。君子务本,本立而道生。孝弟也者,其为仁之本与!"(《论语·学而》)儒家思想的核心是仁爱,"樊迟问仁,子曰:'爱人。'"(《论语·颜渊》)仁爱不是兼爱、泛爱,而是差序之爱,即从血缘亲情之爱开始,逐渐延伸拓展开来,形成亲疏有别的仁爱关系,最终实现"老吾老以及人之老,幼吾幼以及人之幼"的理想社会。义是从血缘关系推演出来的处理社会关系的伦理原则,其主旨是敬长,孟子指出:"亲亲,仁也;敬长,义也。"(《孟子·尽心上》)家庭有父子、夫妇、兄弟关系,社会有君臣、长幼、朋友关系。孟子将这些关系冠以人伦的名分,认为"父子有亲,君臣有义,夫妇有别,长幼有序,朋友有信"(《孟子·滕文公上》)。这一思想在后来的封建社会演变成君臣、父子、兄弟、夫妇、朋友"五伦"关系,主要用忠、孝、悌、信等理念加以规范。孟子强调，明人伦是治国的重要举措，也是教育的主要内容，"设为庠序学校以教之。庠者，养也。校者，教也。序者，射也。夏曰校，殷曰序，周曰庠，学则三代共之：皆所以明人伦也。人伦明于上，小民亲于下"（《孟子·滕文公上》）。意思是，设立庠、序、学、校来教导百姓。庠，是教养的意思；校，是教导的意思；序，是陈列的意思。教育引导百姓的机构，夏代叫校，商代叫序，周代叫庠，夏商周三代都叫学，都是教育人明白人间的伦理道德。居上的统治者懂得实施伦理道德，居下的平民百姓自然爱戴他们。分析家庭和社会关系，无论家庭还是社会，都存在着上下和平行的两种情况，父子、兄弟和君臣、长幼是上下关系，夫妇和朋友是平行关系，义的主旨是敬长，蕴含着孝悌的内容，主要是规范上下关系，位置居下者尊重居上者。从这个意义上说，义也是在维护传统社会的宗法关系和等级制度。当然，敬长有着丰富的内容，在家庭，既有辈份上的敬长，即子女孝敬父母，又有年龄上的敬长，就是弟弟要尊敬哥哥，"义之实，从兄是也"（《孟子·离娄上》）；在家族，则应重视辈份上的敬长，有的人即使年龄很大，由于辈份小，还是要尊重年龄小而辈份高的家族成员；在社会，则是贵贵、尊贤，"用下敬上，谓之贵贵；用上敬下，谓之尊贤。贵贵、尊贤，其义一也"（《孟子·万章下》）。意思是，以地位卑微者尊敬地位显贵者，这叫尊重贵人；以地位显贵者尊敬地位卑微者，这叫尊重贤人。尊重贵人和尊重贤人，道理是一样的。

贵贵、尊贤，既是义的主要内容，又是义的具体措施。贵贵的重点是君臣关系，孟子用义来规范君臣关系，明确提出君臣有义的观点，这与孔子有着些微的差别。在孔子那里，君是臣服务的对象，臣是君的下属，上下等级关系比较分明，孟子则注重君臣关系的对等性，他敢于"说大人，则藐之，勿视其巍巍然"（《孟子·尽心下》）。一方面，孟子与孔子一样，认为君臣有着不同的行为准则，要各尽其责、恪守其道，"规矩，方圆之至也；圣人，人伦之至也。欲为君，尽君道；欲为臣，尽臣道"

（《孟子·离娄上》）。孟子把尧舜看作君臣的楷模，"二者皆法尧、舜而已矣。不以舜之所以事尧事君，不敬其君者也；不以尧之所以治民治民，贼其民者也"（《孟子·梁惠王上》）。意思是，君臣都效法尧、舜就足够了。不用舜服事尧的态度和方式服事君主，就是对君主不恭敬；不用尧统治百姓的态度和方式来统治百姓，就是残害百姓。另一方面，孟子指出，君主是君臣关系的主要方面，其行为具有引导、统率作用，"君仁，莫不仁；君义，莫不义；君正，莫不正。一正君而国定矣"（《孟子·离娄上》）。为此，孟子强调，为官从政者要做大人，敢于发表不同意见，纠正君主的错误，"人不足与适也，政不足以间也。惟大人为能格君子之非"（《孟子·离娄上》）。意思是，官吏不值得去谴责，政治不值得去非议，只有大人才能纠正君主的错误。孟子甚至对齐宣王说："君之视臣如手足，则臣视君如腹心；君之视臣如犬马，则臣视君如国人；君之视臣如土芥，则臣视君如寇仇。"（《孟子·离娄下》）这需要多么大的政治勇气和独立精神，千百年来一直鼓励着传统知识分子敢于同皇权和专制抗争。尊贤是孟子之义最有价值的内容，意味着位置居上者要尊重居下者，这已经萌发出人格平等的思想火花，闪耀着人道、人性的光芒。无论富贵贫贱、长幼老少、官员庶民，都是人格平等，都要尊重对方、平等待人。尊贤还蕴含着一个重要思想，即人的尊卑高下，不仅决定于等级地位和年龄大小，而且决定于人的智慧知识和品德境界，尊贤就是要尊敬那些有学问、有道德的贤人，无怪乎朱熹注释道："贵贵尊贤，皆事之宜也。然当时但知贵贵，而不知尊贤，故孟子曰其义一也。"（《四书章句集注·孟子集注》）

4. 义的灵魂是适宜

在儒家的伦理道德范畴中，义的概念很特殊。如果从主体性与实践性区分，仁、礼、智、信等概念都有鲜明的主体性品格，规定了明确而具体的内容,仁是爱人,礼是礼仪、规矩,智是知识、智慧,信是言而有信、信守承诺。唯独义的概念语义模糊,没有具体的主体性品格。"义者宜也",不是对主体品格的规定,而是对主体行为品格的规定,带有明显的实践性特征。历代文人学者对此有着不同看法,认为以宜释义过于宽泛,没有实质性内容,容易失去圣贤的本意,导致人们不重视主体人格的修炼。实际上,这正是义的生命力所在。义的最大理论价值就是妥善应对了经与权的矛盾,在社会伦理道德领域实现了普遍性与特殊性、绝对性与相对性的统一。任何伦理道德准则,都属于经的范畴,具有普遍性和绝对性的内涵。普遍性是对社会各种伦理道德现象背后共性内容和规律的把握,绝对性则是要求人们在相同的伦理道德领域遵守同一的价值和准则。然而,普遍性并不是孤立的实体,而是存在于特殊性之中,没有特殊性就没有普遍性;绝对性也不可能没有例外,只是相对之中的绝对,由此引出了权的概念。一般而言,经是指伦理道德的主体品格,强调道德原则的普遍性和绝对性,强调坚守道德原则的重要性和必要性;权是指道德价值的具体运用,可以灵活掌握、变通对待。权的变通并不能离开经的原则,而是更好地实践经的原则,《公羊传》云:"权者,反于经然后有善者也。"这说明权者与变通,表面似乎与经的原则不一致,甚至违反了经的要求,实质上却是真正遵守了道德原则,完成了经的使命,达到了人性善的目的。

孔子和孟子都是正确处理经与权关系的大师。孔子很重视权的学问,甚至认为学习权比学习经重要,权变是最难学的,"可与共学,未可以适道;可与适道,未可与立;可与立,未可与权"(《论语·子罕》)。意思是,可以一同学习的人,未必可与他一起认识把握道义;可以与他一起认识把握道义,未必可以与他一起践行道义;可以与他一起践行道义,未必可以与他一起通达权变。是啊,在社会伦理道德领域,如果只有经而没有权,所有道德准则就可能是空中楼阁,很难进行具体实践。反之,只有权而没有经,人们的行为就可能失去道德约束,变得无法无天、害人害己。春秋战国时期是一个礼崩乐坏的年代,孔子在总体反对的基础上做到了有经有权。按照传统礼制规定,礼帽应由麻料制成,而到春秋时代,出于节省的原因改用丝织而成,孔子并不拘泥于传统之礼,而是通达权变,采取了赞成的态度,"麻冕,礼也;今也纯,俭,吾从众"(《论语·子罕》)。同时,孔子不赞成有些礼仪的改变,坚守了经的原则,"拜下,礼也;今拜乎上,泰也。虽违众,吾从下"(《论语·子罕》)。意思是,臣子见君主在堂下先行跪拜礼,这是符合传统礼制规定的。现在的臣子们只在堂上行礼,这是骄傲的表现。虽然违背现在臣子们的做法和意愿,我还是遵从在堂下先拜、然后升堂而拜的古礼。孔子强调"毋意,毋固,毋我,毋必"(《论语·子罕》),充分体现了灵活性和变通性,使得普遍性与特殊性能够相一致,绝对性能够与相对性衔接起来。

孟子也对经与权的关系作出了重要论述,他在否定杨朱为我和墨子兼爱之后,主张在两者之间"执中",即采取中庸之道。同时,他认为执中而不能变通,就是有偏颇,违背了中庸之道,"子执中无权,犹执一也。所恶执一者,为其贼道也,举一而废百也"(《孟子·尽心上》)。意思是,坚持中庸之道而缺乏变通,就是执着于一个极端。厌恶执着于一个极端的人,是因为它损害道义,抓住一点就不管其他了。孟子与齐国辩士淳于髡关于男女关系的对话,是正确运用经与权关系的典范。淳于髡在对话一开始就设置了一个两难命题,"淳于髡曰:'男女授受不亲,礼与?'孟子曰:'礼也。'曰:'嫂溺,则援之以手乎?'"(《孟子·离娄上》)按当时的礼制,男女之间不能手与手相交接,而嫂子淹于水中,丈夫的弟弟如果用手去救,就是非礼;如果不救,嫂子就可能淹死。孟子认为,男女授受不亲是礼制规定和伦理道德原则,而嫂子淹于水中是紧急且特殊的情况,如果不救,虽然符合礼,却是豺狼的行为;如果施救,虽然不符合礼义,却是变通的做法,应当允许和鼓励,"嫂溺不援,是豺狼也。男女授受不亲,礼也;嫂溺,援之以手者,权也"

(《孟子·离娄上》)。从这段对话可知,孟子的权变思想蕴含着价值重要性的排序内容,伦理道德原则固然重要,但生命更重要。当拯救生命与遵守伦理道德原则发生矛盾和冲突时,行为主体可以按照义的要求,作出积极主动的抉择,为了拯救生命,即使违背伦理道德原则,也是允许的。义者宜也,真是玄妙深奥,令人深思而神往。

三、义与利的关系

研读义的概念,不能不涉及其他伦理道德范畴。对于义而言,联系最密切的是仁与礼的概念,反差最鲜明的是义与利的关系。在儒家学说中,义主要不是作为利的对立面而存在的,而是作为一个思想范畴,与仁、礼、智、信共同构成儒学思想体系。对于孔子学说,学界普遍认为是以仁为核心的一元结构,但也有学者认为,是仁与礼相结合的二位一体结构;有的甚至认为是仁义礼三位一体,在三位一体的结构中,义乃道德本体与现象界的转换枢纽,仁通过义而展开,礼反过来由义而达仁。这表明义与仁、礼是互通的,《礼记》指出:"礼也者,义之实也;仁者,义之本也。"荀子更是明确指出:"仁义礼乐,其致一也。君子处仁以义,然后仁也;行义以礼,然后义也;制礼反本成末,然后礼也。三者皆通,然后道也。"(《荀子·大略》)意思是,仁义礼乐的目标是一致的。君子根据义来处置仁,然后才有了仁;根据礼来奉行义,然后才有了义;制定礼时先抓住根本,再完成细节,然后才有了礼。仁义礼都精通,然后才是正道。与此同时,义又是与利紧密相连的,很多时候与利是矛盾的。利有大利与小利之分,大利是指国家之利、民众之利,小利则是指物质利益和包括名利在内的个人私利。与义相对立的一般是指小利。义与利是两个极为重要的概念,在诸子百家中,儒家重义轻利,墨家义利兼重,法家崇利简义,道家义利双弃;在社会伦理道德领域,义与利对于每个人的人生和日常生活都有着重要影响,任何人的人生和言行或显或隐受到深藏于其内心的义利观支配。在儒家看来，那些重义轻利的人，必然能够在人生的关键时刻杀身成仁、舍生取义。反之，则可能是见利忘义、贪生怕死。

重义轻利，是儒家义利观的价值取向。孔子对义给予了更多关注，对利则持谨慎的态度，甚至是贬抑利的，"子罕言利，与命与仁"（《论语·子罕》）。孔子认为，判别一个人是否有正确的义利观，集中表现在他对待贫困和物质匮乏的态度，"饭疏食饮水，曲肱而枕之，乐亦在其中矣！"（《论语·述而》）意思是，正确看待义利的人，即使吃粗饭、喝白水，弯着胳膊当枕头，也会感到其中的快乐。他称赞他最得意的弟子颜回，"贤哉！回也。一箪食，一瓢饮，在陋巷。人也不堪其忧，回也不改其乐。"（《论语·雍也》）孔子始终把义放在比物质利益更为重要的位置，"君子谋道不谋食。耕也，馁在其中矣；学也，禄在其中矣。君子忧道不忧贫"（《论语·卫灵公》）。意思是，君子只关心真理和道义，而不关心衣食。从事农耕可能常常饿肚子，求学则可能得到俸禄。君子只担心得不到真理和道义，而不担心摆脱不了贫穷。孔子还说："君子食无求饱，居无求安，敏于事而慎于言，就有道而正焉，可谓好学也已。"（《论语·学而》）孔子认为，义与利是区分君子与小人的重要标志，特别是在困难和贫穷的时刻，两者分野更为明显，更能看出差别。有一次孔子带领弟子游学，先到卫国。卫灵公向孔子问军事阵法，孔子说："俎豆之事，则尝闻之矣；军旅之事，未之学也。"（《论语·卫灵公》）因为孔子没有满足卫灵公的提问和要求，大概没有得到什么物质补偿，也不受欢迎，第二天就离开卫国前往陈国。他们在陈国路上断了粮，跟随的人都饿病了，没有人站得起来。这时，子路很不高兴地说，君子也会陷入困境吗？孔子回答："君子固穷，小人穷斯滥矣。"（《论语·卫灵公》）意思是，君子与小人由于义利观不同，在困境的时候就表现出不同状态，君子陷入困境，还能坚持住；小人陷入困境，就要乱来了，什么偷盗、抢劫、杀人越货的事都会干。孔子认为，只重视利益和利害关系,对于个人而言,会招来很多怨恨,是不会有好结果的,"放于利而行,多怨"(《论语·里仁》)。孟子进一步认为,如果不以义来约束人们的行为,让人们无限制地追求物质利益,"为人臣者怀利以事其君,为人子者怀利以事其父,为人弟者怀利以事其兄",那么,必然会造成天下大乱,"是君臣、父子、兄弟终去仁义,怀利以相接,然而不亡者,未之有也"(《孟子·告子下》)。意思是,这就会导致君臣、父子、兄弟之间最终都会抛弃仁义,怀着利害之心交往,在这种情况下,国家没有不灭亡的。荀子亦持相同的看法,"义与利者,民之所两有也。虽是舜不能去民之欲利,然而能使其欲利不克其好义也。虽桀纣亦不能去民之好义,然而能使其好义不胜其欲利也。故义胜利者为治世,利克义者为乱世"(《荀子·大略》)。

见利思义,是儒家义利观的现实手段。人虽然应该追求精神生活,追求终极价值,但人毕竟是血肉之躯,不能没有五谷杂粮给予补充,不能没有物质条件给予保障。概言之,不能不食人间烟火吧。在这一点上,孔子是现实主义者,认识也是非常清醒的。孔子认为,对于利益的追求是人之常情,要以义来节制利,以伦理道德来规范追求利益的行为;君子不会接受用不正当方法得到的富贵,也不会接受用不正当方法摆脱的贫贱,"子曰:'富与贵是人之所欲也;不以其道得之,不处也。贫与贱,是人之所恶也;不以其道得之,不去也。'"(《论语·里仁》)《论语》中最为经典的表述是:"不义而富且贵,于我如浮云。"(《论语·述而》)孟子也表达了类似的意思,"非其道,则一箪食不可受于人;如其道,则舜受尧之天下,不以为泰"(《孟子·滕文公下》)。意思是,如果不合乎道义,那就一箪饭也不从别人那里接受;如果符合道义,那么舜接受尧的天下,也不以为过分。孔子认为,获取物质财富要见利思义。有一次子路问孔子,什么样的人才是成人?成人与君子是同一序列的概念。孔子回答:成人要有智慧、克己、勇敢、才艺和礼乐修养,"若臧武仲之知,公绰之不欲,卞庄子之勇,冉求之艺,文之以礼

乐，亦可以为成人矣。"孔子可能感到这一要求太高了，他接着说："今
之成人者何必然？见利思义，见危授命，久要不忘平生之言，亦可以为
成人矣。"（《论语·宪问》）《论语》对士大夫的描述，也表达了同样的意
思，"士见危致命，见得思义，祭思敬，丧思哀，其可已矣"（《论语·子
张》）。意思是，读书人看到危难敢于献身，看到有所得就想到是否符
合道义，祭祀的时候严肃，居丧的时候悲哀，也就可以了。孔子认为，
如何为官从政，最能体现义利的境界以及对待富贵与贫贱的态度。孔
子虽然强调"学而优则仕"，但不是什么官都能当的，既不能不择手段
追求官位、官迷心窍，也不能饥不择食地谋求官职，以至为虎作伥、助
纣为虐。为官从政要有原则和底线，这就是统治者是明君而不是昏
君，"邦有道，谷；邦无道，谷，耻也"（《论语·宪问》）。意思是，国家政
治清明，可以出来做官领取俸禄，这就是见利思义；国家政治黑暗，也
去做官领取俸禄，这就是耻辱，是见利忘义。孔子还认为："邦有道，贫
且贱焉，耻也。邦无道，富且贵焉，耻也。"（《论语·泰伯》）

先义后利，是儒家义利观的重要内容。《论语》记载，孔子问公明
贾，卫国大夫公叔文子真的是不说、不笑，一毫不取吗？公明贾告诉孔
子，"夫子时然后言，人不厌其言；乐然后笑，人不厌其笑；义然后取，人
不厌其取"（《论语·宪问》）。意思是，公叔文子是在该说话的时候说
话，所以别人不讨厌他的说话；在快乐的时候才笑，所以别人不讨厌他
的笑；在该得到的时候去获取，所以别人不讨厌他的获取。孔子听后
表示了由衷的赞叹："其然，岂其然乎？"先义后利，还表现在先付出后
得到、先耕耘后收获，这实质是在提高道德素养，"先事后得，非崇德
与？"孟子则强调获利要有正当理由和符合道义，否则就不能接受任何
利益。孟子曾经没有接受齐王赠送的一百镒金，却接受了宋国国君的
七十镒金和薛地国君的五十镒金，弟子陈臻不理解地问缘由，并认为
二者之间必有一件事是错的。孟子回答"皆是也"，即二者都是对的。
孟子之所以接受宋君的金钱，是因为要远行，当时的规矩是"行者必以

赆";薛君赠送金钱,是因为要给远行的人买防身兵器。之所以不接受齐王的金钱,是因为没有任何理由,更因为齐王有自私的目的,"若于齐,则未有处也。无处而馈之,是货之也。焉有君子而可以货取乎?"(《孟子·公孙丑下》)意思是,至于齐王给我钱,就没有什么理由了。没有理由而送钱给我,这是收买我。哪有君子可以被收买的呢?义与利的矛盾关系,有时是统一的,有时是对立的,甚至是严重对立的。当义利不能两全时,儒家的义利观必然导出舍利取义的思想,孟子给予了完美的表述:"鱼我所欲也,熊掌亦我所欲也,二者不可得兼,舍鱼而取熊掌者也。生亦我之所欲也,义亦我之所欲也,二者不可得兼,舍生而取义者也。生亦我所欲,所欲有甚于生者,故不为苟得也;死亦我所恶,所恶有甚于死者,故患有所不辞也。"(《孟子·公孙丑下》)这一表述正气沛然、震烁古今,以致后人把孔子的学说称为"杀身成仁",把孟子的学说称为"舍生取义"。仁义与孔孟合而为一,磅礴于中华大地,穿流在历史长河,召唤着无数志士仁人勇往直前。

古希腊哲人苏格拉底就道德与非道德话题,曾经和青年尤苏戴莫斯进行了机智的对话。尤苏戴莫斯把欺骗、虚伪、偷窃等列入非道德范围,苏格拉底则用相反的事例加以引导:"作战时,潜入敌方军营,偷窃其作战地图,是非道德行为吗?为防绝望中的朋友自杀,把他藏在枕头下的刀偷走,难道不应该吗?生病时儿子不肯吃药,父亲欺骗他,把药当作饭给他吃,很快就治好了病,这种行为是非道德的吗?"从主体性判断,苏格拉底所举的偷窃、欺骗事例肯定是不道德的,但从实践性分析,这些偷窃、欺骗行为又是适宜的、正当的,因而也是道德的。一般而言,道德原则与行为总是一致的,这是人类能够信仰道德价值并加以践行的根本原因。然而,在特定情形下,道德原则与行为却可能产生矛盾。从形而上思维辨析,苏格拉底所举事例的实质是目的与手段的矛盾。消灭敌人、拯救朋友生命、治好儿子的病是目的,手段却是偷盗与欺骗。在这种情形下，就要运用义的概念，将经与权、原则性与灵活性结合起来，认同价值序列中目的高于手段，目的的正确性可以在一定范围内允许手段的非道德性，从而解决道德原则与行为的矛盾冲突。道德原则不仅是抽象的概念，更是生动的具体实践。义的概念，既是行为主体品格又是主体行为品格，能够在任何情况下把道德的价值原则与行为实践统一起来，这是一个充满生机与活力的思想范畴。正是因为义的范畴，儒家伦理道德思想历久弥新，成为影响中国人道德修养和性格品质的主导力量，塑造了一批批"忧国忧民"的忠臣、"事亲敬长"的孝子和"文质彬彬"的君子。人们的社会伦理道德实践丰富多彩，万变却不离其宗，这就是要做一名有情有义有道德的君子！

第十二章　礼：天地之序

　　中华民族素以礼仪之邦闻名于世,创造了灿烂的礼仪文明。礼是儒家重要的思想范畴,是中国传统文化的核心,具有很久的历史。《礼记》标题疏曰:"礼事起于燧皇,礼名起于黄帝。"燧皇即燧人氏,是中华民族可以考证的第一位祖先。这说明在远古石器时代就有了礼的行为,而轩辕黄帝时期已有了礼的观念。礼涵盖人们的日常生活、社会活动和政治统治各个领域,范围极为广泛,内容极为丰富,几乎是文化概念的同义词。钱玄认为,礼是指"天子侯国建制、疆域划分、政法文教、礼乐兵刑、赋役财用、冠婚丧祭、服饰膳食、宫室车马、农商医卜、天文律历、工艺制作,可谓应有尽有,无所不包。其范围之广,与今日'文化'之概念相比,或有过之而无不及"①。礼是中华文明区别于其他文明的主要标志,西方语言没有与礼相对应的概念。礼的最大贡献是建立了中华民族共同体的社会关系准则,规范着中国人的习俗行为。

　　"礼"的繁体字为"禮",《说文解字》注释为"履也,所以事神致福也。从示,从豊,豊亦声"。"豊"从壴从珏会意,取意于祭祀的鼓乐和玉器。礼起源于祭祀活动,是原始初民用来禳灾祈福、慎终追远的仪式,本义是指祭祀的仪规,引申为祭典的专有名词。《礼记》指出:"凡治人之道,莫重于礼,礼有五经,莫重于祭。""五经"指吉、凶、宾、军、嘉五种礼仪;祭礼属于吉礼,位于五种礼仪之首,是最重要的礼仪。上古

---

① 钱玄、钱兴奇编著:《三礼辞典》,江西古籍出版社 1998 年版。

时期都盛行祭礼,却有着明显差异,"夏道尊命,事鬼神而远之,近人而忠焉"。命是指存在于人的主观意志之外的自然和人类社会运行规律,表明夏代主要是尊命,而不是尊神。"殷人尊神,率民以事神,先鬼而后礼",表明殷人极度信仰鬼神。"周人尊礼尚施,事鬼神而远之,近人而忠焉"(《礼记·表记》),表明周朝尊礼而尚人事。概言之,殷代最信仰鬼神,而夏代和周代不那么信奉鬼神;夏人和周人虽然对鬼神敬而远之,但夏人之礼质朴无文,周人之礼详备精细。由于祭祀具有一定的精神威慑作用和令人敬畏的力量,后来礼的意义不再局限于宗教范围,逐渐渗透到社会生活的各个领域,特指运用一定的礼物、以特定的仪态举止所表达的特殊意义。《左传》指出:"礼,经国家、定社稷、序民人、利后嗣者也。"意思是,礼是治理国家,安定社会,使百姓有秩序、后代有利好的大法。这就使礼由祭祀文化转变为礼仪文化,由浓厚的宗教色彩转变为越来越富于人文内涵,由抽象的精神威慑力量转变为现实的政治统治和社会控制力量。在夏商周三代,尽管祭礼仍占据主导地位,而礼已经拓展到政治控制、社会运行和个体生活的方方面面。欧阳修在主持纂修《新唐书》的《礼乐志》中说:夏商周三代而上,治国治民之道没有一项不是出于礼的,"凡民之事,莫不一出于礼。由之以教民为孝慈、友悌、忠信、仁义者,常不出于居处、动作、衣服、饮食之间。盖其朝夕从事者,无非乎此也。此所谓治出于一,而礼乐达于天下,使天下安习而行之,不知所以迁善远罪而成俗也"。在先秦思想家中,只有儒家继承发展了礼文化,孔子说:"周监于二代,郁郁乎文哉!吾从周。"(《论语·八佾》)更重要的是,儒家把礼作为思想体系的核心范畴进行构建,成为塑造中华民族精神的主要力量。从这个意义上说,儒家文化也就是礼文化。礼的本质是确定尊卑贵贱的等级秩序和制度,上自"君臣朝廷尊卑贵贱之序,下及黎庶车舆衣服宫室饮食嫁娶丧祭之分"(《史记·礼书》)。为了证明社会等级秩序的合理性和权威性,儒家认为这是天地秩序在人间世的观照和映射,"夫礼,天之理也,地之义也,民之行也"(《左传·昭公二十五年》)。

一、周公与三礼

研读礼的概念离不开周公和三礼典籍。周公是西周初期杰出的政治家、思想家和教育家,被尊为"元圣"和儒学奠基人。周公制礼作乐,既是礼乐文明成熟和集大成的标志,又是中华文明发展史上具有奠基意义的大事件。儒家极为尊崇周公,孔子说:"甚矣吾衰也! 久矣吾不复梦见周公。"(《论语·述而》)孟子把周公与孔子并论,首称周公为"古圣人"。韩愈和程朱坚持道统论,提出尧、舜、禹、汤、文、武、周公、孔子和孟子的道统序列。三礼有着不同说法,清王士禛《池北偶谈》记载:"杨太史用宾《致知小语》云:《周礼》《仪礼》《大戴礼》,曰三礼;丧礼、葬礼、祭礼,亦曰三礼;天神、地祇、人鬼,亦曰三礼。"传统礼文化指的是《周礼》《仪礼》和《礼记》。《仪礼》是"五经"之一,《周礼》和《礼记》是"十三经"的组成部分,它们对中国古代礼文化作了最权威的记载和理论说明,为儒家礼学思想的源头活水。

周公姓姬名旦,是周文王的第四个儿子,周武王的弟弟。周公的主要历史功绩是帮助其兄、侄克殷建周,先是辅佐兄长周武王,建立周朝;武王之后,作为摄政,辅佐侄子成王,巩固周朝。克殷建周是中国历史上的重大事件,王国维认为:"中国政治与文化之变革,莫剧于殷、周之际。"[①]这不是一次简单的王朝更迭,而是一场全新的革命,"周虽旧邦,其命维新"(《诗经·大雅·文王》)。在这一历史变革过程中,周公发挥了至关重要的作用,他提出了"敬天保民"的理念,强调克殷建周是天命,天命的前提是保民,要求统治者以民为本、施行德政,获得人民拥护;提出了"以德配天"的观点,要求统治者培养与其地位相称

---

① 王国维:《观堂集林(外二种)》,河北教育出版社 2003 年版,第 231 页。

的良好道德,不要像殷纣王过着酒池肉林、夜夜笙歌的糜烂生活;提出了"明德慎罚"的思想,要求统治者谨记商朝失德滥罚的灭亡教训,慎用刑罚,注重运用道德规范教化百姓。从而标志着中国社会由殷商的尊神走向了西周的尊命,由宗教祀神时代走向了民本人文时代。周公最大的成就是吸取夏礼和商礼的经验教训,把道德作为立国的灵魂,制定了一系列典章制度,包括井田制、分封制、同姓不通婚、嫡长子继承制等。其典型代表是《周礼》,以宗法血缘为纽带,融合家族与国家在一起,协同政治与伦理相衔接,形成了君臣、父子、尊卑、亲疏分明的等级结构、行为规范和礼仪制度。这些制度奠定了中华文明的基础,经过儒家的改造发展,用礼乐化民成俗,成为古代社会治国安邦的基本准则。周公的伟大之处不仅在于文治武功,还在于个人品德。他忠厚仁义,是周文王孝顺的儿子,懂得为父亲分忧解难。当周武王病重时期,向祖先祈祷愿以自己的生命换取兄长的健康。他谦虚自抑,成王年幼继位时,由于摄政,面南背北接受诸侯朝拜,一旦成王成年,即和诸侯一起面北称臣,丝毫没有居功自傲和僭越行为。他坚守诚信,要求成王兑现与其弟在皇宫花园游玩时的承诺,对其弟封侯赠地。他忠于国事,"一沐三捉发,一饭三吐哺",唯恐失去人心,怠慢了朝臣和人才。对于中华民族发展而言,周公居功至伟,他开启了礼仪文明的先河,创建了礼治、德政和王道的治国模式,树立了修身律己和内圣外王的伟岸人格。汉初贾谊高度评价周公,"文王有大德而功未就,武王有大功而治未成,周公集大德大功大治于一身。孔子之前,黄帝之后,于中国有大关系者,周公一人而已"①。

《周礼》居三礼之首,世传为周公所著。《周礼》原名《周官》,是一部通过官制来表达政治理想和治国方略的著作。《周礼》的宗旨是设官分职,开篇就言:"惟王建国,辨方正位,体国经野,设官分职,以为民

① [西汉]贾谊:《贾谊集》,上海人民出版社 1976 年版,第 171 页。

极。"意思是，只有君王才能建立国都，辨别方向并确定宗庙和朝廷的位置、都城与郊野的界限；分设官职，用作民众的榜样，教化管理百姓。《周礼》将官职分为六官，六官各自统领六十个官职，计三百六十职；每一官职又有其具体职责。名目繁多的官职并不是一盘散沙，而是"职职关连，事事配合"，形成了一个有机联系的整体。《周礼》的重要内容是制定礼仪，将各种礼仪划分为五种类型，即吉礼，意指祭祀天神、地祇、人鬼的礼仪活动；凶礼，指丧葬等吊慰家国忧患的礼仪活动；军礼，指军队操演、征伐等礼仪活动；宾礼，指天子与诸侯之间往来交流以及接待宾客的礼仪活动；嘉礼，指国家具有喜庆意义以及和合天人之际、沟通联络感情的礼仪活动。五礼包含了人与自然、人与社会、人与人之间交往的各种礼仪活动，体现了中华民族的尚礼精神。《周礼》的指导思想是亲亲尊尊，根据血缘关系和等级身份，分别制定了尊卑、长幼、亲疏之间各自不同的行为规范，将上古祭祀祖先、沟通神明以指导人事的巫术礼仪，全面理性化和体制化为宗法等级制度。亲亲原则反映血缘关系，"亲亲父为首"，旨在维护家长制；尊尊原则体现等级身份，"尊尊君为首"，旨在维护天子制，这在现代看来似乎是不可理解的，而在西周初期却具有积极的历史进步意义，稳定了社会秩序，催生了礼仪文明，择定了中华文化的发展路径。

《仪礼》是最早有关礼的经书，属于儒家的"六艺之学"，《史记》认为出自孔子。《仪礼》全书现有十七篇，以记载士大夫的礼仪为主，包括从生到死、从低级贵族到高级贵族、从成人和结婚到社交活动等各种礼仪。这些礼仪的地位和作用是有差别的，清代学者邵懿辰在《礼经通论》中指出："冠昏丧祭射乡朝聘八者，礼之经也。冠以明成人，昏以合男女，丧以仁父子，祭以严鬼神，乡饮以合乡里，燕射以成宾主，聘食以睦邦交，朝觐以辨上下。"辨上下是《仪礼》的核心思想，通过各种礼仪，明确每个人在社会中的不同身份，规范他们的不同行为，致使众多个体各安其分、各司其职、各尽其责，巩固"尊卑自等、长幼有伦"的宗法等级制度。《仪礼》一书尽管枯燥难懂,但一直是古代士大夫的必修课程。《史记》记载,孔子即使在颠沛流离时期,也没有忘记教育弟子学习礼仪,"孔子去曹适宋,与弟子习礼大树下"。《仪礼》对后世影响很大,尤其是冠昏丧祭等礼节仪式,无论庙堂之上还是江湖之远,大都得到了继承,只是细节略有增删而已,深远地影响着人们的日常生活。

《礼记》是孔子弟子学习《仪礼》过程中撰写的阐发经义的文章;又名《小戴礼记》,据传为西汉礼学家戴圣所编。朱熹认为:"《仪礼》,礼之根本;而《礼记》乃其枝叶。"(《朱子语类》卷八十四)尽管《礼记》是《仪礼》的附庸,却不可小觑《礼记》对于儒学的意义,其为"十三经"之一,还为"四书"贡献了《大学》和《中庸》。《礼记》现有四十九篇。如果说《仪礼》和《周礼》记录的是礼的制度性和仪式性规定,属于礼的范畴,那么,《礼记》则把礼作为研究对象,以阐发礼义为主旨,多表现为理论性的叙述和论证,属于礼学范畴。从思想内容分析,《礼记》实际是儒家思想的资料汇编,涵盖政治、经济、社会、文化、教育、修身各个领域。即使围绕着礼,《礼记》也是充满哲学思辩。儒家一般都从人性善恶出发探讨礼的本质问题,孟子言性善,"仁义礼智,非由外铄我也,我固有之也,弗思耳矣"(《孟子·告子上》)。荀子讲性恶,"人之性恶,其善者伪也"(《荀子·荣辱》)。"伪"是指后天的学习实践。《礼记》却另辟蹊径,从人情的角度探讨礼的本质,礼者"所以达天道、顺人情之大宝也"。人情如不控制,就容易放纵泛滥,对社会秩序和稳定造成伤害,这就需要以礼来节制人情,"礼者,因人之情而为之节,以为民防者也"。《礼记》顺从人情与节制人情的辩证思想,在一定程度上消弥了性善与性恶的差距。《礼记》憧憬的是伦理本位社会,认为各种礼仪都蕴含着特定的道德意义,"祀帝于郊,敬之至也;宗庙之祭,仁之至也;丧礼,忠之至也;备服器,仁之至也;宾客之用币,义之至也。故君子欲观仁义之道,礼其本也"。意思是,天子亲自到南郊祭天,这是无比的尊敬;宗庙之祭,视死如生,这是无比的仁爱;丧礼,孝子哭天号地,痛不欲生,一切发自内心,这是无比的真诚;为死者尽心准备服装、明器,虽然明知无济于事,却表现了莫大的爱心;聘问所用的礼品,多寡都合乎规格,这是无比的适宜合理。所以,君子观察什么是仁义,只要认识了解礼就足够了。

二、礼的内容

礼产生于远古社会,夏商周三代对原始的礼仪和宗教行为进行了不间断的整理和改造,主要是淡化宗教感情和色彩,增进伦理情感、人文因素和政治意识。尤其是周公制礼作乐,建立了一整套等差有序的礼仪制度,凸显出政治统治和伦理教化意义,形成了蔚然大观的礼仪文明。春秋战国时期礼崩乐坏,诸子百家没有抛弃礼仪,却不太喜欢和赞成礼治,唯有儒家承续上古礼学传统,以恢复周礼和礼治为职志。《论语》70 多次谈论"礼"字,《孟子》近 70 次提及"礼"字,《荀子》300多次运用"礼"字,对周礼不断进行损益和创新发展,形成了完善的礼文化和儒家之礼,这就是"定亲疏、决嫌疑、别异同、明是非"(《礼记·曲礼》),以维护传统社会的人伦关系和宗法等级制度。

1.礼的精神是别异

所谓别异,就是区分人在社会关系中不同的角色、身份和地位,制定出相应的礼仪规范供人们遵循践行,进而形成社会关系之网和人伦秩序。在中国传统社会中,尊卑贵贱长幼亲疏是最重要、最广泛的社会关系,礼就是别异、确认和维护这些社会关系,诚如荀子所言:"礼者,贵贱有等,长幼有序,贫富轻重皆有称者也。"(《荀子·富国》)尊卑贵贱似乎不是人格意义上的不平等,而是社会角色的等差和道德境界的高低。社会角色等差,意指居上者为贵,居下者为贱;道德境界高低,意指贤者为贵,不贤者为贱。古今中外任何社会都存在着社会等差和道德高低的问题,这是任何人都无法否认和改变的存在。儒家承认这一存在,规范这一存在,孔子在回答鲁哀公问礼时指出:"非礼,无以事天地之神也;非礼,无以辨君臣上下长幼之位也;非礼,无以别男女父子兄弟之亲、昏姻疏数之交也。"(《礼记·哀公问》)儒家把所有的社会存在区分为君臣、父子、兄弟、夫妇、朋友五种人伦关系。不同的人伦关系有着不同的分等标准,孟子曰:"天下有达尊三,爵一,齿一,德一。朝廷莫如爵,乡党莫如齿,辅世长民莫如德。"(《孟子·公孙丑下》)意思是,天下最尊贵的东西有三样,一是爵位,二是年龄,三是道德。朝廷中,没有比爵位更尊贵的了;乡村邻里间,没有比年长更受人尊敬了;辅佐君王管理社会,没有比道德更尊贵的了。换言之,就是在政治方面,官位是尊卑的标志;在宗族家庭方面,年龄辈份是尊卑的标志;在社会交往方面,道德是尊卑的标志。

别异不仅要区分社会角色的等差,而且要规范不同社会角色的礼仪、礼容和礼节。周礼的规定可谓详尽备至,"礼仪三百、威仪三千"(《中庸》),意指礼的大纲有三百多条,细目有三千多条。对于祭祀之礼,《礼记·曲礼》明确社会角色不同,祭祀对象和祭品也不同。祭祀对象是"天子祭天地,祭四方,祭山川,祭五祀,岁遍;诸侯方祀,祭山川,祭五祀,岁遍。大夫祭五祀,岁遍。士祭其先。"这说明只有天子才能祭天地,诸侯不能祭天地,大夫既不能祭天地也不能祭山川,士人只能祭祀自己的祖先。祭品是"天子以牲牛,诸侯以肥牛,大夫以索牛,士以羊豕。支子不祭,祭必告于宗子"。意思是,天子的祭品是用毛色纯一的牛,诸侯用精心饲养的牛,大夫用经过挑选的牛,士人用羊或猪。凡庶子不可主持祭祀,如遇特殊情况需要主持,要先向嫡长子禀告。同时,礼仪是继承发展变化的,而不是僵化凝固的。对于尊老之礼,《礼记·祭义》指出,虞舜、禹夏、商汤和周朝都有尊重老人的礼俗,

"虞夏商周,天下之盛王也,未有遗年者"。而尊老的具体做法却有着贵德、贵爵、贵富和贵亲的差异,"昔者,有虞氏贵德而尚齿,夏后氏贵爵而尚齿,殷人贵富而尚齿,周人贵亲而尚齿"。意思是,虞舜尊重有德中的年长者;夏朝是有功则有爵,爵高者位尊,同爵者中以年长者为尊;商朝是富乃贵之,贵者之中以年长者为尊;周朝重人伦亲情,故亲者贵,亲者之中又以年长者为尊。

2.礼的主旨是敬让

礼的实质是处理人与人之间的关系;孤立的一个人,不会发生礼的问题,只有在与他人相处、交往和比较时,才会发生礼的要求和行为。礼仪源自于人与人之间的交往,而交往只有在互相对等和自愿自觉的条件下进行,才能充满魅力和人性的光辉。美国学者芬格莱特指出:"礼仪有力地显发出来的东西,不仅仅是社会形式的和谐与完美,人际交往的内在的与终极的尊严;它所显发出来的还有道德的完善,那种道德的完善蕴含在自我目标的获得之中,而自我目标的获得,则是通过将他人视为具有同样尊严的存在和礼仪活动中自由的合作参与者来实现的。"[1]礼仪本身是有差等的,不可能做到互相对等,那就要从内心情感和交往形式上去寻求互相对等的因素,孟子指出:"恭敬之心,礼也"(《孟子·告子上》);"辞让之心,礼之端也"(《孟子·公孙丑上》)。内心情感的对等表现为恭敬;交往形式的对等表现为辞让,从而使人们自觉自愿地践行礼的要求和规范。

所谓恭敬,"在貌为恭,在心为敬"(《礼记·曲礼》),分别属于容貌和内心情感的范畴。然而,对于同一践礼主体而言,无论是貌恭还是心敬,都只能在主体与客体的交往中呈现出来,都是主体指向客体的

---

① ［美］赫伯特·芬格莱特著,彭国翔、张华译:《孔子:即凡而圣》,江苏人民出版社2010年版,第12页。

行为。况且，对于一般人而言，面貌与内心是统一的，内心敬重，面貌总会好看；内心鄙弃，面貌就会不那么好看。恭敬名为两个概念，实为一个内容，那就是敬的感情，即发自内心的尊敬和敬重。孔子十分重视敬在礼行为中的意义，他从人与禽兽之别，指出为孝必敬，"今之孝者，是谓能养。至于犬马，皆能有养。不敬，何以别乎？"（《论语·为政》）孔子重视祭礼和丧礼，却更在乎敬的内涵，《礼记·檀弓》记载子路的回忆，"吾闻诸夫子：丧礼，与其哀不足而礼有余，不若礼不足而哀有余也。祭礼，与其敬不足而礼有余，不若礼不足敬有余也"。孔子甚至认为，敬是为政之本。鲁哀公问政，孔子对曰："古之为政，爱人为大；所以治爱人，礼为大。所以治礼，敬为大。敬之至矣，大昏为大。大昏至矣！大昏既至，冕而亲迎，亲之也。亲之也者，亲之也。是故君子兴敬为亲，舍敬是遗亲也。弗爱不亲，弗敬不正。爱与敬，其政之本与！"（《礼记·哀公问》）这段话的大意是，在各种礼仪中，敬的情感最为重要，而国君的婚礼又最能体现敬的情感。国君亲迎新娘，既是爱慕又是敬重，把这种爱与敬的感情推而广之，就是治理国家的根本。敬不仅是治国之本，而且也是礼之根本，马一浮指出："礼仪三百，威仪三千，一言以蔽之，曰：勿不敬。"

所谓辞让，亦称退让，"应进而迁曰退，应受而推曰让"。辞让是与恭敬紧密相连的德性行为，其本质是厚人薄己、尊人卑己，也就是谦逊低调。这在礼的迎送、授受仪式中表现得最为突出，具体为三揖三让。揖是拱手致意，展示主人对客人的尊重和关注。三揖是凡入门将右曲揖，北面揖，当碑揖；三让是凡升阶，宾主尊卑相同时，一同升阶，宾主尊卑不同时，则尊者先升。三揖作为迎送规定，有利于养成尊重他人的习惯；三让并不改变主客体的实质行为，辞让之后仍是尊者先升阶，该先升阶的人还是先升阶，其意义在于给对方、他人、宾客以被尊重的心理感受，宾主正是在辞让中体现出教养与风度。孔子认为辞让既是君子遵礼的表现，又是君子人格的组成部分，"君子无所争，必也射乎！

揖让而升,下而饮,其争也君子"(《论语·八佾》)。意思是,君子没有什么可争的事情。如果有的话,那一定是比赛射箭吧。彼此作揖谦让,然后登堂比射。射毕,彼此作揖,然后下座;最后重又上堂,彼此作揖,胜者罚负者饮酒。这样的竞争是君子之争。无论赢者还是输者,辞让使君子之争变得风度翩翩,真是令人神往。从这个意义上说,辞让并不在于结果,而在于仪式,能够使弱者、居下者、失利者获得心理上的满足和感情上的认同。

3.礼的目的是和谐

严格地说,儒家教化是礼与乐相结合的"礼乐之教",礼与乐分别发挥着不同作用。礼主不争,调节和约束人的情欲和行为;乐主无怨,让人欢欣鼓舞,有所兴起而达性情之和谐。《礼记》曰:"乐至则无怨,礼至则不争。揖让而治天下者,礼乐之谓也。礼节民心,乐和民声,政以行之,刑以防之。礼乐政刑,四达而不悖,则王道备矣。"这说明和谐是由乐教而不是礼教主导的,"乐者,天地之和也"(《礼记·乐记》)。可惜的是,作为经书之一的《乐》早已佚失,儒家"六经"由此而变成为"五经";重要的是乐教的经义亦已散失,后世的音乐和歌舞难以发挥教化作用,权且以礼代之,既发挥礼教的作用,又发挥乐教的作用,进而促进全社会的和谐。好在《论语》说过:"礼之用,和为贵。先王之道,斯为美,小大由之。"因而以礼代乐促和谐,也不是没有道理。

在儒家看来,和谐的关键是人人都要学习礼仪,践行礼仪,遵守礼制。只有大家各安其位、各守其礼,整个社会才能和谐稳定。和谐是一个综合性的概念,首先是人自身的和谐。学习礼仪是自身和谐的重要内容,孔子对自己的儿子孔鲤强调:"不学礼,无以立。"(《论语·季氏》)这六个字很简单,却含义深刻。儒家认为,学是学做人,真正的学问就是学做人,追求道德的完善、人格的成熟及精神的升华,"古之学者为己,今之学者为人"(《论语·宪问》)。而学做人先要学礼,没有礼,怎么来做人呢!孔子总是把礼与仁联系在一起,仁是礼的精神内容,更多强调亲亲的情感;礼是仁的表现形式,更多表现尊尊的意蕴。当颜渊问克己复礼的具体内容时,"子曰:'非礼勿视,非礼勿听,非礼勿言,非礼勿动'。"(《论语·颜渊》)这就要求人们的所思所想、所言所行,都要符合礼的要求,才能保持身心的统一和自身的和谐。否则,就会身心紊乱,甚至伤害他人,"恭而无礼则劳,慎而无礼则葸,勇而无礼则乱,直而无礼则绞"(《论语·泰伯》)。意思是,恭敬而不知礼则会疲劳,谨慎而不知礼则会胆怯,勇敢而不知礼则会闯祸,直率而不知礼则会伤人。

人自身的和谐推而广之,遇到的社会关系,第一个层面的要求是家和,家和的核心是孝敬父母,这和礼有着密切关系。《论语》记载,鲁国大夫孟懿子向孔子请教孝道,"子曰:'无违。'"实质是不要违背礼制;具体是"生,事之以礼;死,葬之以礼,祭之以礼"。第二个层面是人和。在儒家看来,一个人能尽孝,就能爱人,促进人与人之间的和谐,"弟子入则孝,出则弟,谨而信,泛爱众,而亲仁"(《论语·学而》)。爱人不是一团和气,没有矛盾,而是讲原则、有规矩,既保持人与人之间的和谐,又不否认人与人之间的差异,"君子和而不同,小人同而不和"(《论语·子路》)。和而不同需要用礼来调节和约束,"知和而和,不以礼节之,亦不可行也"(《论语·学而》)。意思是,为了和谐而一味地追求和谐,却不知道用礼加以节制,那也是行不通的。第三个层面是政和。政和最为集中地体现了儒家积极进取的入世态度和人生价值。孔子认为,政和的最高境界是德政,"为政以德,譬如北辰,居其所而众星共之"(《论语·为政》);最好方式是礼治,"道之以政,齐之以刑,民免而无耻。道之以德,齐之以礼,有耻且格"(《论语·为政》)。最后一个层面是人与自然的和谐。人在浩瀚的宇宙和神秘的大自然面前是非常渺小的,孔子强调畏天命,"获罪于天,无所祷也"(《论语·八佾》);提倡节俭的生活方式,"礼,与其奢也,宁俭;丧,与其易也,宁戚"(《论语·八佾》);要求人们"钓而不纲,弋不射宿"(《论语·述而》),意思是,钓鱼时,只用一个鱼钩的钓竿,而不用大渔网;打猎时,只射飞鸟,而不射在巢中歇宿、哺育之鸟,这就是要保护自然界,而不要向大自然过度索取。

4.礼的功能是教化

礼的教化观念是董仲舒首先提出来的,"道者,所繇适于治之路也,仁义礼乐皆其具也。故圣王已没,而子孙长久安宁数百岁,此皆礼乐教化之功也。王者未作乐之时,乃用先王之乐宜于世者,而以深入教化于民"(《汉书·董仲舒传》)。礼乐教化是传统社会治国安邦的重要手段,有着悠久的历史。周礼设地官掌握教化职能,"一曰以祀礼教敬,则民不苟;二曰以阳礼教让,则民不争;三曰以阴礼教亲,则民不怨;四曰以乐礼教和,则民不乖;五曰以仪辩等,则民不越;六曰以俗教安,则民不偷"(《周礼·地官》)。春秋战国时期仍然重视教化功能,《国语》记载,楚庄王询问教太子之道,申叔时回答:"教之《春秋》,而为之耸善而抑恶焉,以戒劝其心;教之《世》,而为之昭明德而废幽昏焉,以休惧其动;教之《诗》,而为之导广显德,以耀明其志;教之礼,使知上下之则;教之乐,以疏其秽而镇其浮;教之《令》,使访物官;教之《语》,使明其德,而知先王之务用明德于民也;教之《故志》,使知废兴者而戒惧焉;教之《训典》,使知族类,行比义焉。"诸子百家对待礼乐教化作用及其存在意义,大多态度比较暧昧,而以孔子为代表的儒家却自觉地选择了维护周礼的立场,坚定地继承和发展礼乐教化传统。孔子以仁为核心,以培养和塑造君子人格为目标,强调诗教、礼教和乐教,"兴于诗、立于礼、成于乐"(《论语·泰伯》)。诗能启迪性情,为化民之先;礼能约束性情,规范人的举止,为化民之要;乐能陶冶性情,完善人格,为化民之本。在古代社会,礼仪都是教化的重要组成部分,礼的功能就是教化。

礼的教化功能主要集中在社会伦理道德和个体人格修养两个领域。在儒家看来,通过礼的教化,可以把人从动物界区别开来。人作为人不同于动物的地方,就在于人具有道德需求和价值追求,《礼记·曲记》指出:"鹦鹉能言,不离飞鸟;猩猩能言,不离禽兽。今人而无礼,虽能言,不亦禽兽之心乎? 故唯禽兽无礼,故父子聚麀。是故圣人作,为礼以教人,使人以有礼,知自别于禽兽"。"父子聚麀",意指父子共妻。通过礼的教化,可以促进个体培养君子人格。礼是君子品格的重要组成部分,"君子义以为质,礼以行之,孙以出之,信以成之,君子哉!"(《论语·卫灵公》)对于君子人格的养成,一方面礼有文饰的作用。"子路问成人。子曰:'若臧武仲之知,公绰之不欲,卞庄子之勇,冉求之艺,文之以礼乐,亦可以为成人矣。'"(《论语·宪问》)意思是,一个完美的人,除了智、勇、艺等品质外,还需要用礼乐来加以文饰。孔子还说:"质胜文则野,文胜质则史,文质彬彬,然后君子。"(《论语·雍也》)另一方面礼有约束的作用,"君子博学于文,约之以礼,亦可以弗畔矣夫"(《论语·雍也》)。意思是,君子广泛地学习文献和知识,再用礼来约束自己,那就不会离经叛道了。通过礼的教化,可以推动统治者实行礼治。礼治要求正名,子路问孔子,假如卫国国君让你去治理国家,你将先从哪里入手,"子曰:'必也正名乎!'"正名的内容就是让不同的社会角色各归其位、各安其份。"景公问政于孔子,孔子对曰:'君君,臣臣,父父,子子。'公曰:'善哉! 信如君不君,臣不臣,父不父,子不子,虽有粟,吾得而食诸?'"(《论语·颜渊》)礼治还要求统治者守礼,既要对臣子守礼,"君使臣以礼,臣事君以忠",更要对老百姓守礼,"上好礼,则民莫敢不敬;上好义,则民莫敢不服;上好信,则民莫敢不用情"(《论语·子路》)。孔子认为,统治者如果能对老百姓好礼、好义、好信,那么"四方之民襁负其子而至矣",即其他地方的老百姓都会背着小儿女来归附。

三、礼的关系

毫无疑问,礼是中华文明秩序得以延续的重要原因。然而,这并不是礼一己的作用,而是礼与其他思想范畴和道德规范共同发挥着作用,推动着中华文明绵远流长、生机勃发。康德说过:"每当理智缺乏可靠论证的思路时,类比这个方法往往能指引我们前进。"①通过比较研究礼与其他伦理范畴的关系,可以更好地认识理解礼的丰富内容。

礼与仁,这是最重要的一对关系。总的来说,礼与仁是统一的,仁是内容,礼是形式;仁是礼的基础,礼是仁的体现。在儒家看来,仁涉及人的生命本质和人格尊严,既是个人的道德品质,又是最高的德性世界;礼主要指礼仪、习惯和法规条例,属于社会秩序、政治制度和伦理规范的范围。孔子以仁为核心阐发礼的思想,"颜渊问仁。子曰:'克己复礼为仁。一日克己复礼,天下归仁焉。为仁由己,而由人乎哉?'"(《论语·颜渊》)清代学者陈澧认为:"《论语》所言,皆礼也。以其小者观之,如趋过者,子见父之礼;沐浴者,臣朝君之礼;行束修者,弟子初见师之礼;非公事不至者,士人见官长之礼;三愆者,侍坐之失礼;居于位与先生并行者,童子之失礼。小者如此,大者可知也。"②而《论语》之礼皆以仁为归附,阐述仁的内容和要求。孟子把以仁述礼发展为仁义礼智"四端说"和人性本善论,促使儒家之礼由外在秩序与规范转变为内心情感和人性规定,"恻隐之心,仁之端也;羞恶之心,义之端也;辞让之心,礼之端也;是非之心,智之端也。人之有是四端也,犹其有是四体也。有是四端而自谓不能者,自贼也;谓其君不能者,贼其君者也"(《孟子·公孙丑上》)。荀子与孟子一样,同尊孔子,共称仁、

① [德]康德:《宇宙发展史概论》,上海人民出版社1972年版,第147页。
② [清]陈澧:《东塾读书记》卷九,中华书局四部备要本。

礼、义,却是道术殊异。从形式分析,孟子仁义并举,荀子隆礼尊君,强调礼是治理国家的基本方略,"从之者治,不从者乱;从之者安,不从者危;从之者存,不从者亡"(《荀子·礼论》)。从原因分析,荀子不仅不同意人性本善,而且认为人性本恶,还担心性善的后果会否定圣王和礼义,"今孟子曰:'人之性善。'无辩合符验,坐而言之,起而不可设,张而不可施行,岂不过甚矣哉? 故性善则去圣王、息礼义矣;性恶则与圣人,贵礼义矣"(《荀子·性恶》)。荀子修正了孟子的道德理想主义,直面现实的社会人性,由重视道德的内在自觉性转变为外在的社会控制,主张建立以礼法为主导的政治社会秩序。尽管后世儒家不太愿意承认荀子的正统地位,而荀子对儒家之礼贡献甚大,著有《礼论》《乐论》,全面系统阐述了礼学思想尤其是礼的人文内涵。

礼与义,这是一对很重要的关系。学界较为普遍地认为,孔子学说应为仁、义、礼三位一体的结构。孟子把三者关系比喻为房屋、大门和道路的关系,"仁,人之安宅也;义,人之正路也。旷安宅而弗居,舍正路而不由,哀哉"(《孟子·离娄上》);"夫义,路也;礼,门也。惟君能由是路,出入是门也"(《孟子·万章下》)。义是孔子的一个重要思想,而孔子很少将义与礼联系在一起讨论,更多的是讨论义与利的关系。孟子将礼与义都作为人性的基本规定,却更重视义的思想,把义抬高到与仁并列的高度,"王何必言利,亦有仁义而已矣"(《孟子·梁惠王下》)。荀子经常是礼义并用,认为性善则会息礼义,性恶就会贵礼义,"故檃栝之生,为枸木也;绳墨之起,为不直也;立君上,明礼义,为性恶也"(《荀子·性恶》)。意思是,矫正树木的工具产生,是因为有弯曲的木材;绳墨的出现,是因为有不直的东西;君主的设立,彰明礼义,就是因为人性本恶。而荀子似乎更看重礼的作用,"礼者,人道之极也"(《荀子·礼论》)。

分析儒家思想,礼与义既有联系又有差别。联系在于,礼与义都是基本的思想范畴,也是基本的道德规范,还是君子修身的基本要求。

如果以仁为儒学的最高思想范畴，那礼与义均统一于仁，以仁为主导，归于仁统率，"士不可以不弘毅，任重而道远。仁以为己任，不亦重乎？死而后已，不亦远乎？"（《论语·泰伯》）差别在于，礼与义是门与路的关系，门更多地表现为形式和仪式，路则有更深刻的道理；在内容方面，礼是辞让之心，义是羞恶之心，辞让主要是形式的表现，羞恶却是内心的感受和价值的判断。即使孟子对礼与义都赋予了敬的内涵，两者还是存在着差别，礼是对所作所为的恭敬，而义却是敬长，"亲亲，仁也；敬长，义也"（《孟子·尽心上》）。当然，礼与义的联系是主流方面，差异则属于支流，我们不能因礼轻义，也不能因义轻礼，而要一视同仁，使礼与义共同在社会秩序构建和个体人格塑造中发挥积极作用。

礼与乐，这是一对密切度最高的关系，也是儒家思想的核心所在。从某种意义上可以说，儒家思想就是礼乐思想；正是礼乐教化，塑造了中华文明特有的精神气质和文化魅力。朱光潜认为："儒家因为透懂礼的性质与功能，所以把伦理学、哲学、美学打成一气，真善美不像西方思想中成为三种若不相谋的事情。"①礼与乐均源自原始的宗教活动，礼是祭祀仪式；乐是与宗教信仰及生活相关联的集歌、舞、音乐为一体的"乐舞"，而不是现代所说的音乐。《礼记》对礼与乐的基本品格有着多重说法，一是"礼节民心，乐和民声"。二是"乐者，天地之和也；礼者，天地之序也"。三是"乐者为同，礼者为异。同则相亲，异则相敬。乐胜则流，礼胜则离"。四是"乐由中出，礼自外作。乐由中出故静，礼自外作故文"。五是"礼者殊事，合敬者也。乐者异文，合爱者也"。六是"仁近乎乐，义近乎礼"。宋二程总结为"推本而言，礼只是一个序，乐只是一个和，只此两字，含蓄多少义理"（《二程语录》）。乐的特征是和，属自然天成之情；礼的特征是序，属人为修养之理。在孔子看来，乐的境界高于礼的境界，"志之所至，诗亦至焉。诗之所至，礼

---

① 朱光潜：《朱光潜全集》（第九卷），安徽教育出版社1993年版，第103页。

亦至也。礼之所至,乐亦至也"(《礼记·孔子闲居》)。礼与乐的目标相同,就是承担教化功能,"安上治民,莫善于礼;移风易俗,莫善于乐"(《孝经·广要道》)。教化既是防患于未然,又是发挥潜移默化的作用,影响和改造人的品格,孔子说:"礼之教化亦微,其正邪于未形,使人日徙善远罪而不自知也。"(《礼记·孔子闲居》)礼与乐有时难舍难分,是一块硬币的两个方面。周制规定,乐舞的行列,天子八佾,诸侯六佾,大夫四佾,士二佾;每佾八人,这既是礼又是乐,很难区分清楚。当鲁国大夫季孙氏在自己的家中使用天子的八佾乐舞,孔子愤怒地指责:"八佾舞于庭,是可忍也,孰不可忍也?"(《论语·八佾》)礼与乐更多的时候是相辅相成、互为表里的关系,乐是发自内心的思想情感,礼是主导思想的外在规范,两者相得益彰,都是为了修身养性、复于善端。对于古人而言,学礼与学乐实乃是同一学问,在精神品格和价值取向上是相通的,均根源于仁,"人而不仁如礼何? 人而不仁如乐何?"(《论语·八佾》)

礼与情,这是一对容易被疏忽的关系。礼是仪式和规矩,比较稳定,属于理性范围;情是心理变化的外表表现,容易波动,属于感性范围,两者怎么可能联系在一起呢? 周礼本来就是以人身依附关系为基础的等级制度,怎么可能过问人情呢? 而事实却是礼因情生,情之所在,礼之所生。人是理性与情感的统一体,理性内敛自律,如果人人都很理性,那就不需要礼的调节约束。而性情却是张扬随机的,如果不加以管控,就容易放纵,正如荀子所言:人之性情"生而有好利焉,顺是,故争夺生而辞让亡焉。生而有疾恶焉,顺是,故残贼生而忠信亡焉。生而有耳目之欲,有好声色焉,顺是,故淫乱生而礼义文理亡焉"(《荀子·礼论》)。为了约束控制人之性情,所以产生了礼乐,《礼记》指出:"夫礼,先王以承之道,以治人情。"《乐记》认为:"礼乐之说,管乎人情矣。"在儒家看来,人有七情与生俱来,不能给予否定,"何谓人情? 喜怒畏惧爱恶欲七者,弗学而能"。儒家对周礼的发展,很大程度是正确处理了礼与情的关系,不仅使人情受到重视,而且使礼的性质也发生了变化,从祀神致福转变为社会伦理道德规范,把事神亲祖、孝悌人伦归之于人情需要,为礼产生的合理性找到了重要依据。礼与情的关系是既要顺人情又要节人情。荀子对顺人情与节人情给予了全面解释:"礼起于何也?曰:人生而有欲,欲而不得,则不能无求;求而无度量分界,则不能不争;争则乱,乱则穷。先王恶其欲也,故制礼义以分之,以养人之欲,给人之求;使欲必不穷于物,物必不屈于欲,两者相持而长,是礼之所起也。"(《荀子·礼论》)养人之欲,给人之求,是顺人情;欲必不穷于物,物必不屈于欲,是节人情,礼就是要在顺人情与节人情之间保持平衡,两者不可偏废,这是礼具有生命力的标志。

礼与法,这是一对让人纠结的关系。长期以来,学术界大都把法和法治归于法家,似乎儒家没有法和法治,只有礼治、德治和人治;近代引进西方法治理念之后,更是认为儒家没有法治思想。礼与法都是人们的行为规范,区别在于礼是凭借教育感化和社会约束的力量来维持,法是凭借国家机器和强制力量来维持。儒家虽然推崇礼治,却不否定法治。孔子以"无讼"为理想,却也认可法治的的必要,表示"听诉吾忧人也"。孔子并不反对刑罚得当,而是反对刑罚不中,"名不正则言不顺,言不顺则事不成,事不成则礼乐不兴,礼乐不兴则刑罚不中,刑罚不中则民无所错手足"(《论语·子路》)。孟子认为:"徒善不足以为政,徒法不足以自行。"(《孟子·离娄上》)这表明礼与法都是统治手段,只有仁心而无法,不足以治理国家;有法而不以仁心去实施,也不足以治理国家。荀子从人性恶出发,更加承认法在维护社会秩序中的作用,"以善至者待之以礼,以不善至者待之以刑"(《荀子·王制》)。荀子还首倡礼法概念,"故学也者,礼法也"(《荀子·修身》)。礼法概念不是礼和法的简单相加,而是对国家政治法律制度的一种质的界定。在儒家看来,礼与法相比,礼是更高的政治统治和社会管理境界,《孔子家语》记载着孔子的一段话,集中体现了儒家关于德、礼、政、刑关系的认识，"圣人之治也，必刑政相参焉。太上以德教民，而以礼齐之。其次以政言导民，以刑禁之，刑不刑也。化之弗变，导之弗从，伤义以败俗，于是乎用刑也。"同时，礼与法相比，应以礼为主、以刑为辅，构建礼法合治的社会秩序。《汉书·刑法志》指出："圣人制礼作教，立法设刑，《书》云'天秩有礼'，'天讨有罪'。故圣人因天秩而制五礼，因天讨而作五刑。"一般而言，"礼者禁于将然之前，而法者禁于已然之后"（《大戴礼记·礼察》）。礼所容许的行为，也是法所容许的；礼所反对的行为，也是法所禁止的，能守礼自然不会违法。因此，儒家特别重视礼乐教化、先礼后刑，反对不教而诛，孔子认为，不教而诛是四种恶政之一，"不教而诛谓之虐，不戒视成谓之暴"（《论语·述而》）；荀子既反对不教而诛，又反对教而不诛，"不教而诛，则刑繁而邪不胜；教而不诛，则奸民不惩"（《荀子·富国》）。

通过对儒家之礼的学习研读，不能不赞誉中国礼文化的博大精深。同时，也不能不说一些有关礼的"尴尬"事情。据史料记载，1775年3月，俄国沙皇派尼古拉使团访华，觐见康熙帝时，尼古拉勉强行跪拜礼，还没等康熙喊"平身"便径自站了起来。事后，康熙大摇其头说："该夷，不知礼数，言多狂悖，盖因声教不及之故，不必与其计较。"而其孙乾隆帝，则因英国使团马戛尔尼坚决不行跪拜礼而一口回绝英国建交和经贸要求，并发旨说英国要派人常驻天朝，照管英国的买卖，这和天朝的体制不相符合，万万不行。康乾之世是中国少有的盛世，康乾也是中国少有的雄才大略皇帝，却囿于礼的束缚而闭关锁国，丧失了一次中国迈入现代化国家的重要机遇，这不能不说是礼教的局限和失败。在社会民间，由于过分强调礼教，使得历史上许多人尤其是女性的命运悲惨，以致近代有学者指责"礼教吃人"。这些事例说明礼教存在着皇权至上、僵化凝固和忽视人欲、泯灭人性的弊端。但是，这不能简单地归罪于儒家之礼。在早期的儒家思想中，对于皇权，是敢于平等对待的,甚至敢于贬抑,孟子就说:"民为贵,社稷次之,君为轻。"(《孟子·尽心下》)对于礼制,是赞同与时俱进、因时变革的,孔子指出:"殷因于夏礼,所损益,可知也;周因于殷礼,所损益,可知也。其或继周者,虽百世,可知也。"(《论语·为政》)对于人欲和人性,无论孔子、孟子、荀子都没有否定,只是强调要见利思义、义然后取,"富与贵,是人之所欲也,不以其道得之,不处也;贫与贱,是人之所恶也,不以其道得之,不去也"(《论语·里仁》)。不能因为封建社会末期礼教的愚昧落后,而轻易否定礼文化的历史意义和现实价值。我们仍然要从先秦儒家思想中汲取营养,传承礼文化和礼仪文明的薪火,融合于现代化建设的大趋势和大格局,进而重续礼仪之邦的辉煌。

第十三章　智:知者不惑

　　智是儒家的重要思想范畴,在孔子那里,属于德性范围,"知、仁、勇三者,天下之达德也"(《中庸》)。在孟子那里,属于人性范围,"仁义礼智,非由外铄我也,我固有之也,弗思耳矣"(《孟子·告子上》)。在董仲舒那里,则固化为"五常",共同构成儒家思想体系的核心,"仁义礼智信,五常之道"(《汉书·董仲舒传》)。在悠悠的历史长河中,智这一概念深刻影响着中华文明的发展和士人品格的塑造。表面上看,智是五常中较少谈及的概念,在孔子和孟子那里却有着重要地位,经常仁智并举,还与圣人品格联系在一起,孔子说:"仁者安仁,知者利仁。"(《论语·里仁》)孟子则明确提出圣人就是"仁且智","学不厌,智也;教不倦,仁也。仁且智,夫子既圣矣"(《孟子·公孙丑上》)。后人研究仁与智,有的认为,在儒家思想体系中,仁与智占据更基础的地位,梁启超说:"孟子好言仁义礼智,义礼本仁智所衍生。"[1]杨国荣指出:"在仁、义、礼、智四者之中,基本品格是仁与智。所谓羞恶之心与恭敬之心(辞让之心)无非是仁智融合的具体形态,正是在这一意义上,孟子有时直接以仁和智来概括理想的人格。"[2]有的认为,仁与智是把握中华文化精神的关键,牟宗三指出:孔子在《论语》里"别开生面,从主观方面开辟了仁、智、圣的生命领域;孔子未使他的思想成为邪教式的宗教,完全由于他对主体性仁、智、圣的重视。这是了解中国思想特质的

① 梁启超:《清代学术概论(精校版)》,中国言实出版社2014年版,第164页。
② 杨国荣:《孟子的哲学思想》,华东师范大学出版社2009年版,第105页。

最大窍门"①。

先秦时期,"智"与"知"通用,《说文解字》解释:"知,词也,从口矢。"段玉裁把"知"与"识"联系在一起,进一步解释:"'词也'之上亦当有'识'字。知义同。故作知。识敏,故出于口者疾如矢也。""知"即知识,从口从矢,口是说话,矢是射箭,合起来表示说话像射箭,说对了如同射中靶心,也就是一语中的;又表示具有很强的认识事理的能力,像飞箭一样,反应迅速,出口成章。"知"的本义有了解、识别的意思,引申为名词,既有知识的含义,意指人类在实践中探索认识物质世界以及精神世界的成果;又有智慧的含义,意指基于神经器官的一种综合能力。知与智紧密相联,而智却是从知演变分化出来的概念,比较而言,知的内涵是认知,智则是践行;知的范围大,智则小一些;知是静态的经验和知识,智则是动态的能力,指的是运用知识、经验、技术解决问题、完成任务和实现目标的能力。概言之,一个有智慧的人,必定是有经验、有知识的人;而有经验、有知识的人,却不一定是有智慧的人。在中国传统文化中,自从知与智分离之后,知就是知识,没有伦理道德方面的特定内涵,而智却被认为是处理人与人之间的一种能力和艺术,具有德性内容。在先秦时期,知与智并没有分离,《论语》一书无论用"知"还是用"智",都是写作"知";《荀子》一书虽已出现智的概念,大多还是用知来表达智的内容。作为思想范畴和伦理道德概念,用智替代知,无疑是更合适的选择。

一、智的比较

先秦时期,百家争鸣,都没有忽视智的概念,并从不同角度对智作出了各自的理解和诠释,形成尚智与反智两大学派。儒家尚智,把智

---

① 牟宗三:《中国哲学的特质》,吉林出版集团 2010 年版,第 31 页。

纳入自己的思想体系，与仁义礼乐并列，作为基本范畴对待，孟子曰：
"仁之实，事亲是也；义之实，从兄是也；智之实，知斯二者弗去是也；礼
之实，节文斯二者是也；乐之实，乐斯二者，乐则生矣。"（《孟子·离娄
上》）孟子认为，仁义礼乐智结合在一起，就产生了快乐，"生则恶可已
也，恶可已，则不知足之蹈之，手之舞之"（《孟子·离娄上》）。意思是，
只要一产生快乐，那怎么能抑制得住，怎么能停下来，于是不知不觉地
手舞足蹈起来。道家反智，认为正是智慧的出现和人类对智慧的追
求，才使人们趋于争斗、社会走向混乱无序，老子指出："大道废，有仁
义；慧智出，有大伪；六亲不和，有孝子；国家昏乱，有忠臣。"（《老子·第
十八章》）当然，道家并不一定是真正反智，而是辩证地看到智的负面影
响，有可能演变为虚假伪善、尔虞我诈和机巧权术。从某种意义上说，
正是儒家与道家对待智慧的不同看法，既相互批判又相互吸纳，构建
了"内圣外王"的智慧观。

　　智也是中西文化共同关注的概念。中西文化差异很大，在概念范
畴、逻辑体系和思维形式方面都没有什么交集，而在智的概念上却有
着明显的交集和相似之处。古希腊哲人定义哲学为爱智慧的学问。
现代《兰登书屋词典》诠释智，一是有着智慧的性质或状态，与就行为
作出的公正判断相关的正确的知识；二是学术上的知识或学问。《哲
学百科全书》则定义："从最广泛、最普遍的意义上说，智慧指的是对生
活行为作出合理的、满意的判断。智慧可以伴之渊博的知识、敏锐的
理智和深刻的预见，但它不是这其中的任何一种，而是在它们不在的
地方显现。智慧涉及理智的理解和洞察，它关注实践生活的手段和目
的。"这些定义与中华文化有关智的概念，何其相似啊。

　　毫无疑问，儒家最重视智的概念。据有关统计，"知"在《论语》中
出现116次，其中作为名词"知识"有2次，动词"知道"有89次，与
"智"相同有25次。孔子没有区分认识之智与德性之智，经常将仁与
智并列，作为主要人格特征和重要伦理道德规范，"知者乐水，仁者乐

山;知者动,仁者静;知者乐,仁者寿。"(《论语·雍也》)孟子侧重于德性
之智,继承发展了孔子之智。他从人性本善出发,把智和仁、义、礼一
起作为人性的内容,"恻隐之心,人皆有之;羞恶之心,人皆有之;恭敬
之心,人皆有之;是非之心,人皆有之。恻隐之心,仁也;羞恶之心,义
也;恭敬之心,礼也;是非之心,智也"(《孟子·告子上》)。更重要的是,
孟子贯通了仁、智与圣的关系,使三者浑然一体,成为可景仰和实践的
圣人人格。在春秋之前的典籍中,圣一般指聪明、智慧;春秋战国时
期,圣和圣人则从原初的含义转变为理想化和神秘化的人格理想。孔
子承认有圣人,却认为高不可攀,也没有给予具体阐述。孟子把"仁且
智"作为圣人的标准,认为尧舜和孔子都是圣人,而且"人皆可以为尧
舜"。荀子主要对知与智作了区分,"所以知之在人者,谓之知;知有所
合,谓之智"(《荀子·正名》)。荀子对智的理解包括德性内容,却有了
浓厚的认识之智的含义,"凡以知,人之性也;可以知,物之理"(《荀
子·解蔽》)。总体而言,先秦儒家之智的重点是智的道德内容,着力解
决人与人之间的伦理关系,而不是理性思维和认知能力,没有重视解
决人与自然的关系。

孔子是儒家学派的创始人,他阐述了智的主要内容,奠定了儒家
之智的基本格局。在孔子那里,智具有本体论意义。虽然孔子罕言本
体,"夫子之言性与天道,不可得而闻也"(《论语·公冶长》),但他没有
否认本体的存在,认为"性相近,习相远"。孔子只是把本体悬置起来,
更多地关注现实和人生,"樊迟问知,子曰:'务民之义,敬鬼神而远之,
可谓知也。'"(《论语·雍也》)智具有认识论意义,"不怨天,不尤人,下
学而上达。知我者,其天乎!"(《论语·宪问》)所谓"下学",不仅学习
各种文献和书本知识,而且学习谋生和生存的各种技术知识;"上达",
指的是理性思维和智的目的性,这就是道。道不是儒家学说的主要范
畴,却是孔子为学为人憧憬的终极目标,"朝闻道,夕死可矣"(《论语·
里仁》)。智具有人格论意义,孔子首次将智、仁、勇并称为君子的基本

品质。比较而言,孔子更看重仁与智的作用,是君子人格不可或缺的因素。智具有实践论的意义,"子曰:'里仁为美。择不处仁,焉得知?'"(《论语·里仁》)孔子说,邻里以有仁德的风俗为美。选择没有仁德风俗的居处,怎能算得上智慧呢? 这说明儒家之智总是以道德为基础,不脱离德性;又强调实践性,必须转化为实际行动,以达到知行合一的境界。

话说道家反智,是一件很困难的事情。老子是道家的代表人物,对于智慧、知识常常存在着互相矛盾的观点,一方面,老子不否认智慧,"知人者智,自知者明。胜人者有力,自胜者强"(《老子·第三十三章》);也不否认知识,"使我介然有知,行于大道,唯施是畏"(《老子·第五十三章》),意思是,假使我稍微有些知识,在大道上行走,担心唯恐走入了邪路;还不否认智者,"知者不言,言者不知"(《老子·第五十六章》)。另一方面,老子确实有反智的言论,最为典型的表述是"三绝",即绝圣弃智、绝仁弃义、绝巧弃利。如何理解老子的矛盾态度,关键是要认识老子思想的特点,其最大特点是玄而又玄的思维。老子是先秦思想家中唯一有意识地探讨宇宙本原和万物来源的智者,其主体思想范畴是道,道是浑全之朴、众妙之门,化生万物而又存在于万物之中。在老子看来,道可以在生命体验中意会,却不能在现实生活中言传;可以在理性直觉中感悟,却不能在知识范围内把握,"道可道,非常道;名可名,非常名。无,名天地之始;有,名万物之母。故常无,欲以观其妙;常有,欲以观其徼。此两者,同出而异名,同谓之玄。玄之又玄,众妙之门"(《老子·第一章》)。因而老子反对任何企图通过智慧、知识来描述论证道的做法。老子认为,学习形下之知与感悟形上之道的方法是不一样的,前者是做加法和日积月累,这说明老子没有否定知识和学习知识;后者是做减法,主要减少人的私利和欲望,"为学日益,为道日损。损之又损,以至于无为。无为而无不为"(《老子·第四十八章》)。老子思想的主要特点是批判反省的思维。面对春秋乱世,老子对文明持一种批判态度。在老子看来,当时倡导和力图恢复的仁义礼教,都是统治者积极有为的结果,不仅不是解决问题的手段,而且是造成问题的根源,"故失道而后德,失德而后仁,失仁而后义,失义而后礼。夫礼者,忠信之薄而乱之首"(《老子·第三十八章》)。老子开出的药方是自然无为,"故圣人云,我无为而民自化,我好静而民自正,我无事而民自富,我无欲而民自朴"(《老子·第四十一章》)。老子思想的重要特点是正言若反的思维,也就是辩证思维,"大盛若缺,其用不弊。大盈若冲,其用不穷。大直若屈,大巧若拙,大辩若讷。躁胜寒,静胜热。清静为天下正"(《老子·第四十五章》)。正言若反还是一种语言风格和修辞手法,将一些对立的观念组织在一起,以说明互相联系和区别、转化和流动,从而加强表达效果。老子正是通过批判否定智慧的负面作用和影响,引起世人的关注和警醒,来趋近于道之本体:心性真诚坦荡达到极致,是赤子之情;处世以柔克刚达到极致,是上善若水;治国自然无为达到极致,是圣人之治;社会和谐安宁达到极致,是原始之朴,"故令有所属,见素抱朴,少私寡欲,绝学无忧"(《老子·第十九章》)。不是吗? 老子其人历来被认为是智慧的化身;《老子》一书始终被看作是关于智慧的著作。

比较中西文化对于智和智慧的认识,是一件有意义的事情。西方文化的源头是古希腊文明,在古希腊哲人那里,智慧、公正、勇敢和节制是主要道德,而智慧是最重要的道德和思想范畴,居于四德之首。苏格拉底认为:"智慧就是最大的善。"实质是发现知识,探索真理。柏拉图认为智慧是最高的德性,对于国家的政治发展和社会进步有着重大作用。亚里士多德认为:"智慧既是理智也是科学,在诸荣耀科学中它居于首位。"①古希腊哲人把智慧明确区分为理性与德性两个方面;亚里士多德作了更细致的区分,在《尼各马可伦理学》一书中把人类认

---

① [古希腊]亚里士多德著,苗力田译:《亚里士多德选集》(伦理学卷),中国人民大学出版社1999年版,第136页。

识真理的方法区分为技术、科学、实践智慧、智慧和理智五种形态,理性是智慧的本义,或称理性智慧;德性为实践智慧或实践理智。理性智慧属于思辨理论的范围,对象是客观存在的实体,目的是为了求真,区别真与假,而对人不一定有实际益处和直接利害关系;实践智慧类似于先秦思想家智的概念,是主体与客体互相作用,追求对人有益的事情,目的是为了求善,区别善与恶。亚里士多德指出:"人们称阿那克萨戈拉和泰利士为智慧的人,而不称实践智慧的人。人们看到他们对自身有益之事并无所知,而他们所知的东西都是深奥的、困难的、非常人能及的,但都没有使用价值。因为他们所追求的不是对人有益的东西。实践智慧是针对人的事情。"①由于智慧是理性与德性的对立统一体,人们可以进行选择,造就了中西文化不同的发展路径。先秦思想家从天人合一出发,强调智的德性,以德统智,重点放在处理人与人之间的伦理道德关系,而没有重视发展对自然的认知能力以及对自然科学的探知;古希腊哲人则从天人有别出发,强调"人是理性动物",以智统德,注重思辨、理论和逻辑,探寻认识的可能和条件、认识的范围和界限、感性与理性、真理与谬误、真理的绝对性与相对性关系,把智的理解置于对外在自然界和客观世界规律的认识,着力揭示宇宙之谜,进而利用和控制宇宙万物。赫拉克利特认为:"智慧就在于说出真理,并且按照自然行事,听自然的话。"②历史只是存在,不能选择。我们很难评判先秦思想家和古希腊哲人对智与智慧的不同选择,却可以描述和总结两种选择不同的历史进程与实际结果,"告诸往而知来者",推动中西文化的交流、融合和互相借鉴,进而创新中华文化走向世界、影响全球。

---

① [古希腊]亚里士多德:《尼各马可伦理学》,中国社会科学出版社 1992 年版,第122 页。
② 北京大学哲学系外国哲学史教研室编译:《西方哲学原著选读》,商务印书馆 1981年版,第 25 页。

二、智的内容

学习知识,追求智慧,成为智者,是人类亘古不变的话题,也是人们梦寐以求的理想。甲骨文中就出现了"知"字,这是一个会意字,左边类似"亏"的符号指"气",中间的符号是"口"的象形字,右边的符号是"矢"的象形字,将左边的气和右边的矢合起来,既有箭速很快之义,又是有的放矢之义;与中间的"口"合在一起,恰恰是知的含义,"凡知理之速,如矢之疾也,会意"①。引申而言,意指个体通过日积月累的学习实践,非常熟练地掌握知识,并能熟练地运用知识立身处世和解决问题。这真是智慧的表现,智慧不仅是学习掌握知识,更是运用知识解决现实和人生的问题。中国古代是知与智通用,两者之间具有内在的统一性。先秦诸子百家都运用过智的概念,却没有放在各自思想体系的重要位置,唯有儒家把智作为自己思想体系的重要范畴,从多个层面、不同维度进行论证阐述,从而形成了全面而系统的智论。如果说中国传统文化有知识论和智慧观,那就是儒家之智。儒家之智不局限在知识,不囿于简单的聪明,也不是知识加聪明的结合,而是一个综合性的概念,蕴含着丰富内容,恰如李泽厚所言:智慧"不只是指某种思维能力、知性模式。它不只是 wisdom,intellect,而是指包括它们在内的整体的心理结构和精神力量"②。

1.智是认识论

先秦儒家比较重视智的德性内容,把"修己安人"作为人生的理想目标,却没有否认智的理性内容,更没有放弃对知识的学习和追求。

---

① [五代]徐锴:《说文系传》。
② 李泽厚:《中国古代思想史论》,人民出版社 1986 年版,第 297 页。

《论语》将《学而》放在第一篇,就是强调求知的重要性,把学习知识看成是智慧和道德品质的基础,朱熹就说:"此为书之首篇,故所记多务本之意。乃入道之门,积德之基,学者之先务也。"(《四书章句集注·论语集注》)孔子关于智的论述构建了比较完整的认识论,这既是儒家思想的重要组成部分,也对中国文化知识传统产生了重大而深刻的影响。孔子的智论以仁为核心,以智为载体,兼容并包,有经有权,始终充满着勃勃生机。中华文明绵延数千年而没有中断,与孔子智论有着密切关系;中华民族坚持读书学习,注重下一代的教育培养,也是孔子智论恩泽厚爱的结果。孔子的智论全面回答了诸如知识来源、感性认识与理性认识、认识与实践的关系等问题,给出了与现代认识论相似的答案。

知识的来源,是认识论的基本问题。孔子的回答很智慧,他说:"生而知之者,上也;学而知之者,次也;困而学之,又其次也;困而不学,民斯为下矣。"(《论语·季氏》)这是孔子智论最集中的表述,也是儒家知识论的纲领指导。从字面上看,对待知识似乎有四种情况,实质是两种途径,即生而知之和学而知之。孔子虽然承认生而知之,但综观孔子的全部言行和终身实践,他没有对生而知之作出具体论证和阐述。换言之,孔子对待生而知之,犹如对待鬼神那样,是敬而远之,悬置起来。孔子真正关心的是学而知之,他不承认自己是生而知之,认为知识都是在勤奋敏捷的学习中获得的,"我非生而知之者,好古敏以求之者也"(《论语·述而》)。"好古"不是复古,而是学习古代的文献典籍和礼仪制度,"夏礼,吾能言之,杞不足征也;殷礼,吾能言之,宋不足征也。文献不足故也。足,则吾能征之矣"(《论语·八佾》)。意思是,夏朝的礼,我能够讲述,但它的后代杞国不足为证;殷商的礼,我能够讲述,但它的后代宋国不足为证。这是因为它们的文献和贤者不够完备的缘故。如果有足够的文献和贤者的话,我就可以拿来证明我的讲述了。从这段话可知,孔子的学习态度是多么认真和严肃。孔子不仅重视向书本学习,而且重视向实践学习。有一位太宰官员问子贡,为什么孔子有那么多的知识和才能,子贡回答,是因为"天之纵圣",意指上天要让孔子做圣人,所以他多才多艺。孔子听后,给予否定说:"吾少也贱,故多能鄙事。君子多乎哉?不多也。"(《论语·子罕》)强调自己的知识和才能是从实践中学来的。

感性认识与理性认识的关系,是认识论的又一个重要问题。孔子将之概括为学与思的关系,要求把学与思结合起来,合而为一,"学而不思则罔,思而不学则殆"(《论语·为政》)。所谓"学",意指人的感性活动,即从书本和实践中获得的认知;"思",意指人的思维活动,把学习实践得到的感性认识和知识,通过思考,抽象上升为理性认识。孔子重视学,更重视思的作用,"君子有九思:视思明,听思聪,色思温,貌思恭,言思忠,事思敬,疑思问,忿思难,见得思义"(《论语·季氏》)。在孔子看来,任何感性认识,只有经过思索考虑,眼睛才能看得清楚,耳朵才能听得明白,脸色才能温和有礼,容貌才能谦恭适度,说话才能得体诚实,办事才能谨慎恭敬,遇到疑难才能请教询问,生气的时候才能克制约己,有所获利才能符合道义标准。

认识与实践的关系,是认识论最重要的问题。只有认识,而没有实践,等于没有认识;只有知识,而不能运用知识于现实之中,等于没有知识。对于中国传统文化而言,这是知与行的关系,孔子把行看成是知的组成部分,坚持知行合一、学以致用。《论语》第一句话就是"学而时习之,不亦说乎",这个"习"字既有温习、复习的含义,更有践行的内涵。儒家思想与其说是伦理道德之学问,倒不如说是生命的学问、人生实践的学问。孔子最为担忧的是知行脱节,尤其是学习了德性知识,而不能行动,"德之不修,学之不讲,闻义不能徙,不善不能改,是吾忧也"(《论语·述而》)。对于知与行的关系,孔子的思想是深刻的,一方面反对知而不行、空谈误国,"诵《诗》三百。授之以政,不达;使于四方,不能专对;虽多,亦奚以为?"(《论语·子路》)意思是,把《诗》三百篇背得很熟，让他处理政务，却办不成事；让他当外交使节，不能独立应对。即使学得再多，又有什么用呢？另一方面反对不知而行、妄作乱动，"盖有不知而作之者，我无是也。多闻，择其善者而从之；多见而识之，知之次也"（《论语·述而》）。

2.智是人格论

现代心理学研究认为，人格是个体在各种交互作用过程中形成的内在动力组织和相应行为模式的统一体。古今中外，一般都把道德品质和智慧知识作为理想人格的基本内容。孔子是最早对人格进行系统阐述的思想家，他没有提出人格的概念，却有着心中的人格理想。这并不奇怪，孔子关注社会现实，强调伦理道德，当然要塑造理想人格，让人们有仿效的榜样，也使伦理道德思想能够落到实处。孔子以仁为核心，提出了圣人、君子和士三类人格思想。其中，圣人是终极的理想人格，孔子非常尊崇却认为可望而不可即；君子是既理想又现实的人格，孔子极力倡导人们去实践君子人格。严格地说，士不是人格理想，而是真实的社会存在。传统社会将各行各业分为士农工商四种类型，士指的是读书人，读书人自然有知识，智是题中应有之义。孔子没有把士作为人格理想，而有士的人格思想，要求读书人努力践行仁义道德，力争成为君子或圣人，"志士仁人，无求生以害仁，有杀身以成仁"（《论语·卫灵公》）；"士不可以不弘毅，任重而道远。仁以为己任，不亦重乎？死而后已，不亦远乎？"（《论语·泰伯》）这不仅是对士的要求，也是圣人和君子品格的组成部分。对于儒家理想人格的组成要素，学界存在着不同看法，有的认为是仁、智、勇，有的认为是仁、智、礼，有的则认为是仁、义、礼、智、信。无论是哪一种看法，都没有忽视智的品质。智既是认知过程又是认知状态，是任何道德行为的前提条件。没有思想上对道德理念的认知和认同，就不可能有相应的道德行为,冯友兰正确地指出:"智是人对于仁义礼底了解。人必对于仁有了解,然后才可以有仁底行为。必对于义有了解,然后才可以有义底行为。必对于礼有了解,然后他的行为,才不是普通底循规蹈矩。"①

圣人是传统社会崇拜的理想人格,也是诸子百家尤其是儒、道两家都认同的理想人格。在孔子看来,圣人是社会伦理道德的最高境界,历史上似乎没有人达到圣人的标准。孔子也不认为自己是圣人,"若圣与仁,则吾岂敢? 抑为之不厌,诲人不倦,则可谓云尔已矣"(《论语·述而》)。尧舜也不是完全的圣人,子贡问一个人能广泛地给民众以实惠,并能救济大众,能否称他为仁者? 孔子回答:"何事于仁! 必也圣乎! 尧舜其犹病诸!"(《论语·雍也》)意思是,这岂止是仁呢? 一定是圣人了,就连尧、舜也会感到力量不足呀。在老子看来,圣人既是理想人格也是现实人格,能够在社会生活中发挥作用,《老子》一书直接论及圣人的章节约占三分之一,最后一句话是"天之道,利而不害。圣人之道,为而不争"(《老子·第八十一章》)。孔子与老子圣人观的最大差异在于,孔子之圣人是仁的人格载体,老子之圣人是道的人格载体。孟子把孔子具有超现实性和神秘化取向的圣人拉回到人间世,认为道德实践主体既可能也应该成就理想人格;对于每一个人来说,成为圣人既具有逻辑可能性,又有着现实必然性,"圣人,与我同类者"(《孟子·告子上》)。孟子把仁和智作为圣人的基本规定,认为尧舜是圣人,"知者无不知也,当务之为急;仁者无不爱也,急亲贤之为务。尧舜之知而不遍物,急先务也;尧舜之仁而不遍爱人,急亲贤也"(《孟子·尽心上》)。孔子是圣人,"孔子,圣之时者也。孔子之谓集大成"(《孟子·万章下》)。集大成是有条理,"始条理者,智之事也;终条理者,圣之事也。智,譬则巧也;圣,譬则力也。由射于百步之外也,其至,尔力也;其中,非尔力也"(《孟子·万章下》)。意思是,条理的开始,

---

① 冯友兰:《新原道》,三联书店 2007 年版,第 9 页。

是运用智慧的事业;条理的终结,是完成圣德的事业。智慧,好比技巧;圣德,好比力量。就像百步之外射箭,箭射到靶子,是你的力量在起作用;箭射中靶心,就不是你的力量在起作用了。

君子是儒家始终坚持的理想人格。孔子说:“圣人,吾不得而见之矣。得见君子者,斯可矣。”(《论语·述而》)君子人格的要求就是仁、智、勇齐备,“子曰:‘君子道者三,我无能焉:仁者不忧,知者不惑,勇者不惧。’子贡曰:‘夫子自道也。’”(《论语·宪问》)君子概念寄托着孔子太多的人生理想。在孔子看来,首先要崇仁,君子在任何时候任何情况下都要以仁的标准要求自己,不可须臾离开仁、抛弃仁,“富与贵,是人之所欲也;不以其道得之,不处也。贫与贱,是人之所恶也;不以其道得之,不去也。君子去仁,恶乎成名? 君子无终食之间违仁,造次必于是,颠沛必于是”(《论语·里仁》)。在孔子看来,君子要好学,“好学近乎知”。君子不仅人品要好,而且要有智慧和知识,“质胜文则野,文胜质则史,文质彬彬,然后君子”(《论语·雍也》)。如果说质朴的人品要在人生实践中锤炼,那么,文化、知识和智慧则主要通过好学获得。好学也是仁德,“博学而笃志,切问而近思,仁在其中矣”(《论语·子张》)。有意思的是,孔子既不承认自己是圣人,也不承认自己是君子,却承认自己好学,“十室之邑,必有忠信如丘者,不如丘之好学也”(《论语·公冶长》)。在孔子看来,君子要遵礼,“君子博学于文,约之以礼,亦可以弗畔矣夫”(《论语·雍也》)。孔子要求他的学生,“非礼勿视,非礼勿听,非礼勿言,非礼勿动”(《论语·颜渊》)。因为无礼,恭、慎、勇、直等品质都会失去意义和光彩,“恭而无礼则劳,慎而无礼则葸,勇而无礼则乱,直而无礼则绞”(《论语·泰伯》)。孔子还经常把君子与小人进行比较:在心胸方面,“君子坦荡荡,小人长戚戚”(《论语·述而》);在义与利方面,“君子喻于义,小人喻于利”(《论语·里仁》);在和与同方面,“君子和而不同,小人同而不和”(《论语·子路》)。孔子告诫人们:“女为君子儒,无为小人儒。”(《论语·雍也》)这就是要求人们努力做一名君子，不要做一个小人。

3.智是教育论

知识、智慧与教育密切相关。孔子的智论与其教育观有着共同的逻辑前提，即学而知之。学而知之，既要求个体好学，通过学习，获得道理和知识；又要求社会教育，通过教育，传授道理和知识。所以，孔子不仅承认自己好学，而且承认自己好教，"默而知之，学而不厌，诲人不倦，何有于我哉？"（《论语·述而》）意思是，把学习的内容默默地记在心里，努力学习而不厌倦，努力教诲学生而不知倦怠，我还担心什么呢？孔子是中国最伟大的教育家，他是历史上创办私学第一人，打破了当时贵族对学校教育的垄断，把受教育的范围扩大到平民百姓。两千多年来，广大平民子弟能够接受教育，都是孔子泽被天下的影响。孔子自己大量接收私人学生，所谓"弟子三千，贤人七十二"，极言教育规模之大、教育经验之丰富。更重要的是，孔子形成了一套完整的教育思想，蕴含着许多合理成分和智慧光芒，至今仍然有着重要的指导作用。

"有教无类"，是孔子最重要的教育思想。这一思想既是孔子智论的集中体现，也是孔子仁德思想的具体体现。两千多年前，孔子就已提出具有超越时代限制和普世价值的教育精神，即不分阶级、不分地域、不分贤愚，只要肯接受教育，都要给予谆谆教诲。这一思想打破了教育的等级界限，扩大了教育的范围，具有积极意义和深远影响。当然，实现这一理想，是要有一定经济基础的。在古代，学生学费主要靠个人和家庭负担，"子曰：'自行束修以上，吾未尝无诲焉。'"（《论语·述而》）孔子说，只要带上十条干肉来求学的，我从来没有不对他给予教诲的。后世有人认为，当时能交十条干肉的，必定是富裕人家，贫穷子弟是交不起的，也就入不了学，以此来否定"有教无类"的可能性和现实性。这一认识是浅薄的,孔子是私人办学,怎么可能不收学费呢!即使现代社会,教育也不可能做到都不收费。现代教育,是区别情况收费的,义务教育阶段不收费,由政府负担;技能教育和高等教育是要收费的,由个人和家庭承担,政府给予支持。然而,在发展中国家和贫困落后地区,还是有许多贫穷家庭和贫民子弟失去了受教育的机会,这说明有教无类思想在今天不仅没有过时,而且有着借鉴指导意义。教育收费,丝毫无损有教无类思想的真理价值。

　　"子以四教:文、行、忠、信"(《论语·述而》),是孔子智论在教育内容上的反映。所谓"文",就是认识之智,意指知识、学问以及文章的文采、字句和条理。"忠"和"信",主要是德性之智,"忠"是对国家、父母的责任心;"信"是对社会、朋友的信义。"行"是对智的实践。教育包括道德教育和知识教育,这在孔子思想中是非常明确的。"陈亢问于伯鱼曰:'子亦有异闻乎?'对曰:'未也。尝独立,鲤趋而过庭。曰:学《诗》乎? 对曰:未也。不学《诗》,无以言。鲤退而学《诗》。他日,又独立,鲤趋而过庭。曰:学礼乎? 对曰:未也。不学礼,无以立! 鲤退而学礼。闻斯二者。'陈亢退而喜曰:'问一得三,闻《诗》,闻礼,又闻君子之远其子也。'"(《论语·季氏》)陈亢是孔子的学生,伯鱼是孔子之子孔鲤;学《诗》是知识教育,学礼是道德教育。这段话既让我们认识了孔子无私的胸怀,对待儿子与弟子一视同仁,又让我们认识了孔子的教育内容。孔子更重视道德教育,甚至认为一个人学习知识是容易的,但要实践道德规范则困难得多,"文,莫吾犹人也。躬行君子,则吾未之有得"(《论语·述而》)。意思是,在文献知识和学习方面,我和别人差不多。在人生实践中做一个君子,那我还没有达到。孔子也没有忽视知识教育,他对学生说:"小子! 何莫学夫《诗》?《诗》可以兴,可以观,可以群,可以怨。迩之事父,远之事君。多识于鸟兽草木之名。"(《论语·阳货》)

　　因材施教,是孔子智论在教育领域的延伸和拓展。在认识论上,孔子把人区分为"生而知之""学而知之""困而知之"和"困而不学"四个层次;延至教育对象,孔子则把人区分为中人以上和以下两种情况,"中人以上,可以语上也;中人以下,不可以语上也"(《论语·雍也》)。这是因材施教的思想基础。在具体的教学实践中,孔子注意多方面观察,以便对学生有一个透彻的了解,"柴也愚,参也鲁,师也辟,由也喭"(《论语·先进》)。意思是,高柴愚笨,曾参迟钝,颛孙师偏激,仲由鲁莽,各人的情况是不同的。即使是自己非常熟悉的学生颜回,也要反复观察才能真正了解,正确评价他的智质,"子曰:'吾与回言,终日不违,如愚。退而省其私,亦足以发。回也不愚。'"(《论语·为政》)孔子说,我整天向颜回讲学,他从不提出反问,像个愚钝的人。等他退下去,我考察他与别人私下的讨论,却也能进行发挥,可见颜回并不愚钝。孔子观察、了解学生,是为了更好地教育学生,对不同个性和智质的学生,采取不同的教育方法。《论语》记载:子路问孔子:听了后就去实行吗? 孔子回答:父兄还活着,怎么能听了就去实行呢? 冉求也问同样的话题,孔子却回答:听了就去实行。"赤也惑,'敢问。'子曰:'求也退,故进之;由也兼人,故退之。'"(《论语·先进》)意思是,弟子公西赤感到困惑,为什么同样的问题,老师给予了不同答复。孔子解释道,冉求临事退缩,所以给他以鼓励;子路喜欢冒进,所以要对他压一压。由此可见,孔子因材施教是多么的认真负责、一丝不苟。

三、智的作用

孔子自述生命的历程,"吾十有五而志于学,三十而立,四十而不惑,五十而知天命,六十而耳顺,七十而从心所欲,不逾矩"(《论语·为政》)。意思是,我十五岁,立志于学问;三十岁,能够在社会立身做人,独立做事;四十岁,方向明确,对纷繁的事物都有了自己的主见;五十岁,认识到了天道运行的规律,心存虔诚和敬畏;六十岁,已经心明眼亮,能听逆耳之言;七十岁,做到了随遇而安、随心所欲,又不违反规矩和法度。其中,"从心所欲,不逾矩"是人生要达到的目标,而"四十不惑"则是人生的关键阶段。只有做到不惑,才能迈向"从心所欲,不逾矩"的人生目标。四十不惑,也就是智者不惑。古人详述智与不惑的关系,东晋孙绰认为:"智能辨物,故不惑。"①朱熹指出:"明足以烛理,故不惑。"(《四书章句集注·论语集注》)邢昺疏曰:"知者明于事,故不惑乱。"(《论语注疏》卷二)这说明智是不惑的前提,不惑是智的结果。智不仅指识物知理的认知能力,而且指分辨是非善恶的判断能力,诚如孟子所言:"是非之心,智之端也。"(《孟子·公孙丑上》)不惑,既要有广博的知识,能够认知事物,明白道理,又要有高深的智慧,能够运用知识作出自己的价值判断,主要是能够明辨是非,分清真善美与假恶丑;能够知己知彼,人情练达即文章;能够审时度势,世事洞明皆学问。对于不惑而言,智慧比知识更重要,价值判断比识物知理更重要。人生如果没有智慧,就不可能做到不惑。学习研读孔子之智,重要的不是学知识,而是学智慧,学会判断是非善恶、好坏美丑的能力,力争达到和保持不惑的境界。

不惑是志向明确。志向对于人生具有重要意义,志向是灵魂,规定着人生的境界和行为;志向是目标,指明了人生前进的方向;志向是动力,激励着人生不断奋进。孔子强调从小要立志,他自己是"吾十有五而志于学",还把人的志向提高到孝的程度来认识,"父在,观其志;父没,观其行;三年无改于父之道,可谓孝矣"(《论语·学而》)。意思是,父亲活着的时候,要考虑儿子的志向;父亲辞世后,要考察儿子的行为。如果儿子三年不改变父亲的行为准则,那就可以说是孝了。孔子认为,立志不是追求享受和物质利益,而是对精神和伦理道德的追求,"士志于道,而耻恶衣恶食者,未足与议也"(《论语·里仁》)。士志

---

① 程树德:《论语集释》,中华书局1990年版,第625页。

于道,就是志于仁,要从内心来约束自己,"仲弓问仁。子曰:'出门如见大宾,使民如承大祭。己所不欲,勿施于人。在邦无怨,在家无怨。'"(《论语·颜渊》)在这段话中,孔子提出了"己所不欲,勿施于人"的著名观点,被公认为是道德的黄金律,是对人类社会道德最经典和最有权威的表述。同时,士志于道,就是要为他人为社会谋福祉,而不是为个人为小团体谋私利。"颜渊、季路侍。子曰:'盍各言尔志?'子路曰:'愿车马衣裘,与朋友共,敝之而无憾。'颜渊曰:'愿无伐善,无施劳。'子路曰:'愿闻子之志!'子曰:'老者安之,朋友信之,少者怀之。'"(《论语·公冶长》)意思是,颜渊、季路侍立在孔子身边。孔子说:你们何不谈谈各人的志向?子路说:希望把我的车马衣服与朋友共同使用,即使用坏了也不抱怨。颜渊说:希望不夸耀自己的好处,不表白自己的功劳。子路问:老师您的志向呢?孔子回答:我的志向是对老人要让他安逸,对朋友要给予信任,对青年人要给予关怀。士志于道,还要做到执着坚毅、矢志不渝,"三军可夺帅也,匹夫不可夺其志也"(《论语·子罕》)。

不惑是谨言慎行。"君子食无求饱,居无求安,敏于事而慎于言,就有道而正焉,可谓好学也已"(《论语·学而》)。具体化为言语要谨慎,这是君子品格的组成部分,"君子欲讷于言而敏于行"(《论语·里仁》)。孔子十分讨厌花言巧语、阿谀奉承,反复强调"巧言令色,鲜矣仁"(《论语·学而》)。在孔子看来,君子只有谨慎,才能做到行在言先,"子贡问君子。子曰:'先行其言,而后从之。'"(《论语·为政》)君子只有谨慎,才能做到言行一致,"君子耻其言而过其行"(《论语·宪问》)。君子只有谨慎,才能做到不失其言,"侍于君子有三愆:言未及之而言谓之躁,言及之而不言谓之隐,未见颜色而言谓之瞽"(《论语·季氏》)。意思是,陪同君子说话容易犯三种过失:没有轮到自己说话就先说,叫作急躁;轮到自己说话却不说,叫作隐瞒;不看对方脸色随便说,叫作眼瞎。同时,行动要谨慎。言语与行动总是联系在一起的,言语谨慎的人,行动也会谨慎。曾子运用《诗经》的一段话,对行动谨慎作了形象的描述:"曾子有疾,召门弟子曰:'启予足! 启予手!《诗》云:战战兢兢,如临深渊,如履薄冰。而今而后,吾知免夫! 小子!"(《论语·泰伯》)谨慎就是"战战兢兢、如临深渊,如履薄冰",这不仅是对行动的要求,而且也是对人生的要求。惟有谨慎,才能避免行动的失败和人生的祸害。孔子把谨慎看成是人在官场的重要原则,只有谨慎,才能减少言行的过失和心里懊悔,"子张学干禄。子曰:'多闻阙疑,慎言其余,则寡尤;多见阙殆,慎行其余,则寡悔。言寡尤,行寡悔,禄在其中矣。'"(《论语·为政》)

　　不惑是察人知人。为官从政,大概是传统社会读书人实现理想抱负和人生价值的唯一途径。即使在现代社会和市场经济条件下,人生道路的选择多元化了,为官从政仍然是许多莘莘学子追求的目标。因而孔子是鼓励读书人为官从政的,要求为官与好学互相促进,"仕而优则学,学而优则仕"(《论语·子张》)。为官从政的一项重要职责是知人善任。"樊迟问仁。子曰:'爱人。'问知。子曰'知人。'"(《论语·颜渊》)知人是为了用人,孔子认为,用人要"举直错诸枉,能使枉者直"(《论语·颜渊》)。意思是,提拔正直的人,将其放在邪曲之人的上位,就能让邪曲之人也变得正直。知人用人是导向,正直的人得到重用,大家就会向正直看齐,邪曲之人也会有所收敛;而正直的人得到重用,还会得到人心,"哀公问曰:'何为则民服?'孔子对曰:'举直错诸枉,则民服;举枉错诸直,则民不服。'"(《论语·为政》)知人的前提是察人,用人的关键也是察人。只有智者,才能明察秋毫和知人善任。智者善于从言、行和心三方面进行综合考察,先是察言,《论语》的最后一句话说:"不知言,无以知人也。"(《论语·尧曰》)言为心声,从言语中可以看出和判断一个人的素质。孔子反感巧言令色和表里不一的人,"巧言、令色、足恭,左丘明耻之,丘亦耻之。匿怨而友其人,左丘明耻之,丘亦耻之"(《论语·公冶长》)。对于巧言令色之人绝不能使用,更不能重用,否则,"巧言乱德,小不忍则乱大谋"(《论语·卫灵公》)。次是察行。言行合一是君子的内在要求,"君子义以为质,礼以行之,孙以出之,信以成之。君子哉!"(《论语·卫灵公》)但言与行并不是同步的,一般是言在行先、行在言后,而且言行不一的情况是经常发生的。察人既要察言,又要察行,在实际行动中考察人,孔子大概有过教训,"始吾于人也,听其言而信其行;今吾于人也,听其言而观其行"(《论语·公冶长》)。后是察心。俗话说:知人知面不知心,这说明察心很重要。尽管言与行是察人知人的有效措施,总不如察心那样深刻。察心是了解一个人内心的志趣和价值取向,"视其所以,观其所由,察其所安,人焉廋哉?人焉廋哉?"(《论语·为政》)意思是,看一个人为了什么做事情,观察一个人做事情时所采用的方式或方法,考察一个人安心于做什么事情。那么,这个人哪里能够隐藏自己的真正面目呢!察其所安,就是考察一个人的心胸和境界,能够做到安心的人,必定是心胸开阔和境界澄明之人,《大学》曰:"知止而后有定,定而后能静,静而后能安。"

黑格尔说过:思想家"在时间里的生活(哲学家的外在命运),诚然是一去不复返了,但他们的著作(他们的思想、原则)却并不随着他们而俱逝"①。孔子已矣,但儒家之智塑造了中国文化知识传统,规范着中华民族共同的心理和风格,至今仍然闪耀着真理的光芒。"知之为知之,不知为不知,是知也"(《论语·为政》)。这是对待知识智慧的至理名言,也是科学态度。在这一名言里,我们看到,智可以区分为知识和智慧。对于人生而言,不仅要学习知识,而且要学习智慧,把知识与智慧统一起来,做一个真正的智者。我们看到,智可以区分为认识之智与实践之智。对于社会而言,不仅要重视认识之智,而且要重视实

---

① [德]黑格尔著,贺麟、王太庆译:《哲学史讲演录》(第1卷),商务印书馆2011年版,第53页。

践之智，知行合一，理论联系实际，个体才会充满动感，社会才能生机勃发。我们看到，智可以区分为理性之智与德性之智。由于儒家之智论立足于德性之智，强调生命觉悟和对道德善性的追求，形成了中华民族重伦理轻科学、重社会轻自然的知识传统，某种程度上弱化了对自然界和客观世界的认知探索；儒家之智论还与宗法等级制度有着密切联系，一定意义上影响了个体的独立存在和个性的自由发展，这是儒家之智的缺憾和薄弱环节。对于一个民族而言，不仅要强化德性之智，而且要强化理性之智，使德性之智与理性之智保持平衡，促进民族文化的健康发展和思维结构更加和谐合理。当然，我们指出儒家之智的缺憾，并不会妄自菲薄，也不表示月亮是外国的圆。蔡仁厚正确地指出："近世的思想，以西方哲学为主潮，而西方哲学重智不重仁，就人类生命之全面安顿以及心灵之全幅开显而言，毕竟是有所偏的。如果我们能够不为西方哲学的声势所慑服，而平心体察人类深心的向往，将可了解'摄智归仁，仁以养智'，才更能使人类的生命之光与心灵之慧，平正无偏地显发出来。"①对于儒家之智和中国文化知识传统，我们应当充满信心和自豪感！

---

① 蔡仁厚：《儒学的常与变》，台北东大图书有限公司1990版，第25页。

第十四章　信：诚实不欺

　　信是儒家的重要思想范畴，其源头来自于孔子。根据杨伯峻的研究，《论语》谈及信的概念有 38 次，其中 24 次的内容与道德有关。信就是不自欺、不欺人，表里如一、言行合一。信是先秦思想家普遍重视和认同的一个概念，老子讲绝仁弃义、绝圣弃智、绝巧弃利，却肯定了信的概念，"信者，吾信之；不信者，吾亦信之；德信"（《老子·第四十九章》）。意思是，守信的人，我信任他；不守信的人，我也信任他；这样可使人人守信。法家反对儒家的道德礼教，却保持了信的概念，韩非子指出："贵莫如厚而信，使民利之。"（《韩非子·五蠹》）另一个代表人物商鞅"徙木立信"，传为千古佳话。

　　信还是所有宗教推崇的理念。《圣经》指出："是就说是，不是就说不是，若再多说，就是出于邪恶者。"伊斯兰教告诫说，各人左右两边均有记录他们言行的天使，诚信者必受真主赐福，伪信者必受真主惩罚。许多宗教都把信作为戒律之一，基督教"十诫"中有"不可作假证陷害人"，摩尼教戒律中有"不作伪或行邪道巫术"，道教"五戒"中有"不得口是心非"，佛教戒律中有"不妄语"。在西方，诚信被奉为现代民法的最高指导原则，称之为"帝王原则"。1993 年 8 月问世的《走向全球伦理宣言》，认为诚信是"四项不可取消的规则"之一，是全世界都能够接受和必须遵守的最底限度的伦理道德原则。

　　甲骨文中未见"信"字，信的含义甲骨文却有表述，为"允"字。《尚书·尧典》说："允厘百工，庶绩成熙。"意思是，尧帝以诚信之德治理百官,使百官所做工作的成绩斐然。《说文解字》注释:"允,信也。"有的学者认为:"甲骨文允,像人鞠躬低头,双手向后下垂,以表示恭敬、诚信的样子。"①"信"字最早见于金文,战国《中山王壶》铸有"忠信"。春秋战国时期大量出现"信"字,《尚书·汤誓》有"尔无不信,朕不食言"。大意是,汤王号召人们相信他,推翻夏桀暴政后决不食言,一定会给大家赏赐。《说文解字》释"信"为"诚也,从人从言。会意。""从言",意指言语不虚妄;"从人",则有道德规范要求。"信"字从人从言,虽然是从伦理道德的角度来会意的,即人言必须诚信,但从人从言,何以产生信的意义? 许慎没有加以说明。南唐徐锴和清朝段玉裁给予了诠释。徐锴说:"君子先行其言,然后从之";"鹦狌能言不离禽兽,言而不信,非为人也。故于文人言为信。"(《说文解字系传·通论》)段玉裁认为:"人言则无不信者,故从人言。"(《说文解字注》)人们普遍接受段玉裁"人言为信"的诠释,比较而言,却是徐锴的认识更加深刻。在徐锴看来,人有高尚卑劣之分,人言未必都可信,言而无信,何以为言? 言而不信,类似禽兽。因此,宋儒将信区分为义之信与非义之信,主张不拘泥于非义之信,张载认为:"君子宁言之不顺,不规规非义之信。"(《张载集·正蒙》)朱熹说:"信近于义,言可复也。盖信不近义,则不可以复。"(《朱子语类》卷二十九)

一、信的概念

任何道德观念都是人们在社会生活实践中形成的,随着社会生活实践的发展而演变,信的概念也是如此。从字面分析,信的含义是清晰的,张岱年主编的《孔子大辞典》认为:信是孔子伦理思想的范畴之一,指的是待人处事中的诚实不欺、言行一致的态度。从思想范畴分

---

① 于省吾:《甲骨文字诂林》,中华书局1999年版,第39页。

析,信的内容却是模糊的,它的产生发展过程是曲折的,与诚的关系是复杂的,尤其在早期儒家思想中的地位是微妙的。

信是信义、信誉、信用,主要通过口头或书面等方式的约定,维系着社会的良性互动关系。早在原始社会,就产生了信的行为,部落与部落、人与人之间都会有一些简单的事务约定。那时信用是不成问题的,约定都是口头的,履行主要靠习俗维持。原始社会有信的行为,却不一定会产生信的观念,也不需要信用保障。随着社会发展和文明进步,利益主体日趋多元,社会结构日趋复杂,使得信用的范围大大拓展,从口头约定转变为文字签约,从简单的事务约定演化为政治盟约、商业契约和家庭婚约。双方一旦有了约定,便明确了信用关系,于是产生了信的观念和道德要求。自从有了文字,信的道德观念便从经验型走向理论型,构成社会意识形态。《易经》指出:"君子进德修业。忠信,所以进德也。修辞立其诚,所以居业也。"意思是,君子要坚持忠信,用以增进实德;言论要以诚信为本,用以建功立业。

从本质上说,信是平等主体之间处理相互关系的基本准则。春秋战国时期之所以出现大量"信"字,就是因为周礼崩溃、周王室衰微,产生了许多地位平等的诸侯。诸侯之间一方面是争霸战争,另一方面是合纵连横。争霸和战争自然没有信的需求,却是信观念产生的重要条件。《史记》指出:春秋战国是"处大国则攻小国,处大家则乱小家,强劫弱,众暴寡,诈谋愚,贵傲贱"。在欺诈和丛林法则肆行的年代,呼唤信义,呼唤诚信,成了社会普遍的愿望和道德理想。这就是历史的辩证法,在不需要诚信的争霸战争中却创造了信观念产生的条件。合纵连横则需要信的支撑,信是合纵连横的保障。合纵连横产生了诸如"召陵之盟""夹谷之会"等大量盟、会之类的行为。孔子参加了夹谷之会,"知礼而有勇",维护了鲁国利益。《春秋》所叙242年中,诸侯之间的军事行动凡483次,朝觐盟会凡450次。盟、会的广泛运用,凸显了信的重要性,"歃血为盟"以示神圣,"折箭为誓"以示决绝。无论是文书记载的盟约,还是口头许诺的会誓,都是双方的约定,规定了各自的权利与义务,需要依靠诚信来践行和守约。《国语》曰:"夫盟,信之约也。"《礼记》云:"约信为誓。"我国古代信的观念萌发于原始社会,却发达于春秋战国的政治盟约,与西方社会信的概念主要产生于商业活动和社会契约有着很大差别,是一个值得研究和深思的问题。

在中国传统文化中,信与诚紧密相关,经常是诚与信合为一体,作为一个复合词使用。"诚者,实也",意指真实无妄、诚实无欺;信"从人从言",意指人际交往过程中恪守自己的诺言,言行一致。由于诚与信都含有诚实无欺、真实而无虚伪的内容,《说文解字》是"信"与"诚"互训:"信,诚也";"诚,信也"。在先秦时期,信与诚的关系很纠结。早期儒家思想中,信的地位不如诚,通常是两个概念和分立的德目,很少作为一个复合词或一个德目进行使用。信更多地与忠相结合,形成忠信之复合词普遍使用。《论语》一书没有使用过"诚信"一词,却多次使用"忠信"一词。先秦时期的忠没有后来忠君的含义,却有诚与信的内容,既是发自内心的真心诚意,更是双方交往过程中呈现出来的一种品格,要求对他人负责,尽心竭力为对方着想和办事。正是后一层的含义,使得忠与信经常结合在一起使用。朱熹认为:"忠信只是一事。但是发于心而自尽,则为忠;验于理而不违,则为信。忠是信之本,信是忠之发。"(《朱子语类》卷二十一)相对忠而言,信与诚的差别更大,这是先秦时期诚与信没有经常结合在一起使用的重要原因。

在先秦儒家思想中,信只是众多伦理德目中普通的一目,并不占据重要地位,而诚不一样,具有本体论意义。诚与信是形上本体与形下实践的差异,诚由形上本体转变为社会道德实践,就是信。《论语》只有两处提到"诚"字,一处是引用了《诗经》的话"诚不以富";另一处"诚哉,是言也",只是一般的形容词,没有深刻的内涵,但诚所包含的忠信、笃敬、正直、真实以及刚毅木讷的品格,却贯通于《论语》全书,为孔子所认同和赞赏。有的学者认为,诚是仁必不可少的基础和条件,也是孔子整个哲学思想的基石。孟子不仅继承了孔子关于诚的思想，正式给诚以名分，而且提升到哲学本体的高度，"是故诚者，天之道也；思诚者，人之道也。至诚而不动者，未之有也。不诚，未有能动者也"（《孟子·离娄上》）。意思是，诚实是天地的道理；追求诚信，是做人的道理。极端的诚心而不能使别人动心的，是从来没有的事；不诚心，则从来没有使人动心的。在孟子看来，天道是真实的，自然界的变化和发展没有虚伪作伪的地方，那么，人道效法和复归天道，也应该是真实的，不能有虚假伪善的东西。因此，孔子和孟子都强烈反对乡愿，"乡愿，德之贼也"（《论语·阳货》）。"乡愿"就是虚假伪善之人，居之似忠信，行之似廉洁，同乎流俗，合乎污世。

信在儒家思想中的地位，说到底还是孔子奠定的。孔子虽然多次论及信的概念，却是更加重视仁、义、礼、智范畴；虽然把信看成是道德规范和人生义务，但没有看成最高的德性和最基本的义务。在孔子那里，信是仁的组成部分，两者是纲与目的关系，信要服从仁，仁要指导信，"子张问仁于孔子。孔子曰：'能行五者于天下为仁矣。''请问之。'曰：'恭、宽、信、敏、惠。恭则不侮，宽则得众，信则人任焉，敏则有功，惠则足以使人。'"（《论语·子路》）孟子明确把仁义礼智规定为人之本性，却没有给信留出位置，"恻隐之心，人皆有之；羞恶之心，人皆有之；恭敬之心，人皆有之；是非之心，人皆有之。恻隐之心，仁也；羞恶之心，义也；恭敬之心，礼也；是非之心，智也。仁义礼智，非由外铄我，我固有之也，弗思耳矣"（《孟子·告子上》）。后世学者也没有给信应有的地位和作用，认为儒家学说或是以仁为核心的一元结构，或是仁与礼相结合的二位一体结构，或是仁义礼三位一体的结构。即使智，有的学者认为可与仁的概念并列，地位甚高，梁启超指出，儒家"义礼本仁智所衍生"，但智也不是最高的德性。

尽管如此，却是孔子基本规定了信的内容，为信在儒家思想中的发展留下了空间和余地。在孔子看来，信是个体安身立命的基础，信是人际交际的基本准则,信是治国安邦的基本方略。孟子全面阐述了诚的思想,为信提供了本体的引领,在早期儒家中首先使用"诚信"一词,"彼以爱兄之道来,故诚信而喜之"(《孟子·万章上》),为信的发展完善提供了广阔的空间。荀子则把信发展为社会职业道德,"商贾敦悫无诈,则商旅安,货通财,而圈求给矣。百工忠信而不楛,则器用巧而财不匮矣。农夫朴力而寡能,则上不失天时,下不失地利,中得人和,而百事不废"(《荀子·王霸》)。这里的敦悫、忠信、朴力,都有诚信的含义。董仲舒则将信纳入儒家思想的基本范畴,"夫仁、义、礼、智、信,五常之道,王者所当修饬也"(《汉书·董仲舒传》)。他还从天人感应出发,运用五行学说加以神秘化,即"东方者木,尚仁;南方者火,尚智;西方者金,尚义;北方者水,尚礼;中央者土,尚信"。宋儒理学进一步丰富了信的内容,观点更加深刻,张载认为:"诚善于身之谓信。"(《张载集·正蒙》)二程指出:"人道惟在忠信,不诚则无物。"(《四书章句集注·论语集注》)周敦颐提出以诚为本的道德论,"诚者,圣人之本。大哉乾元,万物资始,诚之源也。乾道变化,各正性命,诚斯立焉,纯粹至善者也"(《通书·诚上》)。

二、信的内容

先秦诸子百家都关心和认同信的观念,儒家关切尤甚,形成了一套较为系统的思想,信构成了传统伦理道德的重要组成部分,对于中国人的道德品质和人格塑造产生了重大而深远的影响。一定意义上说,传统社会能够基本做到和谐相处、交易有序,守望互助、团结友爱,都受赐于儒家之信的观照和浸淫。儒家之信是儒家思想体系的组成部分,自身又是完整的子系统,逻辑周延,思想丰富,具有重要的理论和实践价值。

1.信之魂是诚

近现代以来,诚信一般合并使用。作为伦理道德范畴,诚信的基本含义类似于传统信的概念,它要求政府诚信,不要朝令夕改,更不要有法不依,以真正取信于民;要求商业活动诚信,不要毁约弃约,更不要坑蒙拐骗,切实遵守契约,以维护经济贸易健康运行;要求社会交往诚信,不要轻诺寡信,更不要作伪撒谎,以建立言而有信、行而有果的人际关系。然而,在早期儒家思想中,诚信确实是两个既有联系又有区别的概念,联系在于,作为伦理道德范畴,两者内容基本相同,可以通用;区别在于,诚是一个形上的本体范畴,信仅仅是形下的实践概念。

诚在儒家学说中具有十分重要的地位,《中庸》继承孔子的思想,系统论述了诚的问题。《中庸》认为,诚属于形上本体范畴,既是自然界的本质规定,又是人性本质的规定,"诚者,天之道也;诚之者,人之道也"。对于自然界而言,至诚无息,化生万物,"天地之道,可一言而尽也:其为物不贰,则其生物不测"。意思是,天地的法则,可以用一个诚字给予概括:作为天地没有两个,而它生成万物则是不可计算的。对于人生而言,诚发挥着至关重要的作用。《大学》提出人生的目标是"三纲领",即明明德、亲民、至善;人生的过程是"八条目",即格物、致知、诚意、正心、修身、齐家、治国、平天下。其中诚意是关键,济世以修身为本,修身以诚意为要,王阳明认为:"《大学》之要,诚意而已矣。"(《大学古本序》)《中庸》认为,人生至诚,一是"自诚明,谓之性",这是圣人,可以"不勉而中,不思而得,从容中道,圣人也"。意思是,天生真诚的人,不用勉强就能做到,不用思考就能拥有,从从容容就能符合中庸之道。另一是"自明诚,谓之教",这是对大多数人而言的,要经过努力学习、刻苦实践、长期坚持,才能做到真诚。"诚之者,择善而固执之者也。博学之，审问之，慎思之，明辨之，笃行之"，甚至要"人一能之，己百之；人十能之，己千之。果能此道矣，虽愚必明，虽柔必强"。意思是，别人用一分努力就能做到的，我用一百分的努力去做到；别人用十分努力就能做到的，我用一千分的努力去做到。这样努力的话，则愚笨的也一定可以聪明起来，柔弱的也一定可以刚强起来。《中庸》认为，一个真诚的人不是为了自己，而是为了天下苍生，能够尽己之性、尽人之性、尽物之性，帮助天地化育生命，促进社会和谐发展，"唯天之至诚，为能尽其性；能尽其性，则能尽人之性；能尽人之性，则能尽物之性；能尽物之性，则可以赞天地之化育；可以赞天地之化育，则可以与天地参矣"。

在早期儒家那里，信与诚不是同一序列的概念范畴。诚是与仁、智等并列的概念，"诚者，非自成己而已也，所以成物也。成己，仁也；成物，知也；性之德，合外内之道也，故时措之宜也"（《中庸》）。这说明诚是仁与智、内圣与外王的关键，是一种崇高的人格，具有终极意义。而信只是良好人格的组成部分，还不是一个主要的因素。《论语》记载，子贡问孔子什么是读书人的品格，孔子认为，忠、孝、悌、信都是读书人的品格，而信是次于忠、孝、悌的人格因素，"子贡问曰：'何如斯可谓之士矣？'子曰：'行己有耻，使于四方，不辱君命，可谓士矣。'曰：'敢问其次。'曰：'宗族称孝焉，乡党称弟焉。'曰：'敢问其次。'曰：'言必信，行必果，硁硁然小人哉！抑亦可以为次矣。'"自孟子始，把信与诚结合在一起，确实对信概念的发展完善起到了重要作用，既提升了信的层次，又使诚落到了实处，促进了信与仁义礼智等思想范畴平起平坐。康德把普遍道德律称之为"绝对命令"，认为一条规律若是道德的，也就是作为约束的根据，它自身一定要具有绝对性①。诚为信提供了天理依据，就是为信提供了绝对性。诚是信的灵魂，信的行为因诚

---

① 参见武高寿：《论"信"》，载《山西大学学报》1997 年第 3 期。

而立。信与诚结合在一起,应认为是一项基本义务,是不证自明的道德律,必须绝对得到遵守。同时,诚与信是互为表里的关系,"诚则信矣,信则诚也"。诚与信,是天道与人性的关系。朱熹认为:"诚是自然底实,信是做人底实。"(《朱子语类》卷六)诚反映客观世界的本真状态,是自然法则;信反映社会交往的基本要求,是做人的准则。自然界无论晴天还是雨天,都是真实的,不会作假,人间世也应像自然界一样,任何时候任何情况下都要诚实无欺。诚与信,又是主体内心与外化的关系。诚是主体内在的一种本然状态,信则是主体在对象性活动中内在之诚的外化,诚是信的思想基础,只有内诚于心,才能外信于人;信是诚的具体表现,无信则不足以见诚。

2.信的本质是平等

儒家倡导人伦,认为这是人区别于禽兽的标志。孟子指出:"人之有道也,饱食、暖衣、逸居而无教,则近于禽兽。"(《孟子·滕文公上》)教育内容是明人伦,"设为庠序学校以教之。庠者,养也;校者,教也;序者,射也。夏曰校,殷曰序,周曰庠,学则三代共之,皆所以明人伦也"(《孟子·滕文公上》)。人伦就是人与人之间的道德关系,传统社会主要指父子、君臣、夫妇、长幼和朋友关系,孟子分别用亲、义、别、序、信加以规范,"父子有亲,君臣有义,夫妇有别,长幼有序,朋友有信"(《孟子·滕文公上》)。这些人伦关系是有差别的,最大的差别不在于不同的伦理规范,而在于双方平等与不平等的关系。现代社会强调人格平等,而传统社会却没有人格平等的理念,强调的是宗法等级制度。在人伦关系中,父子、君臣、夫妇、长幼双方是不平等的,唯有朋友双方是平等的主体。信是平等主体之间处理相互关系的道德原则。尽管人伦之中不平等关系居多,但在人们的社会生活实践中,无论是熟人社会还是陌生人社会,都是平等交往的关系居多数,因而信对于人生更重要,具有广泛而现实的意义。

孔子没有给信与仁、义、礼、智相同的地位,但他还是十分重视朋友之间的诚信交往。《论语》开篇就把朋友交往作为人生的一大乐事,"学而时习之,不亦说乎?有朋自远方来,不亦乐乎?人不知而不愠,不亦君子乎?"在孔子看来,获得朋友的信任和支持是人生志向之一。有一次,孔子问子路和颜渊的志向,子路是愿意与朋友有福同享,"愿车马衣轻袭与朋友共,敝之而无憾";颜渊是愿意与朋友谦虚相处,"愿无伐善,无施劳"。当子路问孔子的志向,孔子回答:"老者安之,朋友信之,少者怀之。"(《论语·公冶长》)这是孔子追求的社会理想境界,其中朋友的信任是重要组成部分,关系到形成良好的社会秩序。在孔子看来,朋友交往最重要的原则是信,"与朋友交,言而有信"(《论语·学而》)。孔子告诫自己的学生,社会交往要谦虚谨慎、诚实守信,"弟子入则孝,出则弟,谨而信,泛爱众,而亲仁。行有馀力,则以学文"(《论语·学而》)。孔子的弟子则把信作为自省的课目,"吾日三省吾身:为人谋而不忠乎?与友交而不信乎?传不习乎?"(《论语·学而》)在孔子看来,朋友有益友与损友之分,而诚信是区分益友与损友的重要标准,"友直,友谅,友多闻,益矣。友便辟,友善柔,友便佞,损矣"(《论语·季氏》)。意思是,同正直的人交友,同诚信的人交友,同见闻广博的人交友,是有益的;同善于走邪道的人交友,同善于装出和颜悦色骗人的人交友,同善于花言巧语的人交友,是有害的。诚信也是交朋友的依据,"主忠信,无友不如己者"(《论语·学而》)。孔子的弟子很看重信的概念,曾子临死前还不忘告诫人们要讲诚信。曾子动感情地说:"鸟之将死,其鸣也哀;人之将死,其言也善。"(《论语·泰伯》)曾子讲了什么呢?"君子所贵乎道者三:动容貌,斯远暴慢矣;正颜色,斯近信矣;出辞气,斯远鄙倍矣"(《论语·泰伯》)。意思是,君子所重视的有三件事:注重严肃容貌,身上就远离暴慢之气;端正自己的脸色,就会近乎诚信;注意调整言辞声调,就会远离粗野和过失。

更重要的是,儒家之信蕴含的平等原则具有超越时空的价值和意义。平等,应当看成是信的本质规定,也是儒家之信真正的价值所在。所谓平等,是指主体具有自由人格,对自身的权利与义务有着支配能力,这是相互缔约的前提,也是相互立信的前提。恩格斯指出:"只有能够自由地支配自身、行动和财产并且彼此处于平等地位的人们才能缔结契约。"①不管是契约还是立信,都必须是平等主体在意见一致基础上达成的允诺和责任。信是体现于允诺中关于责任与义务的品质,主体之间一旦约定了各自的权利与义务,就必须践行实施,而不能毁约弃诺,否则,就不能建立正常的、可预期的社会政治经济秩序。儒家之信所蕴含的平等价值,对于人类社会而言,具有永恒意义,无论过去还是将来,平等始终是人类追求的价值取向。对于现代社会而言,仍然有着借鉴指导意义,现代社会是民主政治,强调权利平等;现代社会是市场经济,强调交易平等;现代社会是法治社会,强调在法律面前人人平等。无怪乎,近代革命先驱谭嗣同主张整体废除三纲五伦,却强调要保留朋友一伦。在他看来,"五伦中于人生最无弊而有益,无纤毫之苦,有淡水之乐,其为朋友乎!"保留朋友一伦的意义在于"一曰'平等',二曰'自由',三曰'节宣惟意'。总括其意,曰不失自主之权而已矣"(《谭嗣同全集·仁学》)。

3.信是立身处世之基

每个人的人生都会经常遇到如何立身处世的问题。所谓立身,是指做人;处世,是指社会活动中与人交往。立身处世,也就是人在社会上待人接物的种种活动。人是社会关系的总和,只有在社会关

---

① 《马克思恩格斯选集》(第四卷),人民出版社1995年版,第76页。

系中定位,才能明确自己的身份,彰显自己的价值,实现人生建功立
业的使命。社会关系实质是人与人之间的关系。每个人在不同的
人际关系中有着不同的身份,即使在家庭中,也有着父母与子女、兄
弟姐妹以及夫妇等多种关系。不同关系对每个人的身份有着不同
要求,不同身份又有着不同的行为规范。在儒家看来,无论什么关
系、什么身份、什么规范,在人与人交往过程中都应做到诚信,不自
欺、不欺人。信是人生立身处世之基,人而无信,则寸步难行,孔子
说:"人而无信,不知其可也。大车无輗,小车无軏,其何以行之哉?"
(《论语·为政》)

　　在儒家看来,信是个大事情,须臾不可忘记和放弃。孔子认为,忠
信和笃诚可以使人走遍天下,也不会遇到障碍,反之,即使在本乡本土
也行不通,"言忠信,行笃敬,虽蛮貊之邦,行矣。言不忠信,行不笃敬,
虽州里,行乎哉? 立则见其参于前也,在舆则见其倚于衡,夫然后
行"(《论语·卫灵公》)。荀子亦有类似的看法,认为只有忠信诚信,
才能行走于天下而没有阻碍,"体恭敬而心忠信,术礼义而情爱人,
横行天下,虽困四夷,人莫不贵。劳苦之事则争先,饶乐之事则能
让,端悫诚信,拘守而详,横行天下,虽困四夷,人莫不任"(《荀子·修
身》)。意思是,外貌恭敬而内心忠诚,遵循礼义而性情仁爱,这样的
人走遍天下,即使困顿在边远地区,也没有人不敬重他的;劳累辛苦
的事提前去做,有利可图、享乐的事却能让给别人,诚实守信、谨守
法度而又明察事理,这样的人走遍天下,即使困顿在边远地区,也没
有人不信任他的。

　　在儒家看来,信与个体道德修身密切相关。君子是儒家的理想人
格,信是君子人格的组成部分。孔子认为,信与礼、义、谦虚共同构成
君子人格,"君子义以为质,礼以行之,孙以出之,信以成之。君子哉!"
(《论语·卫灵公》)孟子进一步认为,信是人的自然天性,是每个人应具
备的品质,"有天爵者,有人爵者。仁义忠信,乐善不倦,此天爵也;公

卿大夫，此人爵也"（《孟子·告子上》）。信虽然是人性的一部分，却不会自然而然地显现出来，需要通过修身养性，才能培育成长壮大。子张问如何提高道德修养水平，孔子回答："主忠信，徙义，崇德也。"（《论语·颜渊》）孟子则感叹当时人心不古，不重视培育诚信而追逐人欲，"古之人修其天爵，而人爵从之。今之人修其天爵，以要人爵；既得人爵，而弃其天爵，则惑之甚者也，终亦必亡而已矣"（《孟子·告子上》）。意思是，古时的人修养仁义忠信等天赐爵位，公卿大夫等社会爵位随之而来；现在的人修养天赐爵位，以此来追逐社会爵位。得到社会爵位后，就丢了天赐爵位，那实在是太糊涂了，最终必然连社会爵位都会丧失。

那么，如何修养诚信品格呢？孔子认为，诚信要与好学结合起来，"好信而不好学，其蔽也贼"（《论语·阳货》）。意思是，喜欢诚信而不好学，它的害处在于会使你伤害自己。好学是改造自己，使自己成为君子的必由之路。在孔子看来，诚信是许多人都具有的品质，而好学则是少数人才能做到的事情，"十室之邑，必有忠信如丘者焉，不如丘之好学也"（《论语·公冶长》）。孔子认为，诚信要做到言行一致，具体是要先做后说，"子贡问君子，子曰：'先行其言，而后从之。'"（《论语·为政》）不要夸大其词，"其言之不怍，则为之也难"（《论语·宪问》），意思是，说起来大言不惭，那他做起来就很难了。对于言行不一，要感到可耻，"君子耻其言而过其行"（《论语·宪问》）。孔子还说："古者言之不出，耻躬之不逮也。"（《论语·里仁》）意思是，古时候人们不轻易把话说出来，因为他们以自己的行为赶不上言语而可耻。孔子认为，诚信就是不要花言巧语、虚假伪善，而是刚毅、果敢、质朴和口讷，"刚毅、木讷，近仁"。反之，孔子就十分讨厌巧言令色，因为"鲜矣仁"（《论语·学而》）；"巧言、令色、足恭，左丘明耻之，丘亦耻之。匿怨而友其人，左丘明耻之，丘亦耻之"（《论语·公冶长》）。

4.信是治国安邦之道

儒家主张积极入世,倡导"学而优则仕",其任何思想观点最终都会落脚到政治领域,以便对治国安邦贡献自己的智慧。儒家运用信的概念于政治领域,主要是为统治者获得民心提供警示。我国传统政治伦理一直强调"得民心者得天下,失民心者失天下"。所谓得民心,就是统治者以其诚实赢得老百姓信任;失民心,就是失去老百姓信任。孔子有一段经典对话,认为民信比粮食和军队更重要,一个国家可以去粮食、去军队,但不能去民信。孔子把诚实、信誉提高到统治者第一位的任务加以强调,也是呼吁统治者要重视民信、赢得民心。"子贡问政。子曰:'足食,足兵,民信之矣。'子贡曰:'必不得已而去,于斯三者何先?'曰:'去兵。'子贡曰:'必不得已而去,于斯二者何先?'曰:'去食。自古皆有死,民无信不立。'"(《论语·颜渊》)这说明诚信治国、取信于民是治国安邦之道。

对于孔子这段对话,历史上有着不同的看法。有的非常赞同,清代李颙在《四书反身录》中指出:"人心一失,余何足恃?虽有粟,得而食诸?兵虽多,适足以阶乱。隋洛口仓,唐琼林库,财货充盈,米积如山,战将林立,甲骑云屯,不免国亡家破者,人心不属故也。善为政者,尚念之哉!"有的提出不同看法,东汉王充则在《论衡》中问孔:"使治国无食,民饿弃礼义,礼义弃,信安所立?传曰:'仓廪实,知礼节。衣食足,知荣辱',让生于有余,争生于不足。今言'去食',信安得成?""夫去信存食,虽不欲信,信自生矣;去食存信,虽欲为信,信不立矣。"王充是从老百姓的角度分析,认为民以食为天,吃饭当然是第一位的诉求;孔子则是说给统治者听的,认为统治者可以没有饭吃,政府也可以放弃武备,却不能失去民心和民信。学界一般都认同孔子的观点,而认为王充的理解有误,不是一个角度。李泽厚则从一个新的角度分析，他认为后世许多注解"都做个体修养讲，但原文明明是是回答如何搞政治。但这并非说对政府，老百姓吃饭问题不重要，而是在强调政府如不守信任，就不能维持，就失去了存在的根据。其实正可符合近代契约论原则"①。

在儒家看来，信是为政之本。荀子说："天地为大矣，不诚则不能化万物；圣人为知矣，不诚则不能化万民；父子为亲矣，不诚则疏；君上为尊矣，不诚则卑。夫诚者，君子之所守也，而政事之本也。"（《荀子·不苟》）诚信治国，首先统治者要讲信用、守信诺，《论语》指出："君子信而后劳其民；未信，则以为厉己也。"意思是，统治者要有所作为，必须自己讲诚信，得到信任后才去指使百姓，否则，百姓会以为是折磨他们。治国有两种方式，一种是使用力量，另一种是使用德治。孟子认为，只有德治，才能取信于民，赢得民心，"以力服人者，非心服也，力不赡也。以德服人者，中心悦而诚服也。如七十子之服孔子"（《孟子·公孙丑上》）。诚信是治国安邦的基本要求，如同节约民力、不误农时，"道千乘之道，敬事而信，节用而爱人，使民以时"（《论语·学而》）。诚信与礼义合治国家，不仅可以赢得本国百姓的民心，而且可以使其他国家的老百姓慕名而归，"上好礼，则民莫敢不敬；上好义，则民莫敢不服；上好信，则民莫敢不用情。夫如是，则四方之民襁负其子而至矣"（《论语·子路》）。孔子赞美尧舜、夏商周时代的诚信治国，"宽则得众，信则民任焉，敏则有功，公则说"（《论语·尧曰》）。意思是，统治者宽厚，便能获得民心；诚信，民众则信任他；勤政从事，便有功绩；实行公道，人心就悦服了。荀子则总结历史经验教训说："古者禹、汤本义务信而天下治，桀、纣弃义背信而天下乱。故为人上者，必将慎礼义、务忠信，然后可。"（《荀子·强国》）

---

① 李泽厚：《论语今读》，三联书店2004年版，第327页。

三、儒家之信的局限

信的问题贯通古今中外各个社会。比较研究中西文化关于诚信的思想,既可以使我们充分肯定儒家之信的历史意义和积极作用,又可以使我们认识儒家之信的局限性和薄弱环节,从而对儒家之信进行改革创新,使之在现代社会中发挥更好更大的作用。

对比中西文化,诚信思想的社会基础不同。中国古代社会是一个宗法社会,而且是家国同构,社会是由家族组成的,家长是家族的核心。宗法社会强调的是等级秩序和尊卑关系,容易忽视和排斥平等诉求。西方社会,无论是古希腊还是古罗马,都是城邦社会,商品贸易经济发达,而商品贸易经济强调的是交易主体之间的自由和平等原则。诚信思想的归属不同。中国将诚信纳入三纲五常体系而成为宗法文化因素,三纲五常维护的是宗法等级制度,不管诚信自身有多少平等因素,也只能服务服从于三纲五常的差序要求。西方则将诚信纳入契约观念和自然法体系而成为民主文化因素,契约观念和自然法体系维护的是自由平等原则。契约是平等的主体之间建立在相互意见一致基础之上的一种自由交易,其目的是使交易各方都获得更大利益,并由此建立起对等的权利与义务关系。在西方社会,契约关系十分普遍,契约思想是西方文化的重要内容,履行契约的基本前提是诚信。自然法是西方法权理论的基础,认为自然法源于人的理性和社会性,是永久不能改变的。无论哪一个学派,都把诚信作为自然法的基本规定,荷兰法学家格劳秀斯提出自然法的第三条就是"履行诺言和契约",英国政治家霍布斯提出 11 条自然法的第三条是"所订契约必须履行"。诚信思想的地位不同。中国古代思想家也把诚信与天道人性联系起来加以论证,但没有论证诚信的至上性和绝对性,而是论证其合理性,从而使诚信确定为次要的义务,而不是基本义务。西方思想家则把诚信与上帝、绝对精神、自然规律相联系,以论证其至上性和绝对性。康德把许诺、言而有信视为个人对他人的完全义务,不允许假诺。从根本上说,假诺是对他人自由权利的侵犯,不许假诺的义务正是对他人自由权利的尊重和维护。康德还认为:"你不应当说谎"这条戒律并不只是对某些人在一般情况下有效,甚至并不只是对人类普遍有效,而是对所有理性者都具有约束力①。

通过比较,儒家之信虽然充满了道德内容,却没有被看作是一项基本的道德义务,没有赋予其普遍道德律的地位。诚信要以事情的性质为转移,并依交往的对象来衡量,从而在实践中存在着不确定性,可能发生言行不一、说一套做一套的矛盾。这种矛盾在孔子那里就已存在。《史记·孔子世家》记载了这样一个故事:蒲国人围住了孔子,希望孔子不要去卫国,说只要你不去卫国,我们就放你们走。孔子答应了,还订了盟约。随后,孔子却去了卫国。弟子不理解地问:难道可以负约吗?孔子回答,强迫、要挟订立的盟约,可以不理会、不践诺。在孔子那里,对待信的概念总有点暧昧,尤其是评价管仲。管仲是春秋时齐国人,曾和召忽一起辅佐公子纠,与公子小白即后来的齐桓公争夺王位,公子纠失败被杀,召忽自杀以殉,而管仲却转而辅佐齐桓公争霸。这一行为受到后世责难,认为管仲不忠不信,子路甚至认为管仲不仁,孔子却回答:"桓公九合诸侯不以兵车,管仲之力也。如其仁,如其仁!"(《论语·宪问》)子贡也认为管仲不仁,"管仲非仁者与?桓公杀公子纠,不能死,又相之"。孔子还是回答:"管仲相桓公霸诸侯,一匡天下,民到于今受其赐。微管仲,吾其被发左衽矣。岂若匹夫匹妇之为谅也,自经于沟渎而莫之知也。"(《论语·宪问》)孔子对待信的矛盾现象,可以从义的概念中得到理解。有子曾说过:"信近于义,言可复也。"(《论语·学而》)意思是,所守的信约符合义,说的话就能兑现。

———————

① 参见武高寿:《论"信"》,《山西大学学报》1997 年第 3 期。

反之,如果信约不符合义,那就可以不订约;即使被迫订约,也可以不遵守。孟子明确指出:"大人者,言不必信,行不必果,惟义所在。"(《孟子·离娄上》)而且,义者宜也,在不同场合有着不同要求,信随着义,也要发生相应的变化。儒家之信忽视诚信的至上性和绝对性,这种局限就可能在道德领域撕开一个缺口,让不诚信行为获得存在依据,进而腐蚀和破坏整个诚信体系的基础。

通过比较,儒家之信虽然重视了信的平等内容,坚持在朋友关系中使用信的规范,这是儒家之信最有价值的部分。遗憾的是,儒家并没有把平等的内涵拓展到其他各种社会关系。当遇到宗法等级关系时,信就妥协了,就得服务服从于其他道德规范。孔子著《春秋》,乱臣贼子惧,信却让位于义的规范。据传者解释,《春秋》有三讳,即为尊者讳,为贤者讳,为亲者讳。讳就是隐瞒事实,在孔子看来,三讳不是信与不信的问题,而是要服从于尊尊、贤贤、亲亲等大义。孔子"其父攘羊"的故事,信让位于正直的规范,"叶公语孔子曰:'吾党有直躬者,其父攘羊,而子证之。'孔子曰:'吾党之直者异于是,父为子隐,子为父隐,直在其中矣。'"(《论语·子路》)意思是,叶公对孔子说,我的家乡有个正直的人,他的父亲偷了人家的羊,他告发了他的父亲。孔子说,我家乡正直的人和你讲的正直的人不一样,父亲为儿子隐瞒,儿子为父亲隐瞒,正直就在其中了。在孔子看来,父为子隐、子为父隐,不仅符合正直要求,而且符合仁和孝的要求,"仁者,爱人,亲亲为大"(《中庸》)。孟子"窃负而逃"的假设命题,信让位于孝亲的规范。具体是,弟子桃应问孟子:舜做天子,皋陶当法官,如果舜的父亲瞽瞍杀了人,怎么办?孟子回答:把瞽瞍抓起来。桃应又问:舜不去制止吗?孟子回答:皋陶是依法办事,舜怎么能制止呢?桃应又问:那舜该怎么办?孟子曰:"舜视弃天下犹弃敝蹝也。窃负而逃,遵海滨而处,终身訢然,乐而忘天下。"(《孟子·尽心上》)意思是,舜抛弃天子的位置如同丢弃一双破鞋子。他会偷偷地背上父亲逃跑，沿着海边往下去，一生都高高兴兴的，快乐得忘掉了天下。在孟子看来，为了孝亲，连王位、天下都可以抛弃，诚信有什么不能抛弃的呢？正因为儒家强调宗法等级制度和社会差序结构，诚信就无法确立自己的独立价值，公道和法律就会受到漠视或践踏，社会平等的原则也就难以建立。平等与自由、权利是孪生兄弟，相伴而随，没有社会的基本平等，何来自由，哪有权利！

通过比较，儒家之信虽然能够适应熟人社会，这也是儒家反复强调"朋友有信"的重要原因，却不能适应陌生人社会。儒家之信产生于农业文明，农业文明日出而作、日落而息，尤其是重农轻商，士农工商，商居末位，使得人员流动少、活动范围小，形成了熟人社会，即社会学所说的面对面群体。儒家之信在熟人社会是能够得到遵守的，因为熟人社会违背诚信的代价很高。一个人不守信用，很快就会被传播出来，特别是商业欺诈行为，会殃及欺诈者的父母家人、左邻右舍、亲戚朋友和整个社会关系，就会被千夫所指，以致欺诈者在熟人面前颜面尽失，在熟人社会不能安身立命。这使得诚信在熟人社会具有了强大道德控制力和制裁力。在熟人社会，诚信不仅不会成为问题，而且还会造就无数动人的故事，季布的一诺千金、尾生的抱柱之信，都是人们对儒家之信产生的甜蜜回忆和美好憧憬。然而，儒家之信一旦进入陌生人社会，就会失去约束力，往往会发生欺诈和不诚信行为，这在传统社会的商人身上表现更为突出，俗语"无商不奸"和"十商九奸"虽有夸大其词，却也是社会真实的写照。法国启蒙学者孟德斯鸠曾经不客气地批评说："中国人的生活完全是以礼教为指南，但他们却是地球上最会骗人的民族。这特别表现在他们从事贸易的时候。虽然贸易会很自然地激起人们的信实感情，但它却从未激起中国人的信实。向他们买东西的人要自己带秤，每个商人有三种秤，一种是买进用的重秤，一种是卖出用的轻秤，一种是准确的秤，这是和那些对他们有戒备的人交易时用的。"①孟德斯鸠的话虽尖刻,却不无实情。在中国历史上,岂止商人存在不信行为,在政治领域,欺上瞒下,违心附和,虚伪表态,一手遮天,强奸民意,时有发生;在道德领域,欺世盗名,言则圣贤、行则禽兽,满口仁义道德,一肚男盗女娼,也不鲜见;在文化领域,假文浮词,抄袭雷同,趋时求利,迎合粉饰,经常耳闻。这些虚伪行为和丑恶现象当然不能归罪于儒家之信,而儒家之信的局限却在有意无意为虚伪和丑恶开了方便之门,也是不容忽视的事实存在。儒家之信强调人心和道德自律,无疑教育和培养了无数志士仁人,推动发展了华夏文明和礼仪之邦。另一方面,过于强调道德自律和单向的诚信,容易忽视诚信的双向互动和利益关系。对于一般人而言,双方之所以建立诚信,是希望获得对方相应的回报和利益。如果没有回报和利益,诚信不仅难以建立,而且也难以坚守。

比较中西文化关于诚信的理论与实践,韵味无穷,意义深刻,会给人们很多的启示。《柏拉图对话集》记载了一则苏格拉底坚守诚信的故事:公元前399年,苏格拉底被雅典法庭以侮辱雅典神、引进新神论和腐蚀青年思想的罪名判处死刑。尽管他有逃亡的机会,但他仍然选择饮下毒堇汁而死。苏格拉底不逃亡的理由是:如果我有离开雅典的可能,而70年来我却一直居住在这里,并享受雅典法典带给我的好处,那我实际上就是和我的国家订有一种契约,就是默认了国家的法律,承认了国家符合我的意愿,而现在按照法律判处我死刑,我怎么能离开它呢?我怎么能当法律给我好处时我就遵循它,判我死刑就违反它呢?况且我在法庭上已经承认了审判结果,这也是订约的证据,岂能背约?所以,我不能逃走。这则故事启示我们,儒家之信必须改革创新,应提升为天上的星空和心中的道德律,只能敬畏,不能亵渎,在

①　[法]孟德斯鸠著,张雁深译:《论法的精神》,商务印书馆1995年版,第150页。

任何时候任何情况下都要坚守诚信。要像苏格拉底那样,诚信是绝对道德律,即使会带来危险,也要坚守;不能合意就坚守,反之就不坚守。儒家之信应改造为契约的灵魂,只能呵护,不能伤害,在任何时候任何情况下都要遵守契约。要像苏格拉底那样,契约只要签订了,就要无条件地遵守,即使契约可能会带来不利的结果,在没有按照双方的意愿和约定的程序改签之前,也要遵守;不能合利就遵守,反之就不遵守。儒家之信应演化为法治的守护神,只能尊重,不能藐视,在任何时候任何情况下都要遵从法律。要像苏格拉底那样,法律不仅对于每个人是平等的,而且对于每个人的一生也是平等的,即使会带来死亡,也要遵从;不能合意合利就遵从,反之就不遵从。我们期待,儒家之信凤凰涅槃,在现代社会中重放光彩,再创辉煌!

第十五章　孝:事亲以敬

　　《诗经》云:"父兮生我,母兮鞠我。抚我蓄我,长我育我。饮我复我,出入腹我。欲报之德,昊天罔极。"意思是,爹爹呀你生下我,妈妈呀你喂养我。你们护我疼我爱我,养我长大培育我。想我不愿离开我,出入家门怀抱我。想报爹妈大恩德,老天无常难预测。这首诗诉说了一个孤儿对逝去父母的哀伤情思,声声泪,字字血,如诉如泣,感天动地。谁吟诵,谁都会动情流泪;谁吟诵,谁都会感恩之心沉沉;谁吟诵,谁都会报恩之情切切。这就是孝! 孝,是中华文化的重要组成部分。有子女,就有父母,孝是一种基于血缘关系的自然情感,孝文化是子女对父母情感的理论表述和意识形态。从某种意义上说,传统文化就是以孝敬父母为核心的孝文化,强调赡养父母是子女的家庭义务、社会责任和伦理道德,要求子女在家孝顺父母,至亲至爱;在社会推己及人,尊老敬老。孝,是中华文化区别于古希腊文明、印度文明等其他文明的象征,黑格尔认为:"中国这个文化大国是纯粹建筑在孝敬这一道德基础之上的,国家最为本质的特征便是客观的家庭孝敬。"[①]孝,是儒家思想的重要范畴,儒家以仁为核心构筑起宏伟的思想大厦,而仁的基础是孝悌,"其为人也孝弟,而好犯上者,鲜矣;不好犯上,而好作乱者,未之有也。君子务本,本立而道生。孝弟也者,其为仁之本与!"(《论语·学而》)

---

① ［德］黑格尔:《历史哲学》,上海书店出版社 2006 年版,第 172 页。

甲骨文和金文中都有"孝"字。在甲骨文中,"孝"字的上半部分是个老人,弯腰弓背,白发飘拂,手拄拐杖,一幅老态龙钟的模样;下半部分是个孩子,两手朝上伸出,托着老人,作服侍状。在金文中,"孝"是一个会意字,是用一个"子"和一个"老"字组成,像是子用头承老人的手,扶持老人行走之貌。"孝"字上为老,下为子,上一代与下一代融为一体,书尽了父母与子女血浓于水的亲情爱意。《说文解字》释孝:"善事父母者。从老省,从子。子承老也。"意谓孝的内涵是善于侍奉父母长辈;字形从老、从子,应用省略了"匕"的老和子含义,表示子能承其亲,顺其意。这个字形既能让孩子想起父母对自己的养育之恩,又能让孩子心中升腾起搀扶年老父母之情。从这个意义上说,孝的基本内容是善事父母,孝是子女对父母的一种善行和美德,属于家庭伦理范畴。孝文化源远流长,《礼记·王制》记载:"凡善老:有虞氏以燕礼,夏后氏以飨礼,殷人以食礼,周人修而兼用之。五十养于乡,六十养于国,七十养于学,达于诸侯。"

一、孝的沿革

孝源于原始社会的祭祀之中,原始初民对祖先的图腾崇拜孕育着孝文化,孝文化的产生需要个体婚制的建立和基于血缘关系而产生的亲亲之情,这大概是在父系氏族社会时期。相传尧传帝位于舜,不仅因为舜有能力和才干,而且因为舜是个大孝子,被后人称为"百孝之首"。《尚书·尧典》记载:"瞽子,父顽,母嚚,象傲;克谐以孝,烝烝乂不格奸。"意思是,舜是盲者之子,其父很糊涂,后母很荒谬,弟弟象狂傲骄纵,使舜的童年异常悲惨凄苦,而舜却能够与他们和睦相处,并以孝行和美德感化他们,使他们改恶从善不再作奸犯科。

孝文化的形成和确立应在殷商和西周时期。其时个体家庭制度已经成熟,对于老人的奉养已由氏族社会全体成员负担转变为个体家庭中的子女承担，"今大道既隐，天下为家，各亲其亲，各子其子"（《礼记·礼运》），因而逐步产生了孝的观念。比较而言，殷人把祖先视为喜怒无常、令人惧怕的鬼神，他们的孝观念更多表现在对祖先的祭祀和宗教诉求。周人对祖先的祭祀，除了宗教意义和政治行为外，已经充溢着伦理内容，增添了奉养父母的内容，包含着浓厚的敬仰和追念的血缘亲情。《诗经》《尚书》都有充分表述，蕴含着许多关于孝的原始观念和内容。《诗经》要求尊敬父母，"维桑与梓，必恭敬止。靡瞻匪父，靡依匪母"。意思是，父母栽种桑树和梓树，对它们应该恭恭敬敬。没有一个人不仰望父亲，没有一个人不依恋母亲。对父母要尊敬和依恋，永远都不要忘记他们。《尚书》要求奉养父母，"肇牵车牛，远服贾用，孝养厥父母，厥父母庆"。即在农闲时，要用牛车载着商品，去远处进行贸易，以此来赡养父母，让父母高兴。《诗经》强调禀告父母，"芝麻如之何？衡从其亩。娶妻如之何？必告父母"。即种麻必有田垄，儿子娶妻必须先告诉父母。《诗经》强调孝子是福，"威仪礼时，君子有孝子。孝子不匮，永锡而类"。即彬彬有礼很合宜，君子后代有孝子；孝子的孝顺之心真诚而不枯竭，这样全家永远能得到福佑。《尚书》告诫不孝是罪，"元恶大憝，矧惟不孝不友"。意思是，那种罪大恶极之人，也是不孝顺不友爱之人。

春秋战国时期，礼崩乐坏，诸侯崛起，战乱频繁，弑君、杀父、篡权时有发生，司马迁总结说："春秋之中，弑君三十六，亡国五十二，诸侯奔走不得保其社稷者，不可胜数。"（《史记·太史公自序》）政治社会动乱的同时，孝的观念受到极大冲击，不管是社会上层还是民间基层，都出现许多不孝不敬的现象，孟子概括为五种不孝行为，"世俗所谓不孝者五：惰其四支，不顾父母之养，一不孝也；博弈好饮酒，不顾父母之养，二不孝也；好货物，私妻子，不顾父母之养，三不孝也；从耳目之欲，以为父母戮，四不孝也；好勇斗狠，以危父母，五不孝也"（《孟子·离娄下》）。先秦儒家自觉担负起传承周礼、弘扬孝道的历史责任。他们结合春秋战国时的社会现状,在继承殷周孝观念的基础上进行了创造性诠释,把具有浓厚宗教色彩的孝观念改造为家庭伦理范畴,拓展和丰富孝的内涵,形成了比较系统的孝伦理思想。首先是孔子,他从仁的高度阐述孝的理念;最大贡献是引敬入孝,区分物质奉养与精神奉养,把敬作为孝的灵魂,强调对父母的精神奉养,将以血缘关系为纽带的"亲亲之情"上升到人文关怀高度,凸显了孝所具有的人本精神。孟子则将孝纳入人伦范畴,认为这是人与禽兽的根本区别,"人之有道也,饱食、暖衣、逸居而无教,则近于禽兽。圣人有忧之,使契为司徒,教以人伦:父子有亲,君臣有义,夫妇有别,长幼有序,朋友有信"(《孟子·滕文公上》)。先秦儒家关于孝的思想在《孝经》中得到了完整的展示。

《孝经》是"十三经"之一,以孝为中心,集中阐发了儒家的伦理思想,是千百年来中国社会维系家庭关系的道德准则。《孝经》相传为孔子所作,又传为曾子及其门人所作,还传为孔子"七十二之徒之遗言"。现存《孝经》为唐玄宗注本,全书18章,以孔子与其门人曾子谈话的方式,阐述和论证孝的思想。《孝经》的每一章最后都是引用《诗经》言论作结语,说明《孝经》与《诗经》具有渊源关系。

在《孝经》看来,孝是自然规律的体现,是人类行为的准则,是国家政治的根本,"夫孝,天之经也,地之义也,民之行也。天地之经,而民是则之;则天之明,因地之利,以顺天下"。孝是最为宝贵的品德,"人之行,莫大于孝",也是各种道德品质的基础,"夫孝,德之本也,教之所由生也"。孝应当贯穿于人的一生和所有行为之中,"身体、发肤,受之父母,不敢毁伤,孝之始也。立身行道,扬名于后世,以显父母,孝之终也。夫孝,始于事亲,中于事君,终于立身"。对不同身份的人有着不同的要求,天子之孝是以身作则,垂范万民,"爱敬尽于其事亲,而德教加于百姓,刑于四海"。诸侯之孝是遵守法度,与民和乐,"在上不骄,高而不危。制节谨度,满而不溢"。意思是,身为诸侯,虽然居于高位,但如能无骄傲之心,那么位置再高也不会有倾覆的危险。如能生活节俭、慎守法度,府库钱财再充裕丰盈也不会损溢。卿大夫即高官之孝是言行服饰,皆合礼法,"是故非法不言,非道不行;口无择言,身无择行;言满天下无口过,行满天下无怨恶"。士人之孝是忠君事上,敬爱父母,"故以孝事君则忠,以敬事长则顺。忠顺不失,以事其上,然后能保其禄位,而守其祭祀"。百姓之孝是谨慎节约,奉养双亲,"用天之道,分地之利,谨身节用,以养父母"。意思是,利用季节变化的自然规律,认清土地的高下优劣,行为举止谨慎小心,用度花费俭省节约,以此来孝养父母。孝亲与忠君联系密切,孝是忠的前提,忠是孝的发展和推而广之,"君子之事亲孝,故忠可移于君;事兄悌,故顺可移于长;居家理,故治可移于官。是以行成于内,而名立于后世也"。《孝经》十分推崇孝道,甚至到了绝对化、神秘化的程度,"孝悌之至,通于神明,光于四海,无所不通。《诗》云:'自西自东,自南自北,无思不服。'"意思是,孝敬父母、尊敬兄长,做到至高的境地,就可以通达于神明,光照天下,什么都可以感应相通。《诗经》说,从西到东,从南到北,没有人不心悦诚服的。

先秦儒家之孝是历史的进步,使孝从殷周时期虔诚的宗教伦理转变为血缘亲情的家庭伦理,从宗教祭祀活动转变为深入人心的社会道德规范。对于儒家之孝的理解不同,结果会大相径庭。《荀子·子道》记载的一段对话,说明孔子与鲁哀公、弟子子贡对于孝和忠的不同理解。鲁哀公问孔子什么是孝和忠,"孔子趋出,以语子贡曰:'乡者,君问丘也,曰:子从父命,孝乎? 臣从君命,贞乎? 三问而丘不对,赐以为何如?' 子贡曰:'子从父命,孝矣;臣从君命,贞矣;夫子有奚对焉?' 孔子曰:'小人哉,赐不识也! 昔万乘之国有争臣四人,则封疆不削;千乘之国有争臣三人,则社稷不危;百乘之家有争臣二人,则宗庙不毁。父有争子,不行无礼;士有争友,不为不义。故子从父,奚子孝? 臣从君,奚臣贞? 审其所以从之之谓孝、之谓贞也。'"从这段对话可知鲁哀公、子贡理解的孝和忠是绝对的无条件地服从父亲和君王,而孔子认为,孝和忠是有条件的,必须以善事和正当行为作为依据,而不是不辨是非地一味服从。在孔子看来,孝和忠的双方具有对等的权利与义务关系,这就是父慈子孝;"君使臣以礼,臣事君以忠"(《论语·八佾》)。如果把双向的权利与义务关系变为单向的或强调义务而抹杀权利或强调权利而忘记义务,那么,原本符合人类普世价值的儒家之孝就会演变成维护封建皇权专制的思想工具。历史表明,儒家之孝果然沿着单向的权利与义务之路前行,经过后世统治者和御用文人们的改造,特别是把孝和忠捆绑在一起,即"迩之事父,远之事君"(《论语·阳货》),把君与臣的关系完全当作父与子的关系,从而使孝的内容由家庭范围的伦理规范上升为统治者治国的工具,孝的外延由家庭范围的行为准则转变为政治领域的执行标准。

汉代是中国传统社会政治、经济、文化全面定型的时期,也是儒家之孝发展历程中极为重要的一个阶段。汉代提倡"以孝治天下",把孝作为治国安民的精神基础,建立了以孝为核心的社会统治秩序。除西汉和东汉开国皇帝外,所有的汉代皇帝都以"孝"为谥号,鲜明地表达了朝廷的政治价值倾向。汉代明确把《孝经》列为各级各类学校的必修课程,还创立了"举孝廉"的官吏选拔制度,把遵守孝道与入仕为官联系起来,成为孝道社会化、政治化的强劲动力。自汉而后,历代统治者无一例外地推广孝道、褒扬孝行,倡导老百姓在家一切服从家长,在国则是一切服从君王。分析后世统治者及其御用文人对于先秦儒家之孝的改造,首先是由家庭伦理转变为政治伦理。先秦儒家之孝虽有治世功用,却只是自在地发挥作用,后世统治者利用家国同构的传统社会模式,把孝道发展为治国的重要手段,通过权力强行稳固家庭秩序进而稳固国家秩序。汉文帝十二年诏:"孝悌,天下之大顺也。"(《汉书·文帝纪》)东汉章帝在闻江革孝行后诏曰:"夫孝,百行之冠,众善之始也。"(《后汉书·江革传》)统治者还通过诏令等形式优抚老人、褒奖孝子,严惩不孝行为,不断将孝伦理推向法律化、制度化。其次是由内心情感转变为士人为官从政的手段。先秦儒家之孝没有功利色彩，强调对父母的敬爱是孝的原动力，是人类情感的自然流露。统治者却将行孝与官吏选拔结合起来，致使许多读书人行孝已不是内心对父母的爱敬，而是追求做官和俸禄的终南捷径。一些功名利禄之徒为了获得孝子的名声，挖空心思，曲意逢迎，甚至发生了"举秀才，不知书，举孝廉，父别居"（《桓灵时谣》）现象。再次是由父慈子孝转变为父权独尊，进而巩固皇权专制。先秦儒家之孝强调孝是子女对父母的义务，慈是父母对子女的责任，父慈与子孝互为因果。《大学》指出："为人子止于孝，为人父止于慈。"统治者则把父慈子孝发展为对父母的绝对服从，形成父权独尊的单向格局。最为典型的是董仲舒，他用阴阳五行学说和谶纬臆说神秘化孝的观念，把父慈子孝转变为"父为子纲"，纳入"三纲五常"范畴。宋明理学则走向极端，宣扬"天下无不是底父母"。由于先秦儒家之孝不够完善和严密，没有完全厘清敬孝与愚孝、服从与盲从、孝亲与忠君之间的关系，留下了很多缝隙，给后来者从不同的角度进行诠释提供了机会和可能。我们不能苛责先秦儒家之孝，却可以正本清源，总结经验教训，以传承和发扬光大儒家之孝的合理因素及其对现代社会的正面作用。

二、孝的内容

孝作为一种自然情感，先秦诸子百家都给予了关注。道家崇尚道法自然和无为而治，没有否认孝的情感和行为。老子认为，孝慈是人的自然天性，不需要仁义礼智来加以修饰和教化，"绝仁弃义，民复孝慈"（《老子·第十九章》）。否则，就会"大道废，有仁义；慧智出，有大伪；六亲不和，有孝慈；国家昏乱，有忠臣"（《老子·第十八章》）。王弼注云："甚美之名生于大恶，所谓美恶同门。六亲，父子、兄弟、夫妇也。若六亲自和，国家自治，则孝慈、忠臣不知其所在矣。鱼相忘于江湖之道,则相濡之德生也。"墨家坚持兼爱,没有否认孝的情感和行为。墨子把孝看成是兼爱之下的一个德目,"爱人若爱自身,犹有不孝乎?"(《墨子·兼爱上》)法家主张人有趋利避害之本性,"人皆挟自为之心",也没有否认孝的情感和行为,"孝子爱亲,百数之一也"(《韩非子·难二》)。韩非子认为,父子关系也是一种利害关系,"人为婴儿也,父母养之简,子长而怨;子盛壮成人,其供养薄,父母怒而诮之。子父,至亲也,而或诮或怨者,皆挟自为而不周予为已矣"(《韩非子·外储说左上》)。唯有儒家,高度重视孝的情感和行为,给予了全面阐述和系统论证,形成了完整的孝伦理思想,深刻影响了传统文化的发展和中华民族品格的塑造。概言之,儒家之孝就是生则养,丧则哀,祭则敬。所谓生则养,既包括物质又包括精神,在物质方面,是供给饮食,服劳奉养,不失其勤;冬暖夏凉,晨昏定省,不失其劳;香甜甘脆,唯其所欲;谨身节用,以养父母。在精神方面,以父母之心为心,和颜悦色,得其欢心;承顺无违,不失其敬。丧则哀,是指父母去世时要守丧尽丧,哀痛在心;动尸举柩,哭痛不已;口不甘味,身不安美。祭则敬,是指斋之日,必思其居处,忆其音容;祭之日,必见乎其位,闻乎其声。正如《孝经》所言:"孝子之事亲也,居则致其敬,养则致其乐,病则致其忧,丧则致其哀,祭则致其严。五者备矣,然后能事其亲。"

1.孝之基在养

所谓养,《说文解字》释为"供养也,从食"。从传统孝文化分析,供养、奉养是孝的主体观念,意指满足父母的物质生活需求。"从食",就是饮食很重要,在吃穿住行中居于首要位置。孔子将物质上满足父母的基本生活需要,称之为"养";孟子则称之为"养口体",认为曾元是典型,他奉养曾子而不顾及曾子的心理感受,"曾元养曾子,必有酒肉。将彻,不请所与。问有余,曰:'亡矣。'将以复进也。此所谓养口体者也"（《孟子·离娄上》）。父母含辛茹苦地把子女养大，子女有义务在物质生活上奉养父母，报答父母的养育之恩，保障父母生活和长寿。这是最低限度的要求，也是亲亲之情的基础和前提。没有物质上的奉养，父母就不可能生存，而父母不存在，养亲、敬亲、爱亲行为就失去了载体和依托，因而奉养父母在任何时候任何情况下都是孝的基本内容和第一要求。

奉养父母有着多种内容，《吕氏春秋·孝行览》概括为"五养"，这就是养体，"修宫室，安床第，节饮食，养体之道也"；养目，"树五色，施五彩，列文章，养目之道也"；养耳，"正六律，和五声，杂八音，养耳之道也"；养口，"熟五谷，烹六畜，和煎调，养口之道也"；养志，"和颜色，说言语，敬进退，养志之道也"。在孔子看来，孝养父母要爱护自己的身体，保证身体健康，不要让父母担忧，"孟武伯问孝。子曰：'父母唯其疾之忧。'"（《论语·为政》）意思是，孟武伯请教孝道，孔子回答，父母最担心子女的疾病。要做到"父母在，不远游，游必有方"（《论语·里仁》）。古代交通和通讯不发达，如果远离父母没有音讯，不仅无法照顾奉养父母，而且还会让父母担忧和不放心。《礼记》的要求更加具体，"夫为人子者，出必告，反必面，所游必有常"。意思是，为人子女，出门应禀告父母，返回也必须面告父母，出游的地方必合常规，能够预料。要常知父母之年，才能更好地奉养父母，"父母之年，不可不知也。一则以喜，一则以惧"（《论语·里仁》）。

在传统社会，奉养父母固然属于个体家庭的内部事务，但也需要政府和统治者的外部帮助。家庭之所以能够在物质上奉养父母，是因为有一定的家产，如果一贫如洗，没有家产，即使有奉养父母之心，也无奉养之力。孟子要求统治者能够"制民之产"，意指统治者要使老百姓家里有财产，手里有谋生的饭碗，过着丰衣足食的生活。在孟子看来，"无恒产而有恒心者，惟士为能。若民，则无恒产，因无恒心。苟无恒心，放辟邪侈，无不为已。及陷于罪，然后从而刑之，是罔民也。焉有仁人在位网民而可为也?"(《孟子·梁惠王上》)意思是,没有固定的产业却有坚定的心态,只有士人能做到。至于老百姓,假如没有固定的产业,就没有坚定的心志。假如没有坚定的心志,就会为非作歹,无所不为。等他们犯了罪,然后处罚他们,这叫陷害百姓。哪有仁德之人在位治国却做出陷害百姓的事来呢?"是故明君制民之产,必使仰足以事父母,俯足以畜妻子。乐岁终身饱,凶年免于死亡。然后驱而之善,故民之从之也轻"(《孟子·梁惠王上》)。孟子对于制民之产的具体设想是有田有地、有穿有住,有粮有肉、有食有教,不误农时,"五亩之宅,树之以桑,五十者可以衣帛矣。鸡豚狗彘之畜,无失其时,七十者可以食肉矣。百亩之田,勿夺其时,八口之家可以无饥矣;谨庠序之教,申之以孝悌之义,颁白者不负戴于道路矣。老者衣帛食肉,黎民不饥不寒,然而不王者,未之有也"(《孟子·梁惠王上》)。由此可知,制民之产,不仅可以奉养老人,而且可以推广孝道,还有利于巩固统治者的地位。

2.孝之魂在敬

孝顺赡养父母,既有物质内容又有精神要求。如果说物质上奉养父母,是对子女最低限度的要求,那么,精神上敬养父母,则是高层次的要求,更是本质的要求。孝顺父母,基础在养,灵魂在敬。物质上奉养父母,不同的家境会有不同的赡养方式和内容,家境好的提供更多食品和更好衣服,家境一般的提供简单食品和朴素衣物,这在外人看来是正常的,不存在孝与不孝的问题。但是,精神上敬养父母,不同家境的要求却是一样的。无论家境好坏,都要发自内心、带着诚意奉养父母,更加注重对父母的精神关怀,设身处地地为父母着想。对于父母孝与不孝,不在养而在敬。"子游问孝。子曰:'今之孝者,是谓能养。至于犬马,皆能有养。不敬,何以别乎?'"(《论语·为政》)这段对话简短，却意味隽永，发人深思。人能养，犬马有养，都是指物质上的奉养。对于父母的赡养，人与犬马存在着三种不同的组合，如果不能在物质上奉养父母，那是人不及犬马，就是不孝；如果只能在物质上奉养父母，那是人仅同于犬马，也不是真正的孝；如果能够把对父母的物质奉养与精神敬养紧密结合在一起，那是人高于犬马，就是真正对父母的孝顺。在孔子看来，无敬则无孝，敬是子女对父母的真诚感情投入，才能把奉养父母与饲养犬马区别开来，从而确立和提升人的价值。《荀子》记载的孔子与弟子的对话，也说明敬对于孝的重要性，"子路问孔子，曰：'有人于此，夙兴夜寐，耕耘树艺，手足胼胝，以养其亲，然而无孝之名，何也？'孔子曰：'意者身不敬与？辞不逊与？色不顺与？古之人有言曰：衣与！缪与！不女聊。今夙兴夜寐，耕耘树艺，手足胼胝，以养其亲，无此三者，则何为而无孝之名也？'"

孔子从人与犬马之别的角度，指出为孝必敬。那么，如何敬养父母呢？一要和颜悦色，而不要色难。"子夏问孝。子曰：'色难。有事，弟子服其劳；有酒食，先生馔，曾是以为孝乎？'"（《论语·为政》）朱熹解释道："故事亲之际，惟色之为难耳，服劳奉养，未足为孝也。旧说承顺父母之色为难。"（《四书章句集注·论语集注》）情自心意，境由心生，子女奉养父母，和颜悦色是表现形式，实质是内存爱心。子女对父母有爱心，脸面必定能愉色婉容，《礼记》指出："孝子之有深爱者，必有和气。有和气者，必有愉色。有愉色者，必有婉容。"二要养志，而不要养口体。孟子把赡养父母区分为养口体与养志两种情况。所谓养口体，就是仅仅在物质上奉养父母；养志就是不仅物质上奉养父母，而且精神上敬养父母，顺应父母的意愿。孟子认为，曾子是养志的榜样，"若曾子，则可谓养志也。事亲若曾子者，可也"（《孟子·离娄上》）。曾子赡养父母，注意秉承父母之意志，仔细体察父母的内心意愿和感受，"曾子养曾皙，必有酒肉。将彻，必请所与。问有余，必曰：'有。'"（《孟子·离娄上》）三要遵守礼制，而不要违反礼制。丧礼和祭礼，对不同的身份有着不同的要求,均应按礼进行丧祭;相同的礼仪要求,不同的身份都应共同遵守,没有贵贱差别。《中庸》指出:"斯礼也,达于诸侯大夫,及士庶人。父为大夫,子为士,葬以大夫,祭以士。父为士,子为大夫,葬以士,祭以大夫。期之丧,达乎大夫。三年之丧,达乎天子。父母之丧,无贵贱一也。"

3.孝之要在谏

按照儒家之孝,子女要尽力事亲,顺从父母的意愿,让父母高兴,这是毫无疑问的。但是,儒家之孝并不主张盲从,也反对无原则、无选择的顺从。《说苑·建本》记载一个故事,很能说明孔子对待顺从父母的态度,"曾子芸瓜而误斩其根。曾皙怒,援大杖击之。曾子仆地,有顷乃苏,蹶然而起,进曰:'曩者,参得罪于大人,大人用力教参,得无疾乎?'退屏鼓琴而歌,欲令曾皙听其歌声,令知其平也。"孔子听说这件事后,很不满意曾子的做法,"汝不闻瞽瞍有子名曰舜?舜之事父也,索而使之,未尝不在侧;求而杀之,未尝可得,小棰则待,大棰则走,以逃暴怒也。今子委身以待暴怒,立体而不去,杀身以陷父不义,不孝孰是大乎?"意思是,你没有听说瞽瞍有个儿子叫舜?舜侍奉父母,如要找他使唤他,没有不在父亲身边的;如要杀他,总是找不到,小鞭子打就等待挨打,大鞭子打就赶快跑走,用来逃避父亲的一时冲动。现在你甘心情愿让你父亲去打,站立着不走开。一旦你被打死了,就会使你父亲陷入不义,不孝还有比这更大的吗?在孔子看来,真正的孝并非一味地顺从父母,一味地压制个人的情感意愿,而是父母正确的要顺从,父母不正确的则不能不加甄别地盲目顺从,否则,就会陷父母于不义,陷自己于不孝。孔子引谏入孝,把谏净作为孝的内容之一,使孝伦理得以充实和完善。谏是先秦儒家之孝的精华所在,"子曰:'事父母几谏,见志不从,又敬不违,劳而不怨。'"(《论语·里仁》)孔子说,侍奉父母时,父母如有不对的地方,要进行婉转地劝说,看到自己的意见没有被听从,仍然恭敬而不触怒父母,虽然心忧但不怨恨。

谏亲是一件复杂而敏感的事情,钱穆曾对孔子谏亲的思想作出解释:"父子家人相处,情义当兼尽。为子女者,尤不当自处于义,而伤对父母之情。若对父母无情,则先自陷入大不义,故必一本于至情以冀父母之终归于义。如此,操心甚劳,然求至情大义兼尽,则亦惟有如此。"①从这段解释可知,谏亲的关键是在孝的基础上处理好情与义的关系。孔子的几谏理念可说是既有情又有义。所谓义,意指对父母的过错不能视而不见、听而不闻,而应进行谏净。孔子甚至从治国、安家、交友的高度强调谏净的意义,《孝经》记载:曾子请教孔子:"敢问子从父之令,可谓孝乎?"孔子回答:"是何言与! 是何言与! 昔者天子有争臣七人,虽无道,不失其天下;诸侯有争臣五人,虽无道,不失其国;大夫有争臣三人,虽无道,不失其家;士有争友,则身不离于令名;父有争子,则身不陷于不义。故当不义,则子不可以不争于父,臣不可以不争于君。故当不义,则争之。从父之令,又焉得为孝乎!"显然,面对父母之错误,子女不给予谏净劝阻,就是不义,也是不孝。所谓情,意指谏净父母要注意方式方法,态度要诚恳,语气要委婉,劝谏要反复进行。《礼记·曲礼上》要求"父母有述,下气怡色,柔声以谏。谏若不入,起敬起孝,说则复谏;不说,与其得罪于乡党州间,宁孰谏。父母怒,不说,而挞之流血,不敢疾怨,起敬起孝"。这一要求实际上是孔子的几谏理念的具体化。意思是,父母有了过失,做儿子的要低声下气、和颜悦色地劝谏。劝谏如果不起作用,做儿子的就应愈加恭敬愈加孝顺,等到父母高兴的时候再次劝谏。再次劝谏也可能招致父母的不高兴,与其让父母得罪于乡党州间,不如自己犯颜苦谏。如果犯颜苦谏

①　钱穆:《论语新解》,三联书店 2002 年版,第 102 页。

招致父母大怒,把自己打得皮破血流,那也不敢生气埋怨,而是更加恭敬更加孝顺。

4.孝之至在终

先秦儒家之孝包括父母生前之孝和死后之孝,生前之孝是养、敬、谏,死后之孝是慎终追远,即按照礼的要求安葬和祭祀去世的父母祖先。《论语》指出:"慎终追远,民德归厚矣。"孔安国注云:"慎终者,丧尽其哀。追远者,祭尽其敬。君能行此二者,民化其德,皆归于厚也。"这说明死后之孝还关乎醇化社会风俗、净化社会环境。在孔子看来,孝的最高境界是父母死后也要尽孝,周武王、周公是榜样,"武王、周公,其达孝矣乎!"具体做法是"践其位,行其礼,奏其乐,敬其所尊,爱其所亲,事死如事生,事亡如事存,孝之至也"(《中庸》)。意思是,供奉好先王的牌位,举行先王留下的祭祀,演奏先王时代的音乐,敬重先王所尊敬的人,爱护先王所爱的子孙臣民,事奉死者如同他在世时一样,事奉亡故的如同他活着时一样,这就是孝的极至状态。死后之孝的重要标志是守孝三年。《论语》记载:宰我认为,三年守孝时间太长了,会生疏礼仪、荒废音乐,改为守孝一年就可以了。孔子听后,很不满意地指责说:"予之不仁也! 子生三年,然后免于父母之怀。夫三年之丧,天下之通丧也。予也有三年之爱于其父母乎?"意思是,宰我真是不仁啊! 孩子出生三年,不能脱离父母的怀抱。父母去世后守孝三年,这是天下一致的礼制。宰我也是得到父母三年的怀抱之爱啊! 死后之孝的重要原则是遵守礼制。先秦时期的丧葬礼仪相当复杂,包括葬前之礼、葬礼和葬后丧服之礼三个部分,每个部分又有若干个环节,每个部分和每个环节都有相应的寓意。即使丧葬礼仪复杂多样,孔子明确要求"葬之以礼,祭之以礼"(《论语·为政》)。

父母死后行孝,不仅要慎终而且要追远。慎终,是指慎重办理父母的丧葬之事,既不可敷衍了事,又不可一味推崇厚葬。在孔子看来,慎终不在于丧葬是否豪华及其形式,而在于对父母怀有悲痛哀伤的感情,"丧,与其易也,宁戚"(《论语·八佾》)。孔子指责那些不悲痛哀伤的行为,"临丧不哀,吾何以观之哉?"(《论语·八佾》)哀伤感情要有具体行动,这就是饮食没有胃口,居住不得安稳,"孝子之丧亲也,哭不偯,礼无容,言不文,服美不安,闻乐不乐,食旨不甘,此哀戚之情也"(《孝经·丧亲》)。同时,要预作准备,避免临时忙乱,"为之棺椁衣衾而举之,陈其簠簋而哀戚之;擗踊哭泣,哀以送之;卜其宅兆,而安措之"(《孝经·丧亲》)。意思是,父母亲去世,要准备好棺材、外棺、穿戴的衣服和铺盖的被子,举行小敛和大敛的礼节,陈列簠簋等礼器,以寄托生者的哀痛和悲伤;要捶胸顿足,痛哭悲泣,极尽哀伤地送葬;占卜墓穴之地,安葬灵柩。追远,是指虔诚地祭祀双亲和祖先。祭祀是思念缅怀感情的一种寄托方式,实质源于子女后代对父母祖先的敬爱之情。敬也是祭祀之礼的本质规定,"士见危致命,见得思义,祭思敬,丧思哀,其可矣"(《论语·子张》)。祭祀要有条件,应在丧葬时给予安排,"为之宗庙,以鬼享之;春秋祭祀,以时思之"(《孝经·丧亲》)。意思是,丧葬时,就要营建宗庙,以祭祀之礼,请鬼神来享用;在春秋两季举行祭祀,以表示生者无时不在思念亡故的亲人。无论慎终还是追远,都不仅仅是表达缅怀思念之情,更重要的是能够传承父母祖先的志向,继续父母祖先的事业,发扬光大父母祖先的优秀品德,从而使父母祖先流芳百世。这才是真正的孝,也是对父母祖先最好的祭祀,"夫孝者:善继人之志,善述人之事者也"(《中庸》)。能否继承父母的志向,是评价子女尽孝的重要标准,"父在,观其志;父没,观其行;三年无改于父之道,可谓孝矣"(《论语·学而》)。孔子曾经表扬过孟庄子的孝行,就在于其父献子有贤德,孟庄子不搞"一朝天子一朝臣",能够留用其父的旧臣,坚守其父的道德人品,继续实施其父确定的施政方针,"曾子曰:'吾闻诸夫子:孟庄子之孝也,其他可能也;其不改父之臣与

父之政,是难能也。'"(《论语·子张》)

三、孝的关系

儒家之孝推崇子女对父母真诚敬爱的感情,这是一种朴素而自然、平常而普遍的骨肉亲情,也是男女老少、贫富贵贱人人皆有的正常感情。从社会学角度分析,一个人从呱呱坠地到长大成人,主要依赖父母的抚育爱护;子女对父母的感情正是源于父母对子女的生育抚养。在所有的情感中,血缘之爱是无可置疑的,儿子孝敬自己的父亲,是从血缘中自然生出来的真性情,从血液中自然流出来的情感。孝是一切社会情感的源头,也是一切伦理道德的基础,"子曰:'弟子入则孝,出则弟,谨而信,泛爱众,而亲仁。行有余力,则以学文。'"(《论语·学而》)黄震注云:"此章教人为学,以躬行为本,躬行以孝悌为先。文则行有余力而后学之。"每个人离开家庭、走向社会,就会遇到一系列社会关系,孝也会遇到一系列相应社会伦理道德规范。正确认识孝与其他伦理道德规范的关系,既可以帮助子女更好地行孝,也可以帮助每个人更好地践行社会伦理道德规范。

孝与仁。这是一对说不清的关系,主要分歧在于到底是孝为仁之本,抑或是仁为孝之本。然而,两者联系密切,都是儒家学说的重要概念,其内容都是爱,孝是爱父母,仁者爱人。两者区别在于,仁是儒家思想的基石和最高范畴,孟子认为:"仁也者,人也。"(《孟子·尽心下》)以致学界有人称儒家思想为人学。在儒家思想体系中,仁的范畴蕴含着人类最普遍的思想情感和最基本的道德原则,统领和贯穿于其他思想概念,"子张问仁于孔子。孔子曰:'能行五者于天下,为仁矣。'请问之。曰:'恭,宽,信,敏,惠。恭则不侮,宽则得众,信则人任焉,敏则有功,惠则足以使人。'"(《论语·阳货》)这说明恭、宽、信、敏、惠等道德品质都归属于仁的范围,是仁的具体表现形式。冯友兰认为,仁为全德之名,高于其他诸德,"惟仁亦为全德之名,故孔子常以之统摄诸德"①。孝虽是重要概念,却不能与仁并列,《论语》中"仁"字出现了109次,"孝"字只有19次,两者显然不在一个层级。

儒家之所以重视孝的观念,是因为孝的血缘亲情具有坚实的社会基础和长久的生命底蕴,凸显孝的地位和作用,可以顺应和反映人的真实情感,满足人的心理需求。而且,孝还与仁密切相关,"君子之道,譬如行远,必自迩;譬如登高,必自卑"(《中庸》)。仁是人生追求的最高境界,也是社会发展的理想境界,必须找到一个突破口和切入点,否则,仁就难以从形上本体落到形下实践。孝和仁都有爱的精神,两者本质上是相通的,正好成为仁的突破口和切入点,即从百姓的日常生活入手,推己及人,下学上达,渐次进入仁的境界。正如周予同指出:"仁广大而抽象,孝狭窄而具体。由狭窄而具体的孝下手,以渐渐进于广大而抽象的仁。由孝入仁,是儒家人生哲学的方法论,也就是孔子循循善诱的教授法之一。"②朱熹则对孝与仁的关系作出了比较全面的阐述和论证,"论性,则仁为孝悌之本"(《四书章句集注·论语集注》)。朱熹用理与事关系给予解释,仁是理,孝悌是事,有是仁,后有是孝悌;用性与用给予解释,仁是性,孝悌是用,用便是情,情是发出来的;还把仁与孝比喻为源与流的关系,"仁便是本了,上面更无本。如水之流,必过第一池,然后第二池,第三池。未有不先过第一池,而能及第二第三者。仁便是水之源,而孝悌便是第一池"(《朱子语类》卷二十)。同时,朱熹认为:"论行仁,则孝悌为仁之本",行仁为一个词组,不等于仁的概念,意指实践仁的要求,先从孝悌开始。一个人连父母都不能敬爱,必然不能泛爱他人。爱人必先爱父母,子女对父母的敬爱之情,正是行仁的起点。朱熹进一步说明,盖仁自事亲、从兄,以至亲亲、仁民、仁民、爱物,无非仁。然初自事亲、从兄行起。孟子也表达过相同的看

① 冯友兰:《冯友兰文集》(第二卷),长春出版社 2008 年版,第 62 页。
② 周予同:《群经通论》,上海人民出版社 2012 年版,第 123 页。

法，"道在迩而求诸远，事在易而求诸难：人亲其亲，长其长，而天下平"（《孟子·离娄上》）。

孝与礼。礼通常是指西周建立的包括礼仪、礼制、礼法在内的一套社会等级制度。中国古代社会是一个礼治社会，礼无时不在、无所不包，荀子曾说："人无礼则不生，事无礼则不成，国无礼则不宁。"（《荀子·修身》）春秋战国时期则是礼崩乐坏，孔子一生都在追求恢复周礼，恢复礼治社会。在孔子看来，国家和社会是由无数个家庭所组成的，家庭孝顺和睦，社会才能安定，国家才能实现礼治；家庭孝顺和睦，即使不在朝廷为官，也是参与政治，"或谓孔子曰：'子奚不为政?'子曰：'《书》云：'孝乎惟孝，友于兄弟，施于有政。'是亦为政，奚其为为政?'"（《论语·为政》）从这段对话可知，孝、友与为政互相联系，治家与治国不可分割，把家治好了，就是参与治国、帮助治国。治家靠孝，治国靠礼，孝与礼紧密相连，"孟懿子问孝。子曰：'无违。'樊迟御，子告之曰：'孟孙问孝于我，我对曰无违。'樊迟曰：'何谓也?'子曰：'生，事之以礼；死，葬之以礼，祭之以礼。'"（《论语·为政》）礼贯穿于孝的整个过程；无违就是遵守礼制。无论父母生前之孝，还是死后之孝，都要按照礼的要求赡养父母、安葬父母和祭祀父母。朱熹把自始至终遵守礼制看成是孝的最高境界，"礼，即理之节文也。人至事亲，自始自终，一于礼而不苟，其尊亲之至也"（《四书章句集注·论语集注》）。一般而言，孝是礼的核心，礼是孝的保障；孝的精神贯穿于礼，礼的制度确保着孝，两者相辅相成，共同维护着家庭和睦稳定，推动着社会和谐安定。但是，由于周礼的主要目的是维护宗法等级制度和社会差序结构，援礼入孝，就使儒家之孝具有了相当的局限性，片面强调父母的权利和子女的义务，而忽视父母的义务和子女的权利，从而使先秦时期相对平等的父子关系转变为传统社会绝不平等的"父为子纲"关系。

孝与忠。忠是传统道德中极为重要的德目，是一种对他人、对事业的积极态度。先秦时期，忠是对待一切人的要求，是一种相互的道德权利与义务,"曾子曰:'吾日三省吾身:为人谋而不忠乎? 与朋友交而不信乎? 传不习乎?'"(《论语·学而》)即使涉及臣与君的关系,也是对双方都提出要求,强调君臣权利和义务的双向性,认为君要有礼,臣要尽忠,各负其职、各尽其责,以保持君臣关系的平衡。相对而言,先秦儒家更重视孝亲的家庭伦理功能,并没有全面推演孝亲的政治伦理功能。然而,先秦儒家还是将孝亲与忠君相联系,孝的观念已经储藏了政治伦理的内容。《论语》明确提出"孝慈则忠"。《孝经》强调移孝为忠,"君子之事亲孝,故忠可移于君"。正是由于先秦儒家之孝内在的张力,秦汉以后尤其是西汉王朝,从建国开始就宣称以孝治天下,逐步完成了孝亲功能的政治性逻辑推演,由孝亲为主转变为忠君为主,由调节家庭成员关系为主转变为调节政治领域中的君臣关系为主。顾颉刚指出:"自秦始皇一统之后,君臣之义无所逃于天地之间,忠君的观念大盛。"①

从理论层面分析,孝与忠是相通的,基本要求都是顺从服从。顺从在孝,则是子女对父母应做到顺从;在忠,就是臣子要顺从于君王。孝与忠的关系,首先表现为孝是忠的基础。一个人只要具备孝的品德,自然会忠诚于君,《孝经》认为:"以孝事君则忠。"俗话说孝子出忠臣,孝子不一定会成为忠臣,而忠臣必定是孝子。同时,孝属于家庭伦理,忠属于政治伦理,两者主体相同,客体却不同;两者都要求顺从,对象却不同。因而人们会经常面临忠孝两难的问题,究竟是先孝后忠,还是先忠后孝? 这在传统社会有一个演变过程,春秋战国时期是孝优先于忠;汉与魏晋时期,孝与忠大体平衡,西晋李密还可以上《陈情表》,要求先孝后忠;唐宋时期是忠优先于孝;明清时期,忠与孝都走向了极端,愚忠、愚孝行为时有发生。

孝与慈。这实质是子与父的关系,涉及权利与义务关系。子与父

---

① 顾颉刚:《古史辨自序》,河北教育出版社2003年版,第81页。

的权利与义务是平等还是不平等,关乎孝的历史意义和现实作用。先秦儒家之孝虽然落脚在孝和子,却没有忘记慈和父,子要孝、父要慈,两者关系基本平衡,双方的权利与义务大体对等。《大学》指出:"为人君,止于仁;为人臣,止于敬;为人子,止于孝;为人父,止于慈;与国人交,止于信。"尤其是孔子引谏入孝,要求对于父母的过失或错误应予谏诤,不仅完善和充实了孝的内容,而且强化了子女与父母相对的平等地位。可以说,父慈是子孝的前提,子孝是父慈的回报。

但是,由于父子属于血缘关系,基于血缘亲情的父子关系,先天地存在着不平等,父母辈份高、子女辈份低,父母年龄大、子女年龄小,都是自然形成而不可改变的存在。而且,情感往往会重于理性,完全依靠理性处理父子关系,依靠对等的权利与义务规范父子关系,既不可能也做不到。孟子提出了父子之间不责善的观念,"古者易子而教之,父子之间不责善。责善则离,离则不祥莫大焉"(《孟子·离娄上》)。意思是,古人互相交换儿子来教育,就是因为父子之间不用善的道理来责备对方。如果责善,会伤害感情,就有了隔阂。对于父子而言,互相有隔阂是最不好的事情。先秦儒家既然认识到父子血缘关系的特殊性,孝的内容设计已然显现出许多不平等的萌芽和因素。具体而言,先秦儒家之孝重在规范子孝的伦理,而没有规范父慈的伦理。无论孔子还是孟子,《中庸》还是《孝经》,都对子女尽孝提出了很多要求,却没有对父母慈爱的内容给予阐述和规范。尽孝,主要是对子女提出义务,却没有明确子女的权利。先秦儒家之孝睿智地提出了谏的概念,却给子女谏诤套上了太多的枷锁,要求子女"几谏",即委婉地劝诫,反复地劝诫;如果父母不听,也不能违背父母的意志,"子之事亲也,三谏而不听,则号泣而随之"(《礼记·曲礼下》)。这就遮闭了谏的价值,没有得到充分发挥,有时甚至成为子女的束缚。先秦儒家之孝与反映宗法等级关系的礼制紧密相关,而宗法礼制对父与子提出了不同规范,不能不给孝伦理烙上不平等的印迹。先秦儒家之孝蕴含的不平等因素,经过汉朝孝治天下的镕铸,父慈子孝逐步演变为父为子纲,最后酿成了传统社会的父权独尊。

研读儒家之孝,自然想到了晋朝李密的《陈情表》。《陈情表》叙述了李密既要终养祖母以尽孝道,又要躬奉圣命尽忠国家的窘境。在忠孝不能两全的情况下,李密毅然决然选择了孝,拳拳孝心,震撼古今,以致古人认为:"读李密《陈情表》不堕泪者,其人必不孝也。"之所以堕泪,是因为感动于李密的至孝。据《晋书》记载,祖母有疾,李密痛哭流涕,夜不解衣,侍其左右;膳食、汤药,必亲口尝后进献。李密恳请晋武帝给予他终养祖母的恩典,"乌鸟私情,愿乞终养"。"乌鸟",是指乌鸦能反哺母鸟的传说,用以比喻敬养长辈之人。之所以堕泪,是因为感动于李密的真诚。李密真实地叙述了祖母的病情,"日薄西山,气息奄奄,人命危浅,朝不虑夕";更是真诚地叙述了祖孙之情,"臣无祖母,无以至今日;祖母无臣,无以终余年。母孙二人,更相为命,是以区区不能废远",读之令人凄恻。之所以堕泪,是因为感动于李密的忠心。李密表示要先孝后忠,"臣密今年四十有四,祖母刘今年九十有六,是臣尽节于陛下之日长,报养刘之日短也"。在《陈情表》最后部分,李密"愿陛下矜悯愚诚,听臣微志,庶刘侥幸,保卒余年。臣生当陨首,死当结草"。意思是,但愿陛下能怜悯臣的愚昧和诚意,听取并同意臣实现志愿,以使祖母刘氏能够平安,终享晚年;臣则活着应当为陛下奉献生命,死后也要报恩。让我们在品读《陈情表》中体会孝的温馨,感悟孝的哲理,领略孝的阔远,进而传承光大孝的文化,不忘自己是一个中国人!

第十六章　忠:尽心竭力

　　忠是传统文化的重要组成部分,是重要的伦理道德规范。由于忠的内容丰富而复杂,既有忠与忠君的区别,又有先秦儒家的忠君与后世儒学忠君的区别,近代社会以来见仁见智,差距甚大。一般而言,人们比较肯定忠和先秦儒家的忠君思想,不太赞成忠君尤其是后世儒学的忠君思想。对于忠君思想,有肯定的评价,如蔡仁厚极为推崇先秦儒家特别是孔子忠的思想,"君仁臣忠、父慈子孝、兄友弟恭、夫妇和顺、朋友有信,这些都是千古不变的道理"①。也有否定的评价,如贺麟否定五伦观念,也就是否定忠君观念,他认为批判五伦观念须从本质着手,"这种偏重五常的思想一经信条化、制度化,发生强制的作用,便损害个人的自由与独立。而且这五常的关系看得太狭隘了,太僵死了,太机械了,不唯不能发挥道德政治方面的社会功能,而且大有损害于非人伦的超社会的种种文化价值"②。还有只予说明不予评价的,如冯友兰解释孔子的正名与忠君思想,"每个名都有一定的含义,这种含义就是此名所指的一类事物的本质。因此,这些事物都应当与这种理想的本质相符。君的本质是理想的君必备的,即所谓'君道'。君,若按君道而行,他才于实、于名,都是真正的君。这就是名实相副"③。

---

① 蔡仁厚:《孔子的生命境界:儒学的反思与开展》,吉林出版集团有限责任公司 2010 年版,第 52 页。
② 贺麟:《文化与人生》,商务印书馆 2005 年版,第 54 页。
③ 冯友兰:《三松堂全集》(第 6 卷),河南人民出版社 2000 年版,第 40 页。

在冯友兰看来,忠君应指忠于名副其实的君王,而不是昏君、暴君。正确认识忠的概念和文化,最好的办法是追本溯源,全面梳理和理解忠的思想形成及其演变。

"忠"字的构造是上"中"下"心",即中在心上,中正不斜。《说文解字》解释为:"忠,敬也;从心,中声。尽心曰忠。"古以不懈于心为敬,"从心"即心存敬意,《增韵》指出:"内尽其心,而不欺也。"从中即不偏不倚,正直之德,《玉篇》释"忠"为"直也"。忠包括对己与对人两方面内容,于己"谓言出于心,皆有忠实也",是内心情感的真实表现;于人谓"竭诚也",是人与人互相交往的外在表现。忠的原初含义就是忠诚、忠信之意,构成忠概念的基本内容。春秋战国时期,各类文献大量使用忠的概念,据统计,《左传》和《国语》中"忠"字出现了120多次。先秦诸子都关心忠的概念,儒家则把忠纳入自己的思想体系。值得注意的是,忠的概念产生以来,其基本内容一直保持稳定,没有发生大的变化;而变化主要是由春秋战国时期内容宽泛、含义丰富的社会道德范畴,逐步演变为政治伦理范畴,从对己对人对事的道德要求,逐步转化为臣民对君王和国家的政治义务。尤其是与君王相结合,形成了忠君思想,被秦汉及其以后的传统社会奉为最高的伦理道德。

一、先秦之忠

任何伦理观念都是社会存在的反映,社会存在的变化,必然带来观念的相应变革。"忠"字产生较晚,在目前已识的甲骨文、金文中,没有发现"忠"字。现存的三代政治文献中也没有见到"忠"字。但这并不排除当时实际已经存在忠的意识和行为,只不过淹没于宗法关系之汪洋大海。以宗法制度为核心的上古社会,实行政权与族权相结合的统治,保存了氏族社会末期家长制统治的内核,整个国家机器就是一个以天子为大宗的等级分明的家族组织,"天子建国,诸侯立家,卿置侧室,大夫有贰宗,士有隶子弟,庶人工商各有分亲,皆有等衰"(《左传·桓公二年》)。以西周为例,西周采用领主分封制,周天子名义上是全国土地的所有者,"普天之下,莫非王土;率土之滨,莫非王臣"。但周天子只占有王畿以内的土地和人民,王畿之外的土地和人民则赐封给诸侯,由其建立侯国。侯国对天子负有纳贡、朝觐述职和出兵从征的义务;天子也有权干涉诸侯内政,惩治和撤换不称职的诸侯以及任命侯国官员。在政治关系上,西周是宗法世袭制,"周人贵亲"为最大特点,王室卿士和诸侯卿大夫都由宗臣担任,大夫之家臣也是选用同宗士人。对于诸侯、大夫以及士人而言,君臣关系与父子关系没有根本的矛盾利害冲突,在家尽孝与为国尽忠是一致的,尽孝就是尽忠。孝既是维护父子关系的道德准则,又是维护君臣关系的政治伦理,有效地维系着整个宗法等级社会的和谐运行。《论语》指出:"其为人也孝弟,而好犯上者,鲜矣;不好犯上,而好作乱者,未之有也。君子务本,本立而道生。孝弟也者,其为仁之本与?"这说明西周社会实际已经存在忠的意识和行为,只不过归属于孝的范畴。在分封宗法制度下,父子关系优先于君臣关系,忠君观念与孝悌观念重叠合一,解决了父与子孝的关系,也就解决了君与臣忠的关系,进而解决了社会秩序的稳定问题。

春秋战国是忠的观念凸显时期。原因很简单,随着周王室的衰微,天下无道,礼乐征伐"自诸侯出,盖十世希不失矣;自大夫出,五世希不失矣;陪臣执国命,三世希不失矣"(《论语·季氏》)。诸侯兼并日趋激烈,宗法等级统治发生了深刻危机,原有的社会秩序打乱了,国家权柄不断下移,僭越犯上事件屡见不鲜,天子与各诸侯封君及其与所属臣子的关系发生了重大变化。在以往的宗法统治下,无论君王还是臣子,都是凭借宗法继统的力量而获得地位和社会支持,而春秋战国时期,宗法制度已经瓦解,传统的血缘力量失去了作用,全社会人与人之间的关系在重新组合。君臣关系处于极不稳定状态之中,原先"天子有田以处其子孙,诸侯有国以处其子孙,大夫有采以处其子孙"(《礼记·礼运》),现在陪臣执国命,仕于大夫之家人家仆也能称臣,甚至与君主没有血缘、没有世禄的异国异姓之臣,开始进入权力中心,成为国家利益的享有者和守卫者。对于这些陪臣,子孝于父的血缘力量已无法约束和保证臣对于君的忠诚。老子正确地指出:"国家昏乱,有忠臣。"(《老子·第十八章》)忠的问题自然而然地提上了先秦思想家和统治者的议程,迫切需要他们作出回答和提供方案。

先秦诸子虽然有着不同观点和看法,但都重视忠的基本含义、道德价值和政治伦理作用,主要分歧在于社会是否需要强化包括忠在内的伦理道德规范。一般都承认忠的伦理道德规范作用,墨家把忠提升到"天德"的高度,认为伦理道德规范是顺天之意,有利于天下社会,"若事上利天,中利鬼,下利人,三利而无所不利,是谓天德。故凡从事此者,圣知也,仁义也,忠惠也,慈孝也,是故聚敛天下之善名而加之。是其故何也? 则顺天之意也"(《墨子·天志下》)。道家却从自然无为出发,认为"夫礼者,忠信之薄而乱之首也"(《老子·第三十八章》),主张抛弃仁义道德,老子要求绝圣弃智、绝仁弃义、绝巧弃利;庄子则说:"攘弃仁义,而天下之德始玄同矣。"(《庄子·胠箧》)另一分歧在于如何忠君的问题。一般都主张对君权有所约束,道家希冀通过无为而治约束君王的权力,"故圣人云:我无为而民自化,我好静而民自正,我无事而民自富,我无欲而民自朴"(《老子·五十七章》)。墨家主张君惠臣忠,强调双方都有权利与义务,"为人君必惠,为人臣必忠;为人父必慈,为人子必孝;为人兄必友,为人弟必悌。故君子莫若欲为惠君、忠臣、慈父、孝子、友兄、悌弟,当若兼之,不可不行也。此圣王之道,而万民之大利也"(《墨子·兼爱下》)。法家却另辟蹊径,主张强化君权,"臣事君、子事父、妻事夫,三者顺天下治,三者逆则天下乱"(《韩非子·忠孝》)。韩非子把君臣关系视作利益交易关系,主卖官爵,臣卖智力,"君臣也者,以计合者也"(《韩非子·饰邪》)。人臣地位得失全凭君主喜怒而定,忠君变成了人臣唯一的道德选择,"人臣毋称尧舜之贤,毋赞汤武之伐,毋言烈士之高。尽力守法,专心于事主者为忠臣"(《韩非子·忠孝》)。韩非子甚至认为"为人臣不忠,当死"(《韩非子·初见秦》)。

总体而言,先秦时期忠的观念虽然已向忠君倾斜,却不是单一涵义的忠,仍然有着多种含义。要而言之,即忠为美德,"忠为令德,非其人犹不可,况不令乎?"(《左传·成公十年》)忠为德的标准,"忠,德之正也;信,德之固也;卑让,德之基也"(《左传·文公元年》)。忠为宽容、公正,"'敌惠敌怨,不在后嗣',忠之道也"(《左传·文公六年》)。忠为俭朴廉洁,"妾不衣帛,马不食粟,可不谓忠乎?"(《左传·成公十六年》)忠为爱国忠君,"其为吾先君谋也,则忠。忠,社稷之固也,所益多矣"(《左传·成公二年》)。忠为公而无私,"公家之利,知无不为,忠也"(《左传·僖公九年》)。忠为忠心不二,晋孙谈之子适周,"言敬必及天,言忠必及意,言信必及身,言仁必及人,言义必及利,言智必及事,言勇必及制,言教必及辩,言孝必及神,言惠必及和,言让必及敌"(《国语·周语下》)。忠为忠诚于民,"所谓道,忠于民而信于神也。上思利民,忠也;祝史正辞,信也"(《左传·桓公六年》)。对于忠君,既比较理性又比较宽容,《说苑·君道》记载:"齐人弑其君,鲁襄公援戈而起曰:'孰臣而敢杀其君乎?'师惧曰:'夫齐君治之不能,任之不肖,纵一人之欲而虐万夫之性,非所以立君也,其身死,自取之也。今君不爱万夫之命而伤一人之死,奚其也,其臣已无道矣,其君亦不足惜也。'齐人弑君,师惧却为之辩护,类似事件十分普遍,这不仅说明当时君臣关系的动荡混乱,而且也说明忠君是有原则有是非的,不是无条件的。这个条件就是君是明君、贤君,才值得人臣忠诚。

二、儒家之忠

春秋战国时期,忠已经成为社会道德生活的重要内容,正在由点到面、由社会上层到民间普及开来,诸子百家都给予了关注,但真正对忠的现象进行系统化思考和理论化抽象的还是儒家。中国文化关于忠的思想实际是儒家的思想。儒家之忠内容庞杂,认识不尽一致,前后差别很大。从内容分析,可分为伦理道德之忠与忠君之忠;从时间分析,可分为先秦之忠与秦汉以后之忠;从人物分析,可分为孔孟之忠、荀子之忠、董仲舒之忠以及宋明理学之忠。先秦儒家主要倡导伦理道德之忠,秦汉以后的儒家强调忠君之忠;孔孟主要倡导伦理道德之忠,董仲舒、宋明理学强调忠君之忠,荀子则是把忠由多元含义的伦理道德规范缩小为单一含义的忠君观念的关键人物。

面对王道衰落、乱臣贼子猖狂的局面,儒家创始人不能不关心忠的问题。但在孔子那里,忠很难说是一个重要概念,更不是一个核心概念。孔子贵仁,忠只是仁的一个德目,《论语》一书共18次提及"忠"字,大多和信、恕概念合并使用,侧重于修身和待人处世方面的内容。孟子尚义,提出人性善思想,明确仁义礼智为人之本性,《孟子》一书只有8次提及"忠"字,属于伦理道德范畴,"分人以财谓之惠,教人以善谓之忠,为天下得人者谓之仁"(《孟子·滕文公上》)。在孔孟那里,忠君的思想微乎其微,甚至可以忽略不计。孔子确实提出了忠君概念,却认为君与臣各有各的行为规范,两者关系是双向互动的,也就是君礼臣忠,礼是君的规范,忠是臣的规范。至于孟子,不仅没有强化孔子的忠君概念,而且明显削弱了忠君的内容。他自己始终保持着士大夫的独立人格,"说大人,则藐之,勿视其巍巍然"(《孟子·尽心下》)。他的"民为贵,社稷次之,君为轻"思想,以不失民心为出发点,重新排列百姓、国家、君王三者关系,君王处于末位,从根本上限制了君权。由此还演绎出可以推翻昏君、暴君的结论。齐宣王问孟子,商汤流放夏桀,武王讨伐纣王,是不是以下犯上、以臣弑君的忤逆行为。孟子回答:"贼仁者谓之'贼',贼义者谓之'残'。残贼之人,谓之'一夫'。闻诛一夫纣矣,未闻弑君也。"(《孟子·梁惠王下》)意思是,破坏仁的叫作贼,破坏义的叫作残。残贼的人,叫作独夫。我只听过周武王杀掉一夫纣呀,可没有听说他杀掉了君王。

对于先秦儒家之忠,荀子作了重大改造,使得儒家忠君思想得以定型,后世儒家的忠君观念实际上是荀子思想的延续和拓展。《荀子》一书大量使用"忠"字,一方面继承了孔子之忠的基本内涵,"忠者,惇慎此者也",意思是,忠就是办事诚心谨慎;还继承了孔子之忠关于君臣关系的基本要求,"从道不从君"。另一方面,荀子没有论述和拓展孔子之忠的伦理道德内容,却强化了忠君思想,在君臣关系上明显偏向君王一极,把君权放在最高位置,"天子者,势位至尊,无敌于天下"(《荀子·正论》);"君者,民之原也。原清则流清,原浊则流浊"(《荀子·君道》)。荀子著有《君道》《臣道》,强调为臣必忠。忠君的核心是顺从,"请问为人臣?曰:以礼侍君,忠顺不懈"(《荀子·君道》)。荀子把人臣分为圣臣、功臣、篡臣、态臣四种类型,认为君王"用圣臣王,用功臣强,用篡臣危,用态臣亡"(《荀子·臣道》)。其中功臣的代表人物是管仲,"内足使以一民,外足使以拒难,民亲之,士信之,上忠乎君,下爱百姓而不倦,是功臣也"(《荀子·臣道》)。意思是,内用功臣足以统一民心,外用功臣足以抵御患难;民众亲近他,士人信赖他;上忠于君王,下爱护百姓而不倦,这是能够立功的臣子。荀子对忠的标准进行了分类:"有大忠者,有次忠者,有下忠者,有国贼者。以德侍君而化之,大忠也;以德调君而补之,次忠也;以是谏非而怒之,下忠也;不恤君之荣辱,不恤国之臧否,偷合苟容,以持禄养交而矣耳,国贼也"(《荀子·臣道》)。荀子赞赏大忠和次忠,大忠可与圣臣相对应,次忠与功臣相对应;下忠则与篡臣相对应,代表人物是伍子胥,不在充分肯定之列。否定下忠,暗含着否定人臣对君王的谏诤,这不仅削弱了人臣对君王的相对平等,而且包含着愚忠因素。当然,荀子并没有否定人臣的谏诤,"君有过谋过事,将危国家殒社稷之惧也,大臣父兄,有能进言于君,用则可,不用则去,谓之谏;有能进言于君,用则可,不用则死,谓之争；有能比知同力，率群臣百吏而相与强君矫君，君虽不安，不能不听。遂以解国之大患，除国之大害，成于尊君安国，谓之辅；有能抗君之命，窃君之重，反君之事，以安国之危，除君之辱，功伐足以成国之大利，谓之拂。故谏争辅拂之人，社稷之臣也，国君之宝也，明君之所以尊厚也，而暗主惑君以为己贼也"（《荀子·臣道》）。

儒家之忠在西汉时期有了重要发展，基本完成了由荀子开启的忠君思想体系。董仲舒适应大一统的政治需要，援法、道诸学入儒，确定了"三纲五常"的传统意识形态，"君为臣纲"把忠君看成是天经地义的伦常纲纪，是统治阶级内部处理君臣关系的最高政治伦理。他从思想上论证了忠君的合理性，从天人感应出发，对忠的概念作了神秘化解释："地出云为雨，起气为风。风雨者，地之所为，地不敢有其功名，必上之于天，命若从天命者，故曰天风天雨也，莫曰地风地雨也；勤劳在地，名一归于天，非至有义，其孰能行此？故下事上，如地事天也，可谓大忠也。"①他用金木水火土五行学说解释忠的概念，认为忠是首要的道德规范，"忠臣之义、孝子之行取之土，土者，五行最贵者也，其义不可以加也"②。他把忠君的专一性提高到无以复加的地步，即所谓的一中为忠、二中为患，"心止于一中者，谓之忠；持二中者，谓之患；患，人之中不一者也，不一者，故患之所由生也，是故君子贱二而贵一"③。董仲舒没有忘记人臣之谏，但要求不显现出来，"忠臣不显谏，欲其由君出也。《书》曰：'尔有嘉谋嘉猷，入告尔君于内，尔乃顺之于外，曰此谋此猷，唯我君之德。'此为人臣之法也；古之良大夫，其事君皆若是"④。

宋明理学适应传统社会后期强化君权的需要，强调三纲五常的核

① ［西汉］董仲舒著，陈蒲清校注：《春秋繁露》，岳麓书社1997年版，第180—181页。
② ［西汉］董仲舒著，陈蒲清校注：《春秋繁露》，岳麓书社1997年版，第181页。
③ ［西汉］董仲舒著，陈蒲清校注：《春秋繁露》，岳麓书社1997年版，第209页。
④ ［西汉］董仲舒著，陈蒲清校注：《春秋繁露》，岳麓书社1997年版，第29页。

心是忠君,朱熹指出:"事君须是忠,不然,则非事君之道。"(《朱子语类》卷第十三)宋明理学还提出天理与人欲的关系,认为三纲五常是天理,是不以人的意志为转移的客观规律,强迫人们敬畏和服从。为了服从三纲五常,应"存天理、去人欲",禁锢了人们合理的生存需要。同时,理学家尤其是朱熹,比较广泛地阐述了忠的内容,对忠的原初含义既有所回归又有所发展,这有利于发挥忠的正面作用和积极价值。具体表现在,忠是诚实无欺,"心之所发既实,则见于事上皆实。若中心不实,则见于此事便不实"(《朱子语类》卷第二十一)。忠是信和恕的本原,"忠是信之本,信是忠之发","愚谓恕由忠生"(《朱子语类》卷第二十一)。忠是有差别的存在,"只是这一个物,但有精粗。众人有众人底忠,学者有学者底忠,贤者有贤者底忠,圣人有圣人底忠。众人只是朴实头不欺骗人,亦谓之忠"(《朱子语类》卷第二十一)。总体而言,朱熹仍然是加强臣对君忠的绝对性,提升忠的政治伦理含义和维护社会秩序稳定的作用,"忠则只是尽己,与事上忠同体"(《朱子语类》卷第二十一)。

梳理儒家之忠,不能不论及《忠经》一书,相传为东汉马融所著;又传托名马融,实为宋人所作。无论谁著作,《忠经》都是一部系统论证和阐述忠德的典籍,序曰:"《忠经》者,盖出于《孝经》也。仲尼说《孝经》而敦事君之义,则知孝俟忠而成。是所以答君亲之恩,明臣子之行,忠不可废于国,孝不可弛于家。孝既有经,忠则犹阙。故述仲尼之意,撰《忠经》焉。"《忠经》的主旨是为统治者和政治伦理服务,"以忠应孝,亦分为十有八章。所以弘其至公,勉其诚信,本为政之大体,陈君事之要道,始于立德,终于成功,此《忠经》之义也"。在《忠经》看来,忠合乎天理,居于人伦首要位置,"天之所覆,地之所载,人之所履,莫大乎忠"。忠的本质是大公无私、不偏不倚,"忠者,中也,至公无私。天无私,四时行;地无私,万物生;人无私,大亨贞"。忠的要点在于一其心,"忠也者,一其心之谓也。为国之本,何莫由此。忠能固君臣,安社稷,感天地,动神明,而况于人乎? 夫忠兴于身,著于家,成于国,其行一焉。是故一于其身,忠之始;一于其家,忠之中也;一于其国,忠之终也。身一,则百禄至;家一,则六亲和;国一,则万人理"。《忠经》认为,不同身份的人有着不同的忠的要求,因而对君王、家臣相当于行政首脑、百工即百官、守宰即地方官、兆人即老百姓、武备即军队等都提出了具体的忠的行为规范;要求上至君王,下至平民,须各尽其忠,以便形成淳朴的社会风气与和谐的人际关系,"天下尽忠,淳化而行也。居君子尽忠,则尽其心,小人尽忠,则尽其力。尽力者,则止其身,尽心者,则洪于远"。意思是,天下所有人都竭尽忠心办事,那敦厚的风气就会盛行。君子尽忠,在于尽其心之力,小人尽忠,在于尽其身之力,尽其身之力者影响只是本身,而尽其心之力者影响既大且远。《忠经》的要义是维护君权的至尊和人臣的忠君,而它把忠看成是为人处世的基本价值取向,强调包括君王在内的一切人等都要在本职岗位上诚实无欺、恪尽职守,却是有着积极的社会意义和精神价值,对于社会发展和历史进步不无裨益。

三、忠的内容

《忠经》从维护君权出发,强调"昔在至理,上下一德,以征天休,忠之道也",把忠看成是人间世第一价值。实际上,忠君只是忠的一部分内容;忠作为道德价值的表现形式,在不同生活际遇中呈现出不同的内容,不仅是君臣关系的行为准则,而且是人与人之间交往的行为准则,更是个人道德品质的重要组成部分。千百年来,随着社会发展和时代前行,忠的观念不断发生变化,范围在扩大,内容在丰富,由原初的人人之忠转变为人人互忠,忠于工作,忠于事业;转变为臣对君忠,忠于国民,忠于天下。无论怎么变化,忠的基本内容没有发生根本变化,设中于心的"忠"字,将忠与中正联系在一起,强调诚实无私,爱其人、敬其事,尽心竭力、忠贞不二,构成忠的社会道德底色。忠的生命力不在于忠君,而在于其基本的道德内容,这是一种崇高的价值观,直接引导着人们的生活实践,推动着人们道德理性的自觉。

1.忠是为人之道

忠为尽心、中正,属于人人共有的一般性道德要求和普遍性道德规范。在儒家谱系中,忠作为人的本质规定,是不断发展提升的。孔子只是强调忠是人的品质之一,《论语》两次用同一语言进行论述,"主忠信,毋友不如己者,过则勿惮改"。马恒君在《论语正宗》指出:《子罕》第二十五章与《学而》第八章重复,论述重点却不同,"《学而》篇论述为人子弟应具备的道德品行,突出勤于实践的意义";《子罕》篇"要把忠实诚信当成一种主要的品德树立起来,不与不如自己的人交密友,有了错误要不怕改正"。孟子虽然没有将忠纳入人性善的范畴,却对忠的内在合理性依据进行了论证,认为忠是天赋于人的品行,"仁义忠信,乐善不倦,此天爵也"(《孟子·告子上》)。宋儒理学将人性分为"天理之性"与"气质之性",认为天理是万事万物的源头,"万事皆出于理";天理之性是至善的,气质之性则有善有恶,具体表现为喜怒哀乐爱恶惧等情感,情感能够体现天理,才是善的,否则就是不善。宋儒理学把忠归于天理范畴,与仁义并列,为忠提供了形上本体依据,从而把忠推向最高道德范畴序列。二程认为,"忠者天理";"仁义忠信只是一体事,若于一事上得之,其他皆通也。然仁是本"(《二程集·遗书》)。意思是,仁义忠信就像一个整体,如果从其中的一个上面有所得,那其他的就能触类旁通。当然,仁是它们当中的根本。儒家之忠认为,忠是内心,是一种发自内心的思想情感,这种思想情感无形无象,看不见、摸不着,只有显现出来,才能让人们感觉和体会。显现需要载体,这使得忠经常与其他价值规范相结合,合并成词组,进而表现为形下实践和道德评价标准。结合最多的是信、恕。在宋儒看来，忠为体，信、恕为用；忠是天理之本，信、恕为人道之实。对于忠信，朱熹指出："忠信只是一事。但是发于心而自尽，则为忠；验于理而不违，则为信。忠是信之本，信是忠之发。"(《朱子语类》卷第二十一)对于忠恕，朱熹认为："忠恕两个离不得，方忠时未见得恕，及至恕时，忠行乎期间。"(《朱子语类》卷第六十三)儒家之忠认为，忠是尽心；忠的原始意义就是尽心竭力。在宋儒看来，无论对人对事，尽心就得全身心地投入，来不得半点虚假和欺瞒，二程指出："尽己是尽自家心里面，以所存主者而言，须是无一毫不尽方是忠。如十分底话，只说得七八分，犹留两三分，便是不尽，不得谓之忠。"①忠是内心与尽心的有机统一，在统一之中实现人的忠的道德品质。

2.忠恕是推己及人之道

"忠恕"一词，《论语》一书只出现过一次，还是曾参所言，却是理解孔子思想的一把钥匙。孔子在《论语》中两次说道"一以贯之"：一次是对子贡，"子曰：'赐也，女以予为多学而识之者与？'对曰：'然，非与？'曰：'非也，予一以贯之。'"另一次是对曾参，"子曰：'参乎！吾道一以贯之。'"孔子强调自己的思想有一个主旨叫作道，贯穿整个学说之中，希冀学生能够正确理解。曾子明确指出："夫子之道，忠恕而已矣。"(《论语·里仁》)这说明忠恕是孔子思想的灵魂，也是忠的概念最有意义的推演和扩充。朱熹解释："尽己之谓忠，推己之谓恕。而已矣者，竭尽而无遗之辞也。"(《四书章句集注·中庸章句》)意思是，尽自己的心叫作忠，推广自己的心叫作恕。忠恕是把所有的道理都说尽了，再也不能用其他言语表达了。忠是主体的自我要求，恕是主体对待客

---

① ［宋］陈淳：《北溪字义·忠信》。

体的原则。孔子学说的核心是仁,忠恕就是达到仁的境界的方法和途径,孟子说:"强恕而行,求仁莫近焉。"(《孟子·尽心上》)孔子对恕有一个明确的解释:"子贡问曰:'有一言而可以终身行之者乎?'子曰:'其恕乎!己所不欲,勿施于人。'"(《论语·卫灵公》)这就是要求人们将心比心,对于不愿意别人损害自己的思想和行为,自己也不应当以这种思想和行为去损害别人。"己所不欲,勿施于人",是从消极方面解读忠恕理念,强调约束自己,克制自己。积极方面则是"夫仁者,己欲立而立人,己欲达而达人。能近取譬,可谓仁之方也已"(《论语·雍也》),强调推己及人,帮助他人。忠恕要求人们不仅独善其身,而且兼济天下,在成人中成己。孟子进一步拓展忠恕观念,"老吾老,以及人之老;幼吾幼,以及人之幼"(《孟子·梁惠王上》)。忠恕是一个不可分割的整体,宋儒认为忠恕只是一物,"故发出忠的心,便是恕的事;做成恕的事,便是忠的心"[①]。显然,忠是前提,没有尽己之心的忠,就没有推己及人的恕;恕由忠出,没有恕的运行,忠也不可能落到实践之中。忠恕是动机与效果、内在道德意识与外在道德行为的完美统一。

3.忠信是人际关系之道

先秦时期,忠信已经成为社会普遍认同的德性和德行。《管子》多用忠信概念,"近者示以忠信,远者示以礼义。行此数年,而民归之如流水"。《国语·晋语》记载了叔向与晋国赵武的一段对话,比较清晰地说明了忠信在道德实践中的价值,"子何患焉?忠不可暴,信不可犯,忠自中,而信自身,其为德也深矣,其为本也固矣,故不可拚也"。意思是,有什么可怕的呢?忠诚就不会被侵暴,信义就不怕别人陵犯。忠诚出自内心,信义出于自身,它们作为道德非常深厚,作为根基非常

---

① ［宋］陈淳:《北溪字义·忠恕》。

稳固,是不可动摇的。韦昭注释:"'忠自中',自中出也。"意即发自内心的诚意;"'信自身',身行信也",即以人格为保证的信誉。忠与信是相通的,都有诚实无欺的含义,忠是主体自身具有的诚实无欺的品格;信既是主体与客体交往过程中表现出来的品格,也是需要遵守的交往行为准则。宋儒用己与实、表与里、己与物诠释忠与信的关系,程颐指出:"尽己之谓忠,以实之谓信。发己自尽为忠,循物无违谓信,表里之义也。"(《二程集·遗书》)即忠在内在己,信在外在物,现象与物自身有机连结可称为信,信有作为,即是尽忠。忠与信相结合,催生演绎出一种更高的德性要求,宋儒认为忠信是存在于物质世界与人的意识之外的天理,"若无忠信,岂复有物乎?"(《四书章句集注·论语集注》)意思是,假如没有忠信,那还会有什么事物可谈呢?《论语》多次论及忠信,有时是两个概念并列而用,"子以四教:文、行、忠、信";多数时候是合并使用。在合并使用时,有时是指人的品质,"十室之邑,必有忠信如丘者,不如丘之好学也";更多是指朋友之间交往之道,也就是人际关系之道。

先秦儒家把人际交往理解为父子、君臣、夫妇、长幼和朋友关系,忠信是维持朋友交往的道德规范,"主忠信,无友不如己者"。与朋友交往讲忠信,是实现人与人之间沟通和合作的重要前提,先秦儒家经常单独用信的概念来规范,实质与忠信同义。曾子强调自我反省,与朋友交往是一项重要内容,"吾日三省吾身:为人谋而不忠乎? 与朋友交而不信乎? 传不习乎?"子夏强调朋友交往要说话算数,兑现承诺,"与朋友交,言而有信"。孟子提出人伦观念,强调信是朋友之间交往的行为准则,"圣人有忧之,使契为司徒,教以人伦:父子有亲,君臣有义,夫妇有别,长幼有叙,朋友有信"(《孟子·滕文公上》)。孔子告诫学生,无论是熟悉的地方还是陌生的地方,只有坚持忠信,才能通行于天下,人际交往才不会有障碍,"子张问行。子曰:'言忠信,行笃敬,虽蛮貊之邦,行矣。言不忠信,行不笃敬,虽州里,行乎哉?'"(《论语·卫灵公》)孔子要求学生牢记忠信、坚守忠信，"立则见参于前，在舆则见其倚于衡也，夫然后行"(《论语·卫灵公》)。

4.忠君是为官从政之道

忠君源于孝悌，一方面，适应了古代国家由血缘型向地域型转变的需要。孝悌是对宗族臣民的要求，只能适应血缘型国家，而忠君则是对包括异族臣民在内的所有臣民的规定，是地域型国家的产物。西周分封制社会转向秦汉大一统国家过程中，忠君代替孝悌是历史的必然，忠君在国家范围内发挥作用，孝悌在家庭关系中进行运作。另一方面，孝悌包含着忠君所需要的内容，既有所需要的等级观念，又有所需要的服从要求。从政治学分析，等级观念和服从要求，是公共权力体制和运行机制的本质规定。任何国家的权力体制都是按照等级观念建立起来的金字塔结构，任何国家的权力机制都是要求下级服从上级、阁员服从首脑、臣子服从君王。等级与服从是公共权力运行的关键，没有等级和服从，公共权力就不可能和谐而有序地运行。因而忠君思想具有一定的合理性，不仅是公共权力运行规律的反映，也是为官从政应当遵循的行为准则。

况且，先秦儒家的忠君思想不同于后世儒学的愚忠要求和盲目顺从。先秦儒家之忠君是有前提的，这就是国家政治清明，才出来为官从政；如果政治黑暗，就不出来为官从政。不为官从政，就没有忠君的问题。孔子说："君子哉蘧伯玉！邦有道，则仕；邦无道，则可卷而怀之。"(《论语·卫灵公》)孔子多次从道的高度论及邦有道则仕、无道则隐的思想，"笃信好学，守死善道。危邦不入，乱邦不居。天下有道则见，无道则隐。邦有道，贫且贱焉，耻也。邦无道，富且贵焉，耻也"(《论语·泰伯》)。先秦儒家之忠君建立于君臣地位相对平等的基础上，也就是规定了双方的权利与义务。事君固然要忠，而君使臣也有明确的要求，"定公问：'君使臣，臣事君，如之何?'孔子对曰：'君使臣以礼，臣事君以忠。'"（《论语·八佾》）臣对君并不是绝对的服从关系，如果君不以礼使臣，那臣就可以不对君尽忠。在君臣关系中，不是唯唯诺诺，一味顺从，而是敢于说不同意见，敢于犯言直谏，"子路问事君。子曰：'勿欺之，而犯之。'"（《论语·宪问》）先秦儒家之忠君存在着多种可能性，这就是看君王的好坏，君好则臣忠，君恶则臣可以不忠，甚至可以视作仇人。孟子指出："君之视臣如手足，则臣视君如腹心；君之视臣如犬马，则臣视君如国人；君之视臣如土芥，则臣视君如寇仇。"（《孟子·离娄下》）孟子对于君臣相对关系的描述，形象生动、内容深刻，没有媚骨，也没有丝毫的不平等。

四、忠的现代化

忠的观念产生以来，作为一般道德范畴，社会各方面普遍给予认同；作为政治伦理，忠君的概念一直存有着不同的看法，批评比较激烈的有魏晋名士、明末清初的大儒和清末民初的思想家。在传统社会，这些不同看法和批判声音尽管微弱，却是理性在呐喊、民主在萌芽、人文在张扬，具有不可低估的意义。魏晋是我国封建社会由中古走向近古的开端，思想比较活跃，在世界观和人生观领域发生了一场广泛而深刻的变革运动，在政治领域的反映就是批判忠君观念。西晋阮籍批判君主专制的邪恶，"君立而虐兴，臣设而贼生。坐制礼法，束缚下民，欺愚诳拙，藏智自神"；"财匮而赏不供，刑尽而罚不行，乃始有亡国戮君溃散之祸"。阮籍痛恨君虐臣贼，自然向往无君的社会，"昔者天地开辟，万物并生"，"明者不以智胜，暗者不以愚败，弱者不以迫畏，强者不以力尽。盖无君而庶物定，无臣而万事理"（《阮籍集》）。

明中叶以降，随着资本主义的萌芽，思想领域趋于活跃，尤其突出的是在政治领域产生了具有市民意识和民主色彩的君臣论，其代表人物是黄宗羲，他在《原君》《原臣》中对君权的批判达到了传统社会的最高水平。在黄宗羲看来，君王的设立是为天下百姓服务的，而不是为一己私利，"古者天下为主，君为客，凡君主所毕世经营者，为天下也"。后世君王变为世袭，囊括天下之财富，据为己有之产业，以天下之利归一姓所有，实际成了民众的公敌和社会的公害，"以天下之大害者，君而已矣!"在黄宗羲看来，君臣目标一致，只是分工不同，"天下之治乱，不在一家之兴亡，而在万民之忧乐"；"君之与臣，名异而实同"。君王只是群臣的首脑，两者不是主奴关系，"自外而言，天子之去公，犹公侯伯子男之递相去。自内而言之，君之去卿，犹卿大夫之递相去。非独至于天下，遂截然无等级也"。在黄宗羲看来，人臣的职责主要是为天下百姓办事，而不仅仅是为君王服务，"不以天下为事，则君之仆妾也；以天下为事，则君之师友也"。明末另一大儒顾炎武则在《日知录》中区分了"国"与"天下"概念的不同，主张普通人应忠于天下，将忠的对象由政治的君王转向文化的天下，"有亡国，有亡天下，亡国与亡天下奚辨? 曰：易姓改号，谓之亡国；仁义充塞，而至于率兽食人，谓之亡天下"。顾炎武呼吁："是故知保天下，然后知保其国。保国者，其君其臣，肉食者谋之；保天下者，匹夫之贱，与有责焉耳矣。""天下兴亡，匹夫有责"已成为脍炙人口的爱国名言，昭示着由忠于一家一姓之君王转变为忠于国家、忠于民众、忠于天下。

　　清末民初，随着西方思潮的冲击和列强的侵凌，形成了可与春秋战国时期媲美的思想解放运动，矛头直指忠君之道，谭嗣同是批判忠君观念第一人，认为"二千年来，君臣一伦，尤为黑暗否塞，无复人理"[1]。谭嗣同提出君末民本、君民平等的观念，"生民之初，本无所谓君臣，则皆民也。民不能相治，亦不暇治，于是共举一民为君。夫曰共举之，则非君择民而民择君也；夫曰共举之，则其分际又非甚远于民而

---

[1]　蔡尚思、方行编：《谭嗣同全集》（增补本），中华书局1981年版，第337页。

不下侪于民也;夫曰共举之,则因有民而后有君"①。谭嗣同进一步指出,君臣都是为民办事服务的,"君也者,为民办事者也;臣也者,助民办事者也。赋税之取于民,所以为民办事之资也。如此而事犹不办,事不办而易其人,亦天下之通义也"②。另一位思想斗士梁启超则以忠孝立论,指出如果只把君视为忠的对象,那就等于把君排除出忠的主体之外,而为君却不具备忠德,是人格的一大缺憾,"吾中国相传天经地义,曰忠曰孝,尚矣! 虽然,言忠国则其义完,言忠君则其义偏,何也? 忠孝二德,人格最要之件也。二者缺一,时曰非人。使忠而仅施以诸君也,则天下之为君主者,岂不绝其尽忠之路,生而抱不具人格之缺憾耶? 则如今日美、法等国之民,无君可忠者,岂不永见屏于此德之外,而不复得列于人类耶? 顾吾见夫为君主者,与为民主国之国民者,其应尽之忠德,更有甚焉者"③。梁启超认为,君要尽忠,比民还有必要,"君之当忠,更甚于民,何也? 民之忠也,仅在报国之一义务耳。君之忠也,又兼有不负托负之义务,安在其忠德之可以已耶? 夫孝者,子所以对于父母之责任也。然为人父者,何尝可以缺孝德。父不可不孝,而君顾可以不忠乎? 仅言忠君者,吾见其不能自完其说也"④。民国以来,经过新文化运动的洗礼,愚忠、片面忠君的说教已没有市场,即使有过回光返照,那也是逆历史潮流而动,最终还是要被送进历史的博物馆。

现代社会与传统社会有着重大差别,是否需要传承和弘扬忠的观念和道德品质,虽然有过激烈争论,也有着不同看法,但传承与弘扬的声音仍然占据着主导地位。即使在明清之际和晚清民初,忠君思想受到激烈批判之时,忠的原初含义没有被否定,忠的诚实、无私和尽心的

---

① 蔡尚思、方行编:《谭嗣同全集》(增补本),中华书局1981年版,第339页。
② 蔡尚思、方行编:《谭嗣同全集》(增补本),中华书局1981年版,第339页。
③ 梁启超:《新民说》,中州古籍出版社1998年版,第70—71页。
④ 梁启超:《新民说》,中州古籍出版社1998年版,第71页。

品格还是得到社会的认同和继承发展。忠的观念之所以具有生命力，是因为忠内敛着人类永恒的价值内容。孙中山说得好："在国家之内，君主可以不要，忠字是不能不要的，如果说忠字可以不要，试问我们有没有国呢？我们的忠字可不可以用之于国呢？我国到现在说忠于君，固然不可以，说忠于国可不可以呢？忠于事又是可不可以呢？我们做一件事，总是始终不渝，做到成功，如果做不成功，就要把性命去牺牲，亦在所不惜，这便是忠。"①当然，忠要适应现代社会的需要，必须进行改造和创新，充分汲取自由、平等、人权等现代文明成果，真正赋予现代意义的伦理内容，使忠由忠君为主的传统观念转化为以爱国、敬业、诚信为主体的现代观念，重新焕发生机和活力。在任何一种文化价值规范中，忠都是最基本的社会道德标准和个人最高的道德修养要求，诚如《忠经》所言："忠不可废于国"。

　　对于忠的改造创新，最主要的任务是扬弃忠君思想。传统社会家国同构、君国一体，国家与君王很难截然分开，国家即君王，君王即国家，对于君王的忠诚就是效忠于国家。忠君并不意味着忠于君王一人，还意味保卫国家领土和老百姓安危，也是指敢于直谏君王的过失，"主过不谏，非忠也。畏死不言，非勇也。过则谏，不用则死，忠之至也"（《史记正义》）。忠君思想在传统社会有如此大的影响力，就在于忠君内容丰富而复杂。现代社会则不同，民主国家实行的是共和体制，已经没有传统社会九五之尊的君王；即使一些保留皇位的国家，也是虚君共和，并不是传统意义上的君王。没有了君王，忠君就失去了对象，扬弃忠君思想，就是自然而然的事情，没有什么可留恋和惋惜的。扬弃不是倒洗澡水时，把盆里的孩子一并倒掉，而是保留忠君思想中的合理成分，这就是爱国主义。中华民族具有爱国主义的悠久传统和高尚美德，爱国主义确保了中华民族生生不息、源远流长，能够始

————————

① 　孙中山：《三民主义》，东方出版社2014年版，第65页。

终自立于世界民族之林。实际上,爱国主义是古今中外共同的价值理念,拿破仑说过:"爱国是文明人的首要美德。"林肯认为:"黄金诚然是宝贵的,但是生气勃勃、勇敢的爱国者比黄金更为宝贵。"列宁指出:"爱国主义就是千百年来固定下来的对自己祖国的一种最为深厚的感情。"虽然不同国家或同一国家在不同历史时期,爱国主义的内涵与外延会有差异,但历史形成的忠诚和热爱自己祖国的思想感情是相通的,这就是为祖国的成就和历史文化感到自豪,对祖国其他同胞的高度认同,继承和发展祖国特色和文化的强烈愿望。坚持和弘扬忠的理念,就是要热爱自己的国家,热爱自己的骨肉同胞,热爱祖国的大好河山和灿烂文化。

研读儒家之忠,不能不想到诸葛亮的《出师表》。《出师表》有前后两部,前《出师表》是蜀汉建兴五年,诸葛亮率军北伐之前给蜀主刘禅的上书,主要是劝刘禅保持蜀汉政治清明,使他能够专责北伐,而无后顾之忧;后《出师表》是第二年诸葛亮率军屯驻汉中给刘禅的上书,主要是说明在汉、贼不两立和敌强我弱的情况下,为了实现先帝刘备的遗志和确保蜀国的安全,应该抓紧出师北伐,希望刘禅不要因为有不同意见而动摇意志。通观前后《出师表》,前者苦口婆心,讲君主"亲贤臣、远小人"之理;后者披肝沥胆,讲为臣"鞠躬尽力"之责。《出师表》作为千古传诵的经典名篇,字字恳切、句句肺腑、处处关情,集中体现了诸葛亮的智慧和人格力量。品读《出师表》,我们不能不为诸葛亮的忠心报国所感动。诸葛亮要以报先帝知遇之恩报国,"先帝不以臣卑鄙,猥自枉屈,三顾臣于草庐之中,咨臣以当世之事,由是感激,遂许先帝以驱驰"。这是三顾之恩,更有托付之责,"先帝知臣谨慎,故临崩寄臣以大事也"。所谓大事,就是刘备在白帝城临终托孤,祈望诸葛亮辅佐刘禅,实现兴复汉室的大业。诸葛亮要以忠于职守的实际行动报国,前《出师表》说:"受命以来,夙夜忧叹,恐托付不效,以伤先帝之明。"后《出师表》又说："臣受命以之日，寝不安席，食不甘味"。更重要的是，诸葛亮忠于职守、勤于政务，不仅仅是托孤以来的四五年所作所为，而是始终如一、坚持不懈，即"受任于败军之际，奉命于危难之间，尔来二十有一年矣"。诸葛亮要以坚贞不屈的意志报国。三国时期，曹魏最强，孙吴次之，蜀汉最为弱小。尽管如此，诸葛亮还是知其不可为而为之，坚定地认为北定中原、兴复汉室、实现统一，是他的职责所系、忠心所在，"此臣之所以报先帝而忠陛下之职分"，明确地表示"愿陛下托臣以讨贼兴复之效，不效，则治臣之罪，以告先帝之灵"。最后，诸葛亮在《出师表》中写下了"鞠躬尽瘁，死而后已"这一千古名句。诸葛亮为国以忠，可昭日月，读之令人感动不已、潸然泪下。

第十七章　廉:人之高行

　　廉作为政治伦理范畴,是与公共权力联系在一起,与腐败相对立的概念。没有公共权力,就没有腐败,也就没有廉的问题。英国阿克顿勋爵说过一句名言:权力导致腐败,绝对权力绝对导致腐败。管仲是春秋时期齐国的政治家、思想家,把廉与礼、义、耻并列,将之提升到涉及国家兴衰存亡的高度,《管子》一书明确指出:礼义廉耻,国之四维,"四维不张,国乃灭亡"。吊诡的是,儒家似乎不太重视廉的概念,《论语》只有一次使用"廉"字,还不具有清廉的含义,"古之矜也廉,今之矜也忿戾"。意思是,古之矜持的人只是棱角太锋利使人不能触犯,现在矜持的人却蛮横无理。后世儒家没有对廉的概念进行较为系统的论证和阐述,从这个意义上说,很难认为廉是儒家思想的重要概念。当然,儒家没有系统的廉的思想,却有关于廉的论述和思想火花。吉光片羽,还是对传统廉德和廉政文化产生了重要的影响,尤其许多未必属于儒家的思想家和统治者关于廉的论述也将之归于儒家名下,从而丰富和充实了儒家之廉。

　　对于廉的概念,甲骨文、金文没有见过,只能从字义上理解。许慎《说文解字》认为:"廉,庂也。堂之侧边曰廉,故从广,兼声。"段玉裁注曰:"此与广为对文。谓逼庂也。廉之言敛也。堂之边曰廉。天子之堂九尺,诸侯七尺,大夫五尺,士三尺,堂边皆如其高。贾子曰'廉远地则堂高,廉近地则堂卑'是也。堂边有隅有棱。故曰廉。廉,隅也。又曰:廉,棱也,引伸之为清也,俭也,严利也。"从许慎解释和段玉裁注释可知,廉的本义与建筑物有关,是指堂屋的侧边,具有平直、收缩、有棱角等特点,可引申出清廉、正直、俭约、内敛的内容。与"廉"字引申义关系密切的词有"廉政"和"廉洁"。"廉政"最早见于《晏子春秋·问下四》,"景公问晏子曰:'廉政而长久,其行何也?'晏子对曰:'其行水也,美哉水乎清清,其浊无不雩途,其清无不洒除,是以长久也。'"意思是,齐景公问晏子,廉洁正直而能保存自身长久的人,他们怎么行事?晏子回答,他们行事像水一样。多美好啊,清清的流水。它污浊的时候,没有什么不被它弄脏堵塞;它清洁的时候,没有什么不被它清洗干净,因而能保存自身长久。"廉洁"最早出现在屈原的《楚辞·招魂》,"朕幼清以廉洁兮,身服义而未沫。"东汉学者王逸注释:"不受曰廉,不污曰洁。"意思是,不接受他人馈赠的钱财礼物,不让自己清白的人品受到沾污,就是廉洁。廉政与廉洁的内容相通,如果一定要区分,廉政侧重于公共权力的整体运行状况,廉洁侧重于官员的个人操守。人们对廉的关注,一般侧重于廉洁,即要求官员在行使权力过程中做到清正廉洁。

研读"廉"字,不禁想到了周敦颐的《爱莲说》,廉如莲花,身陷淤泥却纤尘不染,不显媚态,不随风摇摆,"予独爱莲之出淤泥而不染,濯清涟而不妖,中通外直,不蔓不枝,香远益清,亭亭净植,可远观而不可亵玩焉"。多么清秀俊雅的莲花,多么令人神往的人格!

一、廉的沿革

自从人类社会产生国家和政府之后,廉和腐败就相伴而生。腐败的原义为物体腐烂,语出《韩诗外传》"民无冻馁,食无腐败"。作为社会学名词,腐败是指运用公共权力谋取私人利益的行为,廉就是要防止和杜绝腐败行为。廉包括实践和思想,廉的实践是指存在于政治生活之中以廉进行自律和他律的道德行为;廉的思想是指认识为政以廉的重要性以及对廉的实践进行的理性思考。廉的实践与思想既有联系又有区别，联系在于实践是认识的基础，认识是实践的反映；区别在于实践与认识存在着事实上的不同步，廉的实践先于廉的思想。早在原始社会末期，国家已经萌芽，开始有了廉的实践活动，《尚书·皋陶谟》记载舜帝时代的为政"九德"："宽而栗，柔而立，愿而恭，乱而敬，扰而毅，直而温，简而廉，刚而塞，强而义"，就包含着廉的要求。如果说廉的实践萌芽于原始社会末期，那么，廉的思想源头则可追溯到西周，存在于周公制定的反映职官和礼制的《周礼》。《周礼·天官冢宰》提出了"六廉"思想，"以听官府之六计，弊群吏之治，一曰廉善，二曰廉能，三曰廉敬，四曰廉正，五曰廉法，六曰廉辨"。意思是，考察官吏的政绩，应包括善、能、敬、正、法、辨六个方面，而突出的是一个廉字，所有政绩都要以廉为先。苏东坡据此认为西周统治者高度重视廉的问题，并作赋评论："六事廉为本，先圣之贵廉也如此。"（《苏轼集·补遗·赋四首》）

　　西周之所以重视廉的问题，是因为总结了夏、商两个朝代的经验教训。禹是夏朝的开国君王启的父亲，非常节俭自律，孔子给予了很高评价："禹，吾无间然矣。菲饮食而致孝乎鬼神，恶衣服而致美乎黻冕，卑宫室而尽力乎沟洫。禹，吾无间然矣。"（《论语·泰伯》）意思是，对于禹，我没有批评了。自己的饮食菲薄但祭祀鬼神的祭品却很丰盛；自己的衣服破烂但祭祀的礼服却很华丽；住的宫室破败却尽力修治沟渠水利。对于禹，我没有批评了。夏朝最后一个君王桀却非常残暴，《史记·夏本纪》说："桀不务德而武伤百姓，百姓弗堪。"桀不务德的亡国之痛警醒了商朝开国统治者。《淮南子·修务训》记载，商汤是"夙兴夜寐，以致职明。轻赋薄敛，以宽民氓。布德施惠，以振困穷。吊死问疾，以养孤孀。百姓亲附，政令流行"。商朝最后一个君王纣又是暴虐无道，《史记·殷本纪》说："厚赋税以实鹿台之钱，而盈钜桥之粟。"以致牧野倒戈，武王克商，江山易主。正是夏、商正面的经验和反面的教训,使得西周开国者认识到廉对于治国安邦的重要意义,把廉置于为政之本的地位。

更重要的是,夏、商是在原始氏族社会瓦解的基础上进入奴隶社会,建立了国家。恩格斯指出:"国家是社会在一定发展阶段上的产物。国家是表示:这个社会陷入了不可解决的自我矛盾,分裂为不可调和的对立面而又无力摆脱这些对立面。而为使这些对立面,这些经济利益互相冲突的阶级,不致在无谓的斗争中把自己和社会消灭,就需要有一种表面上驾于社会之上的力量,这种力量应当缓和冲突,把冲突保持在'秩序'的范围以内;这种从社会中产生但又自居于社会之上并且日益同社会脱离的力量,就是国家。"①国家的主要标志是建立政府,组建军队、法庭、监狱等暴力机关,设置掌管公共权力的官吏。随着国家的发展,官吏人数越来越多,公共权力越来越大,腐败问题也越来越严重。法国启蒙思想家孟德斯鸠指出:"一切有权力的人都容易滥用权力,这是万古不易的一条经验。有权力的人们使用权力一直遇到有界限的地方才休止。"②西周是中国奴隶社会发展最为成熟的时代,自然看到了腐败的祸害,进而提出廉的思想和要求,以阻止或减缓公共权力的滥用。

全面阐述和系统论证廉的思想,是春秋战国时期。如果说私有制触动人的贪欲的话,那么国家的建立,就为贪欲的滋生蔓延提供了温床;如果说和平年代腐败还有所收敛的话,那么动乱就为腐败大开了方便之门;如果说夏商周三代的腐败局限于上层阶级和贵族社会的话,那么春秋战国就是诸侯争霸、争战不已的动乱社会,腐败现象猖狂而泛滥,君臣腐败祸害百姓比比皆是,君臣贪贿而导致亡国的事件也频频发生。最为典型的莫过于虞国国君和吴王夫差。《左传》记载,公元前655年,虞国国君因贪图晋献公的宝马和珍宝而接受贿赂,借道

① 《马克思恩格斯选集》(第四卷),人民出版社1995年版,第80页。
② [法]孟德斯鸠著,张雁深译:《论法的精神》,商务印书馆1995年版,第154页。

给晋国前去攻打邻国虢国。虢国被灭之后，虞国"唇亡齿寒"，晋国灭虢国回师途中，顺手牵羊灭了虞国。《史记》记载，春秋时期，吴王夫差及其太宰因贪贿而接受被打败的越国送来包括美女西施在内的贿赂，同意越国求和，让越王勾践有机会"卧薪尝胆"，结果养虎遗患，越国于公元前475年打败吴国，迫使吴王夫差自杀。面对春秋战国的动乱局面，先秦思想家开出了自己治国安邦的药方，其中贪腐是造成动乱的重要原因，不仅祸害百姓，而且亡国灭族，而廉是治理贪腐的有效药方。诸子百家继承西周廉的思想，在反思现实腐败的基础上，提出了自己对于廉的见解和看法。

先秦诸子学说的主体范畴不同，在不同的主体范畴观照之下，廉的思想呈现出不同的特点。儒家的主体范畴是仁，廉寓于仁的学说之中，是一个低于仁的德目。孔子没有直接论述廉的引申义，却使用过相近的概念"清"，把它与忠联系在一起论述，认为忠和清虽是优秀品质，还没有达到仁的境界。"子张问曰：'令尹子文三仕为令尹，无喜色；三已之，无愠色。旧令尹之政，必以告新令尹，何如？'子曰：'忠矣！'曰：'仁矣乎？'曰：'未知，焉得仁？''崔子弑齐君，陈文子有马十乘，弃而违之。至于他邦，则曰：'犹吾大夫崔子也。'违之，之一邦，则又曰：'犹吾大夫崔子也。违之。何如？'子曰：'清矣。'曰：'仁矣乎？'曰：'未知。焉得仁？'"（《论语·公冶长》）

道家的主体范畴是道，在政治领域的运用是无为而治，廉是无为而治的内容。《老子》一书只用过一次"廉"字，首先说"其政闷闷，其民淳淳；其政察察，其民缺缺"，意指国家无为而治，人民就敦厚朴实；国家政治明察是非，人民就狡猾欺诈。然后强调："是以圣人方而不割，廉而不刿，直而不肆，光而不耀。"（《老子·第五十八章》）王弼注云："廉，清廉也。刿，伤也。以清廉导民，令去其污，不以清廉刿伤于物也。"老子之道在道德领域的运用是清静和素朴，暗合着廉的内容，"清静为天下正"（《老子·第四十五章》）；"故令有所属，见素抱朴，少私寡欲"(《老子·第十九章》)。任何官员只要做到清心寡欲,就不会发生贪腐行为。

墨家的主体范畴是兼爱,在政治领域的运用是尚贤和节俭,与廉有着密切关系。墨子屡屡批判统治者"厚作敛于百姓,暴夺民衣食之财,以为宫室台榭曲直之望,青黄刻镂之饰"(《墨子·辞过》),明确提出了廉的思想,"君子之道也,贫则见廉,富则见义,生则见爱,死则见哀。四行者不可虚假,反之身者也"(《墨子·修身》)。这说明墨子对廉者特别推崇,以致《吕氏春秋》评价"墨翟贵廉"。

法家的主体范畴是法,既要依法治民又要依法治吏,与廉的联系更为紧密。就先秦诸子而言,法家对廉的议论最多。韩非子认为,廉就是不贪财和洁身自爱,"所谓廉者,必生死之命也,轻恬资财也"(《韩非子·解老》);"贤士者修廉而羞与奸臣欺其主"(《韩非子·孤愤》)。意思是,正直的官吏往往注意修身,廉洁自爱,羞于同奸臣一起共同欺骗君主。韩非子把贪腐者斥为盗跖之人,"毁廉求财,犯刑趋利,忘身之死也,盗跖是也"(《韩非子·忠孝》)。在韩非子看来,法治能使左右近臣和各级官吏做到清廉方正,不敢贪赃枉法,"人主诚明于圣人之术,而不苟于世俗之言,循名实而定是非,因参验而审言辞。是以左右近习之臣,知伪诈之不可以得安也,必曰:'我不去奸私之行,尽力竭智以事主,而乃以相与比周,妄毁誉以求安,是犹负千钧之重,陷于不测之渊而求生也,必不几矣。'百官之吏,亦知为奸利之不可以得安也,必曰:'我不以清廉方正奉法,乃以贪污之心枉法以取私利,是犹上高陵之巅,堕峻溪之下而求生,必不几矣。'"(《韩非子·奸劫弑臣》)韩非子进一步指出:"安危之道若此其明也,左右安能以虚言惑主,而百官安敢以贪渔下?是以臣得陈其忠而不弊,下得守其职而不怨,此管仲之所以治齐,而商君之所以强秦也。"(《韩非子·奸劫弑臣》)意思是,廉与贪的利害关系是这样清楚,近臣怎么敢用假话欺骗君主,而百官怎么敢用贪腐来鱼肉百姓呢?因此,人臣能够表达他的忠信而不蒙蔽君主,官吏能够忠于职守而没有怨言,这就是管仲能使齐国大治、商鞅能使秦国强大的原因。从韩非子的论述可知,法家廉的思想比较完整。后世关于廉的论述和实践,与其说继承了儒家之廉,倒不如说是法家之廉;或可说形式继承了儒家之廉,实质上却是法家之廉。

二、儒家之廉

自从汉武帝实施"罢黜百家,表彰六经"方针之后,儒家思想成了传统社会的意识形态,占据着主导地位。后人研究和讨论任何思想观点、道德范畴和文化现象,都不能不联系到儒家,看看儒家是怎样想的、怎样说的、怎样做的。研究和讨论廉的问题,也不能不研读儒家关于廉的思想。然而,儒家尤其是先秦儒家并没有过多地关注和论述廉的问题,这可能与儒家思想的逻辑预设、政治追求和人格理想有关。儒家的逻辑预设是人性善,孟子云:"仁义礼智,非由外铄我也,我固有之也,弗思耳矣。"(《孟子·告子上》)既然是人性善,人们的后天实践就是把人性固有的善端显现和发挥出来,那么,即使为官从政,人性善的本质规定自然会约束官员行为,廉就不会成为突出问题。儒家的政治追求是德政,孔子曰:"道之以政,齐之以刑,民免而无耻。道之以德,齐之以礼,有耻且格。"(《论语·为政》)既然德政使人们有羞耻之心,那么,官员具有羞耻之心,就不会行贿受贿、贪赃枉法,廉也不会成为突出问题。儒家的人格理想是君子,孔子认为,君子是道德完满的人,"若臧武仲之知,公绰之不欲,卞庄子之勇,冉求之艺,文之以礼乐,亦可以为成人矣"(《论语·宪问》)。"成人"即君子,不欲就是廉。既然君子具备了包括廉在内的各种优秀品质,那么,君子为官从政,也不会发生贪腐问题,廉还是不会成为突出问题。由于儒家思想的逻辑预设、政治追求和人格理想都把贪腐排除在外,廉就没有被提上儒家的重要议事日程加以对待,先秦儒家也没有形成完整而系统的廉的思想。尽管如此,先秦儒家学说蕴含着丰富的廉的内容。

孔子是儒家创始人,《论语》只使用一次"廉"字,而廉的思想却于全书随处可感。孔子倡导官员以身作则,就包含清正廉洁的内容,"子曰:'其身正,不令而行;其身不正,虽令不从。'"(《论语·子路》)孔子还说:"苟正其身矣,于从政乎何有? 不能正其身,如正人何?"(《论语·子路》)是啊,只要官员以身作则、严于律己,就能治理好国家,带领好社会风气,形成为政清廉的政治局面。孔子倡导君子修身,以仁为核心,也含有清正廉洁内容。仁既要爱人又要克己,无论爱人还是克己,都是要求克制自己的欲望,以仁爱之心对待他人和百姓。"子路问君子。子曰:'修己以敬。'曰:'如斯而已乎?'曰:'修己以安人。'曰:'如斯而已乎?'曰:'修己以安百姓。'"(《论语·宪问》)孔子倡导杜绝贪欲,没有贪欲就是廉。有一次,子张请教孔子怎样为官从政,孔子提出"五美"要求,其中就有廉的内容,"子张问于孔子,曰:'何如斯可以从政矣?'子曰:'尊五美,屏四恶,斯可以从政矣。'子张曰:'何谓五美?'子曰:'君子惠而不费,劳而不怨,欲而不贪,泰而不骄,威而不猛。'子张曰:'何谓惠而不费?'子曰:'因民之所利而利之,斯不亦惠而不费乎? 择可劳而劳之,又谁怨? 欲仁而得仁,又焉贪? 君子无众寡,无大小,无敢慢,斯不亦泰而不骄乎! 君子正其衣冠,尊其瞻视,俨然人望而畏之,斯不亦威而不猛乎!'"(《论语·尧曰》)孔子还倡导安贫乐道,"君子忧道不忧贫";"君子谋道不谋食"。能够安贫乐道的人,就不会有贪婪之心,也就不会发生贪腐行为,"饭疏食饮水,曲肱而枕之,乐亦在其中矣! 不义而富且贵,于我如浮云"(《论语·述而》)。孔子还以颜回为例,说明安贫乐道的快乐,"子曰:'贤哉! 回也。一箪食,一瓢饮,在陋巷。人不堪其忧,回也不改其乐。贤者! 回也。'"(《论语·雍也》)

孟子是亚圣,在儒家的地位仅次于孔子。《孟子》一书有 7 次使用"廉"字,对儒家之廉的阐释作出了重要贡献。孟子明确廉的基本内涵："可以取,可以无取,取伤廉;可以与,可以不与,与伤惠;可以死,可以不死,死伤勇。"(《孟子·离娄下》)这说明廉就是不取身外之物,不贪不义之财。孟子把无取作为廉的本质规定,确实抓住了关键,使儒家之廉更具操作性和现实意义。孟子认为,廉是道德操守,"故闻伯夷之风者,顽夫廉,懦夫有立志"(《孟子·万章下》)。意思是,所以听说过伯夷风节操守的人,贪婪者也会变得廉洁,懦弱者也会有自立的意志。伯夷,殷商契的后代。史料记载,伯夷具有爱国守志、清正廉洁、仁义礼让、孝感天地的高贵品行。孟子批判假廉洁,斥之为"德之贼","万子曰:'一乡皆称原人焉,无所往而不为原人,孔子以为德之贼,何哉?'曰:'非之无举也,刺之无刺也,同乎流俗,合乎污世,居之似忠信,行之似廉洁,众皆悦之,自以为是,而不可入尧舜之道,故曰德之贼也。'"(《孟子·尽心下》)意思是,弟子万章请教孟子,说全乡人都认为他是老好人,他也处处表现出一个老好人的样子,为什么孔子认为他是损害道德的人。孟子回答,这种人,斥责他又举不出什么大错误来,责骂他却也无可责骂的,他的问题是与世俗相合流,与污世相结合,看上去似乎是忠诚老实,行为好像方正清廉,大家也都喜欢他,他自己也以为正确,可是这种人与尧舜之道完全背离,所以这种人是损害道德的人。孟子反对不可能做到的廉洁行为。孟子与朋友匡章一起讨论什么是廉洁时,谈起了弟子陈仲子,《淮南子·泛论训》说:"季襄、陈仲子,立节抗行,不入洿君之朝,不食乱世之食,遂饿而死。""洿君",意指昏庸的朝廷。这表明陈仲子很有节操,以致于饿死。匡章问孟子,陈仲子难道不是一位真诚廉洁的人吗?孟子回答:"于齐国之士,吾必以仲子为巨擘焉。虽然,仲子恶能廉?充仲子之操,则蚓而后可者也。夫蚓,上食槁壤,下饮黄泉。"(《孟子·滕文公下》)意思是,在齐国士人之中,我一定会把陈仲子看作首屈一指的人物。即使这样,他怎么能叫作廉洁呢?要像陈仲子那样,只有把人变成蚯蚓之后才能做到。蚯蚓,在地上吃干土,在地下喝泉水。从这段对话可知,孟子肯定陈仲子的人品,却否定了他的廉洁行为,认为不切实际、不近情理,不可能推广和被他人仿效。换言之,孟子之廉强调实事求是、符合实际。这一思想很重要,廉并不是标准越高越好,要求越严越好,而是在保证官员稳定收入、生活体面和职业荣誉的基础上,倡导廉的理念,推动廉的实践,从而使廉可操作、能长久,充满生机和活力。

荀子在儒家中的地位很特殊,《荀子》一书十多次提及"廉"字,他不仅用廉来表示道德操守,而且以廉来作为选人用人的标准,"德厚者进而佞说者止,贪利者退而廉节者起"(《荀子·君道》)。这说明荀子正确地把握了廉的含义,把它作为与贪相对立的概念。荀子首次使用廉耻概念,斥责无廉耻者不如猪狗,"争饮食,无廉耻,不知是非,不辟死伤,不畏众强,恈恈然唯利饮食之见,是狗彘之勇也"(《荀子·荣辱》)。他还用廉耻概念区分君子与小人,"端悫顺弟,则可谓善少者矣,加好学逊敏焉,则有钧无上,可以为君子者矣。偷儒惮事,无廉耻而嗜乎饮食,则可谓恶少者矣"(《荀子·修身》)。意思是,端正谨慎而顺从兄长,就可以称为好少年。如果还好学上进,谦虚敏捷,那就没有人能超过他了,这样的人可以称为君子了。苟且偷安,懒惰怕事,没有廉耻而又贪图吃喝,就可以称为坏少年了。更重要的是,荀子寓廉于人性恶和"隆礼重法"之中,这与孔孟的人性善和重仁贵义有着差距,也是荀子廉的思想在儒家之廉中显示出的个性和特点。荀子批评人性善,"是不然。是不及知人之性,而不察乎人之性伪之分者也"(《荀子·性恶》)。意思是,人性善是错误的,这是因为不懂得人性,不了解本性与后天人为之间的区别。荀子以人性恶为逻辑前提,认为人都有贪图私利之心,"今人之性,生而有好利焉,顺是,故争夺生而辞让亡焉;生而有疾恶焉,顺是,故残贼生而忠信亡焉;生而有耳目之欲,有好声色焉,顺是,故淫乱生而礼义文理亡焉"(《荀子·性恶》)。为了防止和治理人性之恶,就要制定礼义法度加以约束,"古者圣人以人性恶,以为偏险而不正,悖乱而不治,是以为之起礼义,制法度,以矫饰人之情性而正之，以扰化人之情性而导之也，始出于治，合于道者也"（《荀子·性恶》）。在荀子看来，如果没有礼法和教化，就是小人，就会失去礼义廉耻，就只知道嘴不停地咀嚼，津津有味地吃饱罢了，"人之生固小人，无师无法，则唯利之见耳。人之生固小人，又以遇乱世，得乱俗，是以小重小也，以乱得乱也。君子非得势以临之，则无由得开内焉。今是人之口腹，安知礼义？安知辞让？安知廉耻隅积？亦呻呻而嚼，乡乡而饱已矣"（《荀子·荣辱》）。

　　秦汉以后儒家的代表人物有董仲舒和朱熹。他们有廉的意识，也没有对廉进行更多的阐述和论证。董仲舒直接论廉的言论不多。《春秋繁露》从天人感应出发，认为廉耻是上天赋予人的品性，"今善善恶恶，好荣憎辱，非人能自生，此天施之在人者也。君子以天施之在人者听之，则丑父弗忠也。天施之在人者，使人有廉耻。有廉耻者，不生于大辱。大辱莫甚于去南面之位而束获为虏也"（《春秋繁露·竹林》）。逢丑父，齐国大夫，在与晋国交战中，他李代桃僵，代替齐顷公被晋国俘虏。这段话的意思是，现在看来，能以善为善、以恶为恶，喜欢荣誉、憎恶羞辱，不是人生来就有的思想，而是上天赋予人的。君子以上天的思想统治人，逢丑父就是不忠。上天交给人的思想，使人有了廉耻之心。有廉耻之心的人，在受到大的羞辱之后就不再活着。最大的羞辱没有比抛弃国君之位而成为敌人的俘虏更大的了。董仲舒认为，君王要通过教化，让人们懂得仁义廉耻，"故君民者，贵孝悌而好礼义，贵仁廉而轻财利，躬亲职此于上而万民听，生善于下矣。故曰：'先王见教之可以化民也。'此之谓也"（《春秋繁露·为人者天》）。在董仲舒看来，只要人性向善，就能形成清廉的风气，而清廉风气有利于推行王道，"天下者无患，然后性可善；性可善，然后清廉之化流；清廉之化流，然后王道举"（《春秋繁露·盟会要》）。

　　朱熹非常痛恨贪官污吏，其门生记载："先生一日说及受赃者怒形于色，言曰：'某见此等人只与大字而配去。'"（《朱子语类》卷一百七）朱熹主张为人宽容,但对于贪官污吏深恶痛绝,必欲杀之而后快,认为这才是施行仁爱,"虽曰杀之而仁爱已行乎中,今非法以求其生,则人无所惩惧,陷于法者愈众,虽曰仁之,实以害之"(《朱子语类》卷七十八)。朱熹还把廉的理念贯彻到为官施政的实践之中,大力弹劾、惩治贪官污吏。公元1181年,经宰相王淮推荐,朱熹出任提举浙东常平茶盐公事,他到任后深入调查了解,掌握大量贪赃枉法的事实,因而奏劾了绍兴府差指使密克勤偷盗赈济官米4160石,而伴以糠泥弥补缺额;弹劾了隐瞒灾情、谎报政绩、横征赋税的浙江衢州守臣李峰、元差监酒库张大声以及江山知县王执中、宁海知县王辟纲,使得一大批失职渎职、欺压百姓的贪官污吏受到惩处。奇怪的是,朱熹具备丰富的廉政实践,又是理学大家,却没有形成系统的廉的思想。他只是推崇廉的品质,"临财不苟得,所谓廉介;安贫守道,所谓恬退;择言顾行,所谓践履;行己有耻,所谓名节"(《宋史·朱熹传》)。他只是要求官员和士人坚持包括廉在内的道德修养,"士人要识个廉退之节。礼义廉耻,是谓四维。若寡廉鲜耻,虽能文要何用;某虽不才,深为诸君耻之"(《朱子语类》卷一百六)。他只是强调人要有廉耻之心,"人须是有廉耻,孟子曰:'耻之于人大矣!'耻便是羞恶之心。人有耻,则能有所不为。今有一样人不能安贫,其气销屈,以至立脚不住,不知廉耻,亦何所不至"(《朱子语类》卷十三)。

三、廉的内容

正确认识廉的内容,首先要合理定位廉在伦理道德体系中的地位和作用。由于廉是对人行为的规范要求,从宏观分析,廉是伦理道德的组成部分。由于廉是对清明政治的集中概括,所以廉实际是一个政治伦理范畴,其中心内容是要求政府在行使权力过程中能够坚持以廉为本、勤政爱民,这似乎用"廉政"一词给予概括更为合适。廉政是政治清明的价值取向。廉是与公共权力相联系的概念,而社会能够行使公共权力的只是一部分群体,古代称之为官员,现代称为国家公务员。从微观分析,廉就是官德,属于规范官员道德行为的范畴,其核心内容是要求官员在行使权力的过程中能够做到清正廉明、克己奉公,这似乎可与廉洁的概念互通。廉洁是对官员最好的褒奖。在现实生活中,政府是一个抽象的存在,人们直接打交道的是一个个有血有肉的官员,无论廉政还是廉洁,都可以在官员身上得到显现,在官员身上找到踪迹。比较而言,人们更加关注官德,关注官员的行为而不是政府的行为。对于官德,诸子百家都很重视,儒家尤甚。从官德角度阐述廉的思想,内容丰富而多彩。

1.廉的前提是修身

官员首先是人,修身是人从自然人转变为合格社会人的主要途径,也是人区别于动物的重要方法,"饱食、暖衣、逸居而无教,则近于禽兽"(《孟子·滕文公上》)。修身是为官从政的根本,《大学》指出:"自天子以至于庶人,壹是皆以修身为本",还特别强调修身对于治国平天下的重要性,"其本乱而末治者,否矣。其所厚者薄,而其所薄者厚,未之有也"。对于廉而言,修身是前提和基础,通过修身,既可以为国家提供具备优秀素质的官员,能够"见理明而不妄取",又可以提高官员的道德觉悟,锻造官员的优秀品质,树立为政以廉的理念。

儒家有着完整的修身理论和方法。修身是为了造就理想人格,有了理想人格,就有了为官从政的良好基础。儒家的理想人格是君子,君子人格是修身的目标。孔子认为,君子既要有道德品行又要有真才实学,两者有机结合,"质胜文则野,文胜质则史,文质彬彬,然后君子"(《论语·雍也》)。孔子还认为,仁智勇是君子人格的基本要素,"君子道者三,我无能焉:仁者不忧,知者不惑,勇者不惧"(《论语·宪问》)。

君子修身最重要的方法是好学。在孔子看来,好学是一种良好的精神状态,"学而时习之,不亦说乎?"(《论语·学而》)好学是培养道德品行,一方面学习别人的善行,"子曰:'三人行,必有我师焉!择其善者而从之,其不善者而改之。'"(《论语·述而》)另一方面是自我道德完善,"有颜回者好学,不迁怒、不贰过"(《论语·雍也》)。意思是,像颜回这样好学的,具备了从不迁怒于人、不犯同样错误的品行。好学还要有真才实学,"小子!何莫学《诗》?《诗》可以兴,可以观,可以群,可以怨。迩之事父,远之事君。多识于鸟兽草木之名"(《论语·阳货》)。自省是另一个重要方法。"曾子曰:'吾日三省吾身:为人谋而不忠乎?与朋友交而不信乎?传不习乎?'"(《论语·学而》)自省是向贤人看齐,"子曰:'见贤思齐焉,见不贤而内省也。'"(《论语·里仁》)自省是保持内心安宁,"司马牛问君子。子曰:'君子不忧不惧。'曰:'不忧不惧,斯谓之君子已乎?'子曰:'内省不疚,夫何忧何惧。'"(《论语·颜渊》)自省是改正错误缺点,"君子不重则不威,学则不固。主忠信,无友不如己者,过则勿惮改"(《论语·学而》)。意思是,对于君子而言,如果不庄重,就没有威严;即使学习,所学的也不会牢固。要亲近怀有忠和信道德的人,不要与不如自己的人交友,有过失就不要怕改正。子贡形象地比喻:"君子之过也,如日月之食焉:过也,人皆见之;更也,人皆仰之。"(《论语·子张》)君子文质彬彬、仁智勇兼具,如果为官从政,能不廉吗?怎么会发生贪污腐败行为呢?

2.廉的本质是无取

现代政治学原理认为,公共权力一般同强制与可强制性、惩罚与可惩罚性有关,意味着在一定社会关系里哪怕遇到反对也能贯彻自己意志的任何机会。这种强制性和惩罚性特征,使得公共权力一旦失去制约,就容易成为脱缰的野马,凌驾于权力作用范围之上,侵犯社会和公民的权利。官员掌握公共权力,就容易产生权钱、权物、权色交易,概言之是权财交易。官员一旦发生权财交易,就会把廉洁、廉政抛在脑后,就会不以为耻、反以为荣,就会毒化社会风气,造成上梁不正下梁歪、上下交相征利的后果。孟子正确地指出:"可以取,可以无取,取伤廉。"(《孟子·离娄下》)无取就是廉,是传统廉德和廉政文化的基石。唐朝武则天制颁的《臣轨》更是明确地把廉与财联系在一起,强调"理官莫如平,临财莫如廉。廉平之德,吏之宝也"。由此可见,廉与财密切相关,廉的本质就是无取,廉不是不要财,而是君子爱财,取之有道,孔子指出:"富与贵,是人之所欲也;不以其道得之,不处也。贫与贱,是人之所恶也;不以其道得之,不去也。"(《论语·里仁》)

在儒家看来,官员能否做到廉洁无取,在于能否正确处理义与利的关系。义是儒家的重要概念,与仁、礼、智、信并列为五常范畴,是君子必须遵守的行为准则,"君子之于天下也,无适也,无莫也,义之与比"(《论语·里仁》)。孔子告诫官员:"放于利而行,多怨。"(《论语·里仁》)这说明官员只知聚敛财富,只考虑一己私利,就会招致老百姓的抱怨和反对。孔子强调重义轻利、见利思义,"君子喻于义,小人喻于利";"士见危致命,见得思义,祭思敬,丧思哀,其可已也"(《论语·子张》)。

能否正确处理公与私的关系。官员掌握的是公共权力,负责的是公共事务,联系的是公共大众,绕不开公与私的关系。韩非子指出:"明主之道,必明于公私之分。"(《韩非子·饰邪》)公与私有时是统一的,更多的时候是矛盾的,宋儒陆九渊把公私关系与善恶关系相联系,"为善为公,心之正也;为恶为私,心之邪也。为善为公,则有和协揖睦之风,是谓之福。为恶为私,则有乘争陵犯之风,是谓之祸"(《赠金谿砌街者》)。当公与私矛盾时,传统文化强调尚公抑私、公正无私、大公无私和公而忘私,朱熹认为:"官无大小,凡事只是一个公。若公时,做得来也精彩。便若小官,人也望风畏服。若不公,便是宰相,做来做去,

也只得个没下梢。"(《朱子语类》卷一一二)

能否正确处理理与欲的关系。理与欲是传统伦理学的重要命题，理是指人生而具有的内在本性，欲是指感物而动的欲望，《礼记·乐记》说："人生而静，天之性也。感于物而动，性之欲也。物至知知，然后好恶形焉。好恶无节于内，知诱于外，不能反躬，天理灭矣。"先秦儒家对待理与欲的关系比较明智，他们不否认欲望的存在，孟子认为，好色，人之所欲也；富，人之所欲也；贵，人之所欲也。同时，强调节欲、寡欲，以理制欲，"养心莫善于寡欲。其为人也寡欲，虽有不存焉者，寡也；其为人也多欲，虽有存焉者，寡也"(《孟子·尽心下》)。

3.廉的基础是俭约

俭约是优秀传统美德，《说文解字》注释："俭，约也。从人金声。"段玉裁进一步解释："约者，缠束也；俭者，不敢放侈之意。"俭约的本义是一种自我约束、自我克制的思想和行为，引申有节俭、俭省之义，《汉书·辛庆忌传》说："居处恭俭，食饮被服尤节约。"还有谦虚、谦让之义，《荀子·非十二子》认为：士君子之容是"俭然，恀然，辅然，端然，訾然，洞然，缀缀然，瞀瞀然，是子弟之容也"。意思是，谨慎、节俭、谦虚、温顺、亲热、端正、勤勉、恭敬，追随左右、不敢正视，这就是做子弟的仪容。传统文化重视俭约的作用，认为只有俭约，才能养廉，奢侈必然导致贪污。对于个人而言，俭可以养德，《左传》认为："俭，德之共也；侈，恶之大也。"司马光解释道："共，同也。言有德者，皆由俭来也。"(《训俭示康》)对于家庭而言，俭可以兴家，唐代桓范在《政要论》中说："历观有家有国，其得之也，莫不阶于俭约；其失之也，莫不由于奢侈。"晚清曾国藩则明确指出："勤苦俭约，未有不兴；骄奢倦怠，未有不败。"[①]

---

① ［清］曾国藩:《曾国藩家书·咸丰十年致曾国荃》。

对于国家而言，俭关乎国家兴衰存亡，李商隐《咏史》诗云："历览前贤国与家，成由勤俭败由奢。"

先秦思想家们都认同俭的概念，推崇俭的意义。孔子一生都强调礼，主张人们的一切言论和行为都要符合礼的要求，"非礼勿视，非礼勿听，非礼勿言，非礼勿动"（《论语·颜渊》）。然而，在孔子看来，礼的本质是俭约，"林放问礼之本。子曰：'大哉问！礼，与其奢，宁俭；丧，与其易，宁戚。'"（《论语·八佾》）意思是，鲁人林放问礼的本质是什么。孔子回答，这是个大问题啊！礼仪，与其奢华，宁可俭约；丧祭之礼，与其铺张，宁可哀戚。孔子还说："奢则不逊，俭则固。与其不逊，宁固。"（《论语·述而》）俭不仅是政治伦理和社会道德规范，而且也是人的品格。《论语》记载，弟子子禽问子贡，老师孔子到一个国家，是怎样得知这个国家的政事的。子贡回答："夫子温、良、恭、俭、让以得之。"老子则把俭作为人生宝典，"我有三宝，持而保之：一曰慈，二曰俭，三曰不敢为天下先"（《老子·第六十七章》）；认为"俭故能广"，王弼注云："节俭爱费，天下不匮，故能广也。"墨子提出"俭节则昌，淫佚则亡"（《墨子·辞过》）。墨子自己积极践行节俭，强调饮食不求五味，养生即可；衣服不求华贵，御寒祛暑即可。在墨子看来，节俭不仅仅是一种信仰，也不仅仅是一种美德，而是自己以身作则，积极躬行的实践。韩非子把节俭看成是贫穷与富裕的重要原因，"侈而惰者贫，而力而俭者富"（《韩非子·显学》）；主张财政开支以节俭为原则，"俭于财用，节于衣食"（《韩非子·难二》）。

对于廉洁、廉政而言，俭约具有重要意义。俭约，可以让官员寡欲。司马光指出："夫俭则寡欲，君子寡欲则不役于物，可以直道而行；小人寡欲则能谨身节用，远罪丰家。"（《训俭示康》）寡欲，就不会产生贪婪之心，也不会放纵自己的欲望。贪心、贪腐一般都起源于欲望过多过大，老子告诫说："五色令人目盲，五音令人耳聋，五味令人口爽，驰骋畋猎令人心发狂，难得之货令人行妨，是以圣人为腹不为目，故去

彼就此。"(《老子·第十二章》)俭约,可以使官员知足知止。老子指出:
"名与身孰亲? 身与货孰多? 得与亡孰病? 甚爱必大费,多藏必厚亡。
故知足不辱,知止不殆,可以长久。"(《老子·第四十四章》)这段话指出
了贪求功名利禄的弊害,告诫世人只有知足知止,方能免受屈辱、避祸
全生。老子有时只谈知足,"知人者智,自知者明。胜人者有力,自胜
者强。知足者富,强行者有志,不失其所者久,死而不亡者寿"(《老
子·第三十三章》)。王弼注云:"知足者自不失,故富也。"有时,老子只
讲知止,"始制有名,名亦既有,夫亦将知止。知止可以不殆"(《老子·
第三十二章》)。意思是,万物兴作就产生了各自的名称,各种名称已经
制定了,就要知道有个限度,知道有所限制和约束,就可以避免危险。
无论知足还是知止,老子都是告诫人们不要有贪欲,不要有过多的欲
望,不要有非分之念。俭约,可以促进官员清正廉洁。张鉴在《浅近
录》记载:宋高宗时期,大臣孙懋进宫朝见,当两人谈到官员清正廉洁
问题时,高宗问:"何以生公?"孙懋回答:"廉生公。"高宗又问:"何以
生廉?"孙懋回答:"俭生廉。"清人汪辉祖在分析官员走向贪腐而身败
名裂后,明确指出:"欲为清白吏,必自节用始。"①

4.廉的保障是他律

传统廉政文化强调官员自律,也没有忽视他律,尤其重视依法倡
廉、重典惩贪。儒家推崇德治而不排斥法治,孔子自己就担任过鲁国
掌管刑政的司法部长。孟子认为:"徒善不足以为政,徒法不足以自
行",强调"离娄之明,公输子之巧,不以规矩,不能成方圆;师旷之聪,
不以六律,不能正五音;尧舜之道,不以仁政,不能平治天下"(《孟子·
离娄上》)。董仲舒认为:"刑者,德之辅。"(《春秋繁露·大辩》)比较正

---

① [清]汪辉祖:《学治臆说》卷下。

确地反映了儒家的治国安邦理念。墨子也重视法治,认为"天下从事者,不可以无法仪;无法仪而事能成者,无有也"(《墨子·法仪》)。法家更是法治的倡导者,慎子强调:"民一于君,事断于法,是国之大道也。"(《慎子·君臣》)韩非子认为,以法治国可以"救群臣之乱,去天下之祸"(《韩非子·奸劫弑臣》)。为了有效约束官员,商鞅强调官员应该知法懂法,"吏明知民知法令也,故吏不敢以非法遇民,民不敢犯法以干法官也"(《商君书·定分》)。

历代统治者都坚持依法治贪,一方面是制定法律来规范官员行为。战国时期李悝制定的我国历史上第一部比较系统的法典《法经》,其中有六禁之一的金禁,就是惩罚受贿行为的规定。秦朝法律规定了玩忽职守和贪赃枉法等罪名。西汉制定了独立的监察法规,以此为依据处罚贪污腐败案件。曹魏政权把《盗律》中的"受所监受财枉法"、《杂律》中的"假借不廉"等相似的条文集中在一起,创辟《请赇律》,这是最早的惩治贪污的系统化法律。《晋律》把官吏贪污受贿枉法断事与不孝、谋杀等重罪并列,作为不能赦免的罪行之一,实际上开了唐宋及以后赃罪"遇赦不原"的先河。《唐律疏议》以国家大法的形式,把有关惩治贪污犯罪的规定作为法律固定下来,划分了官吏罪与非罪、轻罪与重罪的界限,为惩治贪腐提供法律依据。明清法律沿袭了唐宋时期"六赃"提法,对监守自盗、枉法赃、不枉法赃、行贿、挪用官物、敲诈勒索以及介绍贿赂等罪,都作了明确的量刑规定。另一方面是运用法律惩治贪官污吏。秦朝对行贿一钱就要在脸上刺字或罚去打更。汉律规定"吏坐受赇枉法,皆弃市",且子孙三世"皆禁锢不得为吏"。明朝执法更是严酷,朱元璋时期,赃至60两以上者,枭首示众,还要剥皮实草,并在官府公座旁各悬一剥皮实草之袋,令人触目惊心。传统社会采用严刑酷法惩治官员的贪腐行为,应该说是诚心诚意的,只是效果不彰或不能巩固罢了。

他律也包括官员选拔和考核制度。选拔什么样的官员,就等于树立了什么样的导向。一般而言,历代有为的君王都注重选拔任用德才兼备的人为官,防止奸佞小人入仕乱政,这是促进官员廉洁奉公的重要措施。历朝历代都会把清正廉洁作为选拔官员的一个条件,有的朝代甚至作为关键条件。汉朝的举孝廉,就是把孝廉作为官吏晋升的主要标准。官员考核一般都有清廉科目。唐朝制定了"四善""二十七最"的考核内容和标准。四善是对官吏道德方面的考核,二十七最是对官员能力方面的考核。据《唐六典·尚书吏部》记载:"凡考课之法有四善:一曰德义有闻,二曰清慎明善,三曰公平可称,四曰恪勤匪懈。善状之外,有二十七最。"

他律还包括严密的监察制度。古代监察制度在防范官员腐败、促进官员清廉方面发挥了重要作用,它始于秦汉,发展于魏晋,成熟于唐宋,完备于明清,形成谏官言谏和御史监察两大系统。谏官又称言官,主要职责是谏诤封驳,审核诏令章奏,纠正皇帝决策失误;御史又称台官、宪官或察官,主要职责是代表皇帝监察百官,实现官场清廉。秦朝开始建立监察制度,中央设立御史大夫,地方设监御史。汉承秦制,颁布了专门的监察法规,正式把"吏不廉、背公向私"列入监察内容,以后历代相沿不绝。唐朝中央设御史台,地方分道为监察区。明清中央设都察院,地方设巡按御史和提刑按察司。清朝还颁布我国古代最完整的一部监察法典《钦定合规》。

但是,贪腐行为至今始终不绝,人类能消灭贪腐吗?与西方文明相比,中国有着一套独特的反腐倡廉理念、方法和制度,中国侧重于官员自律,西方侧重于官员他律,哪一种更好呢?细究西方的他律,意蕴无穷,别具韵味。在理念上,西方文明强调政府是人类社会发展不可避免的祸害,天生具有扩张权力和滥用权力的本性,因而主张千方百计地限制权力、约束权力。凡是社会民间能够自我管理的事务,就不能让渡给政府。政府的权力只局限于市场失灵、社会不能自理的公共事务领域。政府的权力越小,寻租的机会就越小。在体制上,西方文明坚持以权力制约权力,把公共权力区分为立法、行政和司法不同的部分,使之互相平衡和互相制约。政府的权力越是受到其他平行权力的制衡,廉政的风险就越小。在制度上,西方文明不仅制定了详细的法律来规范政府权力,而且要求政府是法无授权不可为,社会和民间是法无禁止即可为。政府的权力越是遭遇法律的束缚,发生贪腐的概率就越小。美国宪法之父麦迪逊说过一句意味深长的名言:"如果人人都是天使,那就不需要任何政府了;如果是天使统治人间,那就不需要对政府有外来或内在的控制了。"①我们都不是天使,必须坚持与清廉为伍,坚决与贪腐抗争。

① 参见汉密尔顿等著,程逢如等译:《联邦党人文集》,商务印书馆1997年版,第264页。

第十八章 耻:羞恶之心

　　耻是中国文化的重要概念,也是传统美德之一。先秦管仲提出"四维"概念,首次构建社会伦理道德结构,耻是其中一维,"何谓四维?一曰礼,二曰义,三曰廉,四曰耻。礼不逾节,义不自进,廉不蔽恶,耻不从枉。故不逾节,则上位安;不自进,则民无巧诈;不蔽恶,则行自全;不从枉,则邪事不生"(《管子·牧民》)。管仲认为,四维关乎国家兴衰存亡,"国有四维,一维绝则倾,二维绝则危,三维绝则覆,四维绝则灭。倾可正也,危可安也,覆可起也,灭不可复错也"(《管子·牧民》)。宋朝从家与国的结合上提出"八德"概念,即孝悌忠信礼义廉耻,重新建构社会伦理道德,其影响一直延续到近代社会。宋朝的重构不无道理,中国传统社会既是以家庭为本位的农业社会,又是以等级差序为核心的宗法社会,家是整个社会的基础;家国同构,家是国的细胞,国是家的扩大。"八德"概念突出孝悌,将家庭道德放在首要位置,深刻反映了传统社会的治国安邦理念,这就是以孝治天下、家固则国宁。无论先秦的四维,还是宋朝的八德,耻都是传统伦理道德的有机组成部分,两千多年来,参与塑造着中华民族的品格。先秦儒家重视耻的意识,据学者朱岑楼研究,《论语》498章中,与耻相关的计58章,具有强烈的耻感取向。

　　"耻"字原作"恥",《说文解字》释曰:"恥,辱也。从耳,心声。"《六书说要》形象地解释:"恥,从心耳,会意,取闻过自愧之意。凡人心惭,则耳热面赤。是其验也。"耻的原始含义包括羞耻、耻辱以及由此而产生的羞耻心和知耻感。在古汉语中,耻是名词,意指人的羞恶之心,属于内心体验到的惭愧、羞耻情感;又是动词,意指行为主体由于自己的言行不合适而感到羞愧可耻,或使别人感到羞愧可耻;还是形容词,形容个人或某些人有羞恶之心。与耻联系密切的词是"羞"和"辱",羞在辞源上具有遮蔽的意思,意指行为主体面对他者试图遮蔽自己,表现为一种情感上的难为情。耻常常表现为羞,在情感上却更为强烈,甚至表现为愤怒。耻与羞都是羞愧情感的表现,区别在于羞是人性的本能反应,耻则是人性的观念反应。辱就是侮辱,意指他人的言行伤害了主体的尊严和人格所产生的痛苦体验。耻与辱都是痛苦体验,区别在于辱是他人对主体的过错而使主体产生的痛苦体验,耻则是主体对自身过错所产生的痛苦体验。耻与羞、辱内容有相通之处,三个词经常是混用的。作为社会伦理道德范畴,耻既是一种道德心理和情感,也是一种道德规范和行为;作为对耻的心理认同,耻感实质是人之为人的道德自觉,是人们按照一定的伦理道德标准评价他人行为,或在自身行为受到社会或自我的否定之后,自我反省或拷问产生的痛苦情感和羞愧心理。耻及耻感,不仅是个体道德养成的基础,而且是维护社会伦常秩序的重要前提。

一、耻与罪

耻在历史发展过程中自身形成为一种文化,同时又是中国传统文化的有机组成部分。自从美国文化人类学家路丝·本尼迪克特在上世纪中叶提出耻感文化和罪感文化的概念,耻感文化不仅是中华文化的显著特征,而且成了东方文化的重要特征。

二战期间,美国政府委托本尼迪克特研究当时在美的日本战俘,希望她从文化人类学视角说明日本到底是一个怎样的民族,以利于制定战后对日政策和计划。1946年,本尼迪克特将其研究成果著为《菊与刀》。《菊与刀》分析了日本人的行为和心理,通过比较研究日本人的价值观,指出支配日本人心理的原动力是耻辱感,支配西方人心理的原动力是罪恶感,进而得出日本文化是"耻感文化"、西方文化是"罪感文化"的结论。罪感文化"提倡建立道德的绝对标准,并且依靠其发展人的良心的社会"。在罪感文化中,人们一旦发现自己违背了绝对的道德标准,便会产生一种深重的罪恶感,"即使恶行不被人发现,自己也会受到罪恶折磨,尽管这种罪恶可以通过忏悔来解脱"。罪感文化说明人心向善具有主动性,是一种来自人的心灵深处的自发和自主的力量。耻感文化则不同,具有被动性,引导人们向善的是一种从外部提醒和推动的力量,"一个人感到羞耻是因为当他被当众嘲笑或遭到拒绝,或者他自己感到被嘲弄了。无论哪一种,羞耻感都是一种有效的强制力量。但这要求有外人在场,至少要当事人感觉到有外人在场";"真正的耻感文化依靠外部的约束力来规范行为,它不像罪感文化那样,依靠内心对罪的惩罚"。如果没有外人在场或外部力量,"在以'耻'为主要约束力的社会,只要不良行为未公之于众,他就不必懊丧,忏悔对于他来说只是平添烦恼"。本尼迪克特提出"耻罪二分"说之后,多数学者认为非常适合日本文化,1948 年《菊与刀》日译本出版,迅速成为日本国内最畅销的书籍。后来众多学者认为,包括日本在内的东方社会都属于耻感文化体系,日本学者森三树三郎则明确指出:"从实际情况看,与日本相比较,中国'耻的文化'倾向更强一些,'耻的文化'的真正发源地是在中国。"

无论耻感文化还是罪感文化,出发点和终极指向都是劝人为善,主张建立具有道德的社会,要求人们一旦犯错,就要通过内心深处的躁动、不安和懊悔而改过自新。但是,耻感与罪感确实存在着明显差异,首先是来源不同。耻感文化来源于儒家思想。儒家认为国家管理的最高境界是道德治理。孔子说:"为政以德,譬如北辰,居其所而众星共之。"(《论语·为政》)而德治能够培育人的羞耻之心,"道之以政,齐之以刑,民免而无耻。道之以德,齐之以礼,有耻且格"(《论语·为政》)。罪感文化来源于基督教的原罪说。《圣经》认为"人是生而有罪的",意指人并非因为犯罪才是罪人,而是因为人是罪人才犯罪;人既然有罪而又无法自我救赎,只能借助神的力量通过内心忏悔救赎自身。耻感与罪感的表现形式不同。当别人和自己的观点不一致时,别人认为我犯错而事实上我没有犯错的时候,耻感文化的人会感觉很难堪、没有面子,甚至悲观烦恼;罪感文化的人却不会因为别人的恶意诋毁而自责或抬不起头来,他会极力辩解,证明自己清白。当我犯了错误而没有被人发现时,耻感文化的人会暗自庆幸,认为没有人发现我的错误,就不会菲薄和鄙视我,我也就不会感到羞耻和自责;罪感文化的人却不会因为别人没有发现而暗自庆幸,他们反而会为自己所犯的错误自责,因为只有不断忏悔自己的罪过才能得到上帝的谅解,才能在身后见到万能的主。

耻感与罪感的动力不同。耻感的动力主要来自外部的力量,本尼迪克特在《菊与刀》中指出:"真正的耻感文化依靠外部的强制力量来做善行。"耻感文化的人非常在乎别人怎么说、怎么看、怎么议论,一般由别人左右着自己的所作所为,由社会标准制约规范自己的行为,根据社会因素和别人的判断来调整自己的行动。罪感的动力主要来自于内心的力量。原罪说导出了上帝论,上帝无所不知、无所不能。罪感文化的人心中只有上帝,一般不会顾及周围的人对自己的评价,也不愿过问和无暇涉及别人的私事。他们以自我为中心,崇尚个人主义,只会坚守内心中那份美丽的东西,然后自觉地将社会规则作为自己灵魂的一部分。在生活中,一旦违背了社会规则,他们会在内心对自己进行谴责,无需他人评断;会因为违背了上帝意志而虔诚地忏悔,期望得到宽恕和原谅。

当然,耻罪二分是相对的,耻感按照强度和持续时间可分为尴尬、内疚、羞耻、耻辱,这就很难将耻与罪分别清楚,更难分清楚到底是外部力量还是内心自律产生的一种心理情感。之所以进行耻罪二分,既是理论建构的需要,也是为了更抽象更简洁地把握现实客体。现实生活要比理论抽象更为丰富复杂而多样。东方社会属于耻感文化范围,并非没有罪的观念,西方社会属于罪感文化范围,也不是没有耻的观念。人类学家胡先缙指出:罪的概念在中国文化中并非完全不为人所知,只是未占据显著的地位①。耻感也被发现广泛存在于人类的各种文化之中,只是耻感在不同文化中的含义、原因、状态和后续行为表现都各不相同。作为一个跨文化的概念和情感,由于语言和文化不同,耻在每个文化背景下都具有独特的内容。一般而言,西方文化中的耻感是狭义的,认为羞耻包含着极端的痛苦和社会耻辱感;只有懦弱、无能的人才有羞耻感,而羞耻本身就是让人感到可耻的事情。东方文化中的耻感内容则比较宽泛,包含了害羞、脸红、难堪、痛苦、哄笑等多种不同的感受。即使日本的耻感文化源于中国,中国与日本对耻的理解也有很大差别。中国的耻感文化,强调内省而知耻,注重对内在耻感的修炼,以教化为主要方式培养人的耻感意识。日本的耻感文化,则重视外辱而知耻,把他人对自己的承认视为人生存在价值的核心,以嘲讽为主要方式培养人的耻感意识。由此可见,东西方的耻感意识之间,东方各国的耻感文化之间,无论内容与特征还是形成路径与方法,都存在着明显差异。文化无所谓优劣,差异却不可否认。正是差异的存在,推动着不同文化之间的交流、互鉴和共同进步。

二、耻在先秦社会

耻作为一种文化元素在中国传统社会存续了几千年,在殷商时期已有了耻的观念和行为。《尚书·说命下》记载伊尹的一段话:"予弗

---

① 参见黄光国、胡先缙等著:《面子》,中国人民大学出版社2004年版,第65页。

克俾厥后惟尧舜,其心愧耻,若挞于市。"伊尹是商朝的开国宰相,辅助成汤建立商朝;成汤死后,又辅助其孙子太甲执政。传说太甲开始时不称职,伊尹将太甲安置在成汤墓葬之地进行教育感化,取得成功。这段话的意思是,我不能使我的君王太甲做尧舜,我的心感到惭愧羞耻,好像在闹市受到鞭打一样。《礼记·表记》指出:"殷人尊神,率民以示神,先鬼而后礼,先罚而后赏,尊而不亲。其民之蔽,荡而不清,胜而无耻。""胜而无耻",意指殷末民众争强好胜而不知羞耻。到了周朝,耻的含义已经指向人际伦理,《诗经·鄘风·相鼠》曰:"相鼠有齿,人而无止;人而无止,不死何俟?""止"即"耻"。意思是,看那老鼠有牙齿,做人怎么能不讲羞耻。做人不讲羞耻,不死还想等什么。《诗经·小雅·蓼莪》云:"瓶之罄矣,维罍之耻。"郑玄注谓:"瓶小而尽,罍大而盈,言为罍耻者,刺王不使富分贫、众恤寡。"陈奂注释:"瓶小而尽,以喻己不得养父母;罍大而耻,以喻其不能养之故,实由于上之人征役不息,为可耻也。"这说明殷周时期人们已经认识到耻感对于控制人的行为的积极作用。耻感既可以发自内心,也可以由外力促成,"伊尹放太甲"的故事,对伊尹而言,耻感产生于内心;对太甲而言,耻感则是由外力作用。无论内心还是外力,耻感最终都是要行为主体因感到羞耻而改正错误,以臻于善的目的。

耻感文化真正形成是在春秋战国时期。其时,周王室衰微,诸侯不朝贡天子,君臣之礼紊乱,"周礼"日渐成为虚文。与急剧暴力的"汤武革命"相比,统治权力从周王室向诸侯公室再向家大夫下移,主要是通过对礼的缓慢僭越完成的。与战争相比,僭礼等行为引发的耻感更明显,更容易被感知。春秋战国时期,耻感已成为一种普遍的文化现象,成为决定人们行为选择和价值取向的重要因素。耻感影响到人们的立身处世。管仲作为公子纠的人,在公子纠和公子小白的夺位之争中没有为公子纠去死,后来又做了公子小白即齐桓公的宰相,时人就对管仲是否知耻,其行为是否合适提出过质疑。只是因为管仲历史功绩甚大,总体给予了他正面评价,"子贡曰:'管仲非仁者与?桓公杀公子纠,不能死,又相之。'子曰:'管仲相桓公,霸诸侯,一匡天下,民到于今受其赐。微管仲,吾其被发左衽矣。岂若匹夫匹妇之为谅也,自经于沟渎而莫之知也。'"(《论语·宪问》)尽管如此,孔子还是批评管仲不知礼、僭越礼制,《论语》记载,有人问管仲知礼吗?孔子回答:"邦君树塞门,管氏亦树塞门。邦君为两君之好,有反坫,管氏亦有反坫。管氏而知礼,孰不知礼?"(《论语·八佾》)耻感影响到了国家政治关系。《孟子》记载梁惠王与孟子的一段对话,魏国曾为强国,到了梁惠王一代,已是疲弱不堪,到处挨打,梁惠王感到耻辱,"及寡人之身,东败于齐,长子死焉;西丧地于秦七百里;南辱于楚。寡人耻之"(《孟子·梁惠王上》)。由于耻辱,梁惠王向孟子请教如何报仇雪恨,孟子则讲了一番"仁者无敌"的道理,"地方百里而可以王。王如施仁政于民,省刑罚,薄税敛,深耕易耨;壮者以暇日修其孝悌忠信,入以事其父兄,出以事其长上,可使制梃以挞秦楚之坚甲利兵矣"(《孟子·梁惠王上》)。这说明耻感在一定程度上决定着国与国之间的政治关系。耻感文化影响到了人们的心理。著名的"二桃杀三士"故事就是利用了人们的耻感心理,达到了齐景公的目的。齐景公有三勇士公孙接、田开疆和古冶子,欲除之而后快。晏子献计,让齐景公给三个人两个桃,"计功而食桃"。结果公孙接、田开疆以为功高先手拿到了桃,古冶子则摆列自己的功劳,认为自己更有资格获得桃子,二人感到羞愧"而挈领而死。古冶子曰:'二子死之,冶独生之,不仁;耻人以言,而夸其声,不义;恨乎所行,不死,无勇。'"(《晏子春秋·内篇谏下》)于是古冶子自杀而死。

　　先秦社会的耻感文化还融入了国家管理和司法实践。当时有一种刑罚叫作耻辱刑,就是统治者利用耻感治理国家的一种措施。在现代文明看来,耻辱刑是落后野蛮的,有损于人格平等和人格尊严,却是古代社会管理的有效手段。耻辱刑与耻感文化密切相关,强调外在约束力,通过他人对主体行为的评价及反应,促进主体正面向善,负面则产生羞耻之心,约束和防范自己的不良行为。耻辱刑可上溯到尧舜时期,一直延至明清两朝,主要刑种有象刑,即通过强迫罪犯穿上特殊服饰以示惩罚。《尚书》曰,"唐虞之象刑,上刑赭衣不纯,中刑杂屦,下刑墨蒙,以居州里,而民耻之"。墨刑,亦称黥刑,即在罪犯面部刺刻后并以墨窒之,使人一见便知,难与良民为伍;髡刑,起源于周朝,秦时成为一种剃除受刑者须发的刑罚。蓄发留须是古代男子的正常状态,而将罪犯的发须强行剃去,使罪犯处于非正常状态而感到痛苦;刺字,由墨刑而来,后世刺字主要是附加刑。宋朝对"盗"罪附加刺字,作为罪犯的标志;枷号,即在枷锁上写明囚犯的姓名、罪状,给予示众,以使罪犯在家族、亲戚和邻里面前抬不起头来。耻辱刑一般为轻刑,主要是借助外部力量促进罪犯自省,达到教化的目的,从心理上预防和控制犯罪。耻辱刑与其他刑罚的区别在于,制刑的目的在于激活罪犯的耻感,使其感到罪恶、耻辱,进而对自己的行为感到懊悔、自责并寻求宽恕,愿意赎回和进行补偿。同时,对其他人能够起到警示作用,孔子认为:"太上以德教民,而以礼齐之。其次以政焉,导民以刑。"(《论语·公冶长》)

三、儒家之耻

先秦社会普遍的耻感意识和丰富的耻感实践,自然引起了诸子百家的关注,而对耻及耻感进行全面阐述的只有法家和儒家。法家在主张"一断于法"的同时,重视耻和耻感的作用。管仲一般被认为是法家人物,他提出"礼义廉耻"国之四维的观点,对耻的重视自不待言。商鞅强调法治和根据人们的耻感心理进行信赏必罚,"夫刑者所以禁邪也,而赏者所以助禁也。羞辱、劳苦者,民之所恶也;显荣、佚乐者,民之所务也。故其国刑不可恶而爵禄不足务也,此亡国之兆也"(《商君书·算地》)。商鞅强调:"圣人之为治也,刑人无国位,戮人无官任。"

(《商君书·算地》)意思是,圣人治国,就是让受过刑的人在社会上没有
地位,犯过罪的人在朝廷没有官做。这实际是耻感在国家管理上的具
体运用。如果说商鞅是利用耻感进行治国的话,那法家集大成者韩非
子对待耻感的态度则比较微妙,他认为君王不能有耻感心理,否则影
响君王的统治,"凡说之务,在知饰所说之所矜而灭其所耻"(《韩非
子·说难》)。梁启雄解释:"游说者的急务在于知道怎样地粉饰被说者
即君王的所自豪的心理而消灭他所羞耻的心理。"①他还在《韩非子·
难二》篇中通过齐桓公醉酒之事分析耻感问题,批评管仲的做法不妥。
故事的大意是,有一次,齐桓公喝醉酒了,丢掉了帽子,感觉很羞耻,连
续三天不去上朝。管仲则劝诫齐桓公,让他开仓赈济贫穷的人和放掉
轻罪的囚犯来洗刷醉酒的耻辱。韩非子则认为:"管仲雪桓公之耻于
小人,而生桓公之耻于君子矣。"原因在于"发仓囷而赐贫穷者,是赏无
功;论囹圄而出薄罪者,是不诛过也。夫赏无功则民偷幸而望于上,不
诛过则民不惩而易为非,此乱之本也,安可以雪耻哉"(《韩非子·难
二》)。在韩非子看来,管仲是因小失大,虽然挽回了齐桓公醉酒丢冠
的面子,却抛弃法治和信赏必罚的原则。总体而言,耻和耻感与严刑
峻法是疏离的。法家对耻的重视,只是利用人们的耻感意识和羞耻心
理,并没有把耻融入法家学说的有机组成部分。真正重视耻和耻感的
是儒家。耻与德治具有天然联系,儒家强调德治,必然将耻纳入自己
的思想体系进行论证阐述,从而形成影响深远的耻感文化,成为中华
文化的标识之一。

　　儒家对于耻感的论述,首推孔子。孔子的耻感思想既高屋建瓴又
丰富多彩。一般认为,仁与礼是孔子思想的核心范畴。孔子把耻纳入
仁与礼的范畴,从仁与礼的高度给予论证,其联系中介是"恭"的概念。
所谓恭,主要指言行举止端正严肃,为人温厚善良。《论语》一书多次

---

① 　梁启雄:《韩子浅解》,中华书局1960年版,第92页。

提及，"君子敬而无失，与人恭而有礼。四海之内，皆兄弟也"（《论语·颜渊》）。同时，恭是仁的重要德目，行为恭敬就不会受到侮辱，"子张问仁于孔子。孔子曰：'能行五者于天下为仁矣。''请问之。'曰：'恭、宽、信、敏、惠。恭则不侮，宽则得众，信则人任焉，敏则有功，惠则足以使人。'"（《论语·子路》）孔子还明确划分了可耻与不可耻的界线，视为可耻的事情是言行不一、言而无信，"古者言之不出，耻躬之不逮也"（《论语·里仁》）。孔子还说："君子耻其言而过其行。"（《论语·宪问》）可耻的事情是做人伪善、自欺欺人，"巧言、令色、足恭，左丘明耻之，丘亦耻之。匿怨而友其人，左丘明耻之，丘亦耻之"（《论语·公冶长》）。可耻的事情是国家政治清明不出来做官，国家政治黑暗却出来做官，"笃信好学，守死善道。危邦不入，乱邦不居。天下有道则见，无道则隐。邦有道，贫且贱焉，耻也；邦无道，富且贵焉，耻也"（《论语·泰伯》）。孔子认为，不可耻的事情是生活清贫、衣着朴素，"士志于道，而耻恶衣恶食者，未足与议也"（《论语·里仁》）。孔子自己豪迈地说："饭疏食饮水，曲肱而枕之，乐亦在其中也。不义而富且贵，于我如浮云。"（《论语·述而》）孔子还赞扬弟子子路："衣敝缊袍，与衣狐貉者立，而不耻者，其由也与？"（《论语·子罕》）意思是，在这样一个崇尚奢华的社会里，穿着破旧的袍子与穿着狐貉轻裘的人站在一起，而没有羞愧之感的大概只有仲由一个人吧？不可耻的事情是请教他人、学习知识。子贡请教孔子为什么卫国大夫孔圉死后能谥号为"文"，孔子回答："敏而好学，不耻下问，是以谓之'文'也。"（《论语·公冶长》）朱熹注释："凡人性敏者多不好学，位高者多耻下问，故谥法有以'勤学好问'为文者，盖亦人所难也。孔圉得谥为文，以此而已。"（《四书章句集注·论语集注》）孔子自己也是"入太庙，每事问"。不可耻的事情是国家政治清明就出来做官，享受俸禄；政治黑暗就不出来做官，不享受俸禄，"宪问耻。子曰：'邦有道，谷；邦无道，谷，耻也。'"（《论语·宪问》）

孟子继承发展了孔子的耻感思想，他把耻的心理和情感概括为羞

恶之心,纳入人性善的范畴,"恻隐之心,仁之端也;羞恶之心,义之端
也;辞让之心,礼之端也;是非之心,智之端也。人之有四端也,犹其有
四体也"(《孟子·公孙丑上》)。如果说孔子的思想是仁礼结构,那孟子
的思想则是仁义结构,"生亦我所欲也;义亦我所欲也。二者不可得
兼,舍生而取义者也"(《孟子·告子上》)。孟子把耻与仁、义更加紧密
地联系在一起,首次将仁作为区分荣辱的标准,认为一个人一生都要
追寻仁、实践仁,就会获得荣誉;反之,则会招致耻辱,"仁则荣,不仁则
辱"。对于君王而言,也要追寻仁、实行仁政,否则,不仅会招致耻辱,
而且还会导致国家灭亡,"苟不志于仁,终身忧辱,以陷于死亡"(《孟
子·离娄上》)。在孟子看来,耻与义是不可分割的整体,耻就是义的内
容,"羞恶之心,义也",义就是从羞恶之心出发,做应当做的事情。任
何人只要秉持羞恶之心,就不会做坏事、走邪路,也就不会感到羞愧可
耻。孟子特别强调耻感对于为人处世的意义,"人不可以无耻,无耻之
耻,无耻矣"(《孟子·尽心上》)。一个人固然不可以无耻,而那种自己
无耻而又不知道或者根本就没有意识到无耻的人,才是名副其实的无
耻。孟子认为,耻感是人进步的动力,"耻之于人大矣。为机巧之巧
者,无所用耻焉。不耻不若人,何若人有?"(《孟子·尽心上》)意思是,
羞耻对于人来说是很重要的,行巧诈之事的人没有地方用得着羞耻。
不把赶不上别人看作羞耻,怎么能赶上别人呢? 这说明耻感能激励人
奋发进取,意识到自己不足,以自己不如别人为耻,从而向别人学习,
取长补短,完善自我。

　　孔孟之后,儒家学者论耻和耻感,已不限于个人的道德修养,而是
与时代社会相联系,与国家民族相联系,使耻感意识具有了广泛而深
刻的社会性,形成了世代相传的耻感文化。耻与无耻反映出截然不同
的人生观和价值观,尤其是在个人名利、生死以及民族危亡关头,表现
得更为强烈。荀子认为,以利害义是无耻的行为,"君子苟能无以利害
义,则耻辱亦无由至矣"(《荀子·法行》)。《礼记·杂记下》指出:当权

者只求俸禄而不行大道,大言在先而行不继后,聚敛财物,私心膨胀;朝令夕改,民不聊生,都是可耻的行为,"君子有五耻:居其位,无其言,君子耻之;有其言,无其行,君子耻之;既得之而又失之,君子耻之;地有余而民不足,君子耻之;众寡均而倍焉,君子耻之"。宋儒对耻感文化的发展也作出了重要贡献。朱熹解释耻:"羞,耻己之不善也,恶,憎人之不善也。"(《四书章句集注·孟子集注》)他们把耻感看作是人之为人的伦理道德底线,陆九渊指出:"人之患莫大乎无耻,人而无耻,果何以为人哉。"(《陆九渊集·与郭邦逸》)周敦颐认为耻是道德教化的前提,"人之生,不幸不闻过,大不幸无耻,必有耻,则可教。闻过,则可贤"(《通书·幸》)。任何人只要有了羞耻心,就会有向善的追求,也就能够自觉地接受教化而修身养性。朱熹强调知耻才能知道什么事可以做、什么事不可以做,坚决不做可耻的事情,"人有耻则能有所不为"。宋儒还把耻感与人的气节联系起来,知耻才能有气节,无耻则无从谈起气节,气节关乎个人名誉,也关乎国家兴亡和社会动乱。司马光《资治通鉴》评曰:"礼义,治人之大法。廉耻,立人之大节。况为大臣而无廉耻,天下其有不乱,国家其有不亡者乎!"明末清初顾炎武专门作《廉耻》一文,对耻进行了系统论述。在顾炎武看来,礼义廉耻"四者之中,耻尤为要"。廉耻是做人之根本,"廉耻,立人之大节。盖不廉则无所不取,不耻则无所不为"。顾炎武认为,廉耻关乎社会风气,"廉耻者,士人之美节;风俗者,天下之大事。朝廷有教化,则士人有廉耻;士人有廉耻,则天下有风俗"。顾炎武尤其痛恨士大夫的无耻,"人之不廉,而至于悖礼犯义,其原皆生于无耻也。故士大夫之无耻,国耻也"。

四、耻的内容

耻既指可耻事情本身,又指认为可耻的情感。一方面,存在决定意识,有了可耻事情,才会有可耻的情感;另一方面,可耻事情只有在认为可耻的情感体验中才能呈现出来,耻和耻感都只有从感知的角度来理解才有意义。耻和耻感是一体两面,不可分割,耻即耻感。一般而言,人们的想法和行为有时并非完全符合道德规范,当人们进行自我道德审视时,有时会发现自己的所思所想、所作所为背情悖理,违反了社会伦理道德规范,就会产生类似于"无颜以对"的痛苦情感。同时,在确定个人言行必须符合社会伦理道德规范的前提下,人们会自觉萌发趋善意向和自新要求,并产生自我道德训诫,这就是耻感。耻感作为自己的行为与内化于心的道德观念和社会价值标准产生差距或发生冲突时,所产生的痛苦体验的心理机制,是在个体的自我评价活动中形成的。在自我评价活动中,耻感的产生是以对善的把握为前提的,不过是以否定性的方式来把握。每个社会都有善的理念,善是人之为人、怎样做人的价值标准,善的否定性存在即是恶。耻感就是以善为标准看到了自我存在的恶,进而否定恶,这意味自我中善的力量仍然存在。恶是丑的,耻感却是美的;耻感本身意味着善,是一切美德的发源地。

1.耻是人与禽兽的分界线

在先秦儒家中,孟子最明确地提出了人与禽兽关系的命题,"人之所以异于禽兽者几希,庶民去之,君子存之"(《孟子·离娄下》)。在孟子看来,人与禽兽的差别在于人有仁义礼智"四心"。没有仁义礼智,人就是禽兽,"由是观之,无恻隐之心,非人也;无羞恶之心,非人也;无辞让之心,非人也;无是非之心,非人也"(《孟子·公孙丑上》)。羞恶之心就是耻,耻是区别人与禽兽的重要标志。无独有偶,西方哲人也是如此看待耻感的地位和作用。德国哲学家马克斯·舍勒认为,耻感是"价值高位与价值低位之间的紧张",价值高位在本质上就是以神的秩序所标识的"人的完美存在状态",价值低位则是现实自我的所作所为,"人在世界生物的宏伟的梯形建构中的独特地位和位置,即它在上帝与动物之间的位置,如此鲜明地直接表现在耻感之中,对此任何其他感觉无法与之相比"①。在舍勒看来,动物与人类于情感方面存在着相同的地方,都具有害怕、恐惧、厌恶甚至虚荣心等感觉,但动物没有耻感,没有对害羞、羞耻的特定表达。这是因为世界上只有人是精神与生命冲动的统一体,动物有生命冲动而没有精神,所以没有耻感。人不仅有生命冲动,而且有精神,通过精神意识到价值低位的我与价值高位的神的差距,由此而产生羞愧感和耻辱感。耻感是人对自身本质的一种特殊自我意识,是人之为人的根据。毫无疑问,舍勒对耻感的理解和阐述更为全面深刻,但舍勒生活于 19 世纪末 20 世纪初,比孟子晚了两千多年,我们怎么能不敬佩孟子的睿智和远见卓识!

既然耻感是人与禽兽的分界线,那么,耻感就是一种底线伦理。底线伦理是一个低度的道德共识,它意味着在任何时候任何情况下,你可以做不到舍己为人,但你不能损人利己;你可以不是圣贤,但你应该认同社会基本的伦理道德规范;你可以不攀升到道德的最高境界,但道德的底线必须坚守。否则,人就失去了精神,也谈不上道德的生活,与动物的生存没有丝毫区别。底线伦理,是善的最低层次,实质是对人的行为作出最为基本的限制,在人际间建立最为基本的界限,要求人们既可以实现自我的最基本需要,又必须关心顾及他人和社会的利益。同时,相对于人生理想、信念和价值目标而言,底线伦理具有优先性,要求人们必须先履行基本义务,然后才能走向崇高;先满足基本要求,然后才能去追求自己生活的理想。从这个意义上说,耻感的目的不仅在于价值低位,而且在于价值高位;不仅是一种否定性的制裁力量,而且是人的道德生生不息的推动力量。儒家的理想人格是君

---

① [德]马克斯·舍勒著,罗悌伦等译:《价值的颠覆》,三联书店 1997 年版,第 164 页。

子,耻感是激励人们达到君子境界的内生动力。在孔子那里,正是耻感因素的存在,君子"可以托六尺之孤,可以寄百里之命,临大节而不可夺也"(《论语·泰伯》);正是耻感因素的存在,"士不可以不弘毅,任重而道远。仁以为己任,不亦重乎? 死而后已,不亦远乎"(《论语·泰伯》);正是耻感因素的存在,"志士仁人,无求生以害仁,有杀生以成仁"(《论语·卫灵公》)。

2.耻在于人的良心

耻感的产生一般应有三个要件,一是内化于心的道德观念和社会价值标准,这就是良心;二是自己在现实生活中的所思所想、所作所为;三是良心与思想行为进行比较,两者不一致时产生的情感。在这三个要件中,良心是认知前提,没有良心,就没有耻感;良心是评价依据,没有良心,就无法判断人之思想行为的善恶;良心是选择能力,没有良心,就难以在善恶冲突中进行自觉自愿的抉择。所谓良心,是耻感产生的必要条件,是道德情感的基本形式,意指被社会普遍认可并被自己认同的行为规范和价值标准。良心是儒家的重要概念,孟子曰:"虽存乎人者,岂无仁义之心哉? 其所以放其良心者,亦犹斧斤之于木也。"(《孟子·告子上》)朱熹注释:"良心者,本然之善心。即所谓仁义之心也。"(《四书章句集注·孟子集注》)在儒家看来,良心虽然是人人生而具有的基因,却不是随着人的成长自然而然地生发出来的。"性相近,习相远",良心是后天学习和培养形成的,学习培养的内容、形式和强度不同,造就了不同的人格,有的人良心和耻感强烈,有的人良心和耻感薄弱,有的人甚至没有良心和耻感。著名心理学家皮亚杰采用含有道德判断的对偶故事,对4—12岁的儿童进行研究,结果表明0—5岁为前道德阶段,儿童的道德认知不守恒,不懂得规则对社会行为的约束性,只能直接接受行为的结果。这说明任何个体在真正进入道德发展阶段之前都有一个非道德发展阶段,即指生活在这一阶段的个体无善恶好坏之分。因此,必须重视良心的培育,像孟子那样"我善养吾浩然之气"。只有培育了良心,才会有耻感,才会分辨善恶好坏。

儒家认为,良心和耻感的主要内容是仁、义、礼。换言之,仁、义、礼是良心评判和耻感产生的依据。仁者爱人,爱人是最基本的善。有了爱人之心,才能行善事、做好人,才会对不善之事、不好之人产生耻感。如果一个人不爱人,没有仁的理念,就会不分是非,不受道德约束,"子曰:'不仁者,不可以久处约,不可以长处乐。仁者安仁,知者利仁。'"(《论语·里仁》)朱熹注释:"不仁之人,失其本心,久约必滥,久乐必淫。"(《四书章句集注·论语集注》)孔子要求"君子无饱食之间违仁,造次必于是,颠沛必于是"(《论语·里仁》)。意思是,君子哪怕一顿饭的时间也不能离开仁,即使在仓促匆忙之时也必定与仁同在,即使在颠沛流离之时也必定和仁同在。

在孔子看来,义是君子的本质规定,君子为善去恶,必然有耻,"君子义以为质,礼以行之,孙以出之,信以成之。君子哉!"(《论语·卫灵公》)义应当与君子相伴终身,"君子之于天下也,无适也,无莫也,义之与比"(《论语·里仁》)。义区别了君子与小人,"君子喻于义,小人喻于利"。孟子则明确将义作为浩然之气的组成部分,"其为气也,至大至刚,以直养而无害,则塞于天地之间。其为气也,配义与道。无是,馁也。是集义之所生者,非义袭而取之。行有不慊于心,则馁矣"(《孟子·公孙丑上》)。意思是,作为浩然之气,是最强大、最刚健的,用正义来培养它而不加伤害,就能充塞于天地之间。浩然之气是合乎义和道的,否则,它就疲弱了。浩然之气是日积月累的正义所生长出来的,而不是正义偶然从外而入所取得的,所作所为有一件不能让其心意满足,它就疲弱了。

礼和耻感关系密切。"颜渊问仁。子曰:'克己复礼为仁。'"(《论语·颜渊》)克己是约束自己的行为,耻也是约束自己的行为,两者是相通的,而约束自己行为的依据就是礼,"非礼勿视,非礼勿听,非礼勿言,非礼勿动"(《论语·颜渊》)。孔子甚至认为耻的本质是礼,礼是耻的价值根源,礼是判断有耻与无耻的客观准绳,"恭近于礼,远耻辱也"(《论语·学而》)。这说明对他人尊重恭敬,凡事符合礼义,既不会让自己感到羞耻,也不会招致不必要的侮辱。

3.耻由修身锻造

良心培育和耻感养成是一个修身的过程,修身既要有标准又要有方法。仁义礼是修身的标准,那么,修身的方法是什么呢? 在儒家看来,最重要的方法是自省。所谓自省,即自我省察、自我反省,是道德主体能动性的表现,也是行之有效的修身方法。现代心理学认为,自省本身就是一种优良品德,还是一种使人走向幸福的能力。自省不仅能够培育良心,而且能够产生耻感。在自省过程中,当发现自己的行为与内心的道德律相矛盾、与社会伦理要求相悖逆,一定会产生脸红、羞耻的心理。儒家十分重视自省的作用,孔子说:"见贤思齐,见不贤而内自省也。"(《论语·里仁》)曾子是孔门颇有影响的人物,他积极践履孔子的自省思想,"吾日三省吾身:为人谋而不忠乎? 与朋友交而不信乎? 传不习乎?"(《论语·学而》)荀子则把自省与学习结合起来,作为知行统一的重要环节,"故木受绳则直,金就砺则利,君子博学而日参省乎己,则知明而行无过矣"(《荀子·劝学》)。意思是,所以木材经过墨线加工才能取直,刀剑在磨刀石上磨过才能锋利。君子只有广泛地学习,而又能每天检查反省自己,才能见识高明而行为不会犯错误了。

儒家认为,修身的另一个重要方法是慎独。慎独的伦理动因正是耻感意识。如果没有耻感,任何人都不可能做到慎独。所谓慎独,是指在独处中谨慎不苟,具体是指人们在独立活动无人监督的情况下,能够严于律己,自觉按照一定的道德规范行动,时刻警惕内心深处尚处于萌芽状态的错误念头、不正当欲望和不正常情绪,谨慎地对待自己的所思所为,防止有违道德的欲念和行为发生,从而使仁义礼时时伴随着道德主体。最隐蔽的东西往往最能体现一个人的品质,最微小的东西往往最能看出一个人的灵魂。慎独强调个人道德的修养,看重个人操行的坚守,既是良心的最高境界,又是耻感的最佳表现。《大学》《中庸》都阐述了慎独的观念,《大学》有两次出现"慎独"一词,语境不同,内容也有差异,一次是"所谓诚其意者,毋自欺也。如恶恶臭,如好好色,此之谓自谦。故君子必慎其独也",这是强调意念的慎独。意念随时随地都可以产生,是不分一人独处与处于大庭广众之不同情景。儒家要求,无论一人独处还是处于大庭广众,意念虽然不会被别人知道,却要谨慎,要真实,否则就会一伪百伪。另一次是"小人闲居为不善,无所不至,见君子而后厌然,掩其不善,而著其善。人之视己,如见其肺肝然,则何益矣。此谓诚于中,形于外。故君子必慎其独也",这是强调行动的慎独。俗话说:若要人不知,除非己莫为。只要干了坏事丑事,不管怎么掩盖,总会让人知道的;只要干了坏事丑事,不管当时有没有他人存在,时间长了,也是会暴露的。"头顶三尺有神明,不畏人知畏己知"啊!《中庸》第一章就用了"慎独"一词,"天命之谓性,率性之谓道,修道之谓教。道也者,不可须臾离也,可离非道也。是故君子戒慎乎其所不睹,恐惧乎其所不闻。莫见乎隐,莫显乎微,故君子慎其独也"。这是从天命、人性和教化的高度,强调人生的慎独,一生都不要离开道,尤其在隐秘的时候,对于细微的事情,更要谨慎小心,一定要按照道的规范严格要求自己。

4.耻因改过而美好

作为道德心理和情感,耻与荣相对立,耻是人们因其行为与社会道德相背离而产生的痛苦、羞愧的心理体验;荣是因遵循道德规范而形成的被认可、被褒扬和受尊重的心理感受。孤立地看,耻是一个贬义词;辩证地分析,耻却是一个美好的词汇。耻否定了人们行为中的恶,就有可能阻止恶行的发生,岂止是阻止,还可能改恶迁善。从这个意义上说,耻是否定性的善,荣是肯定性的善,在道德价值体系构建中,两者都具有基础性和根本性地位。人吃五谷杂粮,哪有不得病的?人有七情六欲,哪有不感情冲动和情绪失控的?即使君子,也不可能没有缺点错误,"君子之过也,如日月之食焉"(《论语·子张》);孔子最喜欢的弟子颜回也只能做到"不贰过"。《论语·雍也》记载:鲁哀公问孔子,哪个弟子好学。孔子回答:"有颜回者好学,不迁怒,不贰过。"因为有过,才会有耻,无过则无耻。在儒家看来,人非圣贤,孰能无过?关键在于过而能改,过而能改的关键则在于耻。只有认识到缺点错误,产生耻感,才能改过迁善,否则就谈不上改过迁善。知耻改过,耻是改过迁善的必要条件,耻也因改过迁善而产生美好的情感。

知耻改过是建立于耻感基础上的内省机制而外化于行,最终达到至善的境地。儒家认为,知耻改过本身就是良好品格,真正的过失是有错不改,"子曰:'过而不改,是谓过矣。'"(《论语·卫灵公》)改过还是区分人品高低的一把尺子,小人犯错不仅不改,而且加以掩盖遮蔽,可谓错上加错,"子夏曰:'小人之过也必文。'"(《论语·子张》)孔子强调君子要敢于承认错误,勇于改正错误,"君子不重则不威,学则不固。主忠信,无友不如己者,过则勿惮改"(《论语·学而》)。儒家认为,知耻改过就是勇气。《中庸》把知耻与勇联系在一起,提出"三达德"观念,知耻是其中的一个德目。三达德是修身齐家治国平天下的基础,"好学近乎知,力行近乎仁,知耻近乎勇。知斯三者,则知所以修身;知所以修身,则知所以治人;知所以治人,则知所以治天下国家矣"。这说明一个人有了耻感,才能有所不为,才能改正错误,才能迎头赶上他人。一个民族、一个国家也是如此,只要知道羞耻,才能发愤图强,强国富民,自立于世界民族之林。儒家认为,知耻改过要有闻过则喜的心胸。耻感不仅源于内省,而且源于外议。从人的本性而言,任何人都是喜欢听好话,而不愿意听批评的意见建议。不闻过,岂能改过迁善?不愿闻过,本身就是缺点错误。孟子举圣贤的例子说明闻过则喜的意义,"子路,人告之以有过,则喜。禹,闻善言,则拜。大舜有大焉,善与人同,舍己从人,乐取于人以为善"(《孟子·公孙丑上》)。意思是,子路,别人指出他的过错,他就高兴。禹,听到好的言论,就给人行礼。大舜更是了不起,他把善当作人所共享,舍弃自己的不足,学习别人的长处,乐于吸取别人的优点来完善自己。闻过,就是借助于外部力量来发展人的良心和耻感。这是耻感文化的重要特征,也是个人道德修养的有效途径。

与其他伦理道德范畴相比,耻是一个很有哲学意蕴的概念。耻既有伦理性又有道德性。伦理道德经常合并一起使用或替代使用,实际则有着差异。耻的伦理性,是行为主体的特殊性与伦理共同体的普遍性发生了冲突,或者说社会我与个体我发生了矛盾,是个体向伦理共同体回归的一种外在的精神或情感的约束力量。道德性,是行为主体的应然之我与实然之我之间存在着差距,或者说理想我与现实我发生了矛盾,是主体消除现实之我与理想之我之间的差距而产生的情感和实践冲动。如果说伦理之耻感是一种外在的限制,目的是实现社会我与个体我的统一,那么,道德之耻感则是一种内心的约束,目的是实现理想我与现实我的统一。耻既有生理性又有心理性,生理性是指人性中先天的、自然的、本能的羞耻感受力,包括面红耳赤、如芒在背、如坐针毡和不敢看人等先天本能的反应;心理性是指后天社会教育和风俗影响所形成的道德心理,包括惭愧、内疚、歉意等后天理性思维的结果。一般而言,生理性的耻感只有通过心理性的耻感才能变为现实的耻感,心理性是耻感产生的根本原因,生理性更多的是耻感的表现形式。耻感既有自律性又有他律性,自律性是指个体把客观存在的伦理道德原则内化为自己的意志和信念,而自觉地遵守和主动地规范;他律性则是个体的思想行为受到自身理性之外的其他因素的影响和控制。自律的耻感,虽然是行为主体对自身思想行为的自我约束和克制,却是以客观外在的共同体规则和规范为依据。从这个意义上说,自律的本质是他律。他律的耻感,则是行为主体在他人以及社会评论的监督压力下对自身不当的思想行为感到羞耻。真正的耻感是伦理性与道德性、生理性与心理性、自律性与他律性的和谐统一。在和谐统一的耻感面前,美国学者梯利告诉我们,会有一种特殊的感情产生,"这种感情就好像站在我的心灵面前,知道它对于我的权威,大声呼喊:是的,是的,你必须这样做! 还有制止我实行这个行为的感情,它用一种羞愧占有我,使我感到不自在,尽管这个被制止的行动可能有相当的诱惑力。"①这是一种多么复杂而美妙的情感,它在鼓励人们向善和社会向好。

① ［美］梯利:《伦理学导论》,广西师范大学出版社 2002 年版,第 50 页。

结语　国学展望

围绕国学义理,学习了五本经典,研读了十个概念,不能不为中华文明感到骄傲,不能不感佩于传统文化的博大精深、先哲圣贤的智慧艺术,不能不向先人们深深地鞠躬致敬。同时心存着些许忧虑,国学是与西学相对立的概念,没有西学,何来国学! 西学是外来文化。历史上,外来文化多次进入中华大地,第一次是西汉末年,佛教通过西域传入中国,国学学习消化了佛教文明,使之成为中华文明的有机组成部分。学习消化是个艰难的过程,是信佛与灭佛博弈的漫长历史过程。杜牧诗云:"千里莺啼绿映红,水村山郭酒旗风。南朝四百八十寺,多少楼台烟雨中。"具体而形象地说明了信佛与灭佛的此消彼长,"南朝四百八十寺",极言佛教寺庙之多,是信佛的体现;"多少楼台烟雨中",则言寺庙的衰落破败,是灭佛的反映。经过漫长的中国化过程,国学影响和改造了佛学,最终产生了适应中国人心性的禅宗;佛教影响了国学,通过援佛入儒和以儒释佛,在宋儒理学中完美地吸纳了佛教精华。朱熹用了近四十年时间,在《四书章句集注》中将儒、释、道会通于以儒学为框架的思想体系,集中体现了中华文化的包容性和强大的同化能力。

第二次是明清之际,天主教进入中国,国学未能消化吸纳天主教,却呈现出中华文化的博大胸怀。以意大利人利玛窦来华为标志,西方传教士带来天文、历法、数学、大炮制造等科技,也带来了天主教和西方文化。从明朝徐光启到清康熙,都对西方文化很有兴趣,徐光启想用天学来丰富发展儒学;康熙既重视西方自然科学,也重视传教士。当时中西文化存在着交流沟通融合的可能性,却由于"中国礼仪之争",受到罗马教廷的干预而止步。所谓中国礼仪之争,是指中国传教士与罗马教廷之间展开的有关中国传统祭祀礼仪性质的讨论。罗马教皇不允许中国教徒祭祖祀孔,康熙不同意,亲自与罗马教皇交涉。罗马教皇很蛮横,派使者铎罗与康熙见过三次面,气氛一次比一次紧张。康熙明确表示,不能干涉中国人的习俗,必须与儒学和谐共处,如果天主教反对祭祖祀孔,西洋人很难留居中国。由于双方没有妥协,两种文化的对立冲突占据了主导地位,一次和平的文化交流被迫中断,直到1939年罗马教皇下旨,中国人可以祭祖祀孔。

第三次是晚清以来西方文化的冲击,国学是西方文化冲击的产物。近二百年来,从洋务运动到辛亥革命,从民国政府到新中国建立,从社会主义革命和建设到改革开放新时期,中国人前赴后继、坚持不懈地追求着民族的复兴;国学始终坚持学习借鉴和消化吸纳西方文化,期盼以我为主,引入西方文明的合理因素,振兴、弘扬和传承中华优秀传统文化。新中国的建立尤其是改革开放的伟大事业,使得我国由积贫积弱的经济发展成为世界第二大经济体,取得举世公认的辉煌成就,我们已经看到了民族复兴的光明未来。客观地说,学习消化西方文化似乎关山重重、步履维艰,迄今为止,国学与西学、中华文化与西方文化还是若即若离,西方文化仍然居于强势地位。上世纪90年代掀起的"国学热",固然是经济社会进步的必然要求,却也是传统文化居于弱势的现实反映。当前国学很热,国学却很弱,仍处于困难之中,展望国学应有清醒的认识。

一、历史应对

自1840年鸦片战争以来,中华民族一直殚精竭虑地忙于应对西方的船坚炮利、货物繁荣和文化挑战。与以往应对外来文化相比，中华文化的主体地位发生了动摇，中国人第一次感到了深重的危机，普遍认为这是华夏文明遭遇的前所未有的历史挑战。晚清名臣李鸿章认为："合地球东西南朔九万里之遥，胥聚于中国，此三千年一大变局也。"①学人王韬认为："居今日而论中州大势，固四千年来未有之创局也。"②外交家曾纪泽认为："泰西之轮楫，旁午于中华，五千年未有之创局也。"③实业家郑观应认为："今泰西数十邦扣关互市，与我立约通商，入居内地，此乃中国一大变局，三千余年未之有也。"④晚清以来，无数志士仁人在探寻中国落后的原因，先是认为中国的器物出了问题，于是有了洋务运动，"师夷长技以制夷"。甲午一战，北洋水师覆没，人们认为不完全是器物问题，而是政治腐败，于是有了辛亥革命，推翻了帝制，建立了共和。结果是军阀混战，列强瓜分中国，人们又认为不仅仅是器物和政治问题，还有文化落后，于是发生了新文化运动，否定封建礼教，打倒孔家店。在应对西方文化的冲击过程中，中国人既认真严肃又坚韧不拔，却是无奈无力无助。回顾梳理历史，有助于我们认识应对西方文化之严峻、振兴国学之艰难，从而树立长期奋斗的思想准备和"人一之我百之，人百之我千之"的精神力量。

首先是应对的尴尬。中国人最先应对的是西方的船坚炮利，船坚炮利的背后实质是文化科技，应对船坚炮利也就是应对西方文化。当时，刚刚睁开眼看世界的中国人应对得有些尴尬和愚昧。在冷兵器与热兵器的悬殊对比中，试看官员如何应对。虎门禁烟之后，英军侵华，关天培战死，表现出中国人的血性和英雄主义；参赞大臣杨芳奉旨抵达广州，道光高度信赖杨芳，称其为"久列戎行，受恩深重"，并许以"应

---

① ［清］李鸿章：《李文忠公全集·奏稿》卷十九。
② ［清］王韬：《弢园文新编·变法自强》。
③ ［清］曾纪泽：《曾纪泽集·文法举隅序》。
④ ［清］郑观应：《易言》。

守则守,可战则战,一切剿办机宜,朕亦不为遥制"。然而,杨芳的应对却大跌眼镜,竟利用厌胜术对付"邪教善术者",形象变得非常猥琐。据《夷氛闻记》,杨芳"传令甲保遍收所近妇女溺器为压胜具,载以木筏出御乌涌,使一副将领之,自部卒隔岸设伏,约闻己炮响,即举筏齐列水涘,溺器口向贼来路,而后自抄出筏首夹攻之",结果是英军长驱直进①。

且看皇帝如何应对。1841年夏,飓风过香港,西人舟船多有沉没。奕山入奏,夸大其辞,竟变成天助中华,"淹毙洋人汉奸不计其数,帐房寮篷吹卷无存,所筑码头,坍为平地,扫除一空,浮尸满海"。焦头烂额的道光见此奏章,竟然相信,批示道:"朕披览之余,感激天贶,既深欣幸,更益悚惶。英人恶贯满盈,肆其荼毒,多行不义,竟伏天诛,此皆冥漠之中,神明默佑,余氛扫荡,绥靖海疆,允宜虔爇瓣香,以伸诚敬。著发去大藏香二十炷,交奕山等分诣各庙宇,敬谨报谢。"②

再看文人的应对。宋育仁是晚清进士,1894年为大清国驻英、法、意、比四国公使参赞,著有《泰西各国采风记》,深入介绍西方各国的政治、经济、教育、司法等各个领域的情况。蔡元培称此书为"真通人之论";《剑桥中国晚清史》认为:"十九世纪九十年代初一些有志改革的中国学者所出版的政治著作,他们当中最著名的是宋育仁。"令人不可思议的是,宋育仁非要从中国的上古时期寻找西方制度的根源,在他看来,英国的议会制度,不过是《周礼》所说的"询群吏""询万民"和"制不同而意有合";外国以首相兼管户部,不过是《周官》冢宰制国用;国际法不过是周朝的诸侯会盟。总之,西人的新东西不过是拾中国老祖宗的牙慧,"西人略知其意,而不知其本"。意思是,西方人只学到我们老祖宗的皮毛,离精髓要义还差得很远。

其次是应对的茫然。民国初期,新文化运动的倡导者激烈批判传

---

① 《夷氛闻记》,《鸦片战争》(六),上海人民出版社1957年版,第33页。
② 《清宣宗实录》,《鸦片战争》(一),上海人民出版社1957年版,第417页。

统文化,五四时期喊出打倒孔家店的口号,以示与传统文化决裂。吊诡的是,新文化运动的倡导者却与传统文化有着剪不断、理还乱的联系,本人都具有传统文化的深厚根底。这说明先辈应对西方文化的冲击不仅矛盾,而且茫然。胡适以倡导白话文、领导新文化运动闻名于世,在他看来,"新文化运动的根本意义是承认中国的文化不适宜现代的环境,而提倡充分接受世界的新文明";他明确指出:"我是主张全盘西化的。"可是,胡适一生对《论语》常读不懈,自觉按照儒家的道德规范要求自己,积极身体力行,以长者的风范感染着周围的人们;晚年更是大力宣传中国传统文化。胡适的主要学术成就集中于整理国故,从《中国哲学史大纲》《中国古代哲学史》到持续几十年的《水经注》研究,既说明胡适扎实的国学功底,又说明胡适对国学的兴趣和偏好。

鲁迅是中国文化革命的主将,于 1918 年创作了中国第一部现代白话文小说《狂人日记》,认为礼教就是吃人,仁义道德是礼教的虚伪面具,"我翻开历史一查,这历史没有年代,歪歪斜斜的每页上都写着'仁义道德'四个字。我横竖睡不着,仔细看了半夜,才从字缝里看出字来,满本都写着两个字是吃人!"这个看似传统文化的彻底批判者和决裂者的鲁迅,却对传统文化感情极深,他的《中国小说史略》和对唐碑宋帖的摹写、对《唐宋传奇集》以及《汉文学史纲要》的编纂,都是对传统文化的钟情和守护。尤其是他对中国脊梁的歌颂,实质是对优秀传统文化的歌颂,"我们从古以来,就有埋头苦干的人,有拼命硬干的人,有为民请命的人,有舍身求法的人……虽是等于为帝王将相作家谱的所谓'正史',也往往掩盖不住他们的光耀,这就是中国的脊梁"[1]。

陈独秀是新文化运动发起者、中国共产党创始人,在他看来,"吾

---

① 鲁迅:《且介亭杂文·中国人失掉了自信力了吗》。

人倘以新输入之欧化为是,则不得不以旧有之孔教为非;倘以旧有之孔教为是,则不得不以新输入之欧化为非。新旧之间绝无调和两存之余地"①。陈独秀激烈反对国学概念,国学是什么,"就是再订一百年,也未能得到明确的观念,因为'国学'本来是含混糊涂不成一个名词"②。他甚至谩骂国学,"学问无国界,'国学'不但不成一个名词,而且有两个流弊:一是格致古微之化身,一是东方文化圣人之徒的嫌疑犯。前者还不过是在粪秽中寻找香水,(如适之、行严辛辛苦苦的研究墨经与名学,所得仍为西洋逻辑所有,真是何苦!)后者更是在粪秽中寻找毒药了"③。这个与传统文化断然决裂的陈独秀,却在坐国民党监狱的时候,写下《荀子韵表及考释》《老子考略》《屈宋韵表及考释》等著作,晚年还研究音韵学和文字学,著有《小学识字教本》。

最后是应对的无力。在应对西方文化挑战方面,新儒学作出了最大努力,效果却不明显,甚至苍白无力。所谓新儒学,是指新文化运动以来,一批学者坚信传统文化对中国仍有价值,认为儒家文化和人本思想具有永恒意义,谋求中国文化和社会现代化的一个学术思想流派。方东美认为:"返宗儒家,融合中西哲学,以建立新儒学。"新儒学第一代代表人物是马一浮、梁漱溟、熊十力、张君劢、冯友兰、钱穆;第二代有唐君毅、牟宗三、徐复观、方东美;第三代有成中英、杜维明、余英时。其中,马一浮、梁漱溟、熊十力被合称为"新儒学三圣",他们在上世纪传统文化存亡断续之际,敢于直面惨淡的人生,坚守着中国人之为中国人的最后底线,一方面致力于对儒、释、道作出新的诠释及应用;另一方面,把西方哲学思想融合到中国传统文化之中,认为中国传统哲学也可发展出民主与科学的现代思想。马一浮认为:"六艺,不唯统摄中土一切学术,亦可统摄现在西来一切学术。举其大概言之,如

① 转引自刘梦溪:《论国学》,上海人民出版社 2008 年版,第 87 页。
② 陈独秀:《陈独秀著作选》(第二卷),上海人民出版社 1993 年版,第 516—517 页。
③ 陈独秀:《陈独秀著作选》(第二卷),上海人民出版社 1993 年版,第 604 页。

自然科学,可统于《易》,社会科学(或人文科学),可统于《春秋》。因《易》明天道,凡研究自然界一切现象者,皆属之。《春秋》明人事,凡研究人类社会一切组织形态者,皆属之。"①

为了传承弘扬儒学和传统文化,新儒学做了大量工作,最为突出的是创办学校和研究机构,马一浮以宋明书院为雏形,建立了复性书院,高扬"尊德性"的办学宗旨;梁漱溟积极创办勉仁书院;熊十力则努力筹办能让自己自由讲学的"哲学研究所"。然而,三者皆以无声无臭落幕,复性书院因无法吸引优秀学生入学,开办不到几年便无疾而终;勉仁书院的规模和声势都难望复性书院之项背;哲学研究所也是镜中花水中月,难有成就。新儒学还在香港创办新亚书院,讲学精神可上溯到宋明书院,而制度设计和课程设置却是采用现代大学的模式,已不同于复性书院和勉仁书院。在加入香港中文大学后,新亚书院名存实亡。新儒学在现代学制之外重建传统书院的种种努力和尝试,均以办学不成的结局而告终。

二、现实困境

近代以来,国学和传统文化在西方文化冲击的大背景下,自身受到了两次重大的冲击,第一次是新文化运动,主要是冲击文化大传统。按照人类学家的解释,所谓大传统,是指占据社会主流位置的文化形态。五四精英和文化先进们毫不留情地批判传统文化,批判封建专制制度和维护封建制度的以"三纲五常"为代表的儒家伦理和封建礼教,推动着中国社会从传统向现代转型。与此同时,颠覆了传统文学,白话文取代文言文,这对于国学和传统文化而言,却是一个重大打击。文以载道,文言文所蕴含的先哲圣贤的哲学、文学和历史精髓,是白话

① 马一浮:《泰和宜山会语》,辽宁教育出版社1998年版,第16页。

文难以代替及完美地加以表述的。现在看来,在充分肯定新文化运动历史进步意义的同时,却有必要检讨其偏颇和得失。

第二次冲击是"文化大革命"。"文化大革命"与其说是文化的革命,倒不如说是革传统文化的命,主要是革文化小传统的命,抛弃了地区与族群世代相传的风俗和习惯。那场全民族的浩劫,令人不堪回首,国学和传统文化被当作"封资修"批判,许多文物古迹被破坏殆尽,不少承载传统文化的风俗习惯被毁弃,连家庭对传统文化遗存的零星守藏也被付之一炬。更严重的是,在"大放大鸣大批判大字报"中告状诬陷、互相揭发和批判比比皆是,儒家倡导的最起码的道德底线荡然无存,使得传统文化真正出现了断层。破坏传统可能是一夜之间的事情,修补文化断层则需要几代人的努力,当前的国学热正是在修补文化断层,却是路途遥远而坎坷,面临着许多困难。

读不懂文言文,是学习国学最大的困难。国学的主要载体是书籍,而清朝以前的书籍尤其是经、史、子部的书籍都是用文言写就的。语言学家王力指出:"文言是指以先秦口语为基础而形成的上古汉语书面语言以及后来历代作家仿古的作品中的语言。"①作为一种定型化的书面语言,文言文沿用了两千多年,包括先秦诸子、两汉辞赋、史传散文、唐宋古文和明清八股。概言之,文言文是中国古代的书面语言和现代汉语的源头。文言文是言文分离、历久不变,行文简练、古奥难懂。言文分离具有重要意义,南怀瑾指出:"我们看世界的文字,语言大约三十年一变,我们中国的老祖宗晓得语言和时代是要变的,所以把文字脱开了语言,只是用很短的时间,经过两三年的训练就会读、就会写,这个文字就单独成为一个体系,表达了思想。因此这种文字所保留下来几千年以上的思想,在几千年以后的人看来,如面对现在,没有阻碍。"②文言文是古人发明的一种保留传承思想文化的工具,其

① 王力主编:《古代汉语·绪论》,中华书局 1999 年版,第 1 页。
② 南怀瑾:《南怀瑾选集》(第 1 卷),复旦大学出版社 2003 年版,第 8 页。

意义非同寻常,难怪古人如此敬畏文字,说仓颉造字是"天雨粟,鬼夜哭"。

可是 1917 年胡适发表《文学改良刍议》,倡导白话文。由于白话文浅显通俗,易于普及,语言生动活泼,生活气息浓厚,富有表现力,迅速得到了社会各方的热烈响应,进而取代文言文,现代教育取代传统私塾和书院的教学。文言文退出历史舞台之后,一方面是学校几乎没有文字、音韵、字义等属于传统小学范围的教学,学习文言文失去了基础;另一方面,学校又大大减少了古文阅读和教育,原先通过阅读古文学习文言文也就失去了机会,从而导致整个社会的文言文水平下降,许多人看不懂古汉语。

人们看不懂文言文,就会失去阅读国学经典和传统文化典籍的兴趣,即使他们兴致勃勃走近国学殿堂,却发现自己没有掌握文言文这把钥匙,打不开国学殿堂的大门,只能望而生畏、望洋兴叹。如果有机会阅读一些白话文翻译的古文,那毕竟是二手材料,很难直达古人心灵,也难以体味个中妙趣。在漫长的历史长河中,有多少邦国消失了,有多少城市湮没了,有多少庙宇坍塌了,有多少风流人物灰飞烟灭了,《老子》和"四书"却能经受住岁月的磨蚀,穿过汉隶唐草,经历宋韵元声,沐浴明月清风,从容不迫地走向今天,还将奔向明天和未来。伟大的思想能够挣脱时光的束缚,几千年前的真知灼见,时至今日依然鲜美如玉、熠熠生辉。但是,这需要读懂文言文,才能领略经典的风采和思想的玄妙。

载体不够完善,是学习国学的另一困难。国学的载体是多样的,既可以是物质的,又可以是非物质的;既可以是有形的,又可以是无形的。与每个人生活密切相关的国学载体,第一个是家。家是一束温暖的阳光,可以融化心上的冰雪寒霜;是一盏明灯,可以照亮行人晚归的路程;是一个温馨的港湾,可以遮挡人生的风风雨雨;是一潭清澈的泉水,可以洗涤被世事污浊的心灵。在传统社会,家不仅指小家庭,而且指大家庭,几代同堂;不仅指家庭,而且指家族、宗族。某种意义上说,家聚集了传统文化所有的基因密码,是传统文化最重要的载体。《中庸》指出:"君子之道,辟如行远必自迩,辟如登高必自卑。"家是每个人自出生以来进入的第一个社会场所,每个人都是从家出发,亲亲而仁民,仁民而爱物。传统社会十分重视家的建设,强调父慈子孝、兄友弟恭,追求家庭和睦;进而修建宗庙,建立祠堂,缮修家谱,以慎终追远,民德归厚。进入现代社会以来,传统家庭发生了巨大改变,小家庭取代了大家庭和家族的存在,尽管孝的观念仍然存在,而敬长的意识已经淡漠。"文革"期间,砸了宗庙,撤了祠堂,扔了家谱,个体在家的范围很难寻根,很难找到心灵归宿和精神寄托;独生子女则没有了悌的观念。我们仍然有家,个体却很难在家的范围接受传统文化的熏陶,国学也很难依托家的载体得以传承和发展。

与每个人生活密切相关的国学载体,另一个就是传统节日。中国的传统节日大多源于节气,与天象、气候联系紧密,既是人们劳动、生活的一些关键节点,又是与日常生活互补的精神生活节点。过节的目的不仅要和生产生活的节律相适应,而且也是为了安顿精神和灵魂。悠久的中华文明孕育了春节、清明、端午、中秋、重阳等节日,春节之喜庆、清明之缅怀、端午之追忆、中秋之团圆、重阳之尊老,珍藏着中华民族独特的文化记忆,折射出千百年来积淀凝聚的民族认同。传统节日或凝聚着团结和美的家庭观念,或寄托着贵和尚中的和谐追求,或传递着人伦孝悌的血脉亲情,或承载着为国以忠的爱国精神。现代社会,传统节日仍然存在,国家还将春节、清明、端午、中秋纳入法定假日体系,随着社会转型发展和现代化的深入,特别是面对圣诞节、情人节、感恩节等西方文化的冲击,却不能不承认传统节日的影响力在缩小,吸引力在减弱。其中一个重要原因,就是传统节日缺少必要的仪式。仪式很重要,感染力非常强大,能够使人们从内心深处对传统节日及其所蕴含的文化内容萌生敬意和认同。

　　缺乏吸引力，是学习国学的又一个困难。2008 年 6 月，美国哈佛大学校长福斯特女士向毕业生做了一次意味深长的演讲。在演讲中，她说过去一年的校长任期中，学生跑来问她最多的问题是：为什么在我们中间，有那么多人毕业后，选择了去华尔街工作？当然是为了名和利，在华尔街投资银行工作，可以赚取极高的报酬，享受奢华的生活，更令同侪羡慕。福斯特却说，学生们之所以不断追问这个问题，不断被这个问题困惑，背后有个深层的焦虑，这就是他们不肯定这样的生活是否令他们的人生有意义，会否给他们带来真正的快乐；他们感觉到，常人理解的成功人生和真正有意义的人生，不一定划上等号，甚至存在极大的张力；他们在乎自己生命的意义，在乎灵魂的安顿。[①] 人是精神与物质、心理与生理的统一体，福斯特提出的问题反映了人的困惑，精神与物质、心理与生理的矛盾难以调适。更重要的是，精神对于物质会经常处于弱势地位，屈服于利益和利害的需要。国学的价值主要在于精神，而不在于实用，对于大多数人而言，自然就会缺乏吸引力。况且，现在各种宣传教育国学的做法也是缺乏吸引力，宣传似乎很热闹，静思之后却空无所获；讲座似乎有隔靴挠痒之感，总觉得没有抓住本质、击中要害；教学似乎蜻蜓点水、浅尝辄止，并没有引导人们登堂入室的愿望；普及似乎是雷声大雨点小，雨过地皮还没有湿，难以进入人的心灵。结果是人们对于国学还相当陌生和隔阂，很多人不了解传统文化的基本常识，许多大学生和研究生没有读过《老子》和"四书"，而这些典籍加起来不过只有区区六万字。很多人不了解传统文化的道德价值。国学从根本上说，是教人如何立身处世的学问，不学国学，必然带来道德的滑坡和人文精神的萎缩。

---

① 周保松：《哈佛大学学生的两难选择》，《书摘》2017 年第 5 期。

三、比较优势

近代以来，面对欧风美雨，国学应对得艰难而曲折，但国学始终在坚守，始终在伴随着民族的独立解放前行，伴随着国家的现代化步伐前进。这说明国学是活着的学问，不是凝固的历史陈迹，国学的生命力来自于中华民族的生命力，中华民族永存，国学就永存。国学的生命力不是口号喊出来的，而是在与西学的比较竞争中呈现出来的。传统文化历来有夷夏之辨，应比较研究中西文化之间的异同；重要的是认识差异，中西文化有哪些不同和差异。依据文明的标准，中华文化有哪些是先进的，有哪些是不如西方文化的，先进的就要坚守，不如的就要学习，加以借鉴和改进。只有认识清楚了，才谈得上竞争，才不会在竞争中落败。今后的中西文化的竞争，不会是你死我活的竞争，必定是文明和谐共存的竞争，必定是互相学习借鉴、互相取长补短的竞争。由于国学事实上处于弱势地位，中华文化对世界的影响明显弱于西方文化，无论比较还是竞争，国学都有一个学习借鉴西学和自我改造重建的任务。胡适早在 1919 年就明确提出："研究学问，输入学理，整理国故，再造文明。"①这一观点隐含着学习西方、整理国学和重构中华文明的价值取向，指明了中西结合、继承传统而又超越传统的现代学术思路，在今天看来仍然有着重要的参考作用。国学的发展既不可能固守传统的经史子集的学术框架，也不可能照搬照套西方的学术文化。上世纪 50 年代，毛泽东说过两句名言："古为今用"和"洋为中用"，或许是今后国学前进的正确方向。国学要在古人的思想学术与今天的现代化实践之间寻找结合点，在坚持中华文化与借鉴西方文化之间探求平衡点，首先必须知道中华文化的比较优势。

----

① 胡适：《新思潮的意义》，载《新青年》第 7 卷第 1 号。

天人合一是中华文化的比较优势。西方文化强调天人之分，追求人对自然规律的把握和对自然界的征服，促进了科学技术的发展，一次又一次取得了对自然界的胜利。如今却带来了对自然的过度索取，生态环境受到严重威胁，人与自然的矛盾越来越尖锐。而国学的天人合一思想，则强调人与自然界的同一关系，而不是对立关系，认为人是自然界的一部分，即如庄子所说："有人，天也；有天，亦天也。"（《庄子·山木》）天人合一注重人和自然是不可分割的有机整体，只能顺应自然，不能征服自然；只能利用自然，不能毁灭自然。天人合一，对于确保人与自然和谐共存以及人类社会可持续发展，具有重要的理论价值。在中国传统文化中，儒、道两家都认同和推崇天人合一的思想。老子认为，天地万事万物都是道化生的，都不能离开道而独立存在，"道生一，一生二，二生三，三生万物"（《老子·第四十二章》）。在老子看来，万物都要遵循自然规律，"故道大、天大、地大、人亦大。域中有四大，而人居其一焉。人法地，地法天，天法道，道法自然"（《老子·第二十五章》）。孔子强调知天命和畏天命，尊重和遵守自然规律，否则，"获罪于天，无所祷也"（《论语·八佾》）。孟子从天人合一的高度论述人性本善，"尽其心者，知其性也。知其性，则知天矣。存其心，养其性，所以事天也"（《孟子·尽心上》）。意思是，充分扩张善良的本心，这就是懂得了人的本性，懂得了人的本性，就懂得了天命了。保持人的本心，培养人的本性，这就是对待天命的方法。宋儒发展和完善了天人合一的思想，张载明确提出"天人合一"的命题，"儒者则因明致诚，因诚致明，故天人合一，致学而可以成圣，得天而未始遗人，《易》所谓不遗、不流、不过者也"（《正蒙·乾称》）。

中庸之道是中华文化的比较优势。西方文化强调矛盾的对立和冲突，最为典型的观点是"文明的冲突"。美国著名学者亨廷顿认为，冷战之后，冲突的基本根源不再是意识形态，而是文化方面的差异，主宰全球的将是"文明的冲突"。在矛盾对立和冲突思想指导下，西方国家不断地对外扩张,推行战争,给其他国家和民族带来动乱与痛苦。而国学的中庸之道,则主张人与人之间和睦相处,"大道之行也,天下为公,选贤任能,讲信与睦。故人不独亲其亲,不独子其子,使老有所终,壮有所用,幼有所长,矜、寡、孤、独、废疾者皆有所养,男有分,女有归"(《礼记·礼运》)。中庸之道,对于促进国与国之间和平共处、民族与民族之间互相依存,具有积极的现实意义。在中国传统文化中,中庸之道可以追溯到尧舜时代,《论语·尧曰》记载:"尧曰:'咨!尔舜!天之历数在尔躬,允执其中。四海困穷,天禄永终。'"何晏集解引苞氏曰:"言为政信执其中,则能穷极四海,天禄所以长终也。"所谓执中,也就是中庸、中和,就是要把握好事物的平衡点,不走极端,平正通达,无往而不利。老子认为,万物都包含着阴阳二气,在冲虚的气中达到中和与统一,"万物负阴而抱阳,冲气以为和"(《老子·第四十二章》)。儒家则把中庸之道看成是上古圣人的心法,也是治国安邦的秘诀。尧传位于舜时讲授了中庸之道,舜传位于禹时还是讲授中庸之道,《尚书·大禹谟》叙述舜临终对禹说:"人心惟危,道心惟微,惟精惟一,允执厥中。"朱熹认为,这是尧、舜、禹等天下之大圣,行天下之大事,授受天下最根本的道理(《四书章句集注·中庸章句》)。

整体思维是中华文化的比较优势。西方文化从主客两分出发,强调分析方法,把各种事物或过程分解为各个部分,把具体问题从总体中分离出来,把复杂问题划分为比较简单的形式和部分,然后分别加以考察,一个部分一个部分去研究。分析方法的发展以及学科分工的细密,有利于科学技术发展,对于人类文明贡献巨大。但是,分工过细,以至互相割裂,只见树木,不见森林,就会影响发现事物的普遍规律。而国学的整体思维,则认为整体由部分组成,部分是整体的一部分,注重从整体上把握事物的性质、事物之间的关系及其发展规律。清人陈澹指出:"不谋万世者,不足谋一时;不谋全局者,不足谋一域。"整体思维,对于全面把握客观对象,更好地认识自然界和人类社会;系统谋划工作,协调配套地推进事业发展,都有着重要的指导意义。在中国传统文化中,儒、道两家都很重视整体思维,老子就是从整体上把握道的范畴,"有物混成,先天地生。寂兮寥兮,独立而不改,周行而不殆,可以为天地母。吾不知其名,强字之曰道,强为之名曰大。大曰逝,逝曰远,远曰反"(《老子·第二十五章》)。孔子作《易传》,完美地体现了整体思维,"是故易有太极,是生两仪,两仪生四象。四象生八卦。八卦定吉凶,吉凶生大业"。意思是,《易经》之原始有太极,太极为浑茫广大之气,太极变而产生天地,是谓两仪;两仪变而产生金木水火,是谓四象;四象变而产生天地水火风雷山泽,是谓乾坤坎离巽震艮兑八卦;八卦相重而产生六十四卦三百八十四爻,以含盖宇宙万象,而系之以辞来断吉凶,因而有了《易经》;遵循《易经》之道即能趋吉避凶,造就伟大的事业。我国的中医学具体运用了整体思维,《黄帝内经》认为:"夫四时阴阳者,万物之根本也。"它从四时五脏与阴阳五行相应的角度探讨了人与自然环境的统一性,论述了人的生命现象与时令气候、昼夜晨昏等自然现象的相互关系,随着自然环境的变化,人的生理和心理也会发生相应的变化。

君子人格是中华文化的比较优势。西方文化强调个人主义,追求个人的自由发展,把个人权利放在第一位,强化个人对国家的权利和国家对个人的义务。这一理念聚焦于个人对社会的要求和对自己权利的保护,促进了市场经济的建立和民主政治的发展,却忽视了个人对国家和社会的责任以及对他人权利的尊重,导致个性张扬和极端个人主义,以致美国前总统肯尼迪呼吁:"不要问你的国家能为你们做些什么,而要问你们能为国家做些什么。"而国学的君子人格,则主张个人对于家庭、他人、社会和国家的责任,其基本行为准则是孝悌忠信,孝悌是对待家庭的责任,忠信是对待群体的责任,孔子说:"君子贵人贱己,先人而后己。"(《礼记·坊记》)君子人格,对于正确处理人与人、人与社会、人与国家乃至民族与民族、国家与国家、文化与文化的关系,推动社会稳定、国家安宁和世界和平,都具有重要意义。在中国传统文化中,儒家全面论证和阐述了君子人格。在儒家看来,君子具备仁、智、勇的品格,是品格高尚的人,也是道德完美的人,"质胜文则野,文胜质则史,文质彬彬,然后君子"。君子的品格和道德不是天生的,而是通过修身达到的,而修身离不开社会实践,需要经受各种苦难和逆境的磨炼。孟子说:"天将降大任于是人也,必先苦其心志,劳其筋骨,饿其体肤,空乏其身,行拂乱其所为,所以动心忍性,曾益其所不能。"(《孟子·告子下》)在儒家看来,"君子和而不同,小人同而不和"(《论语·子路》)。传统文化对和与同有一个形象的解释:和,如同五味调和成食,五声调和成乐,声味不同,而能相调和;同,是以水济水,以火济火,所嗜好同,则必互争,互不相容。和是正确处理人与社会、权利与义务、权力与责任的大原则。君子之和,既是大家能够在一起团结共事、协调配合,又是求同存异,允许保持自己的个性,允许不同看法存在,允许发表不同看法;小人之同,是以利益为纽带,搞小圈子,同流合污。一旦利益丧失,就会互相拆台,树倒猢狲散。在儒家看来,君子坚守气节,敢于担当,能够为他人、社会和国家奉献自我,"可以托六尺之孤,可以寄百里之命,临大节而不可夺也,君子人与? 君子人也"(《论语·泰伯》)。意思是,君子可以托付幼小的孤儿,可以寄予国家的重任,面临生死安危而不动摇屈服,这就是君子。对比个人主义者,真有天壤之别,君子是多么伟岸的人格!

四、希望之路

自上个世纪90年代以来,"国学热"逐渐兴起,而今已遍及神州;进入21世纪,伴随着民族复兴的伟业,人们更加关注国学的复兴。尽管对于国学的概念及其定义和范围还有不同看法,但大家普遍认同了国学概念,频繁运用着国学概念。而且,大家是用平和的心态、阔广的视野和多元的方法对待国学，挖掘和整理这座宝库，希望从民族复兴的角度，利用好国学资源，尤其是优秀传统文化，推动国家现代化建设；从文化建设的角度，坚守好国学的传统，学习汲取西方文化的精华，促进中华文化浴火重生，再放异彩；从全球化的角度，审视国学，扬弃国学，重建国学，推动和促进中华文化走向世界，为人类文明作出应有的贡献。复兴国学，弘扬和传承中华优秀文化，明确路径很重要。在北京大学百年校庆之际，袁行霈主持编写的《中华文明史》，在"总绪论"中把中华文明的发展趋势概括为"打开大门"和"走向世界"两大历史任务，"近代以来，中华文明发展的趋势可以简单地概括为打开大门与走向世界，一切有识之士的种种呼号和努力，无非以此为中心。直到今天，打开大门与走向世界，仍然是尚未完成的任务。打开大门，是在保持自己民族优良传统的同时，吸取世界上其他民族创造的优秀文明成果；走向世界，是带着自己民族的优秀传统，融入世界文明的主流之中。"这一观点对于探寻国学复兴路径，有着重要的学习参考意义。考虑到"文化大革命"的浩劫，传统文化还处于断层的危难之中，中国人的国学知识和素养十分缺失，国学复兴似乎可以加上普及国学的任务。

普及国学，是全体中国人共同的任务。普及与提高是相互依存的，而普及是提高的前提。没有国学的普及，就不可能有国学的提高和发展。复兴国学，普及是第一位的任务，家庭、学校和社会都要担负起普及的责任；学术机构和研究人员要走出象牙塔，以群众喜闻乐见的方式传授国学知识和优秀传统文化，而广大群众则要自觉接受国学教育，主动学习国学知识，至少要阅读《老子》和"四书"等国学的基本经典；学有余力则可阅读《诗经》《尚书》《易经》《礼经》和《春秋》三传以及《史记》、前后《汉书》和《三国志》。无论怎样学习都不要忘了学习文言文知识，确保能够读懂文言文，这是学习国学的基础。具体而言，一要将国学融入学前教育。上个世纪初产生了一批学贯中西的学问大师,分析他们的经历,在接受现代学科教育之前,都接受过传统的私塾教育。胡适在进入上海梅溪小学堂之前,在安徽绩溪上庄村进入家塾读书;鲁迅在进入现代学校之前,于 11 岁入家乡绍兴三味书屋,师从寿镜吾先生学习传统文化;蔡元培 25 岁考中进士,国学功底厚实,40 岁前往德国入莱比锡大学学习。这说明在儿童和青少年时期接受国学教育,不仅不会影响以后的现代教育,而且有利于实现传统与现代、国学与西学的有机结合。因此,似乎可以考虑在幼儿园阶段以学习国学为主,进入小学后以接受现代分科教育为主。幼儿园阶段学习国学可能是"小和尚念经有口无心",多少年后没准能产生学贯中西的大师。二要将国学融入现代教育体系,既要融入中小学课堂,又要融入大学传授的知识体系,使学校所有的学科都能看到中华文化的身影及其影响。现代学校教育和知识体系,似乎与传统关系不大,这是令人忧虑的。如果国学和传统文化不能融入学校教育,不要说复兴国学,就是传承都有困难。三要将国学融入日常生活,让人们了解传统节日、服装服饰、民间风俗和社会习惯中蕴含的国学智慧知识。传统节日是学习国学自然而有效的载体,每一次过节都应是一次传统文化和价值观的学习演练。通过节日,帮助大家知道春节的意蕴、清明的含义、端午的内容和中秋的目的,使国学和传统文化成为人们生活必不可少的组成部分。

打开大门,这主要是学术单位和研究人员的任务。面对西方文化的传入,国学不能封闭,封闭没有出路,封闭意味着死亡,只能开门揖客,充满自信地迎接西方文化,在平等交流中学习借鉴合理因素和优秀成分。从这种意义上说,打开大门的实质就是改造和创新国学,这需要丰厚的国学基础和开阔的世界眼光,只能由学术机构和研究人员承担。改造和创新国学,是普及国学的必然要求,也是国学重新崛起巍然屹立于世界文化之林的迫切需要。普及国学,不是简单地作古人的传声筒,也不是简单地照本宣科,而是融通古今中外传授国学知识、讲解传统文化。否则,国学没有吸引力,也很难普及。对于复兴国学而言,打开国门是关键环节,改造和创新国学是重要目的。这就要求坚持以我为主打开国门,尽管国学目前处于弱势地位,而国学的思想精华却使我们充满自信。"仁、义、礼、智、信、孝、忠、廉、耻"的伦理观念,"诚意、正心、修身、齐家、治国、平天下"的人生理想,"为天地立心,为生民立命,为往圣继绝学,为万世开太平"的精神境界,"见贤思齐""三省吾身""君子慎独"的修身方法,"天下为公""世界大同"的治国方略,"杀身成仁""舍生取义"的道义担当,"天下兴亡,匹夫有责""先天下之忧而忧、后天下之乐而乐"的爱国情怀,"富贵不能淫,贫贱不能移,威武不能屈"的浩然正气,都使我们有理由以我为主学习吸纳西方文化,决不可妄自菲薄,丧失自信心。坚持和而不同打开国门,不同国家、不同民族在数百年、数千年的历史变迁中,经过岁月的洗礼,都创造积淀了灿烂的文化。这些文化与中华文化风格迥异,却同样闪耀着人类智慧的光芒。我们不能唯我独尊,仍以"天朝上国"的心态对待西方文化和其他民族的文化,而要尊重不同国家、不同民族的不同文化,维护人类文化的多样性,促进各种文化交流融合、共同发展。坚持融会贯通打开国门。从根本上说,打开国门还是为了国学能够吸收西学,中华文化能够消融同化西方文化,进而实现国学的复兴和中华文化的重振雄风。因而要做好国学与西学的融会贯通工作,使西学的精华消弥融合于国学之中。所谓融会贯通,出自《易传·系辞上》,原文是"圣人有以见天下之动,而观其会通,以行其典礼。"高亨注释:"此言圣人有以见到天下事物之运动变化,而观察其会合贯通之处,从而推行社会之典章制度。"融会贯通强调的是国学与西学、中华文化与西方文化的融合和创新,而不是冲突和对抗。

走向世界,这是每个中国人义不容辞的任务。中国是个大国,必然要影响和引领世界,不能影响和引领世界,就不算作大国。综观历史经验,大国影响和引领世界不外乎是军事、经济和文化三种方式,而文化影响是最佳方式，也是最高境界。中华民族是爱好和平的民族，军事不可能成为中国影响和引领世界的选项。随着改革开放的深入推进，中国初步做到了以经济方式影响和引领世界。而中国对世界的文化影响还相当弱小，这是今后必须作出更大努力的领域。

从闭关锁国到改革开放，中华文化走向世界大概会经历三个阶段，第一阶段的主要任务是学习，向其他国家尤其是西方国家学习，学习先进的科学技术、管理经验、学术思想和文化习俗，为我所用，改革传统的计划经济体制，加速发展经济及文化各项事业，加快建立社会主义市场经济体制。第二阶段是学习与宣传介绍并重。这一阶段我们的经济社会文化发展取得了巨大进步，积累了宝贵的经验，在对外交往过程中，一方面仍然要向发达国家学习；另一方面，又要积极地宣传介绍中国政治经济社会文化发展的经验和做法。第三阶段是以宣传介绍为主。这一阶段我们的政治经济制度更加成熟完善、经济体量更加庞大、社会管理更加科学、人民生活更加富足，尤其是国学和中华文化，已经融合了包括西方在内的其他国家和民族的优秀文化，凤凰涅槃、再创辉煌，就会对其他国家和民族有强烈吸引力，对整个世界有广泛的影响力。《礼记·曲礼上》云："礼闻来学，不闻往教。"那时候，人们愿意了解中国的做法，学习中国的经验，接受中国文化的熏陶。当前，我们正处在走向世界的第二阶段，无论是走出去的中国人，还是在国内与外国人联系接触的中国人，都不要忘了宣传介绍国学和中华文化，都不要忘了把言传和身教结合起来。因为在外国人眼里，你就是国学，你就是中华文化！

主要参考文献

1. [魏]王弼注、楼宇烈校释:《老子道德经注》,中华书局 2011 年版。

2. 陈鼓应注译:《老子今注今译》,商务印书馆 2003 年版。

3. 杨朝明主编:《论语诠解》,山东友谊出版社 2013 年版。

4. 杨伯峻译注:《孟子译注》,中华书局 2008 年版。

5. 万丽华、兰旭译注:《孟子》,中华书局 2006 年版。

6. 王国轩译注:《大学》《中庸》,中华书局 2016 年版。

7. 胡平生、陈美兰译注:《礼记》《孝经》,中华书局 2016 年版。

8. 吴茹之编译:《忠经·孝经》,三秦出版社 2013 年版。

9. [西汉]司马迁撰:《史记》,中华书局 2014 年版。

10. 胡适著:《中国哲学史大纲》,东方出版社 1996 年版。

11. 张岱年著:《中国哲学大纲》,中国社会科学出版社 1982 年版。

12. 冯友兰著:《中国哲学简史》,新世界出版社 2004 年版。

13. 任继愈主编:《中国哲学史》,人民出版社 1979 年版。

14. 袁行沛、严文明、张传玺、楼宇烈主编:《中华文明史》,北京大学出版社 2006 年版。

15. 徐远和、李甦平、周贵华、孙晶主编:《东方哲学史(上古卷)》,人民出版社 2010 年版。

16. 章太炎讲演,曹聚仁整理:《国学概论》,中华书局 2016 年版。

17. 钱穆著:《国学概论》,商务印书馆 1997 年版。

18. 曹伯韩著:《国学常识》,江苏人民出版社 2014 年版。

19. 刘梦溪著:《论国学》,上海人民出版社 2008 年版。

20. 夏海著:《论语与人生》,北京大学出版社 2007 年版。

21. 夏海著:《老子与哲学》,三联书店 2016 年版。

22. 夏海著:《品读国学经典》,三联书店 2014 年版。

23. 饶贵民、王杰主编:《领导干部国学大讲堂》,中共中央党校出版社 2011 年版。

24. 赵宇飞主编:《中国人的文化自信》,孔学堂书店 2014 年版。

25. 杨国强著:《晚清的士人与世相》,生活·读书·新知三联书店 2008 年版。

26. [德]夏瑞春编:《德国思想家论中国》,陈爱政等译,江苏人民出版社 1995 年版。

27. [古希腊]亚里士多德著:《形而上学》,吴寿彭译,商务印书馆 1959 年版。

28. [德]黑格尔著:《哲学史讲演录(第一卷)》,贺麟、王大庆译,商务印书馆 1959 年版。

29. [德]黑格尔著:《历史哲学》,上海书店出版社 2006 年版。

30. [德]卡尔·雅斯贝尔斯著:《历史的起源与目标》,魏楚雄、俞新天译,华夏出版社 1989 年版。

31. [德]卡尔·雅斯贝尔斯著:《大哲学家》,李雪涛等译,社会科学文献出版社 2010 年版。

32. [德]卡尔·雅斯贝尔斯著:《时代的精神状态》,王德峰译,上海译文出版社 2013 年版。

33. [德]马丁·海德格尔著:《存在与时间》,陈嘉映、王庆节合译,生活·读书·新知三联书店 2006 年版。

后 记

《国学要义》即将出版之际，首先要感谢中华书局。中华书局历史悠久，致力于整理出版传统文化典籍，是享誉海内外的著名出版机构。能在中华书局出书，尤其是出版国学方面的书籍，既是作者的荣誉，也是对作者的褒奖。在出版过程中，李占领先生给予帮助；申作宏先生协调各方，从封面设计、书页装帧到书稿校核，都做了大量细致的工作，谨致谢意。

感谢《光明日报》、《人民政协报》和《深圳特区报》。他们先后刊发了《浅论儒家之义》《国学是中华民族的精神家园》《儒家之智：既是认知过程又是认知状态》等文稿，这是对作者的鼓励，进一步激发了作者的写作欲望和热情。

感谢杭州师范大学何俊教授和中央党校乔清举教授。他们在自身教学研究任务繁重的情况下，拨冗审读《国学要义》书稿，并提出了宝贵的修改意见，从而保证了书稿内容的正确和研究的学术品味。

感谢党建读物出版社王英利先生，他不离不弃、守望相助，一直关注作者的研究创作和著书立说，帮助作者联系出版社和编辑事务，让作者深感友情的温暖和珍贵。感谢郝英明先生，他做了最初的编辑工作，对书稿进行校对和加注；感谢张漪先生，他打印了书稿，作了初步的校对。

感谢我的夫人和家人，她们为我营造了温馨的家庭环境，使我能在工作之余静心地写作。夫人是大学教授，她不仅鼓励和支持我研究国学,而且经常提出有见地、有价值的建议,帮助我修改完善书稿。

《诗经》云:"知我者,谓我心忧;不知我者,谓我何求。"是啊!身在机关,公务繁多,为什么还要想着文化的事情呢?然而,作为一个中国人,无论居庙堂之高,还是处江湖之远,学习和研究国学,弘扬传承优秀传统文化,都是一种责任和人生使命。作者愿意继续为呵护中华民族的精神家园贡献绵薄之力。

2017 年 10 月定稿于北京